Sebastian Löwe

Als Kitsch ausgewiesen!

Neuaushandlungen kultureller Identität in Populär- und Alltagskultur, Architektur, Bildender Kunst und Literatur nach 1989

Sebastian Löwe studierte Medienwissenschaft in Bochum und Medienkunst in Halle und Tokio. Bis 2015 promovierte er an der Forschungsstelle „Massenphänomene" der Martin-Luther-Universität Halle-Wittenberg. Sein Interesse gilt dem Feld von Ästhetik und Politik/Ökonomie. Er ist Mitherausgeber der Schrift *Das Elend der Kritik* und regelmäßiger Autor des *PLOT*-Magazins. Zudem ist er Lehrbeauftragter an der Kunsthochschule Burg Giebichenstein Halle. Er lebt und arbeitet in Berlin.

Sebastian Löwe

Als Kitsch ausgewiesen!

Neuaushandlungen kultureller Identität in Populär- und Alltagskultur, Architektur, Bildender Kunst und Literatur nach 1989

Neofelis Verlag

Diese Publikation wurde ermöglicht durch die Förderung der Rosa-Luxemburg-Stiftung.

Zugl.: Dissertation, Martin-Luther-Universität Halle-Wittenberg, 2016.

Bibliografische Information der Deutschen Nationalbibliothek
Die Deutsche Nationalbibliothek verzeichnet diese Publikation in der Deutschen Nationalbibliografie; detaillierte bibliografische Daten sind im Internet über http://dnb.d-nb.de abrufbar.

www.neofelis-verlag.de

Umschlaggestaltung: Marija Skara
Lektorat & Satz: Neofelis Verlag (fs/ae)
Druck: PRESSEL Digitaler Produktionsdruck, Remshalden
Gedruckt auf FSC-zertifiziertem Papier.
ISBN (Print): 978-3-95808-127-7
ISBN (PDF): 978-3-95808-178-9

Inhalt

I.
Die Neudefinition der Funktion von Kultur nach der Wende – Eine Einleitung

Kitsch ist nach dem Systemumbruch 1989 kein Nischen-, sondern ein Massenphänomen: Er ist in ausnahmslos allen ästhetischen Bereichen anzutreffen[1] und schließt fast jedes Thema ein;[2] und auch der Kreis der Personen, die ihn hervorbringen oder verkörpern, ist weit und umfasst zahlreiche Persönlichkeiten des öffentlichen und kulturellen Lebens.[3] Nach der Wende hat der Kitsch an

1 Der Kitsch-Vorwurf bezieht sich auf die ganze Breite künstlerischer Mittel wie Film, Fotografie, Bildhauerei, Malerei, Theater, Literatur, Tanz, Performance, Video, Musik und Architektur. Er bezieht sich auf ästhetische Phänomene der Alltagskultur wie TV-Sendungen, Werbung, Design und Konsumgegenstände genauso wie auf renommierte Kunstausstellungen wie etwa die *documenta*, die Biennale in Venedig oder die Berlin Biennale.

2 Thematisch umfasst der Kitsch-Vorwurf so überaus vielfältige Bereiche wie beispielsweise Wohnungseinrichtungen, Nationalsozialismus, Kopien klassischer Werke der Bildenden Kunst, Diktatoren, Sozialismus, Sozialistischer Realismus, Populismus, Generation Golf, Kleiderstil für Kinder, Amerikanisierung, Vermassung und Proletarisierung, Patriotismus, Adel und Adelshochzeiten, Holocaust, Hochkultur und Elitarismus, herzogliche Kunstkammern, Popkultur, deutsche Wälder, Rockkonzerte, Iran, Migration, Spielzeug, Atomenergie, Volkstum und Heimat, Tourismus, Hollywood, die japanische Aum-Sekte, Generation X, Dinosaurier, Zionismus, Broadway-Musical, Antike und antike Mythen, Kindersoldaten, Wiedervereinigung, DDR, Bismarck, Afrika, Rote Armee Fraktion, Separatisten in Lateinamerika, Krieg, Gartenzwerge, Jesus, New Age, Existenzialismus, Literaturclubs, Mode, Krebs, US-Wahlkampf, Ungarn, Massenproteste, Feminismus, Serbien, Großraumbüros, Afghanistan, Rassismus, Landleben, Junggesellen, Urerfahrungen u. v. m.

3 Der Vorwurf trifft Personen wie David Garrett, Michael Jackson, Prinz William und Kate Middleton, Jeff Koons, Takashi Murakami, Ken Lum, Guildo Horn, W. A. Mozart, Herbert Grönemeyer, Hermann Göring, Ernst Jünger, Raymond Loewy, Pipilotti Rist, Thomas Hirschhorn, Christian Boltanski, Elfriede Jelinek, Silvio Berlusconi, Hugo Chávez, Benyamin Netanyahu, Shirin Neshat, Aung San Suu Kyi, U2-Sänger Bono, Anselm Kiefer, Damien Hirst, Charlotte Roche, Helene Hegemann, Kim Il Sung u. v. m.

Umfang sogar noch einmal gewonnen.[4] Inhaltlich stellt der Kitsch ein schillerndes, wenngleich noch immer rätselhaftes Phänomen der Auseinandersetzung mit Kultur nach 1989 dar.

Auf den ersten Blick scheint die Prominenz des Kitschs niemanden zu verwundern. Traut man dem eigenen Urteil, dann zeigt er sich überall, als Gartenzwerg in erotischer Pose vor dem suburbanen Einfamilienhaus, als Bastei-Heftchen am Kiosk, als winkende Katze in Asia-Märkten, als betende Madonna im Antiquariat und als Malerei in der Praxis der eigenen Zahnärztin, als Fernsehpreis Echo im öffentlich-rechtlichen Fernsehen und manchmal sogar als Gemälde von Peter Paul Rubens im Pariser Louvre. Aber wirklich Anstoß nehmen möchte an diesen vielen kleinen Verstößen gegen den guten Geschmack eigentlich niemand mehr. Man geht im Zeitalter der Postmoderne vielmehr entspannt mit dem Kitsch um und manche pflegen sogar das ironische Spiel mit ihm. Im Ganzen, so scheint es, hat der Kitsch „als Feindbild [...] weitgehend ausgedient".[5] Durch die sozialen Entwicklungen der letzten Jahrzehnte könne heute keine ästhetische Erfahrung „mehr einen exklusiven Anspruch auf Hegemonie und normative Gültigkeit über das eigene Milieu hinaus behaupten."[6] Der Kitsch, so wirkt es, hat letztlich seine Polemik gegenüber der Kunst zugunsten einer allgemeinen gesellschaftlichen Nivellierung von Geschmacksfragen eingebüßt.

Auf den zweiten Blick allerdings fällt auf, dass für viele Bereiche der Kultur der entspannte Umgang mit dem Kitsch nicht gilt. Ganz im Gegenteil werden nach dem Systemumbruch wieder verstärkt Bereiche der Kunst und Kultur grundlegend in Frage gestellt. Der Kitsch taucht in vielen größeren und kleineren Auseinandersetzungen über Kultur nach der Wende auf, beispielsweise im deutsch-deutschen Literaturstreit,[7] im Streit um Staatssicherheit und Literatur, im deutschen Bilderstreit und seinem Höhepunkt, dem sogenannten Weimarer Bilderstreit, im Streit um den Palast der Republik und den Schlossplatz, in der Debatte um Ostalgie und ihren vielen Verästelungen – wie etwa

4 So kann der Kitsch in den 20 Jahren nach dem Mauerfall häufiger angetroffen werden als im gleichen Zeitraum vor dem Systemwechsel. Beispielsweise diagnostizierte *Die Zeit* zwischen Januar 1970 und Dezember 1989 in rund 1.000 Artikeln und Meldungen Kitsch. Im Zeitraum von Januar 1990 und Dezember 2009 wurde dieses Urteil in rund 1.700 Artikeln ausgesprochen.

5 Ute Dettmar / Thomas Küpper: Einleitung. In: Dies. (Hrsg.): *Kitsch. Texte und Theorien.* Stuttgart: Reclam 2007, S. 9–16, hier S. 10.

6 Ebd., S. 11.

7 Der deutsch-deutsche Literaturstreit, der Weimarer Bilderstreit, die Schlossplatzdebatte und die Ostalgie-Debatte sind Gegenstand der Analyse und werden im Analysekapitel ausführlich behandelt.

dem Streit um Fernseh-Shows, die den DDR-Alltag auf unterhaltsame Weise zeigen –, im Streit um die Installation *Der Bevölkerung* des Künstlers Hans Haacke[8] für den deutschen Bundestag oder jüngst in der Kontroverse um den Künstler Jonathan Meese und den Hitlergruß[9]. In diesen Debatten setzt man mit dem Kitsch ein argumentatives Ausrufungszeichen, das vor allem die alternativlose Gültigkeit der eigenen Sicht dokumentieren soll, und betreibt damit, so die Ausgangsthese der vorliegenden Studie, wieder die massenhafte ästhetische Be- und Entwertung von Kultur.

In allen genannten Debatten ist eines auffällig: Die Urteile über die ästhetisch zweifelhaften Eigenschaften der Kunst und Kultur werden nicht ästhetisch begründet, der Nachweis für die fehlende Qualität der Kunst nicht an der literarischen, malerischen, filmischen, kurz, ästhetischen Beschaffenheit der Kunst geführt. Die Debatte über die Verbindungen von Staatssicherheit und Literatur, die sich an der Spitzeltätigkeit des Schriftstellers Sascha Anderson entzündet, verdeutlicht, dass vielmehr außer-ästhetische Maßstäbe Grundlage der ästhetischen Urteile sind.

Angestoßen wird der Streit von der Büchnerpreisrede Wolf Biermanns im Oktober 1991. Darin klagt Biermann in einem bewusst konfrontativen Ton über das Vergessen nach der Wende. Die „Wüsten der Lüge"[10] müssten thematisiert und die Aktivitäten des DDR-Geheimdienstes im Literaturbetrieb der DDR aufgedeckt werden. Biermann nennt Namen, unter anderem den prominenten Schriftsteller der sogenannten Prenzlauer-Berg-Szene Sascha Anderson, den er als „unbegabte[n] Schwätzer Sascha Arschloch, [und als] ein[en] Stasispitzel"[11] anklagt. Die Beweise dieser Anklage legt Biermann allerdings nicht vor, worauf man ihn seitens der Feuilletons und Schriftstellerkolleg_innen harsch kritisiert. Sascha Anderson bezieht im Lichte dieser Anklagen beschwichtigend und ausweichend Stellung in einem Interview in der *Zeit* und erklärt, dass er nicht wissentlich der Stasi zugearbeitet habe.[12] Einig sind sich die Literaturjournalistin

8 Andreas Kaernbach: Hans Haacke. Projekt „DER BEVÖLKERUNG" im Reichstagsgebäude. http://www.bundestag.de/kulturundgeschichte/kunst/kuenstler/haacke (Zugriff am 14.07.2015).

9 Lothar Müller: Hitlergruß ohne Dämon. In: *Süddeutsche Zeitung*, 03.12.2014. http://www.sueddeutsche.de/kultur/anklage-gegen-jonathan-meese-hitlergruss-ohne-daemon-1.1746386 (Zugriff am 14.07.2015).

10 Wolf Biermann: Der Lichtblick im gräßlichen Fatalismus der Geschichte. In: *Die Zeit*, 29.10.1991. http://www.zeit.de/1991/44/der-lichtblick-im-graesslichen-fatalismus-der-geschichte (Zugriff am 15.07.2015).

11 Ebd.

12 Iris Radisch: Das ist nicht so einfach. Ein ZEIT-Gespräch mit Sascha Anderson. In: *Die Zeit*, 01.11.1991. http://www.zeit.de/1991/45/das-ist-nicht-so-einfach (Zugriff am 15.07.2015).

Iris Radisch von der *Zeit* und der angeklagte Schriftsteller in dem Interview Anfang November 1991 nur, dass die Methoden der Aufarbeitung und Bewertung der Verstrickungen von Literatur und Staatssicherheit erst noch gefunden werden müssen. Mitte November ergreift Biermann erneut das Wort und besteht in der Rede zum Mörike-Preis auf der Klärung von Opfern und Tätern und weist die Relativierung dieser Unterscheidung zurück. Er sei empört von der „fröhliche[n] Feigheit, mit der schuldbeladene Frohnaturen sich jetzt, wo man endlich offen reden könnte, ins bürgerliche Geschäftsleben herübermogeln".[13] Biermann betont zudem, dass er Anderson stellvertretend für alle Inoffiziellen Mitarbeiter (IM) in der Literaturszene des Prenzlauer Bergs und darüber hinaus auch in der ganzen DDR anklagt. Auch dem Vorwurf des bloßen Verdachts tritt Biermann entgegen, wenn auch nicht mit konkreten Beweisen, sondern mit Verweis auf Jürgen Fuchs, der bei seinen Nachforschungen in der Gauck-Behörde den „Roi des rats"[14] ausfindig gemacht habe. Fuchs eröffnet am 18. November die mit Spannung erwartete *Spiegel*-Serie „Landschaften der Lüge" und blickt im ersten Teil nur auf die eigene Person. Er setzt sich mit Vorwürfen auseinander, mit denen er sich seit seiner Ausweisung aus der DDR konfrontiert sah. Demnach bedurfte es eines schriftlichen Beweises für seine Anklage gegenüber der DDR und ihres Geheimdienstes, denn seine literarischen Zeugnisse galten Anderen nicht als Beweise. Der geforderte Nachweis für Andersons Tätigkeit als Informant des Ministeriums für Staatssicherheit (MfS) bleibt aus. In der *Zeit* wirft Iris Radisch Biermann daraufhin ungeduldig vor, er würde Andeutungen machen, aber keine Beweise für seine Anklagen vorlegen.[15] Mit genervtem Verweis auf „[v]iel Hektik in den Feuilletons"[16] kommt Fuchs im zweiten Teil der *Spiegel*-Serie dann den Forderungen nach und erklärt, dass Anderson eine besonders vertrauensvolle IM-Tätigkeit mit ‚Feindberührung' (IMB) ausgeübt und noch über seine Ausreise nach West-Berlin 1986 hinaus mit der Stasi kooperiert habe.[17] Im dritten Teil der Serie zeigt Fuchs, dass Anderson aktiv Personen ausgekundschaftet und sich beispielsweise von der

13 Wolf Biermann: Laß, o Welt, o laß mich sein! Rede zum Eduard-Mörike-Preis. In: *Die Zeit*, 15.11.1991. http://www.zeit.de/1991/47/lass-o-welt-o-lass-mich-sein (Zugriff am 15.07.2015).

14 Jürgen Fuchs: Landschaften der Lüge. Jürgen Fuchs über Schriftsteller im Stasi-Netz (I): Der „Operative Vorgang" Fuchs. In: *Der Spiegel*, 18.11.1991, S. 76. Als ‚Roi de rats' oder ‚Rattenkönig' bezeichnet man ein Rattennest, in dem Ratten nach ihrer Geburt an ihren Schwänzen zusammengeklebt und auf diese Weise ums Leben gekommen sind.

15 Iris Radisch: Warten auf Montag. In: *Die Zeit*, 22.11.1991. http://www.zeit.de/1991/48/warten-auf-montag (Zugriff am 15.07.2015).

16 Jürgen Fuchs: Landschaften der Lüge (II): Pegasus, Spinne, Qualle, Apostel. In: *Der Spiegel*, 25.11.1991, S. 72.

17 Ebd.

Witwe Robert Havemanns, Katja Havemann, eine Video-Kamera borgte, um damit die Ost-Berliner Literaturszene zu filmen.[18]

Den Enthüllungen Fuchs' folgt eine intensiv geführte Debatte über das Verhältnis von Staatssicherheit und Literatur, in der vor allem die Karriere und der Charakter Sascha Andersons, aber auch die DDR als Land der Staatssicherheit und die Frage nach Opfern und Tätern sowie der moralische Verrat Thema sind. Aufgeworfen wird mit Beginn der Debatte aber auch die Frage der (Neu-)Bewertung der Literatur vom Prenzlauer Berg. *FAZ*-Autor Frank Schirrmacher deutet als einer der Ersten an, dass die literarische Kultur der DDR nach der Aufarbeitung „vielleicht nicht mehr wiederzuerkennen sein"[19] wird. Auch Biermann formuliert bereits in seiner Rede zum Mörike-Preis im Geist der Abrechnung ein vernichtendes Urteil über die DDR-Literatur:

> Marlowe war ein guter Dichter und ein schlechter Spitzel. Das langweilige Gegenstück, nämlich ein schlechter Dichter, der aber jahrelang erstklassige Arbeit als Spitzel leistete, wurde uns in diesen Tagen vorgeführt.
> Nun erfahren wir, daß die bunte Kulturszene am Prenzlauer Berg ein blühender Schrebergarten der Stasi war. Jedes Radieschen numeriert an seinem Platz. Spätdadaistische Gartenzwerge mit Bleistift und Pinsel. Die angestrengt unpolitische Pose am Prenzlberg war eine Flucht vor der Wirklichkeit, sie war eine Stasizüchtung aus den Gewächshäusern der Hauptabteilungen HA-XX/9 und HA-XX/7.[20]

Biermann hält hier nicht nur an Anderson fest, dass dieser schlechte Literatur geschrieben habe, sondern spricht ein viel grundlegenderes Urteil aus. Weil das MfS jede einzelne Person der Literaturszene Ost-Berlins genau überwachte, sei die Literatur vom Prenzlauer Berg eine ‚Züchtung' der Staatssicherheit und damit kontaminiert. So gelte für jeden einzelnen Schriftsteller und jede Schriftstellerin, nicht nur für Sascha Anderson, dass sie „[s]pätdadaistische Gartenzwerge" statt anerkennungswürdiger DDR-Avantgarde seien. Dem ästhetischen Urteil Biermanns über die Minderwertigkeit der Literatur liegt in seiner rigorosen Anklage ein moralisches Urteil über Andersons Informantentätigkeit und darüber hinaus ein politisches Urteil über die DDR und ihren Geheimdienst zugrunde.

18 Jürgen Fuchs: Landschaften der Lüge (III): „Zersetzung" bis in den Tod. In: *Der Spiegel*, 02.12.1991, S. 101.

19 Frank Schirrmacher: Verdacht und Verrat. Die Stasi-Vergangenheit verändert die literarische Szene (*Frankfurter Allgemeine Zeitung*, 5.11.1991). In: Peter Böthig/Klaus Michael (Hrsg.): *MachtSpiele. Literatur und Staatssicherheit im Fokus Prenzlauer Berg*. Leipzig: Reclam 1998, S. 308.

20 Biermann: Laß, o Welt, o laß mich sein!

Biermanns Anklage wird in der Debatte vielfach aufgenommen, diskutiert und problematisiert. Dem ersten Teil der *Spiegel*-Serie „Landschaften der Lüge" von Jürgen Fuchs steht beispielsweise ein Artikel vor, der Biermanns Anklage explizit aufgreift.[21] Er argumentiert, dass die Geschichte der DDR-Literatur nun neu geschrieben werden müsse, da ihr der Stasi-Kontext fehle. Als Berufungsinstanz dieser Neubewertung zitiert der Spiegel den Hamburger Literaturwissenschaftler Heinz Hillmann, der erklärt, dass die literarische Struktur vieler Texte aus der DDR insgeheim auf die Stasi verweisen. Hillmann erwartet, so der Artikel, mit Spannung die Umwertung der Literatur. Hajo Steinert wiederum bezieht sich in der *Zeit* auf diesen Artikel und die Frage einer Neubewertung der DDR-Literatur.[22] Auch er geht davon aus, dass Andersons Bücher neu gelesen werden müssen. Mit Anknüpfung an den Literaturkritiker Michael Braun kommt Steinert zu dem Urteil, dass Andersons Literatur zuvorderst eine „subtile Tarnung für seine Komplizenschaft mit der Stasi" sei. Seine Tätigkeit als Informant, so Steinert, schreibe sich unmittelbar und wesentlich in Andersons Literatur ein. Im Unterschied zu Biermann und dem *Spiegel*-Artikel spricht Steinert sich allerdings auch gegen ein Generalurteil über die Kunst des Prenzlauer Bergs aus, indem er auf die Unterschiedlichkeit der Autor_innen in Ost-Berlin verwies. Karl Corino drückt in einem Artikel in der *Welt* den Zusammenhang von Andersons Tätigkeit für das MfS und der Qualität seiner Literatur deutlich rigoroser aus:

> Jahrelang watete Anderson durch moralischen Schmutz, kroch wie ein Schlieferl uneingeladen auf Geburtstagsfeiern, um seine Objekte, die der DDR feindlich gesonnenen Subjekte[,] auszuhorchen, verabredete sich mit ihnen zum Wein und lieferte, kaum wieder nüchtern, seine Berichte. Und da sollen seine Texte nicht „Spottgeburten aus Dreck und Feuer" sein?[23]

Was Corino rhetorisch noch als offene Frage formuliert, ist bereits ein fertiges Urteil des Kritikers, wonach der moralische Verrat Andersons ganz unmittelbar negative Auswirkungen auf dessen Literatur hat. Corinos ästhetisches Urteil speist sich nicht aus einer Befassung mit der Literatur Andersons, sondern aus einem anderen Zusammenhang. Corino zufolge ist die moralische Verkommenheit des Autors Beleg für die ästhetische Verkommenheit seiner Schriften. Im Bild eines literarischen ‚Bastards', den der Autor mit der Staatssicherheit gezeugt

21 Pegasus an der Stasi-Leine. In: *Der Spiegel*, 18.11.1991, S. 280.

22 Hajo Steinert: Die Szene und die Stasi. Muß man die literarischen Texte der Dichter vom Prenzlauer Berg jetzt anders lesen? In: *Die Zeit*, 29.11.1991. http://www.zeit.de/1991/49/die-szene-und-die-stasi (Zugriff am 16.07.2015).

23 Karl Corino: Absolution vor der Beichte? (*Die Welt*, 02.01.1992). In: Böthig/Michael (Hrsg.): *MachtSpiele*, S. 343.

habe, veranschaulicht Corino sein Urteil. In ganz anderer Weise kommt Iris Radisch auf den Topos der beschädigten Literatur und Biermanns Ausgangsvorwurf der Debatte zu sprechen. Sie zitiert einen Protagonisten der Szene, Adolf Endler, der den Prenzlauer Berg nicht für eine „Stasi-Plantage“[24] hielt. Endler begründet sein Urteil, indem er auf die Unterschiede der Literaturen verweist. Anderson und Rainer Schedlinski – ein weiterer Protagonist der Szene des Prenzlauer Bergs und Inoffizielle Mitarbeiter des MfS – hätten nie die typische Qualität der „Sprachartisten“[25] besessen. Radisch verwirft deshalb Andersons Literatur aber nicht ganz und gar:

> Diese Lyrik ist keine Spitzel-Poesie, sondern Dokument eines zerrissenen Bewußtseins, Zeugnis eines Menschen, der mit der Stasi vermutlich doch nicht nur wie ein gerissener Handelsunternehmer verkehrte. Er weiß: Was er getan hat, ist unverzeihlich. Das beweisen nicht zuletzt seine starrköpfigen Lügen.[26]

Obwohl Radisch den Gedanken eines allzu offensichtlichen Zusammenhangs von IM-Tätigkeit und Literatur zurückweist, spricht sie damit gleichzeitig auch aus, dass man die Literatur ohne moralisches Verständnis nicht bewerten könne, da man Andersons Werke vorrangig als Ausdruck des „zerrissenen Bewußtseins“, also des zerrissenen moralischen Gewissens des Autors verstehen müsse. Jahre nach Beendigung der Debatte beurteilt der Schriftsteller Joachim Walther aus Anlass der Veröffentlichung seiner Forschungsergebnisse zum „Sicherungsbereich Literatur“ im *Spiegel* das Verhältnis von Literatur und Staatssicherheit resümierend:

> Viele Autoren ließen sich – darin folgten sie dem schlechten Vorbild ihrer Kollegen in den anderen Diktaturen dieses Jahrhunderts – von der Macht korrumpieren und verrieten damit ihr eigenes Credo von der Authentizität und Wahrheit der Kunst.[27]

Walther unterstreicht noch einmal den behaupteten Zusammenhang von Literatur und politischer Macht, der in der Debatte auf unterschiedliche Art und Weise, aber einhellig formuliert wurde. Wer sich mit der Diktatur einlasse, so Walther in seinen Ausführungen, verletze immer und grundlegend die eigenen künstlerischen Maßstäbe und damit letztlich die Maßstäbe echter Kunst. In der gesamten Debatte, so kann man resümieren, speisen sich die ästhetischen Urteile fast nie aus einer ästhetischen Betrachtung der Literatur der Angeklagten.

24 Zit. n. Iris Radisch: Die Krankheit Lüge. In: *Die Zeit*, 24.01.1992. http://www.zeit.de/1992/05/die-krankheit-luege (Zugriff am 15.07.2015).

25 Ebd.

26 Ebd.

27 Joachim Walther: „Im stinkenden Untergrund“. Der Schriftsteller Joachim Walther über die totale Kontrolle der DDR-Literatur durch die Stasi. In: *Der Spiegel*, 23.09.1996, S. 227.

Konsens ist die Vorstellung, dass das politische Wirken der Autor_innen als Informant_innen des MfS sowohl ihren Charakter als auch ihre ästhetischen Werke beeinflusst. Die Qualität der Literatur wird letztlich, mit nur wenigen Ausnahmen, zu einer Frage der moralischen Integrität der Autor_innen erklärt, die immer schon entschieden war, sobald die Literat_innen mit der Staatssicherheit kooperierten.

Die Literaturwissenschaft hält dieses Ergebnis des Streits fest, stellt sich jedoch auch kritisch zu seinen Inhalten. Wolfgang Emmerich fasst den Literaturstreit, zu dem er eine erste Phase der Auseinandersetzung um Christa Wolf und eine zweite Phase „der Entdeckung der Stasi-Verstrickungen einiger junger Autoren aus der Prenzlauer Berg-Szene, allen voran Sascha Anderson und Rainer Schedlinski“[28] zählt, pointiert zusammen:

> Einschränkende oder gar verwerfende Urteile über Autoren*personen* machen nicht automatisch auch ihr *Werk* zunichte. Im ganzen mehrstufigen Literaturstreit klafft, von wenigen Ausnahmen abgesehen, aber eben diese merkwürdige Leerstelle: Es ist im Grunde, paradoxerweise, von *Literatur selber* kaum je die Rede (von ihren Urhebern umso mehr). Kaum je ging es um die Texte als schließlich auch *ästhetische Gebilde*. In dieser Hinsicht war der Literaturstreit eine merkwürdige Fortsetzung des früheren bornierten Umgangs mit der DDR-Literatur (im Feuilleton wie in der Literaturwissenschaft), insofern sie auch jetzt noch und wieder *pur politisch*, unterm Aspekt ihrer *sozialen resp. Öffentlichkeitswirkung* und unter dem Aspekt der *Autorgesinnung* gesehen wurde – gleichgültig, ob aus dem Blickwinkel des Liebhabers und Verteidigers oder aus dem des Verächters dieser Literatur.[29]

Emmerich beschreibt, wie in der Debatte über Staatssicherheit und Literatur sowie in der Debatte um Christa Wolf der Fokus auf die gesellschaftliche Funktion der Autorin und die ihrer Schriften gelegt wird. Man hält sich in der Debatte nicht mit einer ästhetischen Analyse der Werke auf, sondern schließt von der Funktion der Autorin auf die ästhetische Qualität der Literatur. Was Emmerich zurecht als zunächst zwei getrennte Sphären benennt, deren Zusammenhang eine Analyse erst belegen muss,[30] wird im Urteilsverfahren

28 Wolfgang Emmerich: *Die andere deutsche Literatur. Aufsätze zur Literatur aus der DDR*. Opladen: Westdeutscher Verlag 1994, S. 8.

29 Ebd., S. 8–9 (Herv. i. O.).

30 Es wird, zugegebenermaßen selten, der philologische Versuch unternommen, herauszuarbeiten, inwiefern die Literatur von Anderson oder Schedlinski tatsächlich so deutlich auf den politischen Kontext Staatssicherheit und DDR verweist oder, zugespitzt ausgedrückt, programmatisch-poetologisch aus ihm hervorgeht. Reinhard Heinritz hat eine solche Analyse angestrengt und kommt zu dem Ergebnis, dass aus Schedlinskis Lyrik „Spannungen und Paradoxien“ sprechen, die „eine Konsequenz der politischen Struktur einer Literaturszene“ seien: „Die Dynamik des kommunikativen Ansatzes und der Sprachkritik wird von der Starrheit der Verhältnisse aufgefangen und zum Stillstand gebracht.“ Damit assoziiert Heinritz die Gedichte letztlich mit einem bekannten Topos des gesellschaftlichen Lebens in der DDR: ‚Stagnation‘, zugunsten einer gleichwertigen, von ihm ebenfalls erarbeiteten Lesart, wonach sich die

der Debatte unmittelbar zusammengebracht: Demnach bildet das politische und moralische Urteil[31] über die Tätigkeit der Autor_innen als Informant_innen der Staatssicherheit die Grundlage für das ästhetische Urteil über die fehlende literarische Qualität ihrer Werke. Dieses Deutungsmuster, darin ist sich die Wissenschaft einig, ist zentrale Signatur der Debatte um Staatssicherheit und Literatur.[32]

Hermetik ganz aus der Kritik der Sprache selbst ergibt. (Reinhard Heinritz: „Prenzlauer Berg". Über experimentelle Literatur und Politik. In: *Literatur für Leser* 3 (1992), S. 181–193, hier S. 191.)

31 Karl Deiritz geht sogar so weit, das Verhältnis von politischen und moralischen Urteilen in der Debatte so zu bestimmen: „Die sogenannte Literaturdebatte ist eine Anti-Sozialismus-Debatte. Es geht um das Bekenntnis zum Westen. Geführt wird sie aber nicht als politische, sondern als moralische Debatte." (Karl Deiritz: Zur Klärung eines Sachverhalts – Literatur und Staatssicherheit. In: Ders. / Hannes Krauss (Hrsg.): *Verrat an der Kunst? Rückblicke auf die DDR-Literatur*. Berlin: Aufbau 1993, S. 11–17, hier S. 15.)

32 Im Vorwort eines Aufsatzbands, der sich dezidiert von den in der Debatte formulierten Anklagen absetzt und der Literatur selbst widmet, charakterisieren die Herausgeber die Debatte wie folgt: „Da wird wieder einmal Korrektur gelesen, gründlich, und vom Hof gejagt, wie es guter deutscher Brauch ist. So ist es ja auch: Mit der von Wolf Biermann eröffneten Auseinandersetzung um die Stasi-Tätigkeit Sascha Andersons und Rainer Schedlinskis wurde eine ganze Szene, die „Prenzlauer-Berg-Connection", wie Adolf Endler immer zu sagen pflegt, in Frage gestellt; und die Aufdeckung der Stasi-Kontakte von Heiner Müller und Christa Wolf animierte den Pariser Korrespondenten der *‚Zeit‘* zur großen Gebärde: Beschädigung der Literatur! Verrat an der Kunst! Das war flächendeckend gemeint. Arme Poesie, zu Grabe getragen vom Beerdigungsinstitut Feuilleton." (Karl Deiritz / Hannes Krauss: Vorwort. In: Dies. (Hrsg.): *Verrat an der Kunst?*, S. 9–10, hier S. 9.) Reinhard Heinritz kennzeichnet die Debatte um Sascha Anderson so: „Galt die Bindung von Literatur an Moralität manchen Kritikern als Eigenschaft einer überlebten Literatur, so werfen andere neuerdings den Prenzlauer Autoren ihre Verpflichtung auf *falsche* Grundsätze vor und bekräftigen damit die Untrennbarkeit von Person und Dichtung aufs neue. ‚Gesinnungsästhetik‘ erscheint jetzt in ihren strengsten Varianten: Eine bestimmt Haltung und das entsprechende Verhalten werden nicht nur als *zwei von mehreren* Kriterien auf einen Dichter angewendet, sondern dies soll *allein* über die Gültigkeit seiner Literatur entscheiden." (Heinritz: „Prenzlauer Berg", S. 182 (Herv. i. O.).) Gabriele Dietze charakterisiert die Debatte und positioniert sich zugleich darin: „So wie die Debatte derzeit geführt wird, wird nicht zu beantworten sein, ob im fraglichen Fall schlechte Moral schlechte Literatur zur Folge hatte, es wird auf die oben dargelegte Weise nicht geklärt werden können, ob der Dienst am Schönen irgendeine Verbindung zum Wahren und Guten hat und ob sich die reine Kunst oder die politische Kunst besser zur Korruption eignen. Die Frage, ob Anderson und seine Prenzlauer Freunde schlechte Poeten sind, beweist sich nach meiner Meinung am literarischen Text und nicht an der Häufigkeit und Genauigkeit der Spitzel-Berichte. Kanonisierende Federstriche, die ganze Literaturrichtungen mit moralischen Argumenten als ästhetisch diskreditiert auslöschen wollen, scheinen unangebracht und ein typisch deutsches Schwarzweißdenken." (Gabriele Dietze: Die hilflose Wiedervereinigung. Systematische Mißverständnisse west- und ostdeutscher Intelligenz im Fokus der Dichter-Spitzel-Anderson-Debatte. In: Böthig / Michael (Hrsg.): *MachtSpiele*, S. 28–36, hier S. 35.) Joachim Walther unterstreicht zwar die Signatur der Debatte, verwandelt allerdings ihr historisches Spezifikum und ihre politische Stoßrichtung in einen überhistorischen Dissens: „Es ist die alte Streitfrage, ob und inwieweit literarischer Text und biographischer Kontext, Werk und Vita zusammengehören,

Andere Nachwendedebatten, allen voran der deutsch-deutsche Literaturstreit, weisen diese Signatur ebenfalls auf. Emmerich zeigt, dass die Gesinnung eines Autors unlauter mit dem literarischen Werk kurzgeschlossen wird, und er weist auch drauf hin, dass im Literaturstreit die „Gesinnungsästhetik" zum „Gesinnungskitsch" erklärt wird.[33] Im deutschen Bilderstreit, in der Schlossplatzdebatte und in der Ostalgie-Debatte erschöpft sich die ästhetische Verurteilung der Bildenden Kunst, Architektur und Alltagskultur gleichfalls nicht in einem ästhetischen Maßstab, und auch dort ist das Kitsch-Argument zentraler Vorwurf und Schlusspunkt der Auseinandersetzungen mit der Kunst und Kultur.

Dieser Befund wirft Fragen auf: Wieso werden die Literatur von Christa Wolf und die Malerei von Willi Sitte, werden der Palast der Republik und die

ob und wann das öffentliche Wort des Dichters vom heimlichen des Denunzianten entwertet wird, ob und wann Moral neben der Ästhetik ein literarisches Kriterium sein darf und sollte." (Joachim Walther: *Sicherungsbereich Literatur. Schriftsteller und Staatssicherheit in der Deutschen Demokratischen Republik*. Berlin: Links 1996, S. 10.) Roswitha Skarre macht mit Rekurs auf eine Untersuchung der Opitz' deutlich, dass moralisch-ethische Kategorien bestimmend für die Debatte waren: „Die in vielen Neubewertungen zentrale Frage, ob angesichts des moralischen Versagens von Schriftstellern auch ihr literarisches Werk einer Neubewertung unterzogen werden muß, stellen Carola Opitz-Wiemers und Michael Opitz in Verbindung mit dem Versagen Anna Seghers und Johannes R. Bechers im Prozess gegen Walther Janka. Sie sehen in der Entwicklung dieser ersten Jahre nach ‚Wende' und Vereinigung kaum Ansätze einer neu zu schreibenden Literaturgeschichte als vielmehr eine Auseinandersetzung um Lebensläufe: ‚So wurde offensichtlich, daß über die Diskussion von Biographien nach der Rolle und Funktion von Kunst in der Gesellschaft gefragt wurde.' Den hier ausgesprochenen Verdacht, daß in den letzten Jahren frühere politisch-ideologische Bewertungen nicht unbedingt – wie überall gefordert – durch literarische Kategorien und ästhetische Bewertungen, sondern häufig durch moralisch-ethische Kategorien ersetzt wurden, teilen auch andere Literaturwissenschaftler." (Roswitha Skare: 1989/90: Eine Wende in der deutschen Literaturgeschichte? Tendenzen der neueren Literaturgeschichtsschreibung. In: Dies. / Rainer B. Hoppe (Hrsg.): *Wendezeichen? Neue Sichtweisen auf die Literatur der DDR*. Amsterdam / Atlanta: Rodopi 1999, S. 15–44, hier S. 25.) Was Roswitha Skare noch vorsichtig als „Verdacht" der Wissenschaft formuliert, muss durchaus offensiver als Gewissheit bezeichnet werden, wie Alison Lewis dies vornimmt: „Man war bemüßigt, sich von der Person des Verräters wie auch von der Kunst des Verräters zu distanzieren. Verdacht fiel auf eine gesamte Stilrichtung von Literatur, die unter der Rubrik der Postmoderne firmierte, die durch die Anwesenheit von Stasi-Informanten nun als höchst suspekt erschien. So starb auch die Legende vom authentisch subversiven Underground, die in den achtziger Jahren im Westen wie im Osten Glaubensbekenntnis war." (Alison Lewis: *Die Kunst des Verrats. Der Prenzlauer Berg und die Staatssicherheit*. Würzburg: Könighausen & Neumann 2003, S. 10.) Schließlich fasst Jan-Gerrit Berendse noch einmal den einhelligen Konsens – zumindest der westdeutschen Kommentatoren – in der Debatte zusammen: „Die Diskrepanz zwischen dem (vor allem) lyrischen Hermetismus und dem verschwiegenen Abstieg in die Tabuzonen der Moral wurde von vielen westdeutschen Kritikern als nicht allzu groß erfahren: beides waren ja Untergrund-Aktivitäten. Europas letzte Bastion subkulturellen Schreibens war dahin, weil sie sich als ‚Stasi-Plantage' entpuppt hatte, deren Geschlossenheit nur von dem einst negierten ‚Feind' gewährleistet werden konnte." (Jan-Gerrit Berendse: *Grenz-Fallstudien. Essays zum Topos Prenzlauer Berg in der DDR-Literatur*. Berlin: Schmidt 1999, S. 32.)

33 Emmerich: *Die andere deutsche Literatur*, S. 7.

DEFA-Filme nach der Wende in den Feuilletons fast ausnahmslos zu minderwertiger Kunst und zum Kitsch erklärt? Was wird in und mit dem Kitsch eigentlich bewertet und verurteilt? Was sind die gemeinsamen außer-ästhetischen Maßstäbe dieses ästhetischen Urteils?

Diese Fragen kann man ohne den Blick auf die gesellschaftlichen Umwälzungen, die dem Systemumbruch 1989/90 folgten, nicht beantworten. Durch den Mauerfall wird die DDR in politischer und ökonomischer Hinsicht zum Abwicklungsfall: Mit dem Anspruch der sowjetischen Führung konfrontiert, die Planwirtschaft als ökonomische Basis und damit alle ökonomischen und politischen Bündnisse aufzugeben, verliert die DDR nicht nur ihre Stellung als sozialistischer Blockstaat. Sie wird gleichzeitig eingeholt von dem seit der Gründung der DDR bestehenden Anspruch der Bundesrepublik auf ein gesamtdeutsches Staatsgebiet unter marktwirtschaftlichen und demokratischen Vorzeichen. Innenpolitisch wird mit dem Staatsvertrag vom Mai 1990 eine politische Union geschaffen, die den Geltungsbereich des Grundgesetzes auf das Gebiet der DDR ausdehnt. Außenpolitisch bekommt die neue, größere BRD von allen vier Alliierten die volle politische Souveränität zuerkannt und damit das Recht, die ‚Bündniszugehörigkeit' selbst zu wählen. Man betrachtet sich als neues, wiedervereinigtes Deutschland nun als neue Mitte Europas, als „gewichtiger und selbstbewusster" Partner mit mehr „Verantwortung" in europäischen Entscheidungsfragen, also mit mehr Mitbestimmungs- und Führungsanspruch.[34] Die ökonomische Seite des Systemwechsels besteht in der Umwidmung ehemals sozialistischer Betriebe in kapitalistische Unternehmen. Die DDR-Betriebe, deren Produktionszweck nicht in der marktwirtschaftlichen Rentabilität liegt, werden mit dem Umbruch diesem Kriterium ausnahmslos subsumiert und mit einschlägigen Folgen für die Bevölkerung zum Zweck der Gewinnerwirtschaftung für flächendeckend untauglich erklärt:

> Für die ostdeutsche Wirtschaft wurde das erste Einheitsjahr zum bislang schwersten. Die alten Produktionsstrukturen brachen nunmehr fast komplett zusammen. Der für die Wirtschaft der neuen Bundesländer so wichtige Osthandel kam zum völligen Erliegen. Im Zuge der Unternehmenszusammenbrüche und der Stillegung von nicht wettbewerbsfähigen Produktlinien wurde ein hohes Arbeitskräftepotenzial freigesetzt. Die Beschäftigtenzahl ging in diesem Jahr im Vergleich zu 1989 um 2,6 Mio. zurück.[35]

Das massenhafte Überflüssigmachen der ostdeutschen Bevölkerung durch die Umstellung auf eine marktwirtschaftliche Gewinnrechnung ist die harte

34 Karl-Rudolf Korte / Werner Weidenfeld: Deutsche Einheit. In: Dies. (Hrsg.): *Handbuch zur deutschen Einheit 1949 – 1989 – 1999.* Frankfurt am Main / New York: Campus 1999, S. 192–201, hier S. 200–201.

35 Jürgen Gros: Wirtschaft. In: Ebd., S. 847–862, hier S. 850–851.

ökonomische Konsequenz des Umbruchs- und Einigungsprozesses. Die politische Seite der Wiedervereinigung stellt mit der radikalen Abkehr vom Sozialismus nicht minder hohe Ansprüche an die Ostdeutschen. Entsprechend schwierig und langwierig gestaltete sich der Einigungsprozess.
Die Politik, als Gestalterin dieses Prozesses, begriff die Kultur als ein besonderes Mittel auf dem Weg zur Einheit.[36] Monika Grütters zog jüngst Bilanz aus dem Beitrag der Kultur im Einheitsprozess:

> Sie [die Kultur, SL] hat in den vergangen Jahren maßgeblich und sichtbar dazu beigetragen, dass zusammen wachsen konnte, was zusammen gehört. Das einigende Band zwischen Ost und West war ja auch in den Jahren der Teilung noch am ehesten die gemeinsame Kultur. Kant, Goethe, Brecht – sie wurden in beiden Teilen Deutschlands gelesen. Beethoven, Schumann, Eisler – sie wurden in beiden Teilen Deutschlands gespielt und gehört.
> [...]
> Wie die Einheit in den Alltag einzog und wie die äußerst robuste und vielfach beklagte „Mauer in den Köpfen" allmählich anfing, porös zu werden und zu zerbröseln, das ist ein Wandel, der die Kraft, die Macht der Kultur offenbart.[37]

Den Beitrag der Kultur zur deutschen Einheit könne man Grütters zufolge nicht überschätzen: Kultur bewirke die Identifikation mit einem Gesamtdeutschland, stelle eine gedachte und gefühlte Einheit her und ermögliche letztlich die Wiedervereinigung erst eigentlich. Die Macht der Kultur bestehe darin, Zuschauer_innen, Betrachter_innen und Zuhörer_innen aktiv zu einer nationalen Gemeinschaft zusammenzuschließen. Sie stifte nationale Identität und sei damit, wie Grütters hervorhebt, „Ausdruck unserer Identität und Modus unseres Zusammenlebens".[38] In der Krise, das betont ihr Amtsvorgänger Bernd Neumann, sei diese Funktion besonders gefragt:

> Die Kultur ist gerade in der Krise ein unentbehrliches, wesentliches, integratives Element unserer Gesellschaft. Identität, Zugehörigkeit, Zusammenhalt – all das stiftet Kultur.[39]

36 Die Politik nimmt damit das Konzept einer ‚Neuen Kulturpolitik' auf, das bereits in den 1970er-Jahren formuliert worden ist und wonach die Kultur als ein die Gesellschaft entscheidend prägendes Moment und als national bedeutendes „Bindeglied" begriffen wird. (Oliver Scheytt: *Kulturstaat Deutschland. Plädoyer für eine aktivierende Kulturpolitik*. Bielefeld: Transcript 2008, S. 15.)

37 Monika Grütters: Rede von Kulturstaatsministerin Grütters zum 8. Kulturpolitischen Bundeskongress „Kultur. Macht. Einheit?" der Kulturpolitischen Gesellschaft. http://www.bundesregierung.de/Content/DE/Rede/2015/06/2015-06-18-kulturpolitischer-bundeskongress.html (Zugriff am 06.07.2015).

38 Ebd.

39 Bernd Neumann: Trotz Sparpaket wird Kultur auch 2011 geschont! http://www.bundesregierung.de/ContentArchiv/DE/Archiv17/Pressemitteilungen/BPA/2010/09/2010-09-15-bkm-haushalt.html (Zugriff am 06.07.2015).

Gerade dann, wenn die Gemeinschaft, wie in Zeiten der Krise, bedroht sei, stifte Kultur Identität und letztlich Zusammenhalt, der für Stabilität und Kontinuität der Nation sorge. Damit ist die wesentliche politische Leistung der Kultur benannt, die von der Politik gewürdigt wird: Kultur habe die Kraft, eine nationale Gemeinschaft zu schaffen. Von den politischen Entscheidungsträger_innen wird Deutschland konsequent als eine Nation begriffen, die ein zentrales „Selbstverständnis der Kulturnation“[40] pflegen und praktisch politisch umsetzen muss.[41] An Teile der Hoch- und Populärkultur ist damit seitens der Politik eine wesentliche Hoffnung gerichtet: Sie sollen das leisten, was Politik und Ökonomie nach der Wende vermeintlich nicht vermochten, sie sollen eine innere Einheit stiften und eine nationale Gemeinschaft herstellen. Diese Perspektive auf (Hoch-)Kultur als integrierendes gesellschaftliches Element und Ausdruck einer Gemeinschaftlichkeit ist nicht nur die Vorstellung der Politiker_innen – sie wird zu einer Generalperspektive nach der Wende. Irene Götz unterstreicht, dass es einen allgemeinen „Paradigmenwechsel“ hin zur ‚Kulturnation‘ und zur nationalen Kultur gibt, der vor allem die Identitätsdebatten und -inszenierungen der letzten Jahre bestimmt.[42] Ruth Wodak et al. erklären

40 Grütters: Rede zum 8. Kulturpolitischen Bundeskongress.

41 Aus dem neuen nationalen Selbstverständnis und der neuen nationalen Bedeutung der Kultur nach der Wende folgt eine entsprechende politische Praxis: Mit der Regierung Schröder wird 1998 das Amt des Kulturstaatsministers (Beauftragter der Bundesregierung für Kultur und Medien) aus der Taufe gehoben, das zunächst der Verleger und Publizist Michael Naumann bekleidet. Nach zwei Jahren Amtszeit folgt ihm der Philosophieprofessor Julian Nida-Rümelin, der 2002 mit der Gründung der Kulturstiftung des Bundes die nationale Bedeutung der Kultur langfristig politisch unterstreicht. Zur Eröffnung des Neubaus 2012 in Halle (Saale) erinnerte Bundeskanzlerin Angela Merkel in ihrer Eröffnungsrede an den Grundsatz der Stiftung als das „tiefe[] Bewusstsein für die kulturellen Wurzeln“. (Angela Merkel: Rede anlässlich der Eröffnung des Neubaus der Kulturstiftung des Bundes am 30. Oktober 2012 in Halle. http://www.kulturstiftung-des-bundes.de/sites/KSB/images/neubau/Rede_von_Bundeskanzlerin_Dr._Angela_Merkel_anlaesslich_der_Eroeffnung_des_Neubaus.pdf (Zugriff am 19.07.2015)). 2007 schafft sich die Bundesregierung schließlich mit dem Hauptstadtkulturvertrag (Hauptstadtfinanzierungsvertrag mit Folgevereinbarung zur Kulturfinanzierung in der Bundeshauptstadt) – ausgehandelt wird der Vertrag schon unter Staatsminister Michael Naumann – ein politisches Instrument zur Förderung herausragender nationaler Kulturprojekte in Berlin. Kulturstaatsminister Bernd Neumann lobt den Vertrag als ein dem kulturellen Verständnis der Nation entsprechendes Werk: „Die Welt beneidet uns um unsere vielen kulturellen Metropolen. Sie sind Teil und Ergebnis unserer Geschichte. Doch Berlin als Hauptstadt der Bundesrepublik steht im Blickpunkt der Kulturnation Deutschland. Die Bundesregierung trägt hier für die Repräsentation des Gesamtstaates besondere Verantwortung.“ (Bernd Neumann: Bund wird seiner Mitverantwortung für Hauptstadtrepräsentation optimal gerecht. http://www.bundesregierung.de/Content/DE/Archiv16/Pressemitteilungen/BPA/2007/11/2007-11-30-bkm-hauptstadtrepraesentation.html (Zugriff am 19.07.2015)).

42 Irene Götz: *Deutsche Identitäten. Die Wiederentdeckung des Nationalen nach 1989.* Köln / Weimar / Wien: Böhlau 2011, S. 14.

übereinstimmend, dass nach der Wende „in so gut wie allen Diskursen über Nationen und nationale Identitäten ein staatsnationales mit einem kulturnationalen Verständnis vermischt" wird.[43]

Ihren theoretischen Ausgangs- und Kristallisationspunkt hat diese Nachwendeperspektive im Konzept der ‚kulturellen Identität'. Grundsätzlich wird der kulturellen Identität in der Diskussion darum, was Identität generell auszeichnet, eine Besonderheit attestiert. Diese theoretische Besonderheit des Phänomens ‚Identität' wird als Paradoxon gefasst und wie folgt erläutert:

> Nach Devereux wird der Mensch durch zwei sich anscheinend widersprechende Vorgänge konstituiert: die Zuordnung zu einer Gemeinschaft und die gleichzeitige Konstruktion seiner Individualität. Diese beiden Vorgänge schließen sich nicht aus, die Konstituierung der Individualität der oder des Einzelnen erfordert die gleichzeitige Anwesenheit und Präsenz der Anderen. Der Begriff, der beide Vorgänge verbindet, ist Identität.[44]

Jens Schneider erfasst die theoretisch widersprüchliche Grundlage der Identität: Die Selbstbeschreibung der Individualität eines Subjekts konstituiert sich im Modus von Kollektivierung und überindividuellen Merkmalen. Dies sei aber nur scheinbar ein Widerspruch, so Schneider, denn keine Individualität könne ohne den ‚Anderen' existieren; erst mit der Zuordnung zur Gemeinschaft könne das Eigene entstehen. In der Identität gehen diese beiden, sich eigentlich ausschließenden Seiten zusammen und konstituieren ein Subjektbewusstsein im Modus der Gemeinschaft. Das Identitätskonzept macht den Widerspruch auf funktionale Weise produktiv, wenn es von einem Entsprechungsverhältnis von Subjekt und Gemeinschaft als Merkmal der Individualität ausgeht. Der Ertrag dieses theoretischen Paradoxons ist demnach eine Verbundenheitserklärung, ist die Zuordnung zu und die Unterordnung unter eine nationale Gemeinschaft in einem authentischen, weil freien *Bekenntnis* zu ihr.

In der ‚kulturellen Identität' wird nun mit dem Attribut ‚kulturell' die Sphäre dieses Bekenntnisses und damit die Eigenschaften der kollektiven Seite dieser Konstruktion benannt. Demnach erfolge die Zuordnung zur Gemeinschaft wesentlich über die Kultur; sie bestimme, durchwirke und determiniere als Attribut von Identität das Individuum, das sich nicht unmittelbar frei zu ihr stellen könne, aber dennoch als freies Subjekt über sie verfüge. Diesen Widerspruch führt Ellen Brokopf aus:

43 Ruth Wodak et al.: *Zur diskursiven Konstruktion nationaler Identität.* Frankfurt am Main: Suhrkamp 1998, S. 103.

44 Jens Schneider: *Deutsch sein. Das Eigene, das Fremde und die Vergangenheit im Selbstbild des vereinten Deutschland.* Frankfurt am Main: Campus 2001, S. 35.

> Wichtig an dieser Definition von kultureller Identität ist vor allem, dass einerseits keine dieser bezogenen Positionen von Dauer sein muss und auf der anderen Seite das Subjekt nicht völlig frei wählen kann, sondern auch determiniert ist durch bestimmte gesellschaftliche Faktoren.[45]

So stellt sich die kulturelle Identität als Form der gesellschaftlichen Zuordnung dar, die weder ganz frei noch ganz gebunden ist. Was diese Form der identitären Selbstbeschreibung letztlich in erheblichem Maße verbindlich mache, seien die kulturellen gesellschaftlichen Faktoren, die „kulturale Dimension".[46] Sie liege vor in Gestalt von „gemeinsamen Verhaltensregeln, von Werten und Normen"[47], grundsätzlich aber in einer gemeinsamen Sprache:

> Wenn bei der Konstruktion des individuellen Selbstbildes oder des Gruppenselbstbildes auf bestimmte Elemente der vorgeordneten „Kultur" als einem verfügbaren Baukasten zurückgegriffen wird, wenn die verfügbaren Bausteine von Identität selbst zum kulturellen Fundus der Gruppe, zu ihrem Gruppengedächtnis, gehören, dann entsteht die Identität einzelner demnach niemals beliebig oder völlig frei. Sie ist sozial und kultural gebunden. In der spätmodernen Identitätsforschung gilt Sprache als das Gefäß, in das Identität als Erfahrung eingepasst ist. Sprache ist gewissermaßen der Filter zwischen dem individuellen Bewusstsein, das Identität konstruiert, und der vorgeordneten normativen „nationalen Kultur-Konstruktion", deren Elemente sich dieses Bewusstsein via Sprache einverleibt. *Sprache* meint hier in einem weiteren Sinne das jeweilige *nationalkulturelle Zeichensystem*.[48]

Götz zufolge entfalte die Kultur einer Nation eine ganz eigene Wirkmächtigkeit. Aus ihr könnten zwar wie in einem Baukastensystem Identitätsbausteine gewählt werden, schließlich aber ist spätestens auf der Ebene der nationalen Sprache bzw. des nationalen Zeichensystems eine Zuordnung der Subjekte zur Gemeinschaft verbindlich gemacht. Als „Gruppengedächtnis" oder „Gruppenselbstbild" – das Paradoxon ist hier in einem Wort zusammengefasst – entfalte die Kultur eine Wirkung auf die Subjekte, ohne sie gänzlich auf sich zu verpflichten. In der kulturellen Identität werden die Subjekte letztlich begriffen als zwar immer schon in die Kultur und damit in die nationale Gemeinschaft eingefasst, aber graduell – nämlich in ihrer geistigen Haltung – gelöst von ihr. In diesem Befund ist das persönliche Bekenntnis notwendig, um die Zugehörigkeit zur Gemeinschaft und letztlich die nationale Einheit herzustellen.

45 Ellen Brokopf: *Schreiben als kultureller Widerstand. Die 2. Generation in der Migration am Beispiel von zwei autobiographischen Romanen aus Deutschland und Frankreich*. Berlin: Lit 2008, S. 34.

46 Ebd.

47 Götz: *Deutsche Identitäten*, S. 69.

48 Ebd., S. 82 (Herv. i. O.).

Dieses, für eine gelungene nationale Identifikation so wichtige freie Bekenntnis findet in der Kultur einen passenden Inhalt: die Werte einer Gesellschaft. Michael Klein betont die zentrale Bedeutung der Werte in der Kultur:

> Denn im Kern wird eine Kultur durch Werte, also „Konzeptionen des Wünschenswerten", definiert, die in der jeweiligen Kultur das Denken, Fühlen und Handeln der Menschen maßgeblich und auf eine andere Art und Weise bestimmen, als dies die vorherrschenden Werthaltungen in anderen Ländern tun.
> Aus dieser kulturellen Werteordnung, also der spezifischen Konstellation vorherrschender Werthaltungen, leiten sich jene verhaltenssteuernden Erwartungen ab, auf die sich Dahrendorfs Idee der ‚Rolle des typischen Deutschen' bezieht. Der auf Werten basierenden Kultur kommt damit eine zentrale Funktion für die Integration der Gesellschaft zu.[49]

Erst die in der Kultur vermittelten Werte verpflichten das Subjekt im Konsum der Kunst auf seine Rolle in der Nation und ermöglichen damit jene entscheidende Funktion der Kultur für die gesellschaftliche Integration der Individuen. Wieso allerdings vermögen die Werte in der Kultur diese Form der Zustimmung zu einer Gesellschaft hervorzurufen? Sie liefern, als „Konzeptionen des Wünschenswerten", wie Klein betont, ein bestimmtes Interpretationsangebot einer Gesellschaft. Die Kultur, als Sphäre der Freiheit, gilt – ganz grundlegend und unabhängig von ihren jeweiligen Inhalten – gerade wegen ihrer Freiheit als Ausdruck höherer Prinzipien derjenigen Gemeinschaft, der sie entspringt. Diese Werte drücken also die höheren Ziele und Zwecke einer Gemeinschaft aus, in deren Lichte gesellschaftliche Wirklichkeit interpretiert wird. Damit sind Werte Ideal- und Sinnvorstellungen, die durch gesellschaftliche Realität hindurch wirken und das grundsätzlich gute, zustimmungsfähige Prinzip einer Gesellschaft formulieren. (Hoch-)Kultur, indem sie die Werte einer Gemeinschaft verkörpert, der sie entstammt, leistet damit letztlich nationale Sinnstiftung.[50] Sie vermittelt Grundwerte, nationale Orientierung und Leitbilder,

49 Michael Klein: *Die nationale Identität der Deutschen. Commitment, Grenzkonstruktionen und Werte zu Beginn des 21. Jahrhunderts*. Wiesbaden: Springer VS 2014, S. 64.

50 Thomas Assheuer griff die nationale Sinnstiftung, die durch den Kulturstaatsminister gefördert wurde, kritisch auf, betonte dabei allerdings gleichzeitig die Funktion der Kultur für diese Sinnstiftung: „Die öffentlichen Rätsel, die Naumann aufgibt, bilden die Außenseite einer institutionellen Unklarheit. Diese Unklarheit besteht in der Grenzverwischung von Kulturverwaltung und Kulturpolitik, staatlicher Fürsorge und nationaler Sinnstiftung. Wenn Naumann seine Fördermittel unters Volk bringt, wenn er den Bamberger Symphonikern die Finanzen kürzt und dem Nationalmuseum in Nürnberg dazu, wenn er die Berliner Museumsinsel zu seiner Herzensangelegenheit erklärt, dann trifft er diese Entscheidungen nicht im geistig luftleeren Raum. Vielmehr beruhen sie auf politischem Kalkül, kulturellen Weltbildern und ästhetischen Präferenzen. Dadurch wächst, beinahe unsichtbar, dem Staat eine kulturelle Definitionsmacht zu, die offen zu legen Naumann scheut wie der Teufel das Weihwasser. Denn bekanntlich ist im Grundgesetz eine kulturnationale Sinnstiftung durch den Bund nicht vorgesehen, weder eine

sei „Kraftquell und Zeichen von aufgeklärter Moralität der Bürger“[51] und stehe für „Aufbauwille, Tatkraft, Engagement“[52] für die Nation. Als diese Werteheimat ist die (Hoch-)Kultur – mit Blick auf die kulturelle Identität – jene ästhetische Kraft, die den Sinn nationaler Gemeinschaft veranschaulicht und damit ein Bekenntnis zur Nation unterstützt.

In der kulturwissenschaftlichen Diskussion um kulturelle Identität werden stets beide Seiten ihrer nationalintegrativen Funktion als theoretische Bestandteile betont: die Freiheit des Bekenntnisses zur Nation und die Unterordnung unter eine nationale Gemeinschaft im Modus der Kultur. In den öffentlichen, medialen Debatten über kulturelle Identität werden diese beiden Seiten offensiv eingeklagt, wie an der Debatte um Integration und ‚Leitkultur‘ im Herbst 2000 deutlich wird. Der Streit entzündet sich an einem Artikel des CDU-Fraktionsvorsitzenden Friedrich Merz in der *Welt*, in dem er Stellung zu einer Diskussion um Zuwanderung und Integration nimmt, die innerhalb der Union geführt wird und in der er den Begriff „deutsche Leitkultur“ verwendet.[53] In seinem Artikel fordert Merz einen „allgemeinen gesellschaftlichen Minimalkonsens“ an Werten und Maßstäben, die für Zuwander_innen verbindlich sein sollen. Dabei besteht er darauf, dass es nicht einfach die Herrschaft des Grundgesetzes gebe, denen sich Einheimische wie Zugereiste unterwerfen, sondern dass es, diesem vorgelagert, deutsche Werte gebe, die be- und geachtet werden müssen.

> Das Grundgesetz ist damit wichtigster Ausdruck unserer Werteordnung und so Teil der deutschen kulturellen Identität, die den inneren Zusammenhalt unserer Gesellschaft erst möglich macht.[54]

Merz zufolge ist das Grundgesetz das Ergebnis und der Ausdruck einer viel grundlegenderen Ordnung der Werte, die der deutschen Kultur entspringt, jener Kultur, der man sich zuordnet und darüber gesellschaftlichen Zusammenhalt erst eigentlich ermöglicht. Damit spricht Merz einerseits aus, was im theoretischen Konzept der kulturellen Identität als die determinierende Seite der

sozial- noch eine christdemokratische.“ (Thomas Assheuer: Berliner Idyllen. Von der Bundeskultur zur Staatskultur? Fragen an Michael Naumann. In: *Die Zeit*, 16.11.2000. http://www.zeit.de/2000/47/200047_foerderalismus.xml (Zugriff am 19.07.2015).)

51 Götz: *Deutsche Identitäten*, S. 12.

52 So formuliert es der damalige Bundespräsident Horst Köhler in einer Festrede zum Tag der deutschen Einheit 2008 in Hamburg (zit. n. ebd.).

53 Friedrich Merz: Einwanderung und Identität. Unionsfraktionschef Friedrich Merz zur Diskussion um die „freiheitliche deutsche Leitkultur“. In: *Die Welt*, 25.10.2000. http://www.welt.de/print-welt/article540438/Einwanderung-und-Identitaet.html (Zugriff am 19.07.2015).

54 Ebd.

Kultur benannt wird. In gleicher Weise betont Merz andererseits im darauffolgenden Absatz seines Artikels das freie Bekenntnis zur Nation:

> Die deutsche Kultur ist nach dem Zweiten Weltkrieg entscheidend von der europäischen Idee geprägt worden. Deutschland als Land in der Mitte Europas und die Deutschen haben sich identifiziert mit der europäischen Integration, mit einem Europa in Frieden und Freiheit, basierend auf Demokratie und sozialer Marktwirtschaft.[55]

Im Gegensatz zu den ‚Ausländer_innen' zeichnen sich die Deutschen durch die Leistung einer Identifikation mit den nationalen Grundwerten aus, auch wenn diese offenbar schon europäisiert sind. Merz zufolge liegen dem Konzept einer deutschen Leitkultur – unabhängig von den konkreten Inhalten – die beiden Momente des Konzeptes der kulturellen Identität, d. h. das *freie* Bekenntnis zur eigenen *Bedingtheit* durch die nationale Kultur und damit zur Nation, bestimmend zugrunde. Auf dieser Grundlage ist die Leitkultur im Merz'schen Verständnis auch immer politischer Auftrag nationaler Vergemeinschaftung durch Kultur – also kulturnationaler Integration.

In den Wochen nach der Veröffentlichung folgen auf den Merz'schen Artikel vehemente Einsprüche, die dem Autor entgegenhalten, dass seine Vorstellungen von deutscher Leitkultur unpräzise oder verwaschen seien, wenn nicht sogar ganz fehlten. Auch innerhalb der CDU muss die Parteivorsitzende Angela Merkel zugeben, dass man Probleme hat, den Begriff „inhaltlich zu füllen"[56], hält aber vorerst dennoch an ihm fest und distanziert sich erst später von ihm. Robert Leicht wirft in der *Zeit* denjenigen, die sich als Vertreter_innen einer Leitkultur verstehen, vor, dass sie mit Sicherheit keine solchen wären.[57] Manche Kritiker_innen werfen ein, dass die Mehrheit der Deutschen die eigene jüdisch-christliche (Hoch-)Kultur nicht wirklich gut kenne und folgerichtig im Sinne der Leitkultur eigentlich nicht integriert sei.[58] Ernstere Stimmen mahnen, dass man mit der Leitkultur rechter Gesinnung eine Berufungsinstanz schaffe, mit der Gesinnungsgenoss_innen dann ihr Deutschlandbild aufwerten und im politischen Mainstream vertreten können.[59] Auch am Inhalt der Leitkultur werden Einwände geäußert: So sieht man in Merz' Vorschlag die Zerstörung einer neuen toleranten Kultur, die viel eher zur Identifikation mit der Nation

55 Merz: Einwanderung und Identität.

56 Reinhard Mohr: Operation Sauerbraten. In: *Der Spiegel*, 06.11.2000, S. 342.

57 Robert Leicht: Leitkultur? Absolut! Oder relativ… In: *Die Zeit*, 02.11.2000. http://www.zeit.de/2000/45/200045_robertleicht_1103.xml (Zugriff am 19.07.2015).

58 Sascha Lehnartz: Sind Sie leitkultiviert? In: *Die Zeit*, 16.11.2000. http://www.zeit.de/2000/47/Sind_Sie_leitkultiviert_ (Zugriff am 19.07.2015).

59 Meyer: Verdienstvolle Diskussion. Die Union wird den Begriff der deutschen „Leitkultur" nicht auf den Index setzen. In: *FAZ*, 02.11.2000. http://www.faz.net/-gpf-2e5b (Zugriff am 19.07.2015).

anrege. Das harte, rücksichtslose Einklagen von Verbindlichkeit sehen viele als unattraktiveren Weg zur gemeinsamen kulturellen Identität.[60] Marion Gräfin Dönhoff wirft Merz vor, dass er der europäischen Integration so offen den Rücken kehre.[61] Innenminister Otto Schily weist den Begriff ‚deutsche Leitkultur' und seine Implikationen mit der Begründung zurück, dass die Achtung der Gesetze und die Kenntnis der deutschen Sprache für ein integriertes Leben in Deutschland seiner Meinung nach völlig ausreichen.[62] Vereinzelt wird die Leitkulturdebatte auch als Stellvertreterdebatte eines parteiinternen oder zwischenparteilichen Machtkampfes besprochen.

Trotz dieser vielfältigen Einwände gegen das Konzept einer deutschen Leitkultur werden grundlegende Sachverhalte in der Debatte selbstverständlich vorausgesetzt. Zum einen steht bei allen Beteiligten der Sachzwang außer Frage, dass Deutschland Einwanderung benötige, damit Phänomene wie eine überalterte Gesellschaft und daran geknüpfte scheiternde Sozialsysteme nicht Wirklichkeit werden. Zum anderen zweifelt niemand daran, dass sich die Zugewanderten in die deutsche Gesellschaft integrieren müssen. Selbst Teile der Grünen als Verfechter von Multikulturalismus, also dem gleichberechtigten gesellschaftlichen Nebeneinander von unterschiedlich integrierten Kulturen in Deutschland, sprechen sich – wie etwa Renate Künast – gegen sogenannte Parallelgesellschaften aus. Konsens ist, dass das geistige Sich-Einfinden in die Nation Voraussetzung für ihr Funktionieren sei. Wer nicht nur die Einhaltung der Gesetze und die Achtung des Grundgesetzes fordert, der beruft sich immer auch auf gemeinsame Werte, die einer Gesellschaft wie der deutschen zugrunde liegen und die sie von anderen unterscheidet. Diese Werte, so ist man sich einig, sind der eigentliche Motor gesellschaftlicher Integration. In der gemeinsamen Kultur seien sie zu finden, dort entfalten sie eine Verbindlichkeit über das Individuum hinaus, verlangen aber auch immer nach einem aktiven Bekenntnis zu ihnen. Josef Joffe fasst den Konsens der Debatte zusammen:

> Die Nation schuldet ihnen allen Dank: dem Herrn Merz und der Frau Merkel von der CDU, Paul Spiegel und Salomon Korn vom Zentralrat der Juden, den Demonstranten und Kritikanten von Berlin am 9. November. Denn sie haben sich nicht bloß über das

60 Theo Sommer: Einwanderung ja, Ghettos nein. Warum Friedrich Merz sich zu Unrecht auf mich beruft. In: *Die Zeit*, 16.11.2000. http://www.zeit.de/2000/47/200047_leitkultur.xml (Zugriff am 15.08.2016).

61 Marion Dönhoff: Leitkultur gibt es nicht. In: *Die Zeit*, 09.11.2000. http://www.zeit.de/2000/46/200046_leitkultur.xml (Zugriff am 19.07.2015).

62 Gunter Hofmann / Martin Klingst: Stolz, stolzer, am stolzesten. Innenminister Otto Schily: „Fangen Sie nicht schon wieder mit der Leitkultur an". In: *Die Zeit*, 02.11.2000. http://www.zeit.de/2000/45/200045_schily.xml (Zugriff am 19.07.2015).

Reizwort „Leitkultur“ echauffiert, sondern vor allem ein wunderbares Paradox dramatisiert: dass es auch den Leugnern um nichts anderes geht als eben – horribile dictu – die L-Kultur. [...]
Man kann das L-Wort drehen und wenden, wie man will: Ohne einen solchen Begriff, ohne Wertekanon, geht es nicht.[63]

Joffe kennzeichnet die Grundlage der Debatte: Verfechter_innen wie Kritiker_innen der Leitkultur sind sich in der Sache einig, dass es die Verbindlichkeit der Werte – und diese hatte man in der Kultur verortet – bräuchte. Auch Joffe bekennt sich offen zu einem Wertekanon und fordert, zunächst ganz unabhängig von jedem konkreten Inhalt und ganz prinzipiell, dessen Gültigkeit ein. Damit spricht er noch einmal indirekt aus, dass die Idee einer kulturellen Identität Leitgedanke der Debatte ist. Sie bleibt über den Streit hinaus bestimmend für das Verständnis gesellschaftlicher Integration. So erklärt Horst Köhler 2004 im Interview mit der *FAZ* auf die Frage nach seinem Verständnis von Leitkultur:

Ich persönlich bevorzuge den Begriff Identität: Wir müssen in Deutschland, aber auch in Europa wissen, was unsere Wurzeln sind. Was sind unsere geistigen Wurzeln, was ist unsere Wertebasis, was hält unsere Gesellschaft zusammen?[64]

So drückt Köhler abermals aus, dass gesellschaftliche Integration eine Frage der Kultur ist. Durchgesetzt hat sich nach der Wende die Vorstellung, dass die Kultur eine entscheidende Sphäre ist, in der die gemeinsamen Werte der Nation beheimatet sind und mit der nationale Gemeinschaft gestiftet werden kann.[65]

Dieses Kulturverständnis, das mit dem Systemumbruch entstand, hat weitreichende Konsequenzen für die Kulturdebatten nach der Wende. Die nationale Gemeinschaft, die die Kultur befördern soll, überlassen Politiker_innen

63 Josef Joffe: Lust auf Leit. Verlangt oder verfemt – ohne Leitkultur kommt ein Land nicht aus. In: *Die Zeit*, 16.11.2000. http://www.zeit.de/2000/47/200047_1._leiter.xml (Zugriff am 19.07.2015).

64 Berthold Kohler: „Wir brauchen eine tiefgehende Erneuerung“. Ein F.A.Z.-Gespräch vor der Bundespräsidentenwahl mit dem Kandidaten der Union. In: *FAZ*, 11.05.2004. http://www.faz.net/-gpf-ou4c (Zugriff am 19.07.2015).

65 Wie sehr die kulturelle Identität der Deutschen letztlich außer Frage stand, macht Michael Naumanns Analogie noch einmal deutlich: „Dass es eine Nationalkultur gibt, lässt sich vielleicht mit der Antwort auf die Frage beantworten, was Luft ist. Eines weiß ich: Wenn sie nicht da ist, kann ich nicht atmen. Und wenn eine Nationalkultur nicht da ist, ist die nationale Politik sprachlos, ist eine Gesellschaft erinnerungslos – also geistlos.“ (Zit. n. Thomas Leinkauf/Harald Jähner: Ich gehe als freier Mann. Wie ich gekommen bin. In: *Berliner Zeitung*, 23.12.2000. http://www.berliner-zeitung.de/archiv/ein-gespraech-mit-dem-scheidenden-kulturstaatsminister-michael-naumann-ich-gehe-als-freier-mann--wie-ich-gekommen-bin,10810590,9863258.html (Zugriff am 19.07.2015).)

und Journalist_innen nicht den Kulturschaffenden allein, sondern betreiben aktiv die Vergemeinschaftung von Kultur. Ein solches Vergemeinschaftungsprogramm ist zu großen Teilen jedoch kein konstruktives Förder- und Aufbauprogramm, sondern ein Abriss- und Abräumprogramm von Teilen der (Hoch-)Kultur. Zu beobachten ist nach der Wende ein rigoroser Kulturkampf, in dem flächendeckend gegen DDR-Kunst und -Kultur vorgegangen wird. Nach den Grundsätzen nationaler Integration wird die DDR-Kultur zur fragwürdigen und unversöhnlichen gesellschaftlichen Kraft. Das Kitsch-Urteil ist das sprachliche Instrument, mit dem man sich gegen die Kultur des ehemaligen Staats stellt und Literatur, Bildender Kunst, Architektur, dem Film und Fernsehen sowie der Alltagskultur aus der und über die DDR ihre sachlich-ästhetische Verfehlung vorwirft, um ihr darüber die Legitimation *als* Kultur zu entziehen.

Deutlich wird dies beispielsweise an der ersten Phase des deutsch-deutschen Literaturstreits, in der man an Christa Wolfs Biografie – stellvertretend für viele DDR-Schriftstellerinnen – nicht nur die Qualität ihrer Literatur festmacht, sondern ihren Werken auch ganz grundlegend abspricht, überhaupt Literatur zu sein. Als „Gesinnungsästhetik"[66] sollten Wolfs Werke solchen der Literatur eigenen ästhetischen Kriterien nicht gerecht geworden sein. Im Kitsch fasst man dieses Urteil vernichtend zusammen und so wird aus der „Gesinnungsästhetik" ein „Gesinnungskitsch".[67]

In allen Debatten um DDR-Kultur ist der Kitsch-Vorwurf Bestandteil der Auseinandersetzungen und markiert den rhetorischen Schlusspunkt einer fraglich gewordenen Funktion von Kulturschaffenden und Kultur aus der DDR. Ein Artikel, der im Dezember 1999 in der *FAZ* veröffentlicht wird, belegt die Rhetorik des Kitschs gegen die DDR-Kultur anhand eines Films des Regisseurs Richard Engel, der darin seinen Freund Gerhard Gundermann, Arbeiter, Schriftsteller, Liedermacher und IM der Staatssicherheit, portraitiert:

> Mitten in den Arbeiten für den Film starb Gundermann. Engel genoss es, unter dem Todesflor nun endgültig in Melancholie versinken zu dürfen. In endlosen Kameraeinstellungen muss der Zuschauer erleben, wie Gundermann von seinem Bagger Abschied nimmt, als wäre der Schrotthaufen ein Lebewesen, in das man traurig verliebt sein müsste. Endlos die Einstellung auf die Gesichter der Gesprächspartner, wenn die schon lange nichts mehr sagen oder nichts zu sagen haben. Endlos auch die Verfilmung von Gundermanns Begräbnis. Endlos seine kleine Tochter, wie sie im Garten des Einfamilienhauses herumtollt. Das ist aber nicht Melancholie oder irgendein anderes feines Gefühl für die Seele, das ist Kitsch.[68]

66 Karl Heinz Bohrer: Kulturschutzgebiet DDR? In: *Merkur. Deutsche Zeitschrift für europäisches Denken* 500 (1990), S. 1015–1018, hier S. 1016.

67 Ebd.

68 Frank Pergande: DDR, Sozialismus, Arbeit. In: *FAZ*, 16.12.1999, S. BS3.

Dass Gundermann sich konstruktiv zur DDR stellt, IM des MfS ist und als Autor und Sänger noch über das Ableben der DDR hinaus an seinen sozialistischen Idealen festhält, macht ihn nach seinem Tod zu einem „Märtyrer des Ostens".[69] Als ein solcher wird er in Engels Film gezeigt. Das Leid der Angehörigen und Freunde nach seinem Tod sei damit nicht authentisches Gefühl der Trauer, sondern geschmacklose Sentimentalität. Wenn Gundermann als toter Held der DDR inszeniert wird, der eine um ihn und die DDR trauernde Gemeinschaft hinterlässt, macht das den Film zur Nicht-Kunst, zu Kitsch. Die Rezension in der *FAZ* ist nur ein Beispiel von unzähligen, die mit dem Kitsch-Urteil Kunst angreifen.

Die Funktion des Kitschs als Abwertungsinstrument in den Nachwendedebatten gibt Auskunft in zweierlei Hinsicht, sowohl über das *Wahrnehmungs- und Urteilsverfahren* des Kitschs als auch über den *Inhalt* der Debatten nach der Wende. Im Hinblick auf das Verfahren kann man beobachten, dass das Kitsch-Urteil außer-ästhetische, weltanschauliche Maßstäbe ins Recht setzt und sie der Kunst als ihren ästhetischen Verstoß entgegenhält. So wird die ästhetische Qualität des Kitschs an Personen und Funktionen festgemacht, im Kitsch-Vorwurf jedoch ganz als sachlich-ästhetischer Befund vorgetragen. Mit Blick auf den Inhalt werden die nationalen Erwartungen an die Sphäre der Kultur und die Herstellung einer nationalen Gemeinschaft mit und durch (Hoch-)Kultur sichtbar.

Die Funktion des Kitsch-Urteils wirft allerdings in gleichem Maße grundlegende Fragen zum Verfahren des Urteils und zum Inhalt der Nachwendedebatten auf, die letztlich das Desiderat dieser Studie bilden. Die Fragestellungen der vorliegenden Untersuchung nehmen zunächst einmal kontrastiv Bezug auf drei offene Fragen und Problembereiche der wissenschaftlichen Diskussion über kollektive (Ost-)Identität, die kurz exemplarisch vorgestellt und problematisiert werden sollen:

(a) Mit dem Systemumbruch und dem ‚Modernisierungsschock', so formulieren es sozial- und politikwissenschaftliche, aber auch historische Identitätsforschung, gibt es auf Seiten der Ostdeutschen einen grundlegenden „Identitätsbedarf"[70], der fast ohne Verzug nach der Wende gedeckt wird. Grund hierfür ist vor allem der rasante und dominante Wandel, mit dem eine innere Einheit „unter westdeutscher Regie" anberaumt und eine „Verwestlichung des Ostens" betrieben wird.[71] Obwohl man später feststellt, dass sich die Ostdeutschen in vielen

69 Pergande: DDR, Sozialismus, Arbeit, S. BS3.

70 Rüdiger Thomas / Werner Weidenfeld: Identität. In: Weidenfeld / Korte (Hrsg.): *Handbuch zur deutschen Einheit*, S. 430–442, hier S. 438.

71 Jürgen Kocka: *Vereinigungskrise. Zur Geschichte der Gegenwart*. Göttingen: Vandenhoeck & Ruprecht 1995, S. 173–174.

Bereichen nicht eklatant von den westdeutschen Bundesbürger_innen unterscheiden und den Werten einer westlichen Demokratie in hohem Maße zustimmen, heben sie sich doch gleichzeitig auf anderer Ebene vom westlichen Teil Deutschlands ab.

> Die Ostdeutschen bauen sich eine kollektive Identität als Ostdeutsche auf; die Zugehörigkeit bestimmt den Unterschied mehr als die Werte, die sich an sie knüpfen. Sie gewinnt zudem gerade in dem Augenblick an Gewicht, in dem die Werte an Bedeutung verlieren. Die Ostdeutschen werden den Westdeutschen ähnlicher, und dennoch fühlen sie sich verstärkt als Ostdeutsche. Die „Mauer der Werte" bröckelt, wenn auch langsam; aber die „Mauer der Selbstkategorisierung" wächst.[72]

Die Forschung unterstreicht, dass die Identifikation der Ostdeutschen im Verfahren nie fragwürdig ist, mithin eine ‚erfolgreiche' Identifikation nach der Wende beobachtet werden kann, obgleich der Inhalt der Identität oft als problematisch diskutiert wird. Dieser Konsens in Bezug auf eine im Ergebnis gelungene Identifikation wirft Fragen nicht nur hinsichtlich der Vermittlung solcher Werte auf, sondern auch nach Art und Inhalt, nach Gemeinsamkeiten und Unterschieden. Immerhin, so behauptet Heiner Meulemann, identifizieren sich Ostdeutsche zu großen Teilen auch inhaltlich mit den neuen westlichen Werten. Was machte diese Wertvorstellungen zu öffentlich geteilten?
(b) Man weist, das tritt zweitens hinzu, die Ost-Identität in der wissenschaftlichen Forschung als eine partikulare kollektive Identität zurück, die sich auf keine ‚echte Ethnizität' stützen könne.

> Wenn man die weitreichende Übereinstimmung wesentlicher Identitätsmerkmale berücksichtigt, erscheint es allerdings verfehlt, aus dieser Beobachtung auf eine Ausbildung einer eigenständigen ostdeutschen „Ethnizität" zu schließen. Im „Zeitalter der neuen Identitätsfindungen" ist es notwendig, daß nicht nur eine durch Empathie bestimmte gemeinsame Wahrnehmung der deutschen Teilungsgeschichte entsteht, sondern sich in einem Prozeß kommunikativen Handelns auch ein gemeinsames Bewußtsein für die Gestaltung der Zukunftsaufgaben ausprägt.[73]

Die gemeinsam geteilten Werte sind nach Rüdiger Thomas und Werner Weidenfeld Richtschnur bei der wissenschaftlichen Beurteilung der Ost-Identität. Bei dieser handele es sich nicht um eine Identität im eigentliche Sinne, da sie, mit Blick auf die gemeinsam geteilten Werte, eine ethnische Eigenständigkeit nicht

72 Heiner Meulemann: Einleitung. Wertunterschiede zwischen West- und Ostdeutschland – Fakten und Erklärungsmöglichkeiten. In: Ders. (Hrsg.): *Werte und nationale Identität im vereinten Deutschland. Erklärungsansätze der Umfrageforschung.* Opladen: Leske + Budrich 1998, S. 7–24, hier S. 17.

73 Thomas / Weidenfeld: Identität, S. 440–441.

beanspruche könne.[74] Die Autoren sprechen gleichzeitig die normativen Maßstäbe dieses Urteils aus; es ist das gemeinsame Bewusstsein, das für die Herstellung der Gemeinschaft steht und das es auszubilden gilt. Diese Maßstäbe sind nach dem Systemumbruch aber keineswegs selbstverständlich und müssen erst durchgesetzt werden. Auch hier lässt die Identitätsforschung die Frage offen, wie ein solches gesamtdeutsches Bewusstsein inhaltlich und methodisch verwirklicht wird.

(c) Drittens bezweifelt man zugleich den normativen Charakter der im Feuilleton ausgetragenen Identitätsdebatten. In der Identitätsforschung gibt es Kritik, die sich vor allem auf den Stellenwert der professionellen publizistischen Meinung bezieht und dessen Verbindlichkeit bezweifelt:

> Spricht man von kollektiver Identität oder gar von Fragen des Identitätswandels eines Gemeinwesens, so stößt man sehr schnell an Grenzen des seriös Sagbaren. Es bleibt ein Problem der Geistes- und Sozialwissenschaften, dass sich über Mentalitäten, kollektive Rezeptionsprozesse und Stimmungslagen methodisch schwerlich präzise Aussagen treffen lassen. Entweder läuft man Gefahr, lediglich Höhenkammdiskurse zu referieren, da man sich meist auf Feuilletondebatten bzw. die Äußerungen einer politisch-kulturellen Elite beschränkt, oder man greift auf Meinungsumfragen zurück, die allerdings nur in seltenen Fällen jene Punkte betreffen, die im Zentrum der eigenen Fragestellung stehen.[75]

Herfried Münkler und Jens Hacke äußern methodisch begründete Zweifel an der Bedeutung der Feuilletondebatten für die Herausbildung einer kollektiven Identität. Ihrer Meinung nach könne man den Streits der politisch-kulturellen Elite nicht ohne Weiteres eine direkte Wirkung auf die Identitätsbildung zusprechen. So sehr sie natürlich Recht haben, wenn sie betonen, dass man dem Argument noch nicht die Wirkung ansieht, so sehr vernachlässigen sie die Inhalte der Debatten und ihre normative Stoßrichtung. Die beiden Autoren sprechen einen generellen Zweifel aus, ob man mit Blick auf den massenmedialen Diskurs schon eine Aussage über Identität treffen kann. Auf die Fragen der Studie gewendet, bestehe demnach Zweifel, ob man aus einem massenhaft rezipierten,

74 Denselben Gedanken macht Wolfgang Bergem stark, wenn er betont, dass West- wie Ostdeutsche mit der Vorstellung einer Partikularidentität die „Ethnisierung des Vereinigungsdiskurses“ betrieben und damit ihre fast nicht mehr widerrufliche Prägung behaupteten: „Die derzeit noch erkennbare wechselseitige Wahrnehmung von West- und Ostdeutschen mittels der Stereotypisierung pseudo-ethnischer Identitäten bewirkt hingegen eine Kulturalisierung und häufig auch Ethnisierung des Vereinigungsdiskurses. Kulturalität tritt dann an die Stelle von Individualität; individuelle Wertorientierungen, Überzeugungen und Verhaltensweisen werden dann in erster Linie als Ausdruck einer angeblich tief verwurzelten und kaum veränderbaren Prägung durch eine Gruppe von Menschen mit einheitlicher Kultur perzipiert und interpretiert.“ (Wolfgang Bergem: *Identitätsformationen in Deutschland*. Wiesbaden: VS 2005, S. 232.)

75 Herfried Münkler / Jens Hacke: Einleitung. In: Dies. (Hrsg.): *Wege in die neue Bundesrepublik. Politische Mythen und kollektive Selbstbilder nach 1989*. Frankfurt am Main / New York: Campus 2009, S. 7–14, hier S. 7–8.

normativ nationalen Kulturverständnis tatsächlich die Konstruktion und Pflege einer nationalkulturellen Identität ableiten kann. Indem Münkler und Hacke die Deutungskämpfe in den Feuilletons als „Höhenkammdiskurse" in Bezug auf ihre Verbindlichkeit relativieren, formulieren sie allerdings eine Leerstelle. Denn damit stellt sich unmittelbar die Frage, wie sich eine nationale Gemeinschaft über diejenigen Werte verständigt, die sie zur Identifikation mit sich als Gemeinschaft benötigt? Wie entsteht der kulturelle Konsens über Grundwerte? Wie werden die Mitglieder der Nation über ihre regionalen Differenzen hinweg für ihre gemeinsamen Werte sensibilisiert und das Bekenntnis zur Nation gestiftet? Auch aus dieser Perspektive stellt sich die Frage nach den Verfahren und Inhalten der Nachwendedebatten.

Im Hinblick auf die drei ausgeführten Problemfelder weist die Forschung Klärungsbedarf auf. Im Sinne einer konstruktiven Ergänzung und Fortführung soll daher gefragt werden: Wie sind Verfahren und Inhalte der Nachwendedebatten, die mit dem Kitsch-Urteil geführt wurden, zu bestimmen? Wie kam der Inhalt der Auseinandersetzungen zu den Menschen? Wie wurde der Gedanke, dass die DDR-Kultur grundlegend gegen eine neue bundesrepublikanische Identität steht, eingeklagt und plausibilisiert? Es gibt, wie gezeigt wurde, einen begründeten Zusammenhang zwischen der nationalen Erwartung an die Sphäre der Kultur und den Auseinandersetzungen mit und um den Kitsch. Wie war dieser gekennzeichnet? Welchen Ursprung haben also die Kitsch-Urteile und wogegen richten sie sich?

Um diese Fragen zu beantworten, ist die Arbeit in zwei Teile gegliedert. Zwischen beiden Teilen ist ein kurzes methodisches Kapitel eingefügt, das sich des wissenschaftlichen Vorgehens in Bezug auf die Analyse versichert. In einem *ersten Teil* wird nach dem Phänomen des Kitschs und seinen theoretischen Grundlagen gefragt. Der Kitsch ist bekanntlich nicht im Zuge der Nachwendedebatten entstanden, er kam schon etwa hundert Jahre früher in die Welt und existierte jenseits der heutigen Kulturdebatten und jenseits des Systemgegensatzes. Als diskursives Phänomen ist er allerdings seit jeher ein Instrument in Deutungskämpfen, in denen darüber gestritten wurde, was legitime Kultur sei. Geklärt werden muss zunächst, was das Besondere des Verfahrens des Kitsch-Urteils ist und weshalb es sich für Kulturkämpfe so hervorragend eignet. Der *zweite Teil* der Studie arbeitet durch die Analyse exemplarischer Texte aus vier Nachwendedebatten heraus, welchen Inhalt die dem Kitsch zugrundeliegenden außer-ästhetischen Maßstäbe haben. Welche politischen Auffassungen werden in den Debatten artikuliert und vertreten? Wie werden diese Urteile und Maßstäbe vorgetragen, wie machen sie sich unangreifbar? Wie flächendeckend war der Angriff auf die missliebige Kultur und wie sieht sie letztlich aus, die Neudefinition von dem, was Nationalkultur ist?

II.
Diskurs über den Kitsch – Grundlagen einer Theorie des Kitschs als diskursives Phänomen

1. Einleitung

Der Kitsch ist ein bemerkenswertes Phänomen, denn ihm werden außerordentliche Kräfte und gleichzeitig äußerste Bedeutungslosigkeit attestiert. Er habe nicht nur die Macht, sich die hohe Kunst anzueignen und umzuformen, er verstehe es auch, die Gefühle seiner Betrachter zu usurpieren und einen ganzen Menschen umzuerziehen. Als Sinn- und Bedeutungsstifter bilde der Kitsch das alternativlose, ideologische Koordinatensystem ganzer Gesellschaftsschichten. Der Kitsch sei die Basis kapitalistischer Ökonomien mit ihren Abteilungen für Nippes, Souvenirs und Postkarten, Schund-, Trivial- und Erotik-Literatur, Comichefte, religiöse Devotionalien, Pop-, Schlager- und Volksmusik oder Hollywood- und Heimat-Filme.[1] Kitsch sei auch treibende Kraft hinter faschistischen und kommunistischen Regimen, verhelfe ihnen zur Durchsetzung, da er ihre Tiefenstruktur bestimme.[2] Der Kitsch, so kann man die Befunde

1 Für eine Gesamtschau der Bandbreite des Kitschs genügt ein Blick in die einschlägigen *catalogues raisonnés* wie Gillo Dorfles: *Der Kitsch*. Tübingen: Wasmuth 1969; Jacques Sternberg: *Kitsch*. London: Academy Editions 1972; Peter Ward: *Kitsch In Sync. A Consumer's Guide to Bad Taste*. London: Plexus 1991.

2 In seinem bekannten, viel zitierten Essay „Avant-Garde and Kitsch" spricht Clement Greenberg davon, dass der Kitsch für Faschisten wie für Stalinisten ein gefügiges Instrument sei, ihre Propaganda unter einer kulturlosen Volksmasse zu verbreiten und man deshalb von einem Entsprechungsverhältnis von Kitsch und Diktatur ausgehen müsse (Clement Greenberg: Avant-Garde and Kitsch. In: *Partisan Review* 6 (1939), S. 34–49). Kitsch trete aber genauso als kapitalistische Erscheinung hervor, die es im Sozialismus nie gegeben habe. Günther Cwojdrak behauptet, „im Sozialismus besteht der soziale Nährboden für den Kitsch nicht mehr", weil Kitsch nur im Kapitalismus existiere, dort im Dienst der herrschenden Klasse stehe und die Volksmassen manipuliere (Günther Cwojdrak: Nachwort. In: Ders. (Hrsg.): *Die Kitschpostille*.

zuspitzen, sei allumfassend wirksam, jeder sei „immerzu vom Kitsch umgeben, [...] stecke[] darin bis zum Hals"[3] und sei dieser „Weltmacht"[4] mehr oder minder ausgeliefert. Gleichzeitig, in auffallendem Kontrast zu seiner enormen Wirkmacht, besitze der Kitsch ein äußerst minderwertiges Wesen, sei er doch die Negativ- oder Verfallserscheinung der Kunst. Wenn die Kunst das Schöne, Wahre und Gute ist, dann sei der Kitsch deren Imitat oder Surrogat; er betreibe als Lüge die Zersetzung der in der Kunst beheimateten Werte. Der Kitsch sei die Nicht-Kunst, die sich gegen die Kunst, den Kunstgenuss und guten Geschmack vergehe.[5]

Die Anwendungs- und Betätigungsfelder des Kitschs sind nahezu unbegrenzt. Der Kitsch findet sich im Design, der Bildenden Kunst, Architektur und Mode, im Theater, der Musik, im Film und Fernsehen, in der Literatur oder in Lifestyle und Konsumkultur. Entsprechend umfangreich ist die Liste der Objekte, die als kitschig gelten und die hier nur kurz exemplarisch in Erinnerung gerufen werden sollen: Vom ikonischen Gartenzwerg über James Camerons filmischen Titanic-Epos bis zu ganzen Stilrichtungen der Malerei wie den Präraffaeliten, Impressionisten und Surrealisten, vom Schloss Neuschwanstein über den Musikantenstadl bis zu betenden Madonnen, von Hummel-Figuren über den röhrenden Hirsch bis zu Hello Kitty scheint fast nichts zu existieren, das dem Kitsch nicht potenziell anheim fiele. Selbst bei gefeierten Autoren wie Goethe, Stendhal, Klopstock, Zola, Musil oder Hesse habe man ihn schon entdeckt.[6]

Auf das Phänomen Kitsch und seine enorme Verbreitung richtet sich das theoretische Interesse der Forschung und entsprechend umfangreich ist die Liste der Wissenschaften, die das interdisziplinäre Phänomen bearbeiten. Zu ihnen gehören zentrale Bereiche der Geistes- und Sozialwissenschaften wie Soziologie,

Berlin: Eulenspiegel 1965, S. 201–211, hier S. 205). Dass es in der DDR keinen Kitsch gegeben habe, behaupteten auch Formgestalter und politische Verantwortliche in der Frühphase der DDR, die Kitsch als Ressourcenverschwendung aus Sicht der DDR-Volkswirtschaft begriffen. Mit der Planwirtschaft habe sich die DDR-Ökonomie quasi automatisch vom Kitsch befreit, da sie benötigte Materialien wie etwa Porzellan zur Herstellung von Essgeschirr verwendete und nicht Engel-Figurinen herstellte (Eli Rubin: The Form of Socialism without Ornament. Consumption, Ideology, and the Fall and Rise of Modernist Design in the German Democratic Republic. In: *Journal of Design History* 2 (2006), S. 155–168).

3 Saul Friedländer: *Kitsch und Tod. Der Widerschein des Nazismus.* München / Wien: Hanser 1999, S. 45.

4 Christian Kellerer: *Weltmacht Kitsch. Ist Kitsch lebensnotwendig?* Stuttgart / Zürich / Wien: Europa 1957.

5 „On the most basic level kitsch is not art." (Anna Brzyski: Art, Kitsch, and Art History. In: Monica Kjellman-Chapin (Hrsg.): *Kitsch: History, Theory, Practice.* Newcastle upon Tyne: Cambridge Scholars 2013, S. 1–18, hier S. 1.)

6 Jacob Reisner: *Zum Begriff Kitsch.* Dissertation, Universität Göttingen 1955.

Literaturwissenschaft und Germanistik, Ethnologie, Kunstgeschichte, Philosophie und Ästhetiktheorie, Cultural Studies, Design Studies, Politologie, Medienwissenschaft, Geschichtswissenschaft, Erziehungswissenschaft, Gender Studies, Musikwissenschaft, Wirtschaftswissenschaft, Kulturwissenschaft oder Theologie. Aber nicht nur in der deutschsprachigen Forschung ist der Begriff einschlägig, auch die französische oder italienische, vor allem aber die englischsprachige Forschung setzt sich seit mehreren Jahrzehnten und mit jüngst gesteigertem Interesse mit dem Thema auseinander.[7]

Trotz der enormen Fülle an wissenschaftlichen Auseinandersetzungen mit dem Kitsch fallen ihre theoretischen Erträge überraschend bescheiden aus. Die meisten Autoren kommen zu dem Schluss, dass man den Kitsch nicht zufriedenstellend definieren könne. Manfred Durzak schreibt:

> Aber nicht nur eine Definition der Kunst scheint sich zu verschließen, – die des Kitsches nicht minder.[8]

Theodor W. Adorno spricht davon, dass der Kitsch „koboldhaft, jeder Definition, auch der geschichtlichen, entschlüpft."[9] Diesem Urteil schließt sich Claus-Arthur Scheier an und nennt Kitsch den „Hausgeist" der Kunst.[10] Otto F. Best überschreibt ein Kapitel seiner Kitsch-Untersuchung programmatisch: „Von der Schwierigkeit, den Kitsch zu definieren."[11] Matei Călinescu erklärt, dass es keine einzelne Definition des Kitschs gebe, die wirklich befriedigend sei.[12] Rainer Schönhammer führt aus, dass die meisten Kitsch-Definitionen

7 Kürzlich veröffentlichte englischsprachige Beiträge zu dem Thema: Monica Kjellman-Chapin (Hrsg.): *Kitsch: History, Theory, Practice.* Newcastle upon Tyne: Cambridge Scholars 2013; Ruth Holliday / Tracey Potts: *Kitsch! Cultural Politics and Taste.* Manchester: Manchester UP 2012. Zur letztgenannten Publikation siehe Sebastian Loewe: Book Review on Kitsch! Cultural Politics and Taste by Ruth Holliday and Tracey Potts. In: *Home Cultures. The Journal of Architecture, Design and Domestic Space* 12,1 (2015), S. 123–126. Darüber hinaus sind die folgenden Beiträge zu nennen: Der Themenschwerpunkt zu Kitsch „An Art/Iculations Symposium. Kitsch, Class, and Political Aesthetics" in der Kulturzeitschrift *Rethinking Marxism.* Daraus bspw. Monica Kjellman-Chapin: The Politics of Kitsch. In: *Rethinking Marxism. A Journal of Economics, Culture and Society* 22,1 (2010), S. 27–41, sowie an anderer Stelle: Judy Attfield: Redefining Kitsch: The Politics of Design. In: *Home Cultures. The Journal of Architecture, Design and Domestic Space* 3,3 (2006), S 201–212.

8 Manfred Durzak: Der Kitsch – seine verschiedenen Aspekte. In: *Der Deutschunterricht. Beiträge zu seiner Praxis und wissenschaftlichen Grundlegung* 1 (1967), S. 93–120, hier S. 95.

9 Theodor W. Adorno: *Ästhetische Theorie.* Frankfurt am Main: Suhrkamp 1981, S. 355.

10 Claus-Artur Scheier: Kitsch – Signatur der Moderne? In: Wolfgang Braungart (Hrsg.): *Kitsch. Faszination und Herausforderung des Banalen und Trivialen.* Tübingen: Niemeyer 2002, S. 25–34, hier S. 27.

11 Otto F. Best: *Der weinende Leser. Kitsch als Tröstung, Droge und teuflische Verführung.* Frankfurt am Main: Fischer 1985, S. 21.

12 Matei Călinescu: *Five Faces of Modernity. Modernism, Avant-Garde, Decadence, Kitsch, Postmodernism.* Durham: Duke UP 1987, S 261.

„halbherzige Umarmungen und argumentative Schlitterpartien" seien.[13] Hans-Edwin Friedrich spricht davon, dass „[a]lle Versuche einer intensionalen Bestimmung bislang gescheitert"[14] seien. Wolfgang Braungart fasst diese Perspektiven auf den Kitsch zusammen: „Jeder weiß, was Kitsch ist, und keiner kann es sagen."[15] Braungart drückt aus, dass man genau im *Gefühl* hat, ob es sich bei der genossenen oder verachteten Sache um Kitsch handelt, aber mitnichten daraus folgt, dass man präzise bestimmen könne, was den Kitsch *begrifflich* auszeichnet. Offenbar gibt es einen wesentlichen Unterschied zwischen der Feststellung, *dass* dieser Film und jenes Buch Kitsch sei und der analytischen Erklärung, *was* Kitsch ist. Die erste Abteilung des Wissens darüber, ob man es mit Kitsch zu tun hat, stellt sich ganz unmittelbar und oft auch fraglos ein, zur zweiten Abteilung findet man umso schwieriger Zugang. Das Wissen über den Kitsch, das dem Gefühl entspringt, ist offensichtlich eine sehr unzuverlässige Basis für die begriffliche Bestimmung des Kitschs. Schon der Umstand, dass des Einen Kitsch des Anderen Kunstgenuss ist, macht stutzig. Diese Unsicherheit in Bezug auf die begriffliche Bestimmung zum Merkmal des Kitschs selbst zu erklären, ist daher höchst problematisch, will man dem Phänomen analytisch habhaft werden. Ist der Kitsch erst einmal in ein gespensterhaftes Subjekt, in einen omnipräsenten Kobold und Hausgeist verwandelt, ist der Kitsch-Begriff zur Allkategorie und damit analytisch obsolet geworden. Stattdessen lässt die obige Beobachtung den Schluss zu, dass das eigene Kitsch-Urteil die Kitschhaftigkeit der Welt offensichtlich nicht widerspruchsfrei begründen kann. Das vorliegende Kapitel macht sich daher zur Aufgabe, eine Perspektive auf den Kitsch einzunehmen, die ihn nicht als Gespenstisch-Undefinierbares fasst, sondern die ihm zugrunde liegenden Kategorien aufdeckt, problematisiert und zu einem widerspruchsfreien Begriff ausarbeitet. Daher steht das Kitsch-Urteil selbst im Mittelpunkt der theoretischen Befassung, die die Frage aufwirft, inwieweit der Kitsch ein Resultat des Urteils seiner Sprecher ist.

2. Das Wahrnehmungs- und Urteilsverfahren des Kitsch-Vorwurfs

Mit dem Begriff Kitsch wird, wie bereits kurz erwähnt, eine enorme Bandbreite an ästhetischen und zuweilen auch außer-ästhetischen Phänomenen bezeichnet: Von zahlreichen (massen-)kulturellen und künstlerischen Objekten über

13 Rainer Schönhammer: Design = Kitsch? In: Jakob Steinbrenner / Julian Nida-Rümelin (Hrsg.): *Kunst und Philosophie. Ästhetische Werte und Design*. Ostfildern: Hatje Cantz 2010, S. 97–121, hier S. 99.

14 Hans-Edwin Friedrich: Kitsch. In: *Reallexikon der deutschen Literaturwissenschaft*, hrsg. v. Harald Fricke et al. Berlin / New York: de Gruyter 2000, S. 263–266, hier S. 263.

15 Wolfgang Braungart: Kitsch. Faszination und Herausforderung des Banalen und Trivialen. Einige verstreute Anmerkungen zur Einführung. In: Ders. (Hrsg.): *Kitsch*, S. 1–24, hier S. 1.

Rezeptionshaltungen unterschiedlichster gesellschaftlicher Schichten bis hin zu industriellen Herstellungsverfahren, von Naturschönem wie dem berüchtigten Sonnenuntergang über Gesten bis hin zur psychologischen Veranlagung, wie sie im Neologismus ‚Kitsch-Mensch' ausgedrückt wird. Alle diese Kitsch-Bezeichnungen, das geht schon aus den disparaten Anwendungsfeldern hervor, werden nicht einheitlich im Sinne klar umrissener Bedeutungsbereiche gebraucht. Oftmals widersprechen sich die Kitsch-Bezeichnungen, und mit jedem Urteil scheint sich der Begriff zu erweitern und ganz im Sinne des Bilds eines Kobolds zu verflüchtigen. Was zunächst wie ein unüberschaubares Feld an kitschigen Objekten, Wirkungen und Betrachtern aussieht und der Theoriebildung, wie die Einleitung skizzierte, erhebliche Schwierigkeiten bereitete, hat aus theoretischer Sicht eine wesentliche Gemeinsamkeit. Blickt man auf Form und Inhalt des Urteilens selbst, statt nach den Eigenschaften der Dinge zu fragen, die der Kitsch-Vorwurf trifft, eröffnet sich der Kitsch-Theorie eine neue begriffliche Perspektive.

Am Ausgangspunkt steht das Rätsel eines Wissens über den Kitsch, mit dem man zwar sagen kann, *dass* etwas Kitsch sei, mitnichten aber widerspruchsfrei klären kann, *was* Kitsch ist. Um dieses Spannungsverhältnis zu er- und begründen, muss also die Frage beantwortet werden: Auf welcher Art von Wahrnehmung basiert das Kitsch-Urteil? Zur Beantwortung dieser Frage liefert Hans-Dieter Gelfert einen grundlegenden Hinweis:

> Wo unvollkommene Kunst dennoch kitschig wirkt, rührt dies nicht von der Unvollkommenheit her, sondern von der Verwendung handwerklicher Versatzstücke der echten Kunst in trivialisierter Form, was dem empfindlichen Rezipienten das *Gefühl* gibt, dass sein Urteil bestochen werden soll.[16]

Gelfert spricht von dem Gefühl, den Wirkungen des Kitschs ausgesetzt zu sein, und von der Empfindung, bestochen zu werden, die ihn zur Kritik an der Kunst bewegen. Nicht die analytische Abwägung provoziert das Kitsch-Urteil, sondern das praktische Gefühl dem ästhetischen Gegenstand gegenüber. Was das praktische Gefühl im Verfahren auszeichnet, hat G. W. F. Hegel näher bestimmt:

> Der *fühlende* Wille ist daher das Vergleichen seines von außen kommenden, unmittelbaren Bestimmtseins mit seinem durch seine eigene Natur gesetzten Bestimmtsein. Da das letztere die Bedeutung dessen hat, was sein *soll*, so macht der Wille an die Affektion die Forderung, mit jenem übereinzustimmen. Diese Übereinstimmung ist das *Angenehme*, die Nichtübereinstimmung ist das *Unangenehme*.[17]

16 Hans-Dieter Gelfert: *Was ist Kitsch?* Göttingen: Vandenhoeck & Ruprecht 2000, S. 13.

17 Georg Wilhelm Friedrich Hegel: *Enzyklopädie der philosophischen Wissenschaften*, Bd. 3. Frankfurt am Main: Suhrkamp 1979, S. 293 (Herv. i. O.).

Im praktischen Gefühl, so legt es Hegel dar, wird zwischen der Welt, wie sie ist, und ihrem Soll-Zustand *verglichen*, im Ergebnis ist derjenige Zustand für das Subjekt angenehm, der Sollen und Sein in Deckung bringt und derjenige unangenehm, der diese Übereinstimmung von Sollen und Sein nicht aufweist. Der fühlende Wille ist Ausgangspunkt einer *Kritik*, die den Vergleich des praktischen Gefühls durchführt, indem sie die Unangemessenheit zum eigenen Willen festhält. Diese Kritik, wo sie an das praktische Gefühl gebunden bleibt und an der Subjektivität des eigenen Empfindens festhält, hat die Form des Geschmacksurteils. Mit ihm wird das subjektive Empfinden in eine Eigenschaft der kritisierten Sache verwandelt und dieser zur Last gelegt. Dabei ist es zunächst unerheblich, ob sich die Kritik auf die Kunst bezieht, sie kann ebenso „Gesten, Bemerkungen, eine Form von Gratulation, eine Art von Einladung"[18] betreffen. Gelferts Bestimmung des Kitschs, das wird in seinem Zitat deutlich, geht über die Form des Geschmacksurteils nicht hinaus. Der Autor *empfindet* ausgesuchte Kunstwerke als minderwertig, sein Urteil durch sie manipuliert und im Ergebnis das Verhältnis zu dieser Kunst als unangenehm. Im Geschmacksurteil legt er dieser Kunst sein Empfinden als deren objektives Defizit, als deren kitschige Eigenschaft zur Last. Das Kunstwerk selbst verfüge damit über eine die Subjektivität des Autors überschreitende allgemeine Manipulationskraft. In der Figur des „empfindlichen Rezipienten" findet Gelferts Geschmacksurteil seine allgemeingültige Beweis- und Berufungsinstanz. Zwar kommt mit der Empfindung das Geschmacksurteil erst in die Welt, aber Gelfert behauptet mehr. Wenn er im Namen der „empfindlichen Rezipienten" spricht, dann behauptet er eine allgemeinere Gültigkeit und damit eine gewisse Objektivität und Verbindlichkeit seines subjektiven Urteils.

In der Bestimmung des Geschmacksurteils gibt es einen weiteren grundlegenden Aspekt. Dem praktischen Gefühl liegen nicht nur rein ästhetische, sondern auch ‚außer-ästhetische' Maßstäbe zugrunde. Noch einmal Hegel:

> Endlich entsteht eine dritte Art von Gefühlen dadurch, daß auch der aus dem *Denken* stammende, substantielle Inhalt des *Rechtlichen*, *Moralischen*, *Sittlichen* und *Religiösen* in den fühlenden Willen aufgenommen wird.[19]

Aus dieser erweiterten Bestimmung des praktischen Gefühls folgt für das Geschmacksurteil, dass nicht nur zufällige ästhetische Empfindungen und durch Anschauung gewonnene Gefühle seine Grundlage bilden, sondern auch

18 Rudolf Lüthe / Martin Fontius: Geschmack/Geschmacksurteil. In: *Ästhetische Grundbegriffe. Historisches Wörterbuch in sieben Bänden*, hrsg. v. Karlheinz Barck et al. Stuttgart / Weimar: Metzler 2001, S. 792–819, hier S. 793.

19 Hegel: *Enzyklopädie*, Bd. 3, S. 294 (Herv. i. O.).

zum Gefühl gewordenes Denken, das der gesellschaftlichen Sphäre, genauer der staatlichen Herrschaft des Rechts, dem Wertesystem der Moral und Sittlichkeit sowie den Glaubensvorstellungen entstammt. Hegel unterstreicht hier die Bedeutung der in das Gefühl übergegangenen Denkleistungen und Weltanschauungen für die Erklärung des Kitsch-Urteils. So kann ein *ästhetisches* Urteil genauso auf ein *moralisches, sittliches, rechtsbewusstes* oder *religiöses* Gefühl zurückgehen, wie auf eine zufällig empfundene Melodie. Ein geschmackliches Urteil über die Darstellung beispielsweise sexueller Handlungen, wie Rudolf Lüthe und Martin Fontius erklären, ist daher „nicht durch ästhetische, sondern vielmehr durch moralische Wertvorstellungen begründet."[20] Ganz allgemein können im Geschmacksurteil ‚Das ist Kitsch!' also neben dem ästhetischen Empfinden das moralische, religiöse, sittliche und rechtsbewusste Empfinden, aber auch in das Gefühl übergegangene Urteile zu politischen und ökonomischen Verhältnissen die Basis bilden, auf der ästhetisch geurteilt wird.

Bereits in den frühen Auseinandersetzungen mit dem Kitsch findet sich eine Fülle an außer-ästhetischen Inhalten und Maßstäben, die eindrucksvoll das Wahrnehmungs- und Urteilsverfahren des Kitsch-Urteils dokumentieren.[21] Exemplarisch dafür steht der Aufsatz „Guter und schlechter Geschmack im Kunstgewerbe"[22] des Kunsthistorikers Gustav E. Pazaurek. Der Autor beobachtet, dass das Kunsthandwerk, das für „künstlerisch durchgeistigte[] Qualitätsarbeit"[23] stehe, ökonomische Konkurrenz bekomme und in Bedrängnis gerate. Die Ursachen für diese Entwicklung sieht Pazaurek ganz in der kapitalistischen Ökonomie, denn kein „kaufmännische[r] Scharfblick" leiste sich ästhetische Bedenken bei der Herstellung seiner Waren. Kritisch merkt Pazaurek an, dass es die „fast krankhafte Sucht des Produzenten, nach einem möglichst raschen und möglichst großen Gewinn" sei, die ästhetisch Minderwertiges produzieren lasse. Doch erst der Versuch der Fabrikanten, diese Minderwertigkeit zu verbergen, bringe den Kitsch hervor, und durch die industrielle Fertigung sogar massenweise. So trete der Kitsch für Pazaurek klar zutage und kein „Industriefreund" könne leugnen, dass Kitsch die „beklagenswerte Nebenerscheinung, die traurige Schattenseite des gewaltigen großindustriellen

20 Lüthe / Fontius: Geschmack/Geschmacksurteil, S. 793.

21 Der Kitsch trat Ende des 19. Jahrhunderts in Erscheinung. Seine etymologischen Ursprünge werden analog zu seiner Definition als ähnlich vieldeutig problematisiert. Siehe dazu Dieter Kliche: Kitsch. In: *Ästhetische Grundbegriffe. Historisches Wörterbuch in sieben Bänden*, hrsg. v. Karlheinz Barck et al. Stuttgart / Weimar: Metzler 2001, S. 272–288, 273.

22 Gustav Edmund Pazaurek: *Guter und schlechter Geschmack im Kunstgewerbe.* Stuttgart / Berlin: DVA 1912, hier S. 349–365.

23 Hier und folgende Zitate ebd., S. 349.

Aufschwungs im 19. Jahrhundert ist." Obwohl Pazaurek die ökonomische Ordnung als Ursache für die Kitsch-Produktion ausmacht, richtet sich seine Kritik nicht gegen selbige, da er dem „gewaltigen großindustriellen Aufschwung" als „Industriefreund" seinerseits viel abgewinnen kann. Was Pazaurek dagegen scharf angreift, sind die kunstgewerblichen Fabrikate und das Konsumverhalten seiner Zeitgenossen. Damit hat Pazaurek einen entscheidenden Wechsel der Perspektive auf die ihm unliebsamen Produkte und deren Ursache vollzogen. Pazaurek deutet in seiner Streitschrift über das industrielle Kunstgewerbe die ökonomischen Befunde um in eine Frage ästhetischer Qualität und somit die gesellschaftlichen Produktionsverhältnisse in das Problem fehlender Qualitätsarbeit und in zu bekämpfende Eigenschaften der Dinge selbst:

> Es sind lauter gute alte Bekannte, die wir hier wiederfinden, Material- und Dekorübergriffe, Primitivitäten und Attrappen, Material- und Techniksurrogate, Pimpeleien und Naivitäten, alles „in idealer Konkurrenz" zu einer schönen Harmonie vereinigt.[24]

Dass die preiswertesten Materialien und Verfahren zur Herstellung von Konsumgütern aufgrund einer kapitalistischen Konkurrenz um Wachstum notwendig zum Einsatz kommen, macht Pazaurek nicht der Ökonomie, sondern den Waren selbst zum Vorwurf. Das ästhetische Defizit, das er anfangs noch als Mangel der Herstellung anerkennt, wird darüber zur Eigenschaft der Dinge selbst, und diese Eigenschaften sind dem Kunsthistoriker als „alte Bekannte" deshalb so vertraut, weil sie seiner Empfindung entspringen. Dass sie Attrappen, Surrogate, „Primitivitäten" und „Naivitäten" seien, unterstellt den Waren sachliche, ästhetische Eigenschaften, die allesamt dem interessierten Standpunkt des Autors entstammen. Pazaurek ist damit kein Kritiker der kapitalistischen Wirtschaftsweise, denn er nimmt die Resultate der *ökonomischen* Situation des frühen 20. Jahrhunderts als ein *ästhetisches* Problem war, das eines *pädagogischen* Korrektivs bedürfe. Es müssten nur noch mehr „edlere Bestrebungen [...] ein Gegengewicht"[25] bieten, dann hätte man sich derlei Minderwertigem recht schnell wieder entledigt.

Nach diesen Grundbestimmungen unterteilt Pazaurek in seiner Schrift den Kitsch in verschiedene Abteilungen, die er mit Attributen versieht und so zu Neologismen wie „Hurrakitsch"[26], „Devotionalienkitsch"[27], „Geschenkkitsch"[28],

24 Pazaurek: *Guter und schlechter Geschmack im Kunstgewerbe*, S. 350.
25 Ebd., S. 349.
26 Ebd., S. 350.
27 Ebd.
28 Ebd., S. 352.

„Fremdenartikelkitsch“[29], „Reklamekitsch“[30] und „Aktualitätskitsch“[31] findet. Grundlage für diese Unterteilung ist Pazaureks Beobachtung, dass kreative Fabrikanten Etiketten gefunden haben, die ihrer Ware eine höhere Weihe verleihen, da „die Minderwertigkeit des Massenschunds“[32] allzu leicht durchschaubar sei. Indem die Fabrikanten die religiösen und patriotischen Gefühle oder die Heimatliebe der Käufer ansprechen, schaffen sie eine „Ausrede von größerer Durchschlagskraft“[33] für ihre Waren:

> Unsere hervorragendsten Staatsmänner, wie etwa Bismarck, glaubt man dadurch besonders ehren zu können, wenn man ihren Kopf in Fayence als Bierseidel gestaltet, der bei jedem Trunk erst trepaniert werden muß, um die Schädeldecke bzw. den Gefäßdeckel zu lüften, oder wenn man ihr Profil als Radiergummi bildet, damit Nase, Kinn usw. recht bald anmutige Veränderungen aufweisen können.[34]

Es ist bezeichnend, dass Pazaurek der ‚minderwertigen‘ Ware, die aus einer falschen Gewinnabsicht entspringe, unterstellt, dass sie zur Ehrung der „hervorragendsten Staatsmänner“ ins Leben finde. Wie kommt er darauf, dass die billige Ware, die zum Zwecke der Absatzsteigerung die Form eines staatlichen Pickelhaubenträgers bekommt, zuvorderst dazu da sei, den Staatsmann zu ehren? Weil Pazaurek die höchste Meinung von Bismarck und anderen „hervorragendsten“ Politikern des Deutschen Reichs hat und dem Staat selbst die patriotischsten Gefühle entgegenbringt, sieht er in den Absatzstrategien der Fabrikanten vor allem den geschmacklosen Dienst an eigentlich ehrenhaften, staatsbürgerlichen Haltungen. Als Patriot des Kaiserreichs kritisiert Pazaurek die Industriegüter als falsches Mittel für ein richtiges ‚Heimatgefühl‘. So werden die Bierseidel und Radiergummis zur „verlockende[n] Etikette“ und „Ausrede“[35] für das Gewinnstreben der Fabrikanten, die, statt die „Regenten mit ihren Familien“ sowie die „Hoheitssymbole des Staates“[36] zu ehren, selbige lächerlich machten.

Pazaurek fügt letztlich ein umfassendes gesellschaftliches Sittengemälde im Kitsch zusammen, in der alle eigentlich guten gesellschaftlichen Charaktere vom Kitsch betrogen werden. Der Fabrikant werde zwar reich, opfere dafür aber seinen guten Ruf. Der Kitsch-Konsument werde getäuscht, erkenne den Betrug

29 Ebd.
30 Ebd., S. 354.
31 Ebd.
32 Ebd., S. 350.
33 Ebd.
34 Ebd., S. 351.
35 Ebd., S. 350.
36 Ebd., S. 351.

später und werfe die Waren wieder weg. Das sei nicht nur eine „volkswirtschaftlich höchst bedauerliche Verschwendung", sondern gefährde auch in Form der „Staatsverdrossenheit des Proletariats"[37] die Stabilität der politischen Ordnung. Im Lichte der Betroffenheit aller Beteiligten vom Kitsch zeichnet Pazaurek das Bild einer industriellen Gesellschaft des Kaiserreichs, in der es eigentlich keinen guten Grund und daher auch keine echte Notwendigkeit für die Existenz des Kitschs gebe und man folgerichtig auch durch Erziehung zum richtigen Konsum diesem Übel beikommen könne.

Seine Zeitgenossen will Pazaurek von der Plausibilität seines Urteils durch ein Verfahren der Anschauung von zu Gegensatzpaaren gruppierten Beispielen von Geschmack und Kitsch überzeugen. Dieses Verfahren, das der Autor in einer Ausstellung im Stuttgarter Landesmuseum 1909 umsetzt, wird bis heute sowohl durch die Wissenschaft als auch durch die Museumspädagogik beachtet und gerade in jüngeren Ausstellungsprojekten wieder implementiert.[38]

37 Pazaurek: *Guter und schlechter Geschmack im Kunstgewerbe*, S. 355.

38 Beispielsweise bedient sich die vom Werkbundarchiv – Museum der Dinge Berlin entwickelte und auch im Museum für Kunst und Gewerbe Hamburg (MKG) gezeigte Ausstellung *Böse Dinge. Eine Enzyklopädie des Ungeschmacks* eines leicht abgewandelten Verfahrens, das sich bewusst auf Pazaurek beruft. Zwar weist man die Drastik zurück, mit der er gegen das Böse im Massenprodukt vorgegangen ist und hinterfragt zurecht seinen moralischen Rigorismus, indem auch die ironische Seite des guten schlechten Designs betont wird. Allerdings nimmt die Ausstellung gleichzeitig Pazaureks System der Gegenüberstellung und Anklage auf, indem sie es um aktuelle Kriterien ergänzt und aktualisiert: „Im Zeitalter des Stilpluralismus scheint es heute unmöglich, eindeutige Kriterien des ‚guten' oder ‚schlechten' Geschmacks auszumachen. Bei genauerem Hinsehen zeigt sich jedoch erstens, dass Pazaureks Richtlinien unverändert auf zahllose zeitgenössische Gegenstände anwendbar sind, bei denen dabei gleichzeitig ein spielerischer und ironischer Umgang mit Gestaltung erkennbar wird[,] und zweitens, dass moralische Kriterien im Zusammenhang mit einem neuen Konsumentenbewusstsein wieder wichtig werden. Jedoch sind heutige ‚Verbrechen' den Dingen nicht in erster Linie anzusehen, weil sie sich nicht in der Konstruktion, dem Material oder dem Dekor offenbaren, sondern im Kontext von sozialen, ökonomischen und ökologischen Faktoren liegen. Pazaureks Fehlerkatalog wurde deswegen um neue Kategorien ergänzt." (Böse Dinge – Eine Enzyklopädie des Ungeschmacks. Ausstellungsankündigung. http://www.museumderdinge.de/ausstellungen/boese-dinge-eine-enzyklopaedie-des-ungeschmacks (Zugriff am 26.06.2015.)) Damit stellt sich die Ausstellung, auch wenn sie ihn stellenweise ironisch bricht, praktisch auf den Standpunkt Pazaureks, wonach es Geschmacksverbrechen gebe, die man erzieherisch beheben müsste. In der Aktualisierung des moralischen Konsums nach „sozialen, ökonomischen und ökologischen Faktoren" wird Pazaureks Gegenstandswechsel von einer Kritik der Ökonomie zu einer Kritik des Konsums nachvollzogen und fortgeführt. Indem sie dem historischen Kitsch-Gegenstand ein zeitgenössisches Pendant gegenübergestellt, legt die Ausstellung mindestens in dieser Hinsicht den Schluss nahe, dass es sich um Geschmacklosigkeiten und deshalb Kitsch handeln müsse. (Vgl. Imke Volkers (Hrsg.): *Böse Dinge. Eine Enzyklopädie des Ungeschmacks*. Berlin: Werkbundarchiv – Museum der Dinge 2013.) Eine kurze Geschichte der musealen Anwendungen dieses Verfahrens findet sich bei Ute Dettmar / Thomas Küpper: Kitsch als Kabinettstück. In: *Be Magazin* 13 (2006), S. 46–56. Die historische Gründungsstunde dieses Verfahrens einer

Das pädagogisch so überaus dankbare Verfahren der Gegenüberstellung sollte vor allem durch den visuellen Kontrast überzeugen,[39] was später Kritiker wie Ludwig Giesz auf den Plan rief:

> Die Gegenüberstellung von Kitschgegenständen und Kunstwerken hat als Demonstration ad oculos begreiflicherweise etwas Überzeugendes und beherrscht deswegen fast die ganze Literatur über den Kitsch. Es überzeugt jedoch eigentlich nur das erlebte Werk selbst bzw. die nachvollzogene Konfrontation, nicht die gegebene Erklärung.[40]

Überzeugend legt Giesz dar, dass das vermeintlich selbsterklärende Verfahren vor allem von der visuellen Evidenz lebt, die bei genauerer Betrachtung keine begriffliche Klärung ist, sondern die Betrachter_innen mit dem Kontrast der Gegensatzpaare konfrontiert und ihnen den richtigen Interpretationsstandpunkt vorgibt.

Mit der Diskussion der 1912 veröffentlichten Schrift Pazaureks sollte die Fülle an außer-ästhetischen Inhalten und Maßstäben, die dem Kitsch-Urteil zugrunde liegen, verdeutlicht und damit zugleich die theoretische Bestimmung des Wahrnehmungs- und Urteilsverfahrens unterstrichen werden. Pazaureks Streitschrift, die in der Regel als eine rein ästhetische Kritik des Kunsthandwerks diskutiert wird, ist bei genauerer Betrachtung geprägt durch politische, ökonomische, moralische und erzieherische Maßstäbe, die das ästhetische Urteil bestimmen.

3. Zur Kritik des Forschungsstands

Es verwundert nicht, wenn die Versuche, den Kitsch begrifflich zu bestimmen, bis in die Gegenwart das Wahrnehmungs- und Urteilsverfahren *anwenden* statt es zu *analysieren*. Das Kitsch-Urteil findet sein Betätigungsfeld in beispielsweise literarischen Stilanalysen, die bis in die 1970er Jahre und darüber hinaus für das literaturwissenschaftliche Sprechen über den Kitsch verbindlich bleiben. So unterstreicht Hans-Edwin Friedrich:

> Schließlich [1944, S. L.] legte Erich Thier die Ergebnisse einer Stilanalyse des Romans ‚Die Testamentsklausel' von Hedwig Courths-Mahler vor. Er entdeckte eine „leere Konventionalität der Sprachgebärden", „Simplizität der Typenbildung", Süßlichkeit, Sentimentalität,

moralischen Erziehung der Käuferschichten liegt in der sogenannten „Chamber of Horrors" des Museum of Ornamental Art, dem Vorläufer des heutigen Victoria and Albert Museum in London. Henry Cole gilt als Gründungsvater dieser moralischen Bewertung des Designs. (Vgl. Suga Yasuko: Designing the Morality of Consumption: „Chamber of Horrors" at the Museum of Ornamental Art, 1852–53. In: *Design Issues* 20,4 (2004), S. 43–56.)

39 Pazaurek: *Guter und schlechter Geschmack*, S. 10.

40 Ludwig Giesz: *Phänomenologie des Kitsches. Ein Beitrag zur anthropologischen Ästhetik*. Heidelberg: Rothe 1960, S. 43.

Verlogenheit der Stimmungen, Neigung zu Idyllischem und Niedlichem und anderes mehr. Damit war der Rahmen abgesteckt, in dem sich die wissenschaftliche Kitschdiskussion der sechziger und siebziger Jahre bewegen sollte.[41]

Die Vorstellung, dass der Kitsch unmittelbare Eigenschaft des künstlerischen Gegenstandes sei, bleibt bestimmend für Jahrzehnte philologischer, kunsthistorischer und philosophischer Forschung. Im Folgenden soll deshalb der Forschungsstand des wissenschaftlichen Kitsch-Urteils anhand derjenigen Kategorien kritisch geprüft werden, die zentral für die Kitsch-Forschung sind, angefangen beim Kitsch-Objekt über die Kitsch-Fabrikation bis zur Kitsch-Rezeption und den gesellschaftlichen Funktionen des Kitschs.

3.1 Das Kitsch-Objekt

Der prominenteste Vertreter der Stilanalyse des Kitschs ist der Literaturwissenschaftler Walther Killy, der 1961 die Studie *Deutscher Kitsch* vorlegt, in der er die literarischen Eigenschaften und Merkmale des Kitschs beschreibt. Zu Beginn seiner Untersuchung beabsichtigt Killy, seinen Lesern den Kitsch zu veranschaulichen, indem er einen scheinbar geschlossenen Text aus Fragmenten sieben unterschiedlicher Autoren kompiliert, ohne darauf hinzuweisen. Dem Leser soll sich dieser Text *ad oculos* als ein kohärenter erschließen und somit den Beweis für die Gemeinsamkeit des Kitsch-Stils antreten. Killy erklärt, dass sich diese Texte deshalb glichen, weil die künstlerische Verwendung der Worte nicht einem sachlichen Gehalt geschuldet sei, sondern auf einen Stimmungsgehalt ziele. Worte wie Wind, Meer oder Nacht gehörten zu den „ursprünglich lyrischen Worten“[42] und bedürften daher keines lyrisierenden Tons, dessen Verwendung Killy auf einen Mangel an künstlerischer Fähigkeit zurückführt:

> Der Effekt von Meeresrauschen und Winternacht ist der gleiche, die Worte sind nicht mit Notwendigkeit gebraucht und nicht unersetzlich, sondern ersetzbar und auszutauschen, solange sie den Stimmungsreiz gemein haben, welcher die Kompilation ermöglicht hat. Der damit einhergehenden Einbuße an anschaulicher Bestimmtheit sucht der Autor als einem Mangel zu begegnen, indem er den rasch vergehenden Reiz zu stärken und das Vage in der erstrebten Richtung bestimmbarer zu machen unternimmt. [...] Die Impotenz des Autors hilft sich durch Kumulation und Repetition, welche die Effekte so anhaltend und den Reiz so wirksam als möglich erhalten sollen.

41 Hans-Edwin Friedrich: Hausgreuel – Massenschund – radikal Böses. Die Karriere des Kitschbegriffes in der ersten Hälfte des 20. Jahrhunderts. In: Braungart (Hrsg.): *Kitsch*, S. 35–58, hier S. 43.

42 Hier und folgende Zitate in Walther Killy: *Deutscher Kitsch. Ein Versuch mit Beispielen.* Göttingen: Vandenhoeck & Ruprecht 1961, S. 11.

In seiner literaturwissenschaftlichen Kritik beruft sich Killy auf den Maßstab einer Notwendigkeit künstlerischer Mittel für die Literatur. Sprache besitzt Killy zufolge einen sachlich-objektiven Gehalt, der seine Verwendung für die Literatur vorgibt und dem die Künstler gerecht werden müssen. Könne man in der Literatur Wörter austauschen, sei das ein Zeugnis für die fehlende Notwendigkeit des künstlerischen Ausdrucks, Indiz für künstlerische Minderwertigkeit und die „Impotenz" des Autors. Werde dieser dem strengen Gebot der Sprache nicht gerecht und versuche seine fehlende literarische Virilität durch „Stimmungsreiz" und „Effekt" zu kompensieren, dann sei Kitsch am Werk. Umgekehrt habe nur solche Literatur, die den immanenten lyrischen Gesetzen der Sprache gerecht werde, die Anerkennung als Kunst verdient. Indem Killy für das einzelne formale Gestaltungselement so etwas wie eine inhaltliche Nutzung vorschreibt und mit einem festen Verwendungszweck der literarischen Mittel begründet, dadurch dass er zwischen sachgerechten und falschen Verwendungsweisen der Sprache als Literatur unterscheidet, behauptet er eine Objektivität bei ihrer qualitativen Bewertung. Das Werturteil – das ist der Widerspruch in Killys Perspektive – begründet sich aus einer falschen *Verwendung* der Worte, obwohl die Worte selbst einen sachlichen *Gehalt* haben, der durch sie hindurch wirke. In der ‚falschen' Literatur, im Kitsch, ist dieser objektive Gehalt dann allerdings zugunsten eines Effekts und Reizes in seiner Essenz und Wirkung und damit in seiner Notwendigkeit bestritten. Indem Killy den Kitsch zu einer Frage der Potenz des Autors macht, beharrt er auf der Notwendigkeit der Mittel, die er gleichzeitig dementiert.
Es liegt in der Logik dieses Arguments, dass die behaupteten sachlichen Gehalte sich nicht widerspruchsfrei feststellen und die Stilmittel des Kitschs nicht notwendig gegen die der hohen Kunst abgrenzen lassen. Folgerichtig wendet Helmut Kreuzer gegen die stilistischen Bestimmungsversuche Killys ein:

> Killy ist überzeugt, daß die Einheitlichkeit der Texte in der Kitschigkeit als dem gemeinsamen dominierenden Charakteristikum aller Teile begründet sei. Er glaubt daher, die stilistischen Merkmale seiner Textmontage als objektive Kriterien für literarischen Kitsch betrachten zu dürfen. Aber die Stilzüge, die er anführt und kitschig nennt, zum Beispiel Kumulation, Repetition, Synästhesie, Lyrisierung, sind allesamt auch in Werken der hohen Literatur des 19. und 20. Jahrhunderts nachzuweisen, während sie etwa im trivialliterarischen Detektiv- oder Wildwestroman allesamt fehlen – Romantypen, die Killy gar nicht ins Auge fasst.[43]

Der Kritik eines gemeinsamen Charakteristikums, das durch ein Verfahren der Kompilation verdeutlicht werde, schließt sich Thomas Hecken an. Er merkt an,

43 Helmut Kreuzer: *Veränderungen des Literaturbegriffs. Fünf Beiträge zu aktuellen Problemen der Literaturwissenschaft.* Göttingen: Vandenhoeck & Ruprecht 1975, S. 9.

dass die Zusammenstellung von Textbeispielen keine begriffliche Evidenz stiftet, sondern ganz durch unmittelbare Anschauung überzeugt und damit letztlich die fehlerhafte Analyse überdecken möchte.[44]

Günter Waldmann stellt die Stilanalyse zur Bestimmung des Kitsch-Phänomens ebenfalls grundlegend in Frage:

> So ergibt sich: ‚Kitsch'texte sind strukturell vor allem durch assoziationsevozierende, reizkumulierende und so intensiv emotionsstimulierende Merkmale bestimmt; wieso ein Text mit solcher Struktur deshalb als ‚Kitsch' mindergewertet wird, ist aber durch diese Struktur weder erklärt noch gerechtfertigt.[45]

Waldmann hält hier Entscheidendes fest: Selbst wenn es so etwas wie eine stilistische Gemeinsamkeit dieser Texte gibt, ist damit noch nicht die Notwendigkeit begründet, mit der man diese Texte als Kitsch bezeichnen könnte. Der schlichte kumulative Gebrauch der Sprache kann die behauptete qualitative Differenz zur Kunst, die Unvereinbarkeit von Kunst und Kitsch, nicht rechtfertigen.

Gewissermaßen im Anschluss an Killys Stilanalyse versucht der Informationsästhetiker Abraham Moles, die Stilmerkmale des Kitschs zu bestimmen, indem er eine Typologie des Kitschs entwickelt, die auf mathematischen Kriterien beruht. Moles deduziert Grundformen des Kitschs, indem er mathematische Formeln wie die Laplace'sche Gleichung, Differenzialgleichungen oder mathematisch-gesetzliche Sprünge „in zweiter Potenz"[46] auf Kunstwerke anwendet. Aus der Häufung von Kitsch-Elementen im Jugendstil beispielsweise entnimmt Moles ein Gesetz, das dem Boyle-Mariotte'schen Gasgesetz ähnelt und mit dessen Hilfe er einen „Kitschdruck"[47] bestimmt habe. Aus der Häufigkeitsverteilung von Materialtransformationen will Moles zudem ein eindeutiges „Kitschprinzip"[48] entnommen haben. Analog zu Waldmanns Urteil wird deutlich, dass die vermeintlich genauen und objektiven Methoden der Naturwissenschaft und Mathematik den Kitsch nicht erklären, sondern einem bereits feststehenden Urteil über die Kunst eine naturwissenschaftliche Dignität verleihen. Wie kommt man mit der Anwendung eines Gasdruckgesetzes auf die Kunst zum Resultat Kitsch? Mit der gleichen Freiheit könnte man

44 Thomas Hecken: Der Reiz des Trivialen. Idealistische Ästhetik, Trivialliteraturforschung, Geschmackssoziologie und die Aufnahme populärer Kultur. In: Ders. (Hrsg.): *Der Reiz des Trivialen. Künstler, Intellektuelle und die Popkultur.* Opladen: Westdeutscher Verlag 1997, S. 13–48.

45 Günter Waldmann: Literarischer ‚Kitsch' als wertungsästhetisches Problem. In: Jochen Schulte-Sasse (Hrsg.): *Literarischer Kitsch. Texte zu seiner Theorie, Geschichte und Einzelinterpretationen.* Tübingen: Niemeyer 1979, S. 89–120, hier S. 95.

46 Abraham Moles: *Psychologie des Kitsches.* München: Hanser 1972, S. 47.

47 Ebd., S. 55.

48 Ebd., S. 52.

einen ‚Kunstdruck' ermitteln. Dass der Jugendstil Kitsch sei und dass Materialersatz, Dekoration oder Farbwillkür zum Kitsch führten, lässt sich am Gegenstand selbst nicht widerspruchsfrei begründen. Es bleiben die als Eigenschaft der Sache behaupteten Empfindungen des Autors, die dem Urteil zugrunde liegen und sich den Anschein exakter naturwissenschaftlicher Begründung geben.

An die Tradition der Stilanalyse Killys knüpfte in jüngerer Vergangenheit der Philosoph und Medientheoretiker Gerhard Schweppenhäuser mit seiner Analyse zweier Popsongs an. Dem Song *Graue Wolken* der Band Blumfeld bescheinigt Schweppenhäuser trotz „kaum polyvalenter Konnotationen"[49] und „semantischer Eindimensionalität"[50] fehlende Kitschhaftigkeit:

> Poetisch gebrochene Sentimentalität ist aber keine Kitsch-Qualität, sondern Ergebnis der Suche nach einem authentischen Ausdruck.[51]

Den Song *Ein Bett im Kornfeld* des Schlagersängers Jürgen Drews dagegen hält Schweppenhäuser für Kitsch. Denn Drews verleihe der Naturerfahrung keinen authentischen Ausdruck, sondern produziere Klischees des Städters über die Natur nebst Tagtraum des nicht-alltäglichen Beischlafs. Damit führe der Song zu einer „tiefen, sinnstiftenden Herzensbindung"[52], aus der Schweppenhäuser schließt:

> Anders im Falle Drews: Dessen Jungmännerfantasien waren schon vor dreißig Jahren ebenso kitschig – d.h. so voller Trivialität, Sentimentalität und Fantasterei – wie seine Altherrenausritte von heute.[53]

Beide Songs zeichnen sich strukturell und stilistisch durch gemeinsame Merkmale, durch semantische Kargheit und fehlende Vielfalt der Bedeutungsebenen aus. Bei Blumfeld sollen diese Merkmale die Gebrochenheit und Authentizität und damit den Kunstcharakter verbürgen, bei Drews dessen Klischeehaftigkeit und, vermittelt über eine nicht genehmigte Sinnstiftung, dessen Kitsch-Sein. Damit bleibt Schweppenhäuser mit dieser willkürlichen Trennung die Begründung schuldig, inwiefern der Kitsch auf der Ebene struktureller und stilistischer Merkmale notwendig von der Kunst unterschieden ist und sich als eigene ästhetische Kategorie auszeichnet.

49 Gerhard Schweppenhäuser: Paper Moon, Blum- und Kornfeld – Über Kitsch und populäre Ästhetik. In: Jörg H. Gleiter (Hrsg.): *Wirklichkeitsexperimente. Architekturtheorie und praktische Ästhetik.* Weimar: Verlag der Bauhaus Universität 2006, S.41–68, hier S.56.

50 Ebd., S.58.

51 Ebd., S.60.

52 Ebd., S.62.

53 Ebd., S.65.

Auch die scheinbare Präzisierung des Kitsch-Objekts durch Attribute wie ‚sauer' oder ‚süß' liefert, entgegen der Überzeugung ihrer Anwender, keine Klarheit über die begriffliche Bestimmung des Kitschs. Durzak führt gegen die Bemühungen Egon Holthusens[54] an, dass sich der Kitsch-Begriff nicht „durch ein angehängtes Epitheton"[55] präzisieren lasse. Zu Curt Glasers[56] Ausführungen bemerkt Dieter Kliche:

> Wie beliebig die Inhalte von Kitsch gesetzt werden können, zeigt die Kombination ‚sauerer Kitsch' an, die um 1920 als Pendant zum ‚süßen Kitsch' aufkommt und den bisherigen Sinn des Wortes ins Gegenteil verkehrt. [...] Mit dieser Ausdehnung wurden die Denotate von Kitsch vollends konturlos.[57]

Alle Versuche, dem Kitsch auf der Ebene der Struktur und des Stils habhaft zu werden, können berechtigterweise zurückgewiesen werden. Der Kitsch als Eigenschaft und Wesen der ästhetischen Objekte lässt sich an den Dingen selbst nicht überzeugend belegen.

3.2 Kitsch-Erzeugung

Eine ganze Reihe von Autoren sehen sich aufgrund der aus ihrer Sicht unbefriedigenden stilistischen Bestimmung des Kitschs veranlasst, den Kitsch auf einer anderen Ebene als der des Objekts nachzuweisen und um die Ebene der Produktion zu ergänzen, indem sie den Kitsch als Resultat von industrieller Herstellung, Kulturindustrie und Massenkonsum begreifen.

Umberto Eco schließt Mitte der 1960er Jahre an Killys theoretische Ausführungen an, indem er ihnen den „Effekt" als zentrale Kategorie des Kitschs entnimmt.[58] Eco ist sich, anders als Killy, sicher, dass der „Effekt den Kitsch nicht allein charakterisiert"[59], sondern zusätzlich auch die Wahrnehmung des Kitschs als vermeintlich privilegierte ästhetische Erfahrung. Zu erschließen sei der Kitsch letztlich erst im Zusammenwirken von Botschaft, Effekt und Massenkommunikation. Eco definiert den Kitsch daher als „Kommunikation, die auf die Auslösung eines Effektes zielt"[60] und führt aus:

54 Hans Egon Holthusen: Über den sauren Kitsch. In: Ders. (Hrsg.): *Ja und nein: neue kritische Versuche*. München: Piper 1954, S. 240–248.

55 Durzak: Der Kitsch, S. 99.

56 Curt Glaser: Vom süßen und vom sauren Kitsch. In: *Almanach des Verlages Bruno Cassirer*. Berlin: Cassirer 1920, S. 84–95.

57 Kliche: Kitsch, S. 281.

58 Umberto Eco: *Apokalyptiker und Integrierte. Zur kritischen Kritik der Massenkultur*. Frankfurt am Main: Fischer 1984. Die deutsche Ausgabe der Schrift erschien erst 20 Jahre nach der italienischen Veröffentlichung.

59 Ebd., S. 63.

60 Ebd., S. 64.

> Die Kulturindustrie, die sich an die Masse der Konsumenten wendet, der die komplexen, spezialisierten Kulturtechniken zum größten Teil fremd sind, ist gehalten, *vorfabrizierte Effekte* zu verkaufen, zusammen mit dem Produkt die Gebrauchsbedingungen bereitzustellen und mit der Botschaft auch die Reaktion vorzuschreiben, die sie auslösen soll.[61]

Dem privilegierten Kunstgenießer, Kenner von „komplexen, spezialisierten Kulturtechniken", stellt Eco eine Masse von Konsumenten gegenüber, die nur „*vorfabrizierte Effekte*" genießen könne. Diese Effekte zeichneten sich kongenial zum einfältigen Massenpublikum dadurch aus, dass sie keine individuelle Rezeption erlauben, sondern Inhalt und Wirkung verbindlich festlegen. Dass Botschaft und Reaktion letztlich zu unhintergehbaren Vorschriften werden, evoziere den Kitsch, der, laut Eco, das Kommunizieren selbst vereinnahmt hat. Das Senden der kulturindustriellen Botschaften, das diese Art feststehender Reaktion hervorrufe, begründe letztlich den Kitsch. Die Eco'sche Erklärung des Kitschs weist eine zentrale Aporie auf: Die Sofortreaktion, der Effekt selbst, könne Eco zufolge den Kitsch nicht abschließend belegen, erst im Zusammenspiel mit seiner massenmedialen Übermittlung entstehe er. Nimmt man diese Erklärung ernst, dann liegt es also weder am Inhalt noch am Verfahren der medialen Übermittlung selbst, ob etwas Kitsch ist oder nicht, sondern in ihrer Kombination. Wieso in der Addition dieser beiden nicht-kitschigen Elemente schließlich der Kitsch in die Welt kommt, bleibt eine Leerstelle in Ecos Ausführungen. Dafür lässt sich dem Vorwurf, der Kulturgenuss sei eigentlich ein schematischer Reiz, der das tumbe Publikum erfreue, umso deutlicher der elitäre Standpunkt entnehmen. Als Kenner der Kultur dem Automatismus der Sofortreaktion selbst nicht unterworfen, dementiert Eco letztlich seine Bestimmungen eines vorfabrizierten Effekts, der seine Reaktion verbindlich vorschreibt und mitliefert. Was bleibt, ist der seinerseits schematische Vorwurf an ein Massenpublikum, dass es die falschen Produkte der Kulturindustrie anstatt die der Hochkultur genießt.

Ecos Verknüpfung von Inhalt, Art der Verbreitung und Konsumentengruppen zu einer minderwertigen ästhetischen Erfahrung der Massen ist in der Wissenschaft eine gängige Interpretation, die mit einem entsprechenden Instrumentarium zu belegen versucht wird. Hecken kritisiert zurecht, dass ‚Reiz' als Analysekategorie nur gebraucht wird, wenn man der Kunst die Qualitäten der Nicht-Kunst nachweisen möchte. Der hohen Kunst dagegen seien werkimmanente und geistesgeschichtliche Methoden vorbehalten.[62]

61 Ebd (Herv. i. O.).

62 Thomas Hecken: *Theorien der Populärkultur. 30 Positionen von Schiller bis zu den Cultural Studies*. Bielefeld: Transcript 2007, S. 95.

Auch der Begriff der Masse geht auf ein vorgefertigtes Urteil der Sprecher_innen zurück, wie Günther Fetzer erklärt:

> ‚Masse' als terminus technicus hatte bereits zum Zeitpunkt der Einführung in die wissenschaftliche Diskussion am Ende des letzten Jahrhunderts keinen analytischen Wert [...]. Die Distanzierungs- und Abwehrfunktion, die dem Masse-Begriff innewohnt [...], macht zugleich seinen abwertenden Charakter aus, da er komplementär immer das positive Gegenbild des Singulären, Einzigartigen, der Elite assoziieren läßt.[63]

Neueste Forschungen zu dieser Problematik stützen Fetzers These und gehen ebenfalls davon aus, dass Masse-Sein keine feststehende Eigenschaft eines Kollektivs und damit keine analytische Kategorie, sondern eine sprachliche Konstruktionsleistung ist. Das diskursive Phänomen ‚Masse' ist vor allem durch einen interessierten Blick gekennzeichnet, der in den Eigenschaften der Masse über die quantitative Anzahl einer Gruppe hinaus eine wesentliche qualitative Differenz zum Individuum sehen möchte.[64]
Matei Călinescu greift Ecos Gedanken eines manipulierten Genusses, der aus einer massenhaften industriellen Produktion folgt, auf und betont dessen ideologischen Charakter:

> This raises the question of the connection of bad taste and the history of modern technology, especially the advent of the machine in producing and reproducing books and other types of works of art.
> As a working hypothesis we may consider that bad taste in modern times consists mainly of an ideologically manipulated illusion of taste. That is why mass culture can be described quite adequately in terms of ideology or false consciousness.[65]

Was Călinescu als vermeintlich offene Frage, als Arbeitshypothese über das Verhältnis von industrieller Produktion und Geschmack formuliert, ist im Grunde ein fertiges Urteil: Er stellt die beiden Phänomene nebeneinander und behauptet schlicht deren Wechselwirkung. Weil schlechter Geschmack ideologisch manipulierte Illusion von Geschmack sei, müssten massenhaft hergestellte Kulturgüter auch Ideologie sein. Wieso folgt aus der massenhaften Reproduktion auch Manipulation und Illusion, wenn erst einmal nur behauptet ist, dass der schlechte Geschmack ideologisch sei? Man muss schon unterstellen und mitdenken, dass „in modernen Zeiten" massenhafte Reproduktion für nichts anderes als falsches Bewusstsein stehe. Der ideologiekritische Zusammenhang

63 Günther Fetzer: *Wertungsprobleme in der Trivialliteraturforschung*. München: Fink 1980, S. 92.

64 Andrea Jäger: Vorwort. In: Dies. / Gerd Antos / Malcolm H. Dunn (Hrsg.): *Masse Mensch. Das „Wir" – sprachlich behauptet, ästhetisch inszeniert*. Halle a. d. Saale: Mitteldeutscher Verlag 2006, S. 9–21, hier S. 11.

65 Călinescu: *Five Faces of Modernity*, S. 240.

erklärt sich allein aus einem stillschweigend unterstellten und daher auch nicht begründeten Entsprechungsverhältnis von Kitsch, Ideologie und Kulturindustrie. Mit dieser Tautologie gerät Călinescu gerade dort sichtbar in Widersprüche, wo er seine Behauptungen zu exemplifizieren versucht. So sei *La Gioconda* (dt.: die *Mona Lisa* von Leonardo da Vinci) als Reproduktion in einem Ladengeschäft eindeutig kitschig, hingegen als Reproduktion in einer kunstwissenschaftlichen Studie nicht.[66] Wenn der Kitsch jedoch im Herstellungsverfahren begründet sein soll, dann ist Călinescus Unterscheidung willkürlich und kann die behauptete qualitative Differenz nicht belegen.

Die Schwächen der Beweisführung des Kitschs als massenmedialem Produkt treten noch einmal deutlich in den Diskussionen um eine postmoderne Relativierung hervor. So werden dieselben Argumente zum Reproduktionsverfahren nicht mehr als Beleg für die Existenz des Kitschs genommen, sondern umgekehrt als Beleg dafür, dass er verhindert wird und ausbleibt. Anhand des künstlerischen Verfahrens doppelter fotografischer Reproduktion des Künstlers Richard Prince hält Stefan Römer fest:

> Von der kritischen Kunsttheorie wurde die subtile Kritik von Prince' postmoderner Fotografie am Warenfetisch hervorgehoben und als strategisch affirmative Kritik der Konsumgesellschaft interpretiert. In diesem Sinn kann man in Prince' Neuinszenierung der Werbeästhetik aber auch die darin intendierte Verdopplung der Verführungsstrategie erkennen: Es geht Prince nicht um eine didaktische Vorführung der Manipulation von Werbung und Trivialität oder gar Falschheit der Bilder, sondern um einen spezifisch analytischen Gebrauch der suggestiven und simulativen Funktionsweisen [...].[67]

Fallen bei Călinescu alle Konsument_innen beim massenmedialen Kunstgenuss noch auf die Ideologie herein, sei Prince' Arbeit subtile Kritik am Warenfetisch. Affirmation der Konsumgesellschaft legt Călinescu noch als Ideologie aus, bei Römer ist sie Zeichen einer Ideologiekritik. Bei Călinescu verfallen die Konsument_innen der Verführungsstrategie, bei Römer ist es eine intendierte Verdopplung, die zu geistiger Distanz statt zu Manipulation führe. Kopierverfahren sind bei Călinescu Kitsch, bei Römer sind sie Ausweis ihrer analytischen Dekonstruktion. Es wird deutlich, dass es die gleichen industriellen Verfahren der Kulturerzeugung sind, die die Autoren besprechen und trotzdem ganz unterschiedlich bewerten. Beide Autoren abstrahieren vom konkreten Inhalt der Kunstwerke und deduzieren aus dem Herstellungsverfahren einen Inhalt ganz eigener Natur, der sich über die konkrete Aussage

66 Ebd., S. 257.

67 Stefan Römer: Über die Unzeitgemäßheit des Begriffs ‚Kitsch'. Strategien der Popularisierung in der zeitgenössischen Kunst. In: Braungart (Hrsg.): *Kitsch*, S. 239–258, hier S. 243.

des Werkes hinaus Wirkung verschafft und so den ganzen Gehalt der Kunst bestimmt. Dieser Gehalt, den das Verfahren verbürgt, steht wiederum *vor* jeder inhaltlichen Auseinandersetzung fest und so werden die gleichen Mittel einmal negativ zum Beweis der Kitschhaftigkeit, ein anderes Mal positiv zum Beweis der Kunstfertigkeit. Andreas Schreitmüller denkt diese Form der Abstraktion konsequent zu Ende, wenn er den Kitsch grundlegend mit dem medialen Dispositiv des Fernsehens ausgeräumt sieht. So haben Zuschauer_innen nur durch den Umstand, dass sie fernsehen, automatisch eine Distanz zum *eigentlichen* Inhalt des Mediums, weshalb Kitsch dem Fernsehen letztlich „wesensfremd"[68] sei. Über diesen Befund werden sich vor allem Liebhaber_innen und Verächter_innen des ZDF-Traumschiffs oder der Rosamunde-Pilcher-Fernsehfilme streiten.
Die Identifikation von Herstellungsverfahren und Kitsch bestimmt, wie gezeigt wurde, nicht dessen Begriff und so kann konsequenterweise der Schluss gezogen werden, dass Kitsch keine Frage der Art und Weise seiner Erzeugung ist.

3.3 Der „Kitsch-Mensch"

Mit dem Neologismus „Kitsch-Mensch" hebt der Philosoph Hermann Broch Anfang der 1950er Jahre einen Gegenstand in der Kitsch-Forschung aus der Taufe, der die Ursachen des Kitschs in die Betrachter_in legt. Broch behauptet, dass es den Kitsch nicht ohne den „Kitsch-Menschen"[69] geben könne und deduzierte kongenial zur Lüge, die der Kitsch sei, eine Betrachter_in, die dieser Lüge notwendigerweise bedarf. An den Broch'schen Kitsch-Menschen schließt Anfang der 1960er Jahre der Philosoph Ludwig Giesz mit einer umfangreichen Arbeit zur Phänomenologie des Kitschs an und benennt sein zentrales Anliegen darin wie folgt:

> Brochs „Kitsch-Mensch" erscheint uns als die weiteste Verallgemeinerung des Kitschbegriffs, worin wir einen Vorzug sehen, da es ja darauf ankommen soll, die Bedingung der Möglichkeit des Kitsches ausfindig zu machen und nicht bloß die Phänomenologie kitschiger Gegenstände voranzutreiben.[70]

Giesz wendet sich gegen die aus seiner Sicht ungenügenden Bestimmungen des Kitsch-Objekts, die, statt die Existenz des Kitschs zu beweisen, zu erschwerenden erkenntnis- und ästhetiktheoretischen Fragen führten. Er plädiert daher für die größtmögliche theoretische Ausdehnung des Kitsch-Begriffs, indem

68 Andreas Schreitmüller: Elektronischer Kitsch? Über Triviales und Kitschiges im Fernsehen. In: Braungart (Hrsg.): *Kitsch*, S. 213–220, hier S. 220.

69 Hermann Broch: Einige Bemerkungen zum Problem des Kitsches. Ein Vortrag. In: Ders.: *Essays*, hrsg. v. Hannah Arendt. Zürich: Rhein 1955, S. 295–309, hier S. 295.

70 Giesz: *Phänomenologie des Kitsches*, S. 23.

er nach der „Bedingung der Möglichkeit“ des Kitschs fragt. Diese auf Immanuel Kant zurückgehende philosophische Frage führt, ganz im Gegensatz zur Giesz'schen Überzeugung, in ihrem theoretischen Charakter von der begrifflichen Bestimmung des Kitschs weg, verlangt sie doch Auskunft nicht über den Begriff, sondern über die Voraussetzungen des In-der-Welt-Seins einer Sache. Sind alle Bedingungen ermittelt, ist damit die „Möglichkeit“, also lediglich die potenzielle Existenz einer Sache belegt, nicht aber ihr theoretischer Gehalt bestimmt. Widersprüchlich bleibt, dass man, ohne die Sache begrifflich bestimmt zu haben, im Grunde nicht einmal verlässlich ermitteln kann, welche Bedingungen erfüllt sein müssen, damit die Sache existiert. Für Giesz steht mit der Frage nach der „Bedingung der Möglichkeit“ auch „die weiteste Verallgemeinerung des Kitschbegriffs“ und somit sein Begriff fest, ohne überhaupt mehr über den Kitsch ermittelt zu haben, als in der Ausgangsfrage behauptet war, d. h., dass er möglich sei.

Giesz leitet unter der Prämisse der „weiteste[n] Verallgemeinerung“ den Kitsch konsequent als eine anthropologische Konstante ab, als „Allgegenwart einer anthropologischen Möglichkeit: der kitschigen Zustände“[71] und, noch universeller, als „Signatur des menschlichen Daseins“[72] überhaupt. Giesz behauptet, dass aufgrund dieser Einsicht auch für die Kunst immer die „latente Möglichkeit“[73] des Kitschs bestehe und daher jedes Kunstwerk potenziell eine „Kitschschicht“ besitze, wenn es durch „kitschige Aneignung“[74] genossen werde. Damit ist der Kitsch zur universellen Rezeptionshaltung geworden und Giesz sucht nun den Unterschied zur Kunst zu bestimmen. Er setzt auf der Ebene des Genusses an, um dort zwischen Kitsch- und Kunstgenuss zu trennen und die „wichtigsten Eigentümlichkeiten des Kitschgenusses“[75] zu bestimmen. Die fundamentalen Unterschiede erklärt er so:

> Im Anschluß an den kommunen Sprachgebrauch könnte man den Unterschied beider Genüsse als den von Genüßlichkeit und ästhetischen Genuß definieren. In der Genüßlichkeit ist Distanz zu den Genußobjekten – verglichen mit der ästhetischen Distanz – insoweit unecht (wir meinen hier damit noch kein Werturteil), als nur scheinbar transzendiert wird: Die Genußqualität nämlich des primären Genußobjektes bleibt im Selbstgenuß enthalten und wird nicht modifiziert. Anders formuliert: Der Genüßliche tendiert dazu, die Freiheit ästhetisch-distanzierten Genusses vorzutäuschen, bleibt aber de facto dennoch weiter im Banne seines nicht-transzendierten Objektes.[76]

71 Ebd., S. 26.
72 Ebd., S. 27.
73 Ebd.
74 Ebd., S. 28.
75 Ebd., S. 30.
76 Ebd., S. 41.

Eine gelungene und insofern legitime Kunstrezeption sei die distanzierte Grenzüberschreitung durch den Betrachter, der sich im Genuss von der genossenen Kunst freimache. Leiste der Betrachter diese intellektuelle Veredlungsarbeit nicht, nehme er lediglich die schönen Farben, prächtigen Körper oder vollendeten Verse sinnlich wahr. Belasse er die dem Kunstwerk immanente „Genußqualität" wie sie ist, statt sie zu modifizieren, und genieße nur den Genuss, so täusche er den wahren ästhetischen Genuss nur vor, genieße „unecht" und begründe so die kitschige Rezeption. Was Giesz (noch) nicht als Werturteil verstanden wissen will, sondern als reine Beschreibung, vollzieht die Trennung von Kitsch und Kunst, ohne belegen zu können, warum das „Genüßliche" nicht ein Aspekt des Kunstgenusses ist, sondern einer der Kunst entgegengesetzten Sphäre der Nicht-Kunst entspringt. Christian Demand kritisiert diese begriffliche Unschärfe, wenn er erklärt, dass Kitsch und Kunst im selben Medium, dem „sinnlichen Schein"[77], operieren. Der Kitsch nimmt darin, so Demand, oft ohne Begründung die Erscheinungsform der Lüge an, während die Kunst für Wahrheit stehe. Diese begriffliche Gemeinsamkeit dementiert Giesz, wenn er den Kitsch-Genuss begrifflich rein negativ zur Kunst als deren Defizit und Schein bestimmt. Was den Kitsch darüber hinaus positiv begrifflich auszeichnet, bleibt notwendig offen. Die überlegene Kunstrezeption weiß Giesz vor der Folie eines philosophischen Diskurses im Recht, der das interesselose Wohlgefallen als einzig gültigen Maßstab der Rezeption von Kunst vorträgt. Dass das einfache Genießen eine qualitativ eigene ästhetische Kategorie bildet, lässt sich mit der Berufung auf eine Hierarchie des Genießens nicht belegen.
Seine Unterscheidung von Kitsch-Genüssling und Kunst-Genießer erweitert Giesz dann durch die Psychologisierung des falschen Genusses:

> Es entspricht dem primitiven Genußbedürfnis, nicht genug bekommen zu können, also Prallheit, Üppigkeit, Genußdauer und -ungestörtheit zu einem Maximum zu steigern; da es sich aber beim Kitschigen nicht mehr um reinen Genuß handelt, sondern um (genüßliches) Genießen des Genießens, bleibt der derart Genießende nicht vollständig in die Immanenz des puren Genusses gebannt, sondern tut sein Übriges: Nicht nur das Auge soll trinken, was die Wimper hält, auch der Ohrenschmaus soll laben, und die leibnahen Sinne (mit allen Poren, sich baden, schmecken, auf der Zunge vergehen [*sic*] lassen, schlürfen, wie Schlagsahne usw.) sollen ‚mit jeder Faser' mitmachen.[78]

Der Verdopplung des Genießens durch den Kitsch-Menschen steht die „Immanenz des puren Genusses" gegenüber, die Giesz zufolge den Zuschauer in

77 Christian Demand: *Die Beschämung der Philister. Wie sich die Kunst der Kritik entledigte.* Springe: zu Klampen 2003, S. 105.

78 Giesz: *Phänomenologie des Kitsches*, S. 61.

ihrem Bann hält und den Kitsch verhindere. Die Totalität des Genießens, das Gebannt-Sein, das Giesz sowohl für den Kitsch als auch für die Kunst behauptet, belegt auf der Seite des Kitschs dessen Minderwertigkeit und Kitschhaftigkeit, auf der Seite der Kunst deren Vorzüglichkeit und Kunstcharakter. Die Willkür der Unterscheidung in Lüge und Wahrheit bei gleichzeitig geteilten Voraussetzungen tritt noch einmal deutlich hervor. Dass Giesz zwischen „dem primitiven Genußbedürfnis" und der „Immanenz des puren Genusses" unterscheidet, liegt also nicht an der Rezeption selbst, sondern an der zur Eigenschaft der Sache erhobenen, vor-analytischen Festlegung, die den Kitsch zum elementaren Verlangen des Kitsch-Menschen erhebt. In diesem theoretischen Zirkelschluss bringt das falsche Bedürfnis den falschen Genuss und damit den Kitsch hervor, der wiederum das falsche Bedürfnis begründet. Dem Leser soll die ungezügelte Verdoppelung des Genießens als Kitsch einleuchten, sein Nachweis ist es nicht.

Letztlich macht Giesz den bisher eher harmlosen Kitsch-Genuss zu einer wuchtigen moralischen Frage, indem er behauptet, dass der Kitsch-Mensch eine „Entpersönlichung durch unwahre Gefühlssurrogate"[79] durchlaufe und ihm damit die Aufgabe zufalle, den „sinnlichen Trieben" keine „Herrschaft über seine Besonnenheit"[80] einzuräumen. Soviel persönliche Eigenständigkeit, Selbstbeherrschung und Distanz traut Giesz seinem Kitsch-Menschen dann trotz aller Primitivität zu, wenn er ihn zur moralischen Besserung anhält. Die Konsequenz der Missachtung dieser moralischen Anrufung zeige sich „im heutigen Wertchaos"[81], dem konservativen Sittenbild des allgemeinen Kultur- und Werteverfalls.

Gert Ueding zieht aus Giesz' widersprüchlichen Bestimmungen das überzeugende Fazit:

> Kitsch ist weder eine latente Möglichkeit der Kunst als solcher noch auch „eine latente Möglichkeit des Menschen überhaupt", also keine von der Geschichte getrennte Abstraktion oder anthropologische Konstante.[82]

Obwohl es kritisiert worden ist, entfaltet das Kitsch-Mensch-Theorem in den Geistes- und Sozialwissenschaften eine bis heute anhaltende Popularität. In den 1980er Jahren kommt Harry Pross auf Giesz' Thesen zurück, indem er behauptet,

79 Ebd., S. 70.

80 Ebd., S. 72.

81 Ebd., S. 74.

82 Gert Ueding: Rhetorik des Kitsches. In: Schulte-Sasse (Hrsg.): *Literarischer Kitsch*, S. 65–88, hier S. 65.

dass Kitsch-Menschen dort, „wo Analyse gefordert wäre“, „Synthese“[83] leisteten. Die stark elitären Züge des Giesz'schen Urteils relativiert Pross, indem er einräumt, dass „wir alle zu gewissen Zeiten“[84] Kitsch-Menschen seien. Pross warnt trotz allem nicht minder dringlich vor der Manipulationskraft des Kitsch-Genusses, die „ein Volk von Illusionisten“[85] erzeugen könne. Jürgen Stenzel plädiert Anfang der 2000er Jahre gegen einen „ideologiekritischen Relativismus“[86] und für die Anerkennung des Giesz'schen Unterschieds zwischen primitivem Kitsch-Konsumenten und transzendierendem Kunst-Genießer. Man solle sich allerdings, so sein verständiger Rat an die gebildeten Kolleg_innen und im Nachgang einer zwei Jahrzehnte währenden Wertungsdebatte in der Literaturwissenschaft, als Intellektuelle_r ganz der Bewertung des Primitiven enthalten. Denn dem „Braunschweiger Germanist[en]“ bleibe die Ergriffenheit des „Mütterchen[s] von Altötting“ nun einmal verschlossen. Wer sich als Intellektuelle_r dennoch peinlich berührt fühle, tue das stellvertretend für alle Kitsch-Menschen, denn „denen, die da kulturell unter uns vegetieren“, sei nichts peinlich.

Sowohl die Ausführungen von Giesz zum Kitsch-Menschen als Epitom des Kitschs und Modus primitiver ästhetischer Aneignung und Erfahrung als auch die sich darauf positiv beziehenden Thesen unterstellen schlicht die Identität des Kitschs mit der von ihnen identifizierten Rezeption. Der Kitsch basiert damit allerdings auf einer vor-analytischen, begrifflich nicht nachweisbaren Trennung gegenüber der Kunst.

3.4 Funktionen des Kitschs

Bereits in den Bestimmungen zum Kitsch-Menschen schließt Giesz vom Kitsch als Lüge auf das gesellschaftliche „Wertchaos“, das sich durch den falschen Genuss einstelle. Auch Killy kannte, obwohl er sich vor allem auf die stilistische Analyse des Kitschs konzentrierte, eine gesellschaftliche Funktion des Kitschs, die in der Schau höherer Zwecke liege, um dem „Leben überhaupt einen erträglichen Sinn“[87] zu geben. Ein genauerer Blick auf die Kitsch-Forschung verrät, dass in fast allen Untersuchungen die gesellschaftlichen Konsequenzen und

83 Harry Pross: Kitsch oder nicht Kitsch? In: Ders. (Hrsg.): *Kitsch. Soziale und politische Aspekte einer Geschmacksfrage*. München: List 1985, S. 19–30, hier S. 25.

84 Ebd., S. 26.

85 Ebd., S. 30.

86 Hier und folgende Zitate in Jürgen Stenzel: Kitsch ist schlecht. Aber was heißt das? Werttheoretische Überlegungen zum Kitschbegriff. In: Braungart (Hrsg.): *Kitsch*, S. 59–70, hier S. 64.

87 Killy: *Deutscher Kitsch*, S. 26.

Funktionen des Kitschs angesprochen oder bestimmt werden. Christa Bürger zufolge befriedigen Kulturindustrie-Produkte „Orientierungs-, Sinn- und Unterhaltungsbedürfnisse", sie bieten „den Massen" „allenfalls kompensatorische Fluchtträume", die auf das „Elend der Wirklichkeit" verwiesen.[88] Best sieht im Kitsch ein „Mittel zur Stabilisierung der Welt", mit dem der „seiner sozialen Unsicherheit und Ohnmacht bewußte Bürger" eine „(Pseudo-)Sicherheit" gewinne, die er als „Quasi-Erlösung" bezeichnet.[89] Nach Călinescu sei Kitsch auf schnelle Wunscherfüllung abgestellt und damit Ausdruck des Konsumerismus.[90] Als „gefürchtete gesellschaftliche Effekte des Kitschs" nennt Frauke Meyer-Gosau „Realitätsflucht und falsche[n] Trost" sowie „die Sättigung emotionaler Bedürfnisse durch die Ersatzstoffe der Phantasieindustrie."[91] Saul Friedländer zufolge soll Kitsch „eine gedankenlose, emotionale Sofortreaktion auslösen", die „die ideologische Identifikation" steigere und so eine „klare Mobilisierungsfunktion" bekomme.[92] Stenzel attestiert dem Kitsch „simple Wunscherfüllungsphantasien", die den Rezipienten in „ein wohliges Einverständnis mit dem Schicksal setzen" und ihn „untüchtig für das Leben macht"[93]. Besonders „in Zeiten der Globalisierung" seien „Realitätssinn und Widerspruchsgeist" gefragt.[94] Schweppenhäuser erklärt den Kitsch zur „Verfälschung der Wirklichkeit" und Lüge, die den Rezipienten täusche. Kitsch sei „Ersatzbefriedigung", „Schwindel und Erfüllung zur gleichen Zeit".[95]

Diesen Bestimmungen zum Wechselverhältnis von Kitsch und Gesellschaft kann man grundsätzlich entnehmen, dass sie zwischen dem Kitsch als Lüge, Betrug, Verfall und der Funktion oder vielmehr Dysfunktion der Gesellschaft einen Zusammenhang herstellen. Woraus speist sich die Sicherheit dieses Urteils, also die dauerhafte Annahme einer direkten Wirkung des Kitschs auf gesellschaftliche Strukturen? Andreas Dörner und Ludgera Vogt halten in allgemeiner Form fest, dass Literatur und Gesellschaft über gesellschaftliche Werte verbunden sind:

88 Christa Bürger: Einleitung: Die Dichotomisierung von hoher und niederer Literatur. Eine Problemskizze. In: Peter Bürger / Jochen Schulte-Sasse (Hrsg.): *Zur Dichotomisierung von hoher und niederer Literatur*. Frankfurt am Main: Suhrkamp 1982, S. 9–39, hier S. 11–12.

89 Best: *Der weinende Leser*, S. 25.

90 Călinescu: *Five Faces of Modernity*, S. 247.

91 Frauke Meyer-Gosau: Schund, die Geschichte eines deutschen Schicksals: Von „Schmutz" und „Kitsch" zu „Trash" und „Kult". In: *Literaturen. Das Journal für Bücher und Themen* 10 (2002), S. 13–18, hier S. 14–15.

92 Saul Friedländer: *Nachdenken über den Holocaust*. München: Beck 2007, S. 52.

93 Stenzel: Kitsch ist schlecht, S. 60.

94 Ebd.

95 Schweppenhäuser: Paper Moon, Blum- und Kornfeld, S. 47–48.

> Die enge Relation zwischen den beiden Größen Literatur und Gesellschaft bedeutet hier, dass die literarischen Werte eng gekoppelt sind mit den geltenden sozialen und politischen Werten.[96]

Dörner und Vogt zufolge sind die in der Kunst beheimateten Werte mit den gesellschaftlichen „eng gekoppelt", was zunächst noch offen lässt, welche Werte wieso gelten, aber grundsätzlich festhält, dass die Kunst sich zu diesen Werten in Bezug setzt oder setzen lassen muss. Beim Kitsch als dysfunktionalem Moment einer eigentlich funktionierenden Gesellschaft wird dieser Wechselbezug in seinem negativen Gehalt ausgedrückt. Von den falschen Werten des Kitschs wird auf seine gefährliche gesellschaftliche Wirkung geschlossen. Der Kitsch wirkt den oben zitierten Autoren zufolge auf paradoxe Weise schädigend auf die Gesellschaft: Er blende als falsches Idyll die Wirklichkeit aus, ermögliche die Flucht vor ihr und befriedige damit falsche Bedürfnisse nach Trost. Er mache verlogene Sinnangebote zur existierenden, trostlosen Welt, ermögliche darüber wiederum die ideologische Identifikation und Affirmation mit den Verhältnissen und versöhne so mit der Wirklichkeit. Der Kitsch leistet in dieser Bewegung Paradoxes: Er stifte zur Flucht vor der Wirklichkeit an, zu der er über falsche Trost- und Sinnangebote wieder umfassend identifikatorisch zurückfinde.

Wenn die Kunst Ort gesellschaftlich gültiger Werte ist, auf welchen Maßstäben beruht dann der Negativabgleich im Kitsch, welche Werte stehen für die gelingende gesellschaftliche Identifikation? Eines kann man den Funktionsbestimmungen und Defiziterklärungen des Kitschs zunächst immer entnehmen: dass sie sich für ein Gelingen der geltenden gesellschaftlichen Ordnung aussprechen und ihrer Kritik damit auch ein Stück allgemeinere Gültigkeit verleihen. Wenn man den ‚Ersatz' in ‚Ersatzbefriedigung', das ‚Pseudo' in ‚Pseudo-Wunscherfüllung' und das ‚Quasi' in ‚Quasi-Sinnangebot' als den zu kritisierenden Missstand befindet, dann streitet man ex negativo für einen Bezug zur Wirklichkeit, der sich in echten Sinnangeboten, wahrhaftigem Trost, wirklicher Erlösung und angemessener Bedürfnisbefriedigung *innerhalb* der Gesellschaft erschöpft. Auf diese Art und Weise soll die gültige Identifikation mit den Verhältnissen stattfinden und einen Beitrag zum Funktionieren der gesellschaftlichen Ordnung leisten. Das ist zunächst einmal die wesentliche Funktion, die die Kunst für die Gesellschaft erfüllen soll. Die Autor_innen gehen zudem davon aus, dass die Kunst auch Inhalte, also gesellschaftliche Werte, vertreten muss, die positiv zur gesellschaftlichen Ordnung stehen. In der Absage

96 Andreas Dörner / Ludgera Vogt: *Literatursoziologie. Eine Einführung in zentrale Positionen.* Wiesbaden: Springer VS 2013, S. 240–241.

an Weltflucht betonen die Autor_innen den kritischen Geist der Kunst als das Moment gesellschaftlicher Affirmation und Integration. Das ist paradox, immerhin bedeutet Kritik doch, einen begründeten Einwand gegen eine Sache vorzubringen. Offenbar ist *Kritik* in einer Gesellschaft, die ihre Mitglieder beständig zum Kritisieren anhält und darauf verpflichtet, genau der Modus, in und mit dem die *Zustimmung* zu ihr geleistet wird. Im Vorwurf, der Kitsch sei ein defizitäres Mittel gesellschaftlicher Integration, weil er Wirklichkeit falsch affirmiere, statt ihr mit „Realitätssinn und Widerspruchsgeist" zu begegnen, ist dieses Verhältnis angesprochen. Die Kunst soll letztlich kritisch sein und Werte wie die Freiheit der Meinung vertreten, nicht jedoch der Schicksalsergebenheit und bedingungslosen Anpassung an die Welt Vorschub leisten.

Mit diesem Urteil über den Kitsch als Hindernis der gesellschaftlichen Integration geraten die Funktionsbestimmungen von Kunst und Kitsch erneut in Widerspruch. Denn wenn man ‚der' Kunst jenen „Widerspruchsgeist" bescheinigt und ihr unterstellt, „subversiv und herausfordernd"[97] zu sein, dann unterschlägt man, dass in allen Bestimmungen des Kitschs als einer die Gesellschaft unterminierenden Kraft Widerspruch und Subversion bereits unterstellt sind. Im Resultat gleichen sich Kitsch und Kunst dann auffällig. Die Unterschiede beider behaupteten Kategorien verschwimmen noch einmal mit Blick auf die Sinnstiftung. Die Kunst wird für ihre Leistungen als gesellschaftliche Sinnstifterin gelobt, während man den Kitsch für seinen kompensatorischen Sinnersatz rügt, obwohl am Verfahren des Sinnstiftens, also der ästhetischen Inszenierung von zustimmungsfähigen Letztbegründungen zur Welt, selbst keine qualitative Differenz erkennbar ist. Letztlich stehen die zirkulären Funktionsbestimmungen des Kitschs gegen seine begriffliche Klärung.

In den 1970er Jahren regt sich unter dem Stichwort ‚Ideologiekritik' Einspruch gegen die Vorwürfe einer gesellschaftlichen Dysfunktion des Kitschs. Waldmann spricht, stellvertretend für eine Reihe kritischer Autor_innen, von einer berechtigten Aufarbeitung sozialer Erfahrungen und der legitimen Befriedigung eines natürlichen Bedürfnisses der Rezipient_innen im Kitsch.[98] In diesem Urteil wird allerdings nicht der Kitsch selbst als Kategorie des schlechten Geschmacks und der Nicht-Kunst in Frage gestellt, sondern gute Gründe für seine gesellschaftliche Funktion und Existenz genannt. Ueding trägt dieses Urteil in zugespitzter Form vor:

97 Wolfgang Braungart: Kleine Apologie des Kitsches. In: *Sprache und Literatur in Wissenschaft und Unterricht* 79 (1997), S. 3–17, hier S. 11.

98 Waldmann: Literarischer ‚Kitsch', S. 115.

> Das deutsche Bürgertum richtet sich unter Verhältnissen, die es ablehnt, aber dennoch nicht durchbrechen kann, so wohnlich wie möglich ein.[99]

Demnach sei es für das deutsche Bürgertum unausweichlich, dem Kitsch zu verfallen, weil es die gesellschaftliche Ordnung, die es eigentlich abschaffen möchte, nicht überwinden kann. Der Kitsch ist bei Ueding und anderen Ideologiekritiker_innen das notwendige Resultat einer existenziellen kompensatorischen Anpassung an die gesellschaftliche Ordnung und es gelte, den Kitsch als solche zu verstehen. Sam Binkley knüpft an den Gedanken eines notwendigen Bedürfnisses nach Kitsch an. Er versteht Kitsch als Reaktion auf die grundlegend fehlende Eingebundenheit des Menschen in die Moderne und als gesellschaftliche Wiedereingliederung.[100]

Mit dem Zugeständnis der Forscher, dass auch die gesellschaftliche Wirkung des Kitschs einen nachvollziehbaren und guten Grund haben kann, ist die Herleitung und Begründung des Kitschs aus seinen gesellschaftlichen Funktionen allerdings nicht schlüssiger geworden. Hecken kritisiert zurecht das Einvernehmen in der Trivialliteraturforschung:

> Alle Forschung, falls sie nicht metakritisch mit der Methodik bisheriger Forschung befaßt ist und so den Problemen einer Auseinandersetzung mit der populären Ware entgeht, dient dem Nachweis, daß in trivialer Literatur bestimmte Inhalte in bestimmter Sicht vermittelt sind. Dafür können dann historische, soziologische, psychologische Gründe angegeben (und kritisiert) werden, die den Leser der betroffenen Werke be- und manchmal ein wenig entlasten, ganz davon abhängig, ob man den Verführten und/oder hedonistisch Enthemmten stärker in der Opfer- oder Täterrolle sieht. Dies bleibt die einzige Meinungsverschiedenheit, ansonsten herrscht Einmütigkeit.[101]

Betont wird also je nach Überzeugung die soziale Rolle der Kitsch-Konsument_innen, wohingegen das Urteil über die soziale Funktion des Kitschs gültiger Konsens bleibt.

Zieht man nun Bilanz aus den bisher geleisteten Bestimmungsversuchen des Kitschs – am Objekt, der Erzeugung, Wirkung oder Rezeption –, muss man konstatieren, dass die Forschung dem Kitsch-Phänomen darüber nicht habhaft werden kann. Ganz im Gegenteil, keine dieser Kategorien, mit denen man in der Forschung den Kitsch begründet, stellt sich als theoretisch belastbar heraus. Überzeugende Belege für die Existenz einer eigenständigen stilistischen, medialen, anthropologischen oder sozialen Natur des Kitschs finden sich nicht.

99 Ueding: *Rhetorik des Kitsches*, S. 86.

100 Sam Binkley: Kitsch as a Repetitive System. A Problem for the Theory of Taste Hierarchy. In: *Journal of Material Culture* 5,2 (2000), S. 131–152.

101 Hecken: Der Reiz des Trivialen, S. 26.

4. Zu (post-)modernen Relativierungen des Kitschs

Im Laufe verschiedener literatur- und kulturwissenschaftlicher Debatten um Kitsch, ästhetische Wertungen, Trivialliteratur sowie Massen- und Populärkultur seit den 1960er Jahren und verstärkt in den 1990er und 2000er Jahren wird eine Relativierung des Kitschs diagnostiziert, die sich in der Entgrenzung von Hoch- und Massenkultur, dem Eindringen des Kitschs in die ästhetischen Erfahrungen der Eliten sowie in der Aufwertung des schlechten Geschmacks zum eigentlich guten zeigt. Mit dem Kitsch, „so scheint es, hat die Hochkultur Frieden [...] geschlossen"[102] oder mit anderen Worten: die „einst klaren Grenzen zwischen Design, Kunst und Kitsch wurden längst unterlaufen"[103]. Wird mit dieser Entwicklung auch der „alte Kitschbegriff hinfällig"[104], wie Gregory Fuller in Bezug auf das Phänomen der Kitsch-Art behauptet? Ändert sich durch Kitsch-Art, durch die Entgrenzung von ‚high' und ‚low' als Praxis von Kulturschaffenden sowie durch ästhetizistische Alltagspraxen die Wahrnehmung der Kunst und wird damit das Wahrnehmungs- und Urteilsverfahren des Kitsch-Vorwurfs obsolet? Wird das Kitsch-Urteil aus Mangel an Interesse irrelevant? Wie verhält sich das abwertende Kitsch-Urteil zum Kitsch als Gütesiegel? Anhand dreier exemplarischer kunst- und kulturwissenschaftlicher Forschungsfelder – aktueller Entgrenzungs- und Intermedialitätstheorien, Kitsch-Art sowie der Ästhetizismen Camp und Bad-Taste – sollen diese Fragen beantwortet werden.

4.1 Entgrenzungen von ‚high' und ‚low'

Sogenannte Trivialliteratur, Massenkultur und synonym gebrauchte Bezeichnungen ‚niederer' Kunstformen werden in den jüngeren wissenschaftlichen Diskussionen nicht mehr als von der Hochkultur unterschiedene, sondern sich auflösende, in die Sphären der Hochkultur diffundierende Phänomene betrachtet; Dieser Prozess wird als Interferenz, Entgrenzung oder „Einebnung"[105] von ‚high' und ‚low' bezeichnet:

> Was dann spätestens mit den historischen Avantgarden programmatisch wurde, findet auch in der aktuellen Gegenwartsliteratur kein Ende, nämlich Grenzüberschreitungen zu ‚illegitimen' Kunst- und Kulturformen [...].[106]

102 Dettmar / Küpper: *Kitsch*, S. 9.

103 Volker Albus / Karen Bofinger / Rainer Funke / Claus Richter: Invertiert! Der Kitsch und das Böse. In: Karen Bofinger (Hrsg.): *Die böse Form. Design an der Grenze des guten Geschmacks.* Basel: Birkhäuser 2012, S. 22–30, hier S. 22.

104 Gregory Fuller: *Kitsch-Art. Wie Kitsch zur Kunst wird.* Köln: DuMont 1992, S. 7.

105 Jutta Held / Norbert Schneider: *Grundzüge der Kunstwissenschaft. Gegenstandsbereiche – Institutionen – Problemfelder.* Köln / Weimar / Wien: Böhlau 2007, S. 52–53.

106 Thomas Wegmann / Norbert Christian Wolf: High und low. Zur Interferenz von Hoch- und Populärkultur in der Gegenwartsliteratur. In: Dies. (Hrsg.): *„High" und „low". Zur*

Nicht nur komme es zu Grenzüberschreitungen, wie Thomas Wegmann und Norbert Christian Wolf beobachten, diagnostiziert wird als Bilanz einer jahrzehntelangen Angleichung von Massen- und Hochkultur zugleich die *Auflösung* der Grenzen. Welche Implikationen hat dieser Befund nun für das Kitsch-Urteil? In welcher Absicht bezieht er sich kritisch auf die Diskussionen über schlechten Geschmack und sozialen Status?

Um diese Frage zu beantworten, ist zunächst ein Blick auf die Ausgangslage von ‚high' und ‚low' nötig, und obwohl es fast banal erscheint, muss man erst einmal grundlegend festhalten, dass ‚high' und ‚low' ein abstraktes System der Über- und Unterordnung bezeichnen, das auf doppelte Weise verwendet wird. Jahrzehntelang schließt man in den ästhetischen Auseinandersetzungen ‚niedere' und ‚hohe' Kunst mit einer existierenden gesellschaftlichen Rangordnung zusammen und behauptet damit ein Entsprechungsverhältnis zwischen dem Kitsch und der gesellschaftlichen Position seiner Konsument_innen. In diesem Weltbild entspricht die Nicht-Kunst, der Trost spendende Kitsch, die schnelle Wunscherfüllung sowie die vulgäre, banale und geschmacklose Kost quasi-natürlich einem niederen gesellschaftlichen Stand, der sich zusätzlich noch dadurch auszeichnet, dass er massenhaft normierte und primitive Konsument_innen des Kitsches hervorbringt. Umgekehrt wird die hohe Kunst mit einer gehobenen sozialen Stellung verknüpft. Das Wahre, Schöne und Gute, das nur durch intellektuelle Leistungen genossen werden kann, soll einer kleinen gesellschaftlichen Schicht entsprechen, die den Geist, die Muße und die finanziellen Mittel besitzt, um diese Genüsse zu pflegen. Die Kunst und der Kitsch verweisen in diesem doch überraschend beharrlichem Weltbild stets kongenial auf die entsprechende Position in einer hierarchisch organisierten Gesellschaft.

Nicht nur beziehen sich in diesem Menschen- und Gesellschaftsbild Kunstwerk und soziale Position ihrer Genießer_innen einmütig aufeinander, es werden in und mit ihm gleichzeitig die sozialen Positionen der gesellschaftlichen Konkurrent_innen legitimiert. Weil man als Kenner_in die Fähigkeit besitze, die avantgardistischen Zumutungen der Kunst auszuhalten, zu transzendieren und letztlich zu genießen, sei man *ad oculos* auf der richtigen Sprosse der gesellschaftlichen Leiter, womöglich sogar zu noch Höherem berufen. Umgekehrt, wessen geistiger und finanzieller Horizont nur bis zum Schundheft reiche, der sei zurecht auf das untere Ende der Hierarchie verwiesen. In dieser Tautologie werden die Ergebnisse gesellschaftlicher Konkurrenz in

Interferenz von Hoch- und Populärkultur in der Gegenwartsliteratur. Berlin / Boston: de Gruyter 2012, S. 1–9, hier S. 1.

Charaktereigenschaften der Konkurrent_innen verwandelt, die sich wesensgleich an der Stellung der Unterhaltungsprodukte ausdrücken. Pierre Bourdieu nennt diese Zuschreibungspraxis kultursoziologisch etwas tröstlich eine selbstbewusste Absetzungsbewegung des bürgerlichen Individuums von jeweils jenen gesellschaftlichen Schichten, denen es sich nicht zugehörig fühlt bzw. nicht zugehörig erklärt. Was von einigen Autor_innen begriffen wird als ein kulturelles Unterscheiden um des Unterscheidens willen, hat immer den Inhalt einer Absetzbewegung von unten in der sozialen Hierarchie. Der als kitschig abgelehnte „Sonnenuntergang am Meer" oder die „Berglandschaft" sind in das Geschmacksurteil aufgenommene Distinktionsvorstellungen, die sich vor allem gegen die „unteren Klassen" richten.[107] Mit zunehmendem „kulturellen Kapital" nimmt folgerichtig auch der Gebrauch des Kitsch-Urteils zu.[108]
Vor diesem Hintergrund setzen kritisch die Einebnungs- und Entgrenzungstheorien an, wenn sie die Auflösung von Hierarchien fordern und begrüßen. In einem bis heute weit rezipierten, kanonischen Text, der erstmals 1969 und nicht ohne Anspielung im *Playboy* erscheint, klagt der US-amerikanische Literaturwissenschaftler Leslie Fiedler die Schließung einer „Lücke"[109] zwischen Hoch- und Massenkultur ein. Einige Literat_innen, erklärt er, betreiben diese Schließung bereits, indem sie sich des US-amerikanischen Mythos und der Genres Western, Science-Fiction und Pornografie bedienen:

> Aber sogenannte Hohe Kunst auf Vaudeville- und Burleskeniveau herunterzuschrauben zu einem Zeitpunkt, wo Massenkunst ohne Ehrfurcht die Museen und Bibliotheken erobert, ist ein politischer und ästhetischer Akt zugleich, ein Akt, der den Klassen- und Generationsunterschied überbrückt. Die Vorstellung einer Kunst für die ‚Gebildeten' und einer Subkunst für die ‚Ungebildeten' bezeugt den letzten Überrest einer ärgerlichen Unterscheidung innerhalb der industrialisierten Massengesellschaft, die nur einer Klassengesellschaft zustünde.[110]

Nicht nur forciere man bereits die ästhetische Eingemeindung von als minderwertig geführten Genres in die von ihnen abgegrenzte Hochkultur mit ihren Institutionen und überwinde so Gattungsgrenzen, sondern man reiße gleichzeitig die gesellschaftliche Trennung von oben und unten ein. Diese Überwindung der Klassenunterschiede, die „ein politischer und ästhetischer Akt zugleich" seien, hat bei Fiedler eine Eigentümlichkeit, die bereits auf den Widerspruch der

107 Pierre Bourdieu: *Die feinen Unterschiede. Kritik der gesellschaftlichen Urteilskraft.* Frankfurt am Main: Suhrkamp 1997, S. 108.

108 Dörner / Vogt: *Literatursoziologie*, S. 249.

109 Leslie Fiedler: Überquert die Grenze, schließt den Graben! Über die Postmoderne. In: Wolfgang Welsch (Hrsg.): *Wege aus der Moderne. Schlüsseltexte der Postmoderne-Diskussion.* Weinheim: VCH 1988, S. 57–74.

110 Ebd., S. 68.

Entgrenzung verweist. Einerseits muss es den Klassenunterschied geben, damit er überwunden werden kann, andererseits hält Fiedler die „industrialisierte[] Massengesellschaft" gar nicht für das Synonym von Klassengesellschaft, sondern nur für eine „ärgerliche[] Unterscheidung", eine nicht notwendige Abweichung *in* ihr, die deshalb eigentlich gar nicht existieren müsste und mit der ästhetischen Geste behoben werden kann. Die Vorstellung von der politischen Wirkung des ästhetischen Akts ist also nichts geringeres als eine Illusion, mit dem Pop wären die gesellschaftlichen Hierarchien eliminiert. Der Blick in die Wirklichkeit offenbart das Gegenteil, sie sind bis heute in bestem Zustand.

In der deutschsprachigen kultur- und literaturwissenschaftlichen Trivialliteratur-Debatte tritt man nicht mit einer solchen Radikalität auf, allerdings wird auch hier die ästhetische Überwindung der Dichotomisierung von ‚high' und ‚low' diskutiert. Exemplarisch für eine neue Offenheit gegenüber der Massenkultur überträgt Christa Bürger das ästhetische Programm der klassischen Avantgarden, das Zusammenfallen von Kunst und ‚Leben', auf die Dichotomisierung und plädiert dafür, die Unterscheidung in hoch und niedrig zugunsten der Kriterien einer erfolgreichen Avantgardisierung aufzugeben:

> Kriterium des Werts wäre nicht mehr die Werkhaftigkeit eines Werks, sondern dessen Fähigkeit, in die Lebenspraxis der Individuen zurückübersetzbar zu sein – ohne daß damit die Bedeutung der künstlerischen Techniken geleugnet würde.[111]

So wird methodisch jede Kunst nobilitiert, die beweisen kann, dass sie die Forderung der klassischen Avantgarde zu erfüllen imstande ist. Das daraus folgende gleichberechtigte „Nebeneinander verschiedener Literaturauffassungen"[112] hebt zwar die ästhetische Unterscheidung in ‚hoch' und ‚tief' vordergründig auf, führt hinterrücks jedoch einen der ‚hohen Kunst' zugeordneten Maßstab der Bewertung wieder ein. Diejenige Kunst, die nicht „in die Lebenspraxis der Individuen zurückübersetzbar" ist, verdiene es demnach auch nicht, für wert befunden zu werden. Mit der Forderung, dass die Literatur, unabhängig von ihrer Machart und Verbreitung, der realen „Lebenspraxis" gerecht werden müsse, schreibt Bürger den kulturellen Praxen im Grunde wieder eine herausgehobene gesellschaftliche Position zu, aus der lediglich eine partielle Revision ästhetischer Bewertungsmaßstäbe von Massenkultur folgt.

In der jüngeren Forschung wird der Text von Fiedler als ein Gründungsdokument der Populärkulturforschung und damit als ein historisches

111 Bürger: Einleitung, S. 34.
112 Ebd., S. 33–34.

Dokument verstanden. So spricht beispielsweise Nisaar Ulama mit Rekurs auf Diedrich Diedrichsen, der seinerseits die bürgerliche Hochkultur vollständig durch die Populärkultur aufgelöst sieht, von einer kulturellen Demokratisierung der Hochkultur. Mit dem Einzug der Bildmotive aus Comic und Waschmittelwerbung wurden die Bildwelten der Hochkultur im Sinne Fiedlers erobert und seien damit allgemeinverständlicher und demokratischer geworden. Der Autor selbst kritisiert ‚Demokratisierung' zwar als abgedroschene Formel, hält sie aber dennoch für treffend.[113] ‚Demokratisierung' heißt, dass die Barrieren für eine gelungene Teilnahme an der Hochkultur mit den veränderten Bildwelten abgebaut werden und damit eine gesamtgesellschaftliche Partizipation an dem Teil des Kulturbetriebs möglich sei, der bisher den höheren Schichten vorbehalten war. Ulama behauptet damit, dass in der Rezeption des Pop die gesellschaftlichen Unterschiede irrelevant werden und sich für den Moment der Betrachtung auflösen. Im Gegensatz zu Fiedler behauptet er aber nicht, dass sich gesellschaftliche Hierarchien oder gar Klassenverhältnisse durch den Pop vollständig auflösen.

Zusammenfassend lässt sich der Schluss ziehen, dass die Interferenz-, Entgrenzungs- und Einebnungstheorien eine Auflösung *ästhetischer* und daran angeschlossen auch *gesellschaftlicher* Grenzen behaupten, nicht jedoch belegen. Alle besprochenen Beispiele zeigen, dass sich die Grenzen zwischen Hoch- und Massenkultur stetig ausweiten, letztlich aber nur verschoben und nicht aufgelöst werden. Wenn die Waschmittelwerbung in das Reich der Schönen Künste Einzug hält, dann wird die Werbung zur Kunst und nicht die Kunst zur Werbung. Insofern ist das, was die Autor_innen als ästhetische Grenz*auflösung* verstehen, eine Strategie der Künstler, Alltägliches oder Minderwertiges zu einem künstlerischen Sujet zu machen. Hecken fasst zusammen:

> Mit Blick auf die Gegenwart kann man deshalb sagen, dass jene avantgardistischen, (post) modernistischen Kunstformen, die als high und low eingestufte Elemente kombinieren und damit gegen den älteren bildungsbürgerlichen Kanon verstoßen, sich nach Maßstäben des renovierten, modernisierten bildungsbürgerlichen Kanon deutlich auf der Seite des ‚Hohen' bewegen.[114]

Dass die Grenzauflösungen Teil einer Innovationsstrategie sind, die der hohen Kunst als ihre ureigenste Eigenschaft unterstellt und abverlangt wird, lässt die

113 Nisaar Ulama: „Pop ist philosophische Kunst". Hegel, Danto und die Popmoderne. In: Thomas Hecken / Marcel Wrzesinski (Hrsg.): *Philosophie und Popkultur*. Bochum: Posth 2010, S. 127–142, hier S. 138–139.

114 Thomas Hecken: Bestimmungsgrößen von high und low. In: Wegmann / Wolf (Hrsg.): *„High" und „low"*, S. 11–26, hier S. 24.

Kunst Eingang in das Reich des Bildungsbürgertums und der Intellektuellen finden. Mit einem eindeutigen Ergebnis:

> Als ästhetischer Gegenstand wurde Kitsch auf diese Weise zwar von negativen Konnotationen befreit, die Differenz zur Kunst wurde damit aber nicht aufgehoben, sondern eher gestärkt.[115]

Damit bleiben alle Funktionen der Kunst als Mittel des Legitimitätsnachweises sozialer Stellungen unversehrt und weiten sich, wie Becker herausstellt, auch auf einstmals als geschmacklos verworfene Kultur aus:

> Wenn sich also Intellektuelle der populären Kultur hinwenden mit der Attitüde, jede Grenze zwischen legitimer und populärer Kultur verwerfen zu können, indem man die trashigsten Produkte rezipiert, nimmt man nicht nur nicht mehr die Differenz zwischen einem Pol der Innovation und dem ökonomisch dominierten Markt innerhalb der Populärkultur selbst wahr, sondern will sie auch nicht wahrhaben, um sich innerhalb des akademischen Diskurses prägnanter als mondäner Intellektueller abgrenzen zu können und damit das Monopol der institutionellen Legitimität zu sichern.[116]

Dass im intellektuellen Habitus mit dem Beweis der eigenen geschmacklichen Vorzüglichkeit die Grenze zur einfachen Konsument_in umso vehementer gezogen wird, ist das Ergebnis der Grenzverschiebung, die ohne diese neuerliche Differenz zum Trivialen, Profanen und Massenhaften nicht als außerordentliche geschmackliche Aneignungsgeste funktioniert. Dass in dieser selbstlegitimierenden Geste, wie Becker behauptet, die Bewusstwerdung eines „ökonomisch dominierten Markt[s]“ nebst intellektueller Selbsterkenntnis vollzogen werde, ist der etwas idealistische Anspruch des Autors an seine Kolleg_innen und nicht der Ertrag dieser intellektuellen Leistung. Letztlich bleiben beide Bereiche, Massen- und Hochkultur, ‚Unterhaltung‘ und ‚Ernste Kunst‘, ‚U‘ und ‚E‘ weiter nebeneinander bestehen, werden weiterhin als objektive Aussagen über das Kunstwerk genommen und differenzieren sich in puncto Elitebewusstsein und Differenzmarkierung immer mehr aus.
Aus diesen Beobachtungen lässt sich auch der Schluss auf die Behauptung einer Auflösung der sozialen Grenzen und die Aufhebung sozialer Gegensätze von oben und unten ziehen. Weil die Entgrenzungsgesten ästhetischer Natur bleiben, verhandeln und revidieren sie die gesellschaftlichen Kräfteverhältnisse nicht, und die „symbolische Entgrenzung der Kunst ist nicht identisch mit einer sozialen

115 Bettina Gruber / Rolf Parr: Linker Kitsch? Zur Einleitung. In: Dies. (Hrsg.): *Linker Kitsch. Bekenntnisse – Ikonen – Gesamtkunstwerke.* Paderborn: Fink 2015, S. 7–16, hier S. 8.
116 Thomas Becker: Einleitung. In: Ders. (Hrsg.): *Ästhetische Erfahrung der Intermedialität. Zum Transfer künstlerischer Avantgarden und ‚illegitimer‘ Kunst im Zeitalter von Massenkommunikation und Internet.* Bielefeld: Transcript 2011, S. 7–32, hier S. 13.

Grenzverschiebung"[117]. Mit Blick auf das Kitsch-Urteil ist damit Wesentliches festgehalten. Die Grundlage des Urteils ist nicht revidiert, sondern, ganz im Gegenteil, sogar bekräftigt. Die Abgrenzung zum Minderwertigen, zum Schund und zur Nicht-Kunst bleibt trotz ästhetischer Grenzverschiebungen bestehen, weil die gesellschaftliche Hierarchie bestehen bleibt, auf der diese ästhetischen Abwehrbewegungen basieren. Ein kurzer Blick in die Diskussionen der letzten Jahre bekräftigt diesen Befund: Es ist eine bildungsbürgerliche Gewissheit, die mittlerweile zum Kanon der Wissenschaft gehört, dass Arztromane in höheren und gebildeten Schichten resublimiert angeeignet werden und für die intellektuelle Leistung der Aneignung stünden, hingegen dieselben Arztromane, in niederen Schichten genossen, lediglich Auskunft über die „Zugehörigkeit" des Rezipienten „zu dessen Klasse" geben.[118] Zum anderen belegt die von öffentlichen Kommentator_innen wie Talkshowhost Harald Schmidt bissig forcierte Debatte um das sogenannte Unterschichtenfernsehen Mitte der 2000er Jahre eindringlich die Vehemenz und Sicherheit, mit der die fehlende Qualität des Fernsehens und die soziale Position des Publikums in eins gesetzt und beanstandet wurden.[119]

Letztlich verbirgt sich hinter der behaupteten Auflösung ästhetischer und sozialer Grenzen, hinter Entgrenzung und Interferenz zwar eine andauernde Verschiebung ästhetischer Grenzen, diese wird aber begleitet von einer umso härteren Verteidigung neuer oder alter ästhetischer und vor allem sozialer Grenzen. Das Kitsch-Urteil verliert mit den Eingliederungsversuchen der Pop- und Massenkultur in die Hochkultur keineswegs an Grundlage und Relevanz, sondern bewahrt mit den unangetastet gebliebenen gesellschaftlichen Gegensätzen seine Gültigkeit.

4.2 Kitsch-Art

Am Fall der Kitsch-Art wird deutlich, wie eine solche Eingemeindung in den Kanon der Hochkultur historisch vollzogen wird. Bereits der akademische Titel ‚Kitsch-Art' gibt Auskunft über die Stoßrichtung der Grenzverschiebungen, mit der dem Kitsch Einlass in die Sphäre der ernsten Kunst gewährt wird. Fullers einschlägige gleichnamige Monografie beschreibt Anfang der 1990er Jahre nicht nur die künstlerische Praxis des Zitierens vermeintlich kitschiger Themen

117 Ebd., S. 11.

118 Ludgera Vogt: Kunst oder Kitsch: ein „feiner Unterschied"? Soziologische Aspekte ästhetischer Wertung. In: *Soziale Welt. Zeitschrift für sozialwissenschaftliche Forschung und Praxis* 3 (1994), S. 363–383, hier S. 377.

119 Christoph Amend: Was guckst du? In: *Die Zeit*, 10.03.2005. http://www.zeit.de/2005/11/Titel_2fUnterschicht_11/komplettansicht (Zugriff am 13.02.2015).

und Motive, sondern zementiert durch die Dignität der kunstwissenschaftlichen Abhandlung gleichzeitig die Gültigkeit dieser künstlerischen Verfahren und inkorporiert sie damit erst eigentlich in die Hochkultur. Fullers Thesen sind über diese Dialektik nicht aufgeklärt und widersprechen sich: Einerseits werde mit der Kitsch-Art-Praxis „der alte Kitschbegriff hinfällig"[120], andererseits seien alle Kitsch-Art-Werke vom Kitsch wesentlich zu unterscheiden. Oberflächlich betrachtet mag Kitsch-Kunst die Grenze zwischen Kitsch und Kunst auflösen, auf der Bedeutungs- und Funktionsebene allerdings erklärt Fuller Kitsch-Art eindeutig zur künstlerischen Praxis, die alle Qualitäten der hohen Kunst besitze. So werden mit und in der Kitsch-Art Klischees kritisch angegriffen,[121] „Zivilisationskritik"[122] betrieben, „bitter-ironisch vorgeführt" und „ironisch verfremdet",[123] „Idylle [...] zerstört"[124] und „ästhetische[s] Chaos hinter der glatten Oberfläche"[125] gezeigt, Klischees und Voyeurismus „entlarvt" und Ideale „hinterfragt",[126] „Schwindel durchschaut"[127], „besondere Ironie"[128] betrieben und der Gesellschaft „Spiegelbilder"[129] vorgehalten. Selbst wenn ein Künstler wie John Hall zu Protokoll gibt, dass er wirklich alles trivialisiert, stellt ihn Fuller in eine Traditionslinie mit Marcel Duchamp und ordnet ihn so der Hochkultur zu. Fullers Fazit ist entsprechend konsequent, die Kunst hätte sich „der Kitschmittel bedient, um Kitsch zu entlarven"[130]. Damit können die beschriebenen ästhetischen Praxen auch kein Kitsch sein.

Fullers ‚Kitsch'-Art ist, das sollte deutlich geworden sein, kein hinfällig gewordener Kitsch-Begriff, sondern ein neuer Kunst-Begriff. ‚Kitsch-Art' ist die Bezeichnung für ein neues Kunstgenre, das ‚kitschige' Motive nutzt und strategisch mit dem Austritt aus der Hochkultur spielt. Gelingt dieses Spiel, dann wird ein Kitsch-Art-Künstler wie Jeff Koons zum Innovator seiner Branche erklärt, der „die Marktgesetze des kulturellen Feldes konsequent" anzuwenden weiß und damit „eine Rehabilitation des Trivialen im künstlerischen

120 Fuller: *Kitsch-Art*, S. 7.
121 Ebd., S. 38.
122 Ebd., S. 41.
123 Ebd., S. 42.
124 Ebd.
125 Ebd., S. 48.
126 Ebd., S. 73.
127 Ebd., S. 75.
128 Ebd., S. 79.
129 Ebd., S. 89.
130 Ebd., S. 90.

Feld betreibt".[131] Ute Dettmar und Thomas Küpper sehen die künstlerische Unterbietungsgeste, die Koons vom „Avantgardismuszwang" befreien und somit der Hochkultur entheben solle, als dessen konsequente Fortführung und erklären, dass die vermeintliche „Absage an den Fortschritt als besonders fortschrittlich" gelten kann.[132] Scheitert die künstlerische Geste einer spielerischen Aneignung des Kitschs, führt dies konsequenterweise zur Abwertung der Künstler_in. Auch bei Koons sind immer wieder öffentlich Zweifel geäußert geworden, ob seine Kunst wirklich Kunst sei oder nicht doch einfach nur Kitsch. Dabei stecken beide Urteile, einerseits dass es blanker Kitsch sei als auch andererseits dass das Neue und Künstlerische in der intendierten Kitschigkeit als konzeptuellem Metakommentar zu den Grenzen der Kunstwelt liege, in der spielerisch inszenierten Kippfigur des Kitschs als Kunst. Je nach Einschätzung kann eine der beiden Seiten, oder sogar beide gleichzeitig, betont werden.[133] Der Kitsch-Vorwurf wird fallengelassen, sobald die künstlerische Qualität der Kitsch-Art bewiesen ist.

4.3 Die Ästhetizismen Camp und Bad-Taste

Das Spiel mit als kitschig geltenden Gegenständen beherrschen nicht nur Künstler_innen, sondern auch Rezipient_innen. Ein unbestrittener Topos in der Rede über den Kitsch ist heute, dass sich Konsument_innen Kitschiges ironisch aneignen und umwerten. Unbestritten ist auch die Vorstellung, dass die Rezipient_innen, indem sie sich den Kitsch zu eigen machen, zitieren und aufgreifen, ihr Verhältnis zum Kitsch ändern.[134] Unklar dagegen bleibt in der Forschung, ob die Grenzen zum Kitsch eingerissen und das Kitsch-Urteil obsolet wird oder ob im Gegenteil die Grenzen nur verschoben und an anderer Stelle verteidigt werden. In den meisten Beiträgen zu dieser Frage betonen Autor_innen beide Seiten. Einerseits werde Kitsch in Alltagspraxen verstärkt ironisch eingesetzt und damit die geschmackliche Unterscheidung zwischen ‚hoch' und ‚niedrig' nivelliert, andererseits werden diese Aneignungsweisen als „Ausweis besonderer Stilsicherheit"[135] und damit als nicht-profane, nicht-kitschige Rezeptionsweisen verstanden. Als Resümee dieser zwei sich widersprechenden Befunde halten Dettmar und Küpper fest, dass es weiterhin umstritten sei, ob

131 Vogt: Kunst oder Kitsch, S. 371–372.

132 Dettmar / Küpper: *Kitsch*, S. 282.

133 Susanne Weingarten: König im Kitschland. In: *Der Spiegel*, 30.11.1992, S. 286–289.

134 Dettmar / Küpper: *Kitsch*, S. 279.

135 Albus / Bofinger / Funke / Richter: Invertiert!, S. 23.

Phänomene wie Camp die Unterscheidungen von hoher und niederer Kunst auflösen.[136]

Klärung in dieser Frage verschafft der Blick auf die Wahrnehmungs- und Aneignungsweise, die sich hinter den Alltagsphänomenen des ‚guten schlechten Geschmacks' verbirgt: der ästhetizistische Blick. Mit Ästhetizismus soll ein Vorgang benannt sein, der Kunst zum Ausgangspunkt einer ästhetischen Weltanschauung macht und Wirklichkeit unter ein „Primat des ‚schönen Lebens' und ästhetischer Sensitivität"[137] subsumiert. Seine philosophischen Grundlagen hat der Begriff in Friedrich Nietzsches Schrift über die *Geburt der Tragödie*, in der er von „der rein ästhetischen Weltauslegung und Welt-Rechtfertigung" spricht, in der „nur als ästhetisches Phänomen das Dasein *gerechtfertigt* ist".[138] Nietzsche fordert die Aneignung der Wirklichkeit im Modus des Geschmacks, womit die Welt selbst als ästhetischer Gegenstand begriffen wird. Indem alles, auch die widrigen Verhältnisse, unter dem Gesichtspunkt ästhetischen Gefallens begutachtet, ausgesucht und genossen werden sollen, wird die Wirklichkeit zur Quelle der Befriedigung höherer, ästhetischer Bedürfnisse erklärt und erscheint als gerechtfertigte, weil genuss- und menschengemäße. Damit lauscht Nietzsche den existierenden Verhältnissen blanko einen guten Zweck und höheren Sinn ab; er affirmiert sie so umfassend. Im ästhetizistischen Weltblick rechtfertigt die bloße Existenz der Kunst das Leben mit seinen Abteilungen aus Gewalt und gesellschaftlichen Gegensätzen. Dieser ästhetizistische Rechtfertigungsgedanke ist damit das Gegenteil von Kritik, wie Ernst Oldemeyer unterstreicht:

> Wird [...] ein Ästhetizismus zur Leitlinie der Lebensführung, so fördert er ein beschränktes, verantwortungsscheues und kritikloses Verhältnis zur Welt. Wer überzeugt ist, ‚alles' ästhetisch nehmen zu können, dem fehlt ein Motiv, daran zu arbeiten, daß irgendetwas anders würde, als es ist.[139]

Bewiesen hat man als Ästhet_in mit dieser Art der Weltaneignung aber allemal die Raffinesse, Sensibilität und Fähigkeit zur geschmackvollen Weltumdeutung und damit die Kraft, die widrige Wirklichkeit den *eigenen,* ästhetischen Gesichtspunkten zu subsumieren und sich so ideell über die Sachzwänge des Alltags der bürgerlichen Gesellschaft zu erheben. Die Ästhet_in stellt in der Pose des autonomen ästhetischen Selbst demonstrativ seine Selbstverwirklichung

136 Dettmar / Küpper: *Kitsch*, S. 280.

137 Renate Werner: Ästhetizismus. In: *Reallexikon der deutschen Literaturwissenschaft*, S. 20.

138 Friedrich Nietzsche: *Die Geburt der Tragödie*. Stuttgart: Kröner 1964, S. 35–36.

139 Ernst Oldemeyer: *Alltagsästhetisierung. Vom Wandel ästhetischen Erfahrens*. Würzburg: Königshausen & Neumann 2008, S. 83.

zur Schau, die höchste Anerkennung verdient habe. Folgerichtig hält Renate Werner fest, dass die historischen Spielarten des Ästhetizismus eine Vielzahl ästhetischer und außer-ästhetischer Phänomene wie beispielsweise „das Häßliche und Monströse, das Amoralische und Verbrecherische, das Pathologische und das Erotisch-Abweichende, das Blasphemische und das Okkultistische"[140] in und mit ihrer Weltsicht genießen konnten. Gleichzeitig grenzten sie sich in einem teilweise „aggressiven ästhetizistischen Gestus gegenüber bürgerlicher Normalität"[141] ab. Eine bescheidene Form von Kritik, die, mit der subjektiven Aneignung der konfliktvollen Wirklichkeit für den ästhetischen Genuss, das inhaltsleere Abweichen von den ästhetischen Normen der bürgerlichen Gesellschaft für einen politischen Einwand gegen sie hält.

Eine der jüngeren und wohl bekanntesten Spielarten des Ästhetizismus ist der Camp, der durch Susan Sontags „Notes on Camp", in denen sie in insgesamt 58 einzelnen Punkten Camp zu definieren versucht, in den 1960er Jahren Prominenz erlangt:

> 1. Um mit einer sehr allgemeinen Feststellung zu beginnen, sei zunächst bemerkt, daß Camp eine bestimmte Art des Ästhetizismus ist. Camp ist eine Art unter anderen, die Welt als ein ästhetisches Phänomen zu betrachten. Nicht um Schönheit geht es dabei, sondern um den Grad der Kunstmäßigkeit, der Stilisierung.[142]
>
> 6. [...] Viele Beispiele für Camp sind Dinge, die, von einem ‚seriösen' Standpunkt aus betrachtet, entweder minderwertige Kunst oder Kitsch sind. Freilich nicht alle.[143]
>
> 54. Die Camp-Erfahrungen basieren auf der großen Entdeckung, daß die Erlebnisweise der hohen Kultur keinen Alleinanspruch auf Kultur hat. Camp erklärt, daß guter Geschmack nicht einfach guter Geschmack ist, ja, daß es einen guten Geschmack des schlechten Geschmacks gibt. (Genet spricht davon in *Notre-Dame-des-Fleurs*). Die Entdeckung des guten Geschmacks des schlechten Geschmacks kann außerordentlich befreiend sein.[144]

Sontag unterstreicht Camp als Ästhetizismus, der dadurch bestimmt sei, dass sich Rezipient_innen vor allem als Kitsch verurteilte Kunst unter dem Gesichtspunkt der Kunstmäßigkeit genussvoll aneignen und so den schlechten Geschmack in einen eigentlich guten verwandelten. Damit ist unterstellt, dass diese Aneignungsweise zwar nichts von der Kitschhaftigkeit des Ausgangsmaterials zurücknimmt, trotzdem aber vom Verdacht des

140 Werner: *Ästhetizismus*, S. 21.

141 Ebd.

142 Susan Sontag: Anmerkungen zu ‚Camp'. In: Dies.: *Kunst und Antikunst. 24 literarische Analysen*. Reinbek: Rowohlt 1968, S. 269–284, hier S. 270.

143 Ebd., S. 272.

144 Ebd., S. 283–284.

profanen Kitsch-Genusses befreit ist, weil es der *gute* Geschmack des schlechten Geschmacks ist. Letztlich beschreibt Sontag einen Ästhetizismus, der in seiner Weltanschauung den historischen Spielarten insoweit folgt, als er seinerseits das Abnorme, Minderwertige und Kitschige zum ästhetischen Genuss und guten Geschmack erhebt. Eine historische Besonderheit ist, dass der Camp vor allem ein Phänomen der homosexuellen Subkultur ist. An Sontags Ausführung dieser Besonderheit gibt es viel Kritik und Einspruch. Man wirft ihr vor, die politische Potenz des Camp nicht genug zu würdigen, da sie den Camp-Ästhetizismus für unpolitisch erklärt:

> 2. Den Stil betonen heißt den Inhalt vernachlässigen oder eine Haltung einführen, die im Hinblick auf den Inhalt neutral ist. Es versteht sich von selbst, daß die Erlebnisweise des Camp unengagiert, entpolitisiert – oder zumindest unpolitisch – ist.[145]

Sontag beobachtet zurecht die gleichgültige Stellung aller Ästhetizismen, darunter fällt auch der Camp, zum Inhalt der sich ästhetizistisch angeeigneten Dinge. Da die ästhetische Seite der Welt genossen wird, ihre Kunstmäßigkeit, ist der inhaltliche Gehalt der Quelle des Genusses gleich wichtig und unwichtig. Die mit der Verwandlung in einen ästhetischen Genuss geleistete Rechtfertigung der Welt als eine dem eigenen Genusswillen letztlich gemäße nimmt am politischen Inhalt der Wirklichkeit nur mehr sehr bedingt Anstoß und kann deshalb zurecht als unpolitisch gelten. Trotz dieser deutlichen Einschätzung nimmt Sontag sehr wohl ein politisches Projekt der *Gay Community* wahr:

> 52. […] Die Homosexuellen hoffen, daß die Stärkung des ästhetischen Empfindens ihre gesellschaftliche Integration bringen wird. Im Camp löst sich die Moral auf, wird die moralische Entrüstung neutralisiert. Camp fördert das Spielerische.[146]

Sontag unterscheidet nachvollziehbar zwischen der Wahrnehmungsweise des Camp als ästhetizistischen Blick und dessen gesellschaftlicher Funktion einer Integration von Schwulen und Lesben in die sittliche Ordnung der bürgerlichen Gesellschaft. Ihr zufolge diene der unpolitische Camp-Ästhetizismus den Protagonist_innen der Integrationsbewegung als Mittel, diese Integration zu erreichen, also ihr politisches Projekt mittels Camp zu verwirklichen. Weil Moralvorstellungen im Camp suspendiert und aufgelöst werden, sei damit auf Seiten der Aktivist_innen die Hoffnung verbunden, dass der Camp, massenhaft rezipiert, die rigorosen moralischen Überzeugungen der bürgerlichen Mehrheit angreife und entsprechend relativiere. Mit der so veränderten Einstellung der Mehrheit, so die Vorstellung, müssen Schwule und Lesben nicht länger

145 Sontag: Anmerkungen zu ‚Camp', S. 270–271.
146 Ebd., S. 283.

ausgegrenzt werden. Der Camp führt Homosexualität als genussvollen Aneignungsmodus von Kunst und zustimmungsfähigen ästhetischen Standpunkt vor. Eine inhaltliche Kritik der bürgerlichen (Sexual-)Moral ist diese ästhetizistische Werbung allerdings nicht.

Sontags treffende Darstellung eines fehlenden politischen Gehalts des Camp und seiner Inanspruchnahme für ein politisches Projekt gesellschaftlicher Integration rief zahlreiche Kritiker_innen auf den Plan. Exemplarisch für die 1970er und 1980er Jahre kann der vielfach publizierte Artikel[147] von Jack Babuscio aus dem Jahr 1977 stehen, der sich mit Sontag darüber einig ist, dass der Camp als Ästhetizismus zur Auflösung ‚harter und unflexibler moralischer Regeln' beitrage. Andererseits, so Babuscio, restauriere der Camp jene Moral, wenn er für die Moralität des Mitleids für Homosexuelle[148] wirbt. Das, was dem Camp zugutegehalten wird, die Absage an bürgerliche Moralvorstellungen, führt er laut Babuscio hinterrücks wieder ein und stellt seine Wirkung somit natürlich grundlegend in Frage. Hier wird noch einmal die fehlende inhaltliche Kritik an der bürgerlichen Moral sichtbar und mit ihr die Ambivalenz einer Kritik, die sich ganz aus dem antimoralischen Wie der Weltaneignung speist. So kann Babuscio in der Absage an die Moral auf der Ebene des Verfahrens der ästhetizistischen Weltaneignung genauso gut wieder ihre Bekräftigung auf der Ebene der gesellschaftlichen Integration erkennen.

Uneinig ist Babuscio mit Sontag über die Exklusivität des Camp-Ästhetizismus für die Homosexualität. Der Autor behauptet, dass die ästhetizistische Aneignungsart ohne die Anerkennung einer homosexuellen Sensibilität nicht verstanden werden könne:

> Rather, it is a way of saying that the worth of camp can simply not be understood in critical terms unless some attention is first given to the attitudes that go to produce it – attitudes which spring from our social situation and which are crucial to the development of a gay sensibility.[149]

Wer der schwulen oder lesbischen *Empfindung* nicht genügend Rechnung trage, könne den Camp nicht wirklich erklären. Man müsse nicht notwendigerweise homosexuell sein, um eine homosexuelle Sensibilität zu kultivieren, aber Babuscio legt es nahe und grenzt dagegen rigoros eine heterosexuelle

147 Jack Babuscio: The Cinema of Camp (aka Camp and the Gay Sensibility). In: Fabio Cleto (Hrsg.): *Camp: Queer Aesthetics and the Performing Subject*. Michigan: University of Michigan Press 2002, S. 117–135.

148 Ebd., S. 120.

149 Ebd., S. 118

Spielart des Camp ab, die er „straight-camp"[150] nennt. Weil der echte Camp auf homosexueller Sensibilität beruhe, könne der Hetero-Camp kein echter sein und sei folglich ‚eine ganz andere Sache'. In dieser Tautologie ist der Camp nicht nur als schwul-lesbisches Phänomen ‚bewiesen', sondern in zwei qualitativ unterschiedliche, trotzdem aber gleiche, weil Camp seiende, Phänomene verdoppelt. Warum beharrt Babuscio auf der widersprüchlichen Exklusivität des Camp für Homosexualität? Der Autor setzt homosexuelle Sensibilität mit Abweichung vom Mainstream, folglich mit dem gesteigerten Bewusstsein von sozialer Unterdrückung und damit mit Gesellschaftskritik gleich, die sich zwar nicht nur im schwulen Subjekt äußere, aber immer notwendig auf Homosexualität verweise. Folglich ist, dem Autor zufolge, der Camp-Ästhetizismus und beispielsweise das *campy* genossene Kino per se immer eine widerständige Praxis.
Gegen den Camp grenzt Babuscio den Kitsch ab; während Camp eine ironische, leidenschaftliche Beteiligung der Zuschauer_innen verlange, sei der Kitsch vulgär, seicht und durch Sentimentalität, Sensationsgier und Effekthascherei gekennzeichnet. Während Kitsch den Voyeurismus der Zuschauer bediene, ermuntere Camp den Zuschauer zu einer Auseinandersetzung und Beteiligung mit dem Kino. Der Kitsch sei deshalb vor allem im Nazi-Film mit seiner Vorliebe für Blondinen, Natur und Unschuld und seiner fehlenden Ironie zuhause.[151] Umgekehrt manifestiere sich die Gesellschaftskritik des Camp an einer Vielzahl von Filmen und Filmszenen, darunter die prominente Szene „The Lady in the Tutti Frutti Hat" aus dem Film *The Gang's All Here*.[152] Die Szene spielt in einem New Yorker Nachtclub, in dem die Brasilianerin Carmen Miranda, begleitet von etwa 50 athletischen Tänzerinnen in knapper Bekleidung, vor einem weißen, US-amerikanischen Mittelschichtspublikum die Dame mit dem Tutti-Frutti-Hut gibt. Der Refrain ihrer Revuenummer, die sie mit hörbarem südamerikanischem Akzent vorträgt, handelt von ihrer Ausgelassenheit und Fröhlichkeit, die im englischen Vokabular der 1940er Jahre ‚gay' hieß und im heutigen Umgangssprachgebrauch homosexuell bedeutet. Man muss die geforderte homosexuelle Sensibilität nicht zwangsläufig aufbringen, um das Wortspiel zu verstehen und, einmal auf die Doppeldeutigkeit der Szenerie eingelassen, unfreiwillig komische Elemente wie etwa überdimensionierte phallische Bananen zu entdecken. Dass diese Art des Amüsements über die stilistische Doppeldeutigkeit der Szene formalistische Gesellschaftskritik ist, wird deutlich, wenn man die gleiche Szene vor der Folie postkolonialer Theorie

150 Babuscio: The Cinema of Camp, S. 118.
151 Ebd., S. 122.
152 *The Gang's All Here* (USA 1943, R: Busby Berkeley).

inhaltlich bewertet. Für die kritischen Betrachter_innen offenbaren sich darin ein voyeuristischer und rassistischer Exotismus und die Festschreibungen kolonialer Stereotype, die durch die Lächerlichkeit der Aufmachung von Carmen Miranda nicht entschärft, sondern unterstrichen werden. Im Modus des Camp werden solche filmischen Inhalte, die Babuscio gerade dem Kitsch vorwirft, angeeignet. Damit soll nicht behauptet werden, dass Camp Kitsch ist, sondern belegt werden, dass die Aneignung des Kitschs im Modus des ästhetizistischen Blicks das Gegenteil einer inhaltlichen Kenntnisnahme und Gesellschaftskritik ist. Die Grenzziehung zwischen Camp und Kitsch, auf der Babuscio beharrt, unterstreicht die Absetzbewegung der Camp-Liebhaber_innen gegenüber dem ‚wirklich' Vulgären.

Anfang der 1990er Jahre verschärfen die Gender- und Queer Studies die Kritik an Sontag und brechen offen mit ihrer Bestimmung des Camp, weil sie die Politiken des Camp, die sie für wesentlich halten, in Sontags Thesen verleugnet sehen. Anstoß gab vor allem Judith Butlers Grundlagenwerk *Gender Trouble* (dt. *Das Unbehagen der Geschlechter*), in dem sie die Geschlechteridentitäten als Konstruktionen und als „Wahrheitseffekte eines Diskurses über die primäre, feste Identität"[153] fasst, die es zu hinterfragen und zu dekonstruieren gelte, um letztlich das lesbische, schwule, Bi- und Trans-Subjekt in der existierenden bürgerlichen Gesellschaft zu emanzipieren. Als eine zentrale politische Praxis dieser Diskurskritik sieht Butler die Travestie, die vor allem mit dem Camp in Verbindung gebracht wird. Camp und Travestie subvertieren, nach Butler, falsche, essentialistische Auffassungen der Kategorie Geschlecht. An Butlers Thesen schließt David Bergman an, wenn er unterstreicht, dass der hyperbolische, parodistische, anarchische und redundante Stil des Camp heterosexistische Vorstellungen von Originalität, Naturalismus und Normalität zu Fall bringe. In der ästhetischen Übertreibung liege Bergman zufolge die wirkmächtigste Untergrabung heterosexueller Normen, und sie sei deshalb Kern der politischen Strategie des Camp.[154] Moe Meyer spricht ebenfalls vom Camp als einer aktivistischen Strategie. Camp sei politisch, weil er ‚queer' sei, und weil er ‚queer' sei, sei er politisch. In dieser Tautologie, in der die ästhetische Praxis auf die Theorie und umgekehrt verweist, ist Camp zur unhinterfragbaren politischen Praxis nobilitiert. Begründet liege die Politik des Camp in der ‚Queerness', einer Theorie, die im Anschluss an Butler deshalb per se oppositionell und widerständig sei, weil sie essentialistische Vorstellungen

153 Judith Butler: *Das Unbehagen der Geschlechter*. Frankfurt am Main: Suhrkamp 1991, S. 201.

154 David Bergman: Introduction. In: Ders. (Hrsg.): *Camp Grounds. Style and Homosexuality*. Amherst: University of Massachusetts Press 1993, S. 3–16, hier S. 13.

von Geschlechteridentität hinterfrage und damit automatisch bürgerliche Episteme und deren Dominanz angreife.[155] Die Vorstellung, dass Camp einen festgeschriebenen Identitätsdiskurs performativ, d. h. als formelle ästhetische Geste des Andersseins, herausfordert, entlockt allen drei Autor_innen höchstes Lob. Meyer kritisiert Sontag darüber hinaus, weil sie eine Praxis schildere, die nicht ‚queer' sei, daher nicht zur Sichtbarkeit des ‚queeren' Subjekts führe und damit keine Camp-Praxis sei, sondern wenn überhaupt nur „Pop camp".[156] Camp sei ‚queer' und wer das nicht betone – wie Sontag (die das allerdings historisch gar nicht leisten konnte, da es noch keine Queer-Theorie gab, als sie ihre Thesen verfasste) –, der könne nicht behaupten, den Camp darzulegen, und wird von Meyer in großer Geste verworfen.

Deutlich wird hier, dass Sontags Kritiker_innen das Terrain des Camp als Ästhetizismus längst verlassen haben und ihr den Vorwurf machen, dass sie keine Gender- bzw. Queer-Theorie des Camp geschrieben habe. Die Theoretiker_innen verwerfen Sontags Thesen allzu leicht im Modus des Negativen, Defizitären und Gegenstücks und geben damit zu verstehen, dass sie den Gehalt der Thesen im Licht ihrer theoretischen Vorsätze nicht würdigen wollen. Letztlich sind sich Sontags Kritiker_innen jedoch mit ihr darüber einig, dass im ästhetischen Genuss, in der Rezeption des Camp, die Potenz einer gesellschaftlichen Emanzipation liege, also ein ernsthaftes politisches Projekt verfolgt werde.

Unterscheiden muss man die Gender- und Queer-Debatten zum Camp noch einmal von medien- und filmwissenschaftlichen Diskussionen über Camp. Letztere sehen im bewussten Einsatz von vor allem filmischen Mitteln für die Produktion von Experimentalfilmen den Camp begründet. Verbunden ist dieser Camp mit Namen wie Jack Smith, Andy Warhol, John Waters, Mario Montez, José Pérez Ocaña, Hélio Oiticica oder Tanwarin Sukkapisit.[157] Auch in medien- und filmwissenschaftlichen Diskussionen über Camp hat man die Ebene des Ästhetizismus bereits verlassen und redet von einem Stil oder einer ‚Ästhetik' des Camp, denen stilistische Merkmale wie etwa ‚Theatralität', Ironie, Geschlechterrollentausch (drag) oder der ‚nicht-hierarchische' Kamerablick zugrunde liegen. Vermischt wird darin der Anspruch der Geschlechterforschung auf eine subversive Praxis der Travestie mit der Vorstellung, dass es die experimentellen filmischen Stilmittel sind, die eine solche kritische Praxis

155 Moe Meyer: Introduction. Reclaiming the Discourse of Camp. In: Ders. (Hrsg.): *The Politics and Poetics of Camp*. New York: Routledge 1994, S. 1–20, hier S. 2.

156 Ebd., S. 4.

157 Das Festival „Camp/Anti-Camp: A Queer Guide To Everyday Life", ausgerichtet 2012 vom Berliner Theater Hebbel am Ufer (HAU) hat diesen Künstler-Kanon bekräftigt (siehe http://www.archiv.hebbel-am-ufer.de/archiv_de/kuenstler/kuenstler_23090.html (Zugriff am 06.12.2016).

eigentlich erst hervorbringen. Es bleibt ein Gegenstandswechsel vom Ästhetizismus des Camp zu einen Camp-Stil bzw. einer Camp-Kunst, die beide zweifellos in der Sphäre der ernsten Kunst angesiedelt sind.

Ein zweites ästhetizistisches Phänomen ist unter dem Label ‚Bad-Taste' in den 1990er Jahren in Deutschland populär geworden. Franziska Roller erklärt in einer ihrerseits ironisch-distanzierten Publikation zum guten schlechten Geschmack:

> Geschmacklosigkeiten als Attitüde funktionieren nur dann, wenn gleichzeitig mit der scheinbaren Hingabe zum Schlechten eine liebevolle Distanz aufrechterhalten wird. Sonst unterscheidet sich der jugendliche Schlagerliebhaber durch nichts mehr von seiner spießigen Tante, wenn er eine Heino-Platte auflegt.[158]

> Die grundlegende Vorbedingung für den Schlechtigkeitskult besteht also in einer Distanz. Zumeist liegen Jahrzehnte zwischen erster und zweiter Nutzung von Kitsch und Schund; [...] Ein letzter wichtiger Aspekt ist, daß Kultgegenstände der Ebene Drei diese Position dadurch erringen, daß sie aus ihrem bisherigen Zusammenhang herausgeholt und in einen neuen Kontext gebracht werden.[159]

Roller unterscheidet drei Ebenen des Geschmacks: (1) der wirklich schlechte, (2) der gute und (3) der gute schlechte Geschmack. Auf dieser dritten ‚Ebene' können Konsument_innen offenbar durch ironische Aneignung auch Populärkultur, die mit der „spießigen Tante" assoziiert wird, in guten Geschmack verwandeln. Die Grundlage für das Spiel mit dem schlechten Geschmack, darauf weist Roller hin, bilde die erfolgreiche Distanzierungsgeste gegenüber dem minderwertigen Geschmack. Notwendigerweise muss der schlechte Geschmack auch in der ästhetizistischen Aneignung als solcher erkennbar bleiben, sonst droht die geschmackliche Überlegenheitsgeste ihr Ziel zu verfehlen und als buchstäblicher Genuss bewertet zu werden. Wer der „spießigen Tante" gleich Schlager nur als Schlager genieße, der bleibe aus Sicht der Ästhet_in spießig und geschmacklos. Die Grenze zwischen schlechtem und gutem schlechtem Geschmack ist zwar subtil, aber dafür umso bedeutender. Das ironische Spiel muss erkannt, vor allem aber anerkannt werden, was notwendig auf einen Kreis von Kenner_innen beschränkt bleibt. „Friedrich-Kittler-Seminare im Hawaiihemd zu besuchen"[160] wird nur von einer kleinen Gruppe als souveräner, dosierter ästhetischer Regelverstoß delektiert und unterliegt darin sensiblen

158 Franziska Roller: *Abba, Barbie, Cordsamthosen. Ein Wegweiser zum prima Geschmack.* Leipzig: Reclam 1997, S. 10.

159 Ebd., S. 215.

160 Rainer Moritz: Das Ranking der aktuellen Schundbücher, Möchtegern-Schundbücher und Bücher, die wider Willen zu Schund wurden. In: *Literaturen. Das Journal für Bücher und Themen* 10 (2002), S. 29–35, hier S. 30.

Konjunkturzyklen, weshalb man die Hawaiihemden im neuen Jahrtausend wieder auszog.
Bad-Taste und Camp machen, dies lässt sich zusammenfassen, mit der ästhetizistischen Weltauffassung die Kunst zum Ausgangspunkt für eine Relativierung ganz eigener Art. Genossen wird das eigene Vermögen, die geschmacklose Welt so umzudeuten, dass sie die Qualität des eigenen Geschmacks bezeugt. Der Ästhetizismus besteht mit Humor auf der ernstgemeinten Trennung von Kitsch und raffinierter Aneignung des Kitschs. Camp und Bad-Taste fördern somit „eine neue Differenzierung zwischen den ‚naiv' Erlebenden und den ‚reflektiert' Erlebenden"[161], heben also den Kitsch im Genießen nicht auf, sondern bestehen auf dessen Kitschhaftigkeit, indem sie ihn zur Grundlage ihres besseren Geschmacks machen.

4.4 Konsequenzen

Mit Blick auf die (post-)modernen Relativierungen des Kitschs sollte deutlich geworden sein, dass zwar ein spielerischer Umgang mit dem Kitsch gepflegt wird und dass Versatzstücke der Massenkultur in die Hochkultur Einzug halten, mitnichten damit allerdings das Wahrnehmungs- und Urteilsverfahren des Kitsch-Urteils und seine außer-ästhetischen Grundlagen revidiert oder gar obsolet geworden sind. Dieses Ergebnis unterstreicht Braungart:

> Kitsch als Material eines ästhetischen und sozialen Spiels zu nutzen ist nicht nur ein Privileg der ästhetischen Avantgarde und nicht erst in unseren vermeintlich postmodernen Zeiten möglich geworden. Diese Ironie der Postmoderne bekräftigt im Grund die Dichotomie zwischen Kunst und Kitsch eher, als daß sie sie relativiert.[162]

Was Braungart als Tendenz mit einem „eher" ausdrückt, muss angesichts der vorausgegangenen Untersuchungen als Gewissheit formuliert werden. Im spielerischen Umgang mit Kitsch, Schund, Trash und minderwertiger Kunst wird die Dichotomie zwischen ‚high' und ‚low', zwischen kitschigem Genuss und distanziertem Geschmack grundlegend gewahrt und bekräftigt. Die spielerische Geste der ästhetischen Grenzverschiebung – sei es durch Künstler_innen, Intellektuelle oder das breite Publikum – hebelt letztlich in keiner Weise die „zweigeteilte Raum- und Wertordnung"[163] aus, in der das Kitsch-Urteil gefällt wird.

161 Oldemeyer: *Alltagsästhetisierung*, S. 74.

162 Braungart: Kitsch, S. 23–24.

163 Hecken: Bestimmungsgrößen von high und low, S. 13.

5. Abschließende Bestimmungen des Verfahrens des Kitsch-Urteils

Den bestehenden Kitsch-Theorien, aber auch den Entgrenzungs- und Umwertungstheorien, die das vorliegende Kapitel besprochen hat, lässt sich entnehmen, dass es Kitsch ‚an sich', als die Eigenschaft, die einem Objekt oder Subjekt als dessen Qualität innewohnt, nicht geben kann. Der Kitsch kommt vielmehr als ein Werturteil in die Welt. Es handelt sich um ein Urteil, so wurde es bereits dargelegt, das sich aus dem praktischen Gefühl speist. Julia Kraus bestätigt und vervollständigt diesen Befund, indem sie die Quellen dieser ins Gefühl übernommenen Vorstellungen für den Kitsch benennt:

> Letztlich entsteht das Phänomen Kitsch jedoch durch das Zusammenwirken und die Austauschprozesse zwischen den verschiedenen sprachlichen, ästhetischen, künstlerischen und außerkünstlerischen Diskursen als ein kulturabhängiges komplexes Gebilde.[164]

Kraus unterstreicht, dass sich das Kitsch-Urteil aus ganz unterschiedlichen Diskursen zusammensetzen kann, die nicht nur der Sphäre der Kunst entspringen, und hält damit grundlegend fest, dass Kitsch ein diskursives Phänomen ist.[165] Diesen Befund bestätigen neueste Forschungen zum Kitsch wie etwa eine Studie von Julia Genz, die betont, dass Kitsch einem „wertenden Diskurssystem zuzurechnen ist."[166]. Im Kitsch-Urteil zeigen sich demnach sowohl durch Diskurse vermittelte „persönliche, eigenwillige Vorlieben, politische und erotische Interessen"[167] als auch die eigenen „moralisch-pädagogischen und religiösen Bedenken"[168] sowie „die eigene politische Einstellung."[169]

Dass diese subjektiv angeeigneten gesellschaftlichen Ein- und Vorstellungen für das Kitsch-Urteil nicht nur marginale Zusätze, sondern grundlegend und damit auch für den wissenschaftlichen Diskurs über den Kitsch bestimmend sind, soll an einem prominenten Beispiel ausgeführt werden. Mitte der 1950er Jahre bestimmte der österreichische Philosoph und Autor Hermann Broch den Kitsch sehr konfrontativ als das „Böse im Wertsystem der Kunst."[170]

164 Julia Kraus: Der ‚Kitsch' im System der bürgerlichen Ordnung. In: *Sprache und Literatur in Wissenschaft und Unterricht* 79 (1997), S. 18–39, hier S. 39.

165 Diskurs soll hier vereinfacht als sprachliche Form des Weltzugangs begriffen werden, der dadurch gekennzeichnet ist, dass sich nicht idiosynkratische Vorstellungen in ihm ausdrücken, sondern zwar individuell angeeignete, jedoch geteilte überindividuelle Welterklärungen. Eine ausführlichere Diskussion der Diskurstheorie findet sich im nachfolgenden Kapitel zur Analysemethode.

166 Julia Genz: *Diskurse der Wertung. Banalität, Trivialität, Kitsch.* München: Fink 2011, S. 47.

167 Hecken: Der Reiz des Trivialen, S. 21.

168 Braungart: Kitsch, S. 14.

169 Ruth Klüger: Von hoher und niedriger Literatur. In: Dies.: *Gelesene Wirklichkeit. Fakten und Fiktionen in der Literatur.* Göttingen: Wallstein 2006, S. 29–67, hier S. 44.

170 Broch: Einige Bemerkungen, S. 307.

Broch beruft sich in seiner Bestimmung auf seine moralischen und religiösen Überzeugungen. Demnach sei der Kitsch eine ständige moralische Gefährdung, ein „geschlossenes System", ein „Imitationssystem"[171], das gegen die ethischen und religiösen Werte der Kunst kämpft. Kitsch versuche, die Menschen zu manipulieren, und verursache letztlich sogar psychische Schäden. Um sein Urteil zu belegen und dessen Drastik zu unterstreichen, stellt Broch dem Leser Hitler, Wilhelm II. und Nero als Kitsch-Menschen vor. Sie alle seien als Neurotiker dem Kitsch erlegen. Brochs Weltbild, das sich aus christlichen, ethischen, philosophischen und politischen Diskursen seiner Zeit speist, bildet die Grundlage seines Kitsch-Urteils und verdeutlicht so dessen Wahrnehmungs- und Urteilsverfahren. In allen theoretischen Betrachtungen, die das Verfahren selbst anwenden, finden sich solche, in die ästhetische Kategorie des Kitschs überführten gesellschaftlichen Diskurse. Braungart führt dazu aus:

> Die Topoi dieser Polemik gegen die schlechte Literatur und die falsche Lektüre verlieren sich auch in der Kitsch-Debatte nicht. Aber die moralisch-pädagogischen und religiösen Bedenken [...] werden nun ästhetisch camoufliert.[172]

Braungart unterstreicht, dass der Kern des Kitsch-Urteils die Verwandlung der ins Gefühl übergegangenen Diskurse in ein ästhetisches Urteil ist. In der Kategorie Kitsch, die demonstrativ an der ästhetischen Seite der von ihr abgewerteten Kunst Anstoß nimmt, wird eine ganze Reihe von weltanschaulichen Einwänden, Überzeugungen und Diskursen getarnt.

Das Wahrnehmungs- und Urteilsverfahren des Kitsch-Urteils kann daher zusammenfassend wie folgt bestimmt werden: Im Diskurs über den Kitsch treffen sich die in unterschiedlichen Diskursen verorteten weltanschaulichen Urteile und werden als *ein* ästhetisches Urteil zusammengefasst. Die Quellen des Kitsch-Urteils können politische, ethisch-moralische, religiöse, ökonomische und/oder kulturelle Diskurse sein, Vorstellungen von Sinn und guter Ordnung, aber auch ästhetische Diskurse und Vorstellungen des guten Geschmacks und der Schönheit. Im Befund ‚Das ist Kitsch!' werden diese Diskurse inhaltlich aber nicht mehr zur Diskussion gestellt, sondern in einem sachlich-ästhetischen Befund vorgetragen. Indem die Grenze zwischen Geschmacklosigkeit und Geschmack, zwischen Nicht-Kunst und Kunst als vermeintlich sachliches Urteil und ästhetische Kennerschaft ausgedrückt und die Gültigkeit der Grenzziehung im Namen der Kunst angemahnt wird, setzt der Kitsch-Befund die eigenen Welt- und Wertvorstellungen ins Recht. Er hat die Aushandlung einer

171 Broch: Einige Bemerkungen, S. 306.

172 Braungart: Kitsch, S. 14.

als gültig erachteten Sicht bereits hinter sich gelassen, trägt sie als durchgesetzte, keiner weiteren Begründung bedürfende normative Größe in sich und drängt auf die rigorose Gültigkeit der eigenen, sich ästhetisch Anschauung gebenden Weltsicht. Widerspruch gegen das Kitsch-Urteil ist aufgrund seiner indirekten Thematisierung und Positionierung schwierig, denn die Verwandlung in den ästhetischen Befund ‚Das ist Kitsch!' lässt nur das ‚Entweder-oder' zu, man kann nur zustimmen oder ablehnen. Freilich ist im ästhetischen Fingerzeig immer schon kenntlich gemacht, welche Seite Zustimmung und Ablehnung verdient habe. Damit schleicht sich in das egalitär erscheinende ‚Entweder-oder' die volle moralische Gewalt eines ‚Entweder-für-das-Rechte-oder-dagegen'. Gestritten wird also im Modus ästhetischer Wertung für die Gültigkeit der eigenen politischen, ökonomischen, moralischen oder religiösen Weltsicht. Es liegt im Verfahren dieses Geschmacksurteils begründet, dass es zurückwirkt in die Diskurse und dort den eigenen Standpunkt mit besonderer Härte und Vehemenz vertritt. Das Kitsch-Urteil eignet sich deshalb vor allem als Mittel in der Auseinandersetzung um Deutungshoheit. Als Waffe diskursiver Herabwürdigung und Ausgrenzung konkurrierender Überzeugungen beweist der Kitsch in massenmedialen Deutungskämpfen seine ‚Qualität'. Kitsch ist letztlich das rhetorische Mittel, um Debatten und Diskussionen zuzuspitzen und ein Urteil zu erzwingen, indem man konkurrierende Standpunkte prinzipiell als geschmacklos diskreditiert und damit die eigenen hegemonialen Deutungsansprüche als alternativlos vorstellt.

Als Mittel im Streit um die Gültigkeit von Welt- und Wertvorstellungen unterliegt das Kitsch-Urteil bestimmten Konjunkturen. Besonders in Zeiten, in denen sich die gesellschaftliche Basis grundlegend wandelt, floriert, wie Dettmar und Küpper betonen, das Kitsch-Urteil:

> Am Beispiel von Pazaurek und Avenarius zeigt sich, dass die Kitsch-Diskussion sich vor allem in Zeiten des kulturellen, medialen und sozialen Umbruchs zuspitzt: insbesondere wenn konkurrierende Auffassungen das herrschende Verständnis von Kunst irritieren.[173]

Die Intensität und Radikalität gesellschaftlicher Umbrüche steht demnach in direktem Zusammenhang mit der zunehmenden Frequenz des Kitsch-Urteils in Deutungskämpfen und Debatten. Dettmar und Küpper zufolge geraten etablierte Wertvorstellungen durch Umbrüche in Bedrängnis und werden durch „konkurrierenden Auffassungen" angegriffen. Der Kitsch diene darin als ein Mittel, „das herrschende Verständnis von Kunst" zu erschüttern. Mit Blick

173 Dettmar / Küpper: *Kitsch als Kabinettstück*, S. 48. Ferdinand Avenarius, auf den Dettmar und Küpper hier rekurrieren, ist neben Gustav A. Pazaurek einer der frühesten Autoren, die sich mit dem Kitsch auseinandersetzen.

auf das Wahrnehmungs- und Urteilsverfahren des Kitsch-Vorwurfs muss allerdings davon ausgegangen werden, dass nicht einfach nur unterschiedliche Verständnisse von Kunst konkurrieren, sondern politische, religiöse, moralische usw. Weltauffassungen, die dem Urteil zugrunde liegen. Dass sich die Debatten, die mit dem Kitsch-Vorwurf geführt werden, in Zeiten des gesellschaftlichen Umbruchs sowohl qualitativ zuspitzen als auch quantitativ zunehmen, wird vor allem am Gegenstand des Endes der DDR im Analysekapitel deutlich. Dass es überwiegend keine ästhetischen Auffassungen sind, die angegriffen werden, ist schon in der Einleitung angesprochen worden; jene Umbruchthese nach Dettmar und Küpper soll folgend erweitert werden. In Zeiten radikaler Umwälzungen politischer, ökonomischer und sozialer Ordnungen spitzen sich die Deutungskämpfe mit dem Kitsch-Vorwurf zu, insbesondere wenn es um die Rechtfertigung oder Ablehnung politisch, ökonomisch und kulturell unverträglicher Ordnungsvorstellungen geht. Ganz im Sinn dieses Befunds erklärt Kliche, dass „Kitsch als selbstverständliche Begleiterscheinung der Demokratisierungsprozesse in Osteuropa“[174] verstanden werden müsse.

Nicht nur gesellschaftliche Umbrüche wirken auf Umfang und Inhalt des Kitsch-Urteils. Auch in Zeiten, in denen die tradierte gesellschaftliche Ordnung in ihrer Stabilität beeinträchtigt ist und jene letztlich zu scheitern droht, in Zeiten der Krise, hat Kitsch Konjunktur. Ähnlich der Umbruchphase provoziert die Krise massenhaft Einwände gegen die Kunst, die mit dem Kitsch-Verfahren das rhetorische Mittel für Krisendiagnose und -management finden. Im Krisenbefund des Kitschs wird den Krisensubjekten der Vorwurf gemacht, sich quer zur Realität der Krise zu stellen und eine mit der Realität konkurrierende Sinnstiftung zu betreiben. Im Vorwurf, der Kitsch sei Fluchthelfer in eine heile, idyllische Welt des Glücks, wird eine Aussage über die gesellschaftliche Funktion des Kitschs in Krisenzeiten getätigt: Der Kitsch besänftige und betäube seine Leser_innen und Zuschauer_innen, statt sie krisentauglich zu machen. Je krisenhafter die Wirklichkeit und je ohnmächtiger die Subjekte, desto attraktiver erscheine der Kitsch und dränge sich den Subjekten als Kompensation der Wirklichkeit auf und umso stärker müsse man ihn, im Namen der Überwindung der Krise, bekämpfen. In dieser Krisendiagnose steht die Kritik der gesellschaftlichen Realität nicht mehr zur Debatte, stattdessen fordert man dazu auf, sich der Wirklichkeit zu stellen und für den Zusammenhalt der Gemeinschaft zu sorgen. Damit schleicht sich in das ästhetische Argument vom Kitsch als Weltfluchthelfer erneut der politische Auftrag gesellschaftlicher Integration im Zeichen der Krisenbewältigung.

174 Kliche: Kitsch, S. 280.

III.
Fragen an den Diskurs – Einige methodische Vorüberlegungen

1. Einleitung

Der Kitsch, das ergab die theoretische Untersuchung im zweiten Kapitel dieser Arbeit, ist eine diskursive Waffe, mit der Kultur meist nach außer-ästhetischen Maßstäben be- und abgewertet wird. Im Kulturkampf der Nachwendezeit, in und mit dem auf eine ganz bestimmte Auffassung von Kultur und ihre dazugehörigen Werke des (hoch-)kulturellen Feldes verwiesen wurden, ist Kitsch das Mittel, diesen Ausschluss zu betreiben. Als dieses Instrument einerseits und mit seinen spezifischen Inhalten andererseits soll der Kitsch in den Nachwendedebatten analysiert werden. Bevor eine solche Analyse unternommen werden kann, gilt es allerdings, einige methodische Fragen zu klären. Wie nähert man sich systematisch den Auseinandersetzungen um Kultur nach 1989? Wie kann das Forschungsdesign dem zentralen Fokus auf die Deutungskämpfe gerecht werden? Welche diskurstheoretischen und -analytischen Ansätze gibt es, die diskursive Kämpfe beleuchten und eventuell produktiv zur Analyse beitragen können?

Die Aufgabe dieses Kapitels ist es also, einige grundlegende Fragen in Bezug auf das theoretische Fundament der Analyse und die analytische Methodik aufzuwerfen und zu beantworten. Dabei erheben diese methodischen Vorüberlegungen nicht den Anspruch, das vielfältige und teilweise auch unübersichtliche Feld der Diskurstheorie ausführlich oder gar vollständig darzustellen und zu diskutieren. Vielmehr fokussiert das Kapitel auf den Aspekt der diskursiven Kämpfe und widmet sich erklärtermaßen selektiv der Frage, wie Verfahren und Inhalt des Kitsch-Vorwurfs überhaupt analysiert werden können. Das vorliegende Kapitel stellt ausgewählte diskurstheoretische Positionen, die Deutungskämpfe als ihren zentralen Gegenstand formulieren, exemplarisch dar und diskutiert, ob und wie sie die Analyse methodisch unterfüttern können.[1]

2. Theoretische Betrachtungen zum Diskurs und seiner Analyse

Nähert man sich der Diskurstheorie behutsam, fällt zuallererst die enorme Bandbreite dessen auf, was Diskurs genannt wird. So vielfältig wie die theoretischen Perspektiven auf den Diskurs sind auch die Vorgehensweisen und Methodiken der Diskursanalyse. Je nach Disziplin und Gegenstand unterscheiden sich die Forschungsansätze teilweise gravierend. Nicht nur stehen sich mit Michel Foucault und Jürgen Habermas zwei Diskurstheoretiker gegenüber,[2] auch die diskursanalytischen Ansätze unterscheiden sich je nach Wissenschaftsdisziplin und theoretischem Interesse. So konkurrieren Ansätze aus „linguistischen, soziolinguistischen, ethno-methodologisch-konversationsanalytischen, soziologischen und psychologischen Perspektiven"[3], aber auch aus Perspektiven der Politischen und Historischen Semantik[4], der philosophischen Ethik und Sprachphilosophie, der Semiotik, der Politikwissenschaft sowie der Kultur- und Medienwissenschaft.[5] Trotz oder gerade wegen dieser Fülle an Blickwickeln auf Diskurs finden sich „konkrete und bezüglich der jeweiligen theoretischen Grundlegung konsistente Anleitungen zur empirischen Durchführung von Diskursanalysen [...] eher selten."[6] Es wird sogar davor gewarnt, einfach nur ‚die' Methode Diskursanalyse auf einen Gegenstand anzuwenden, um Erkenntnisse

1 Eine Sonderposition nimmt die Diskurstheorie Michel Foucaults ein, da sie den theoretischen Ausgangspunkt der vorgestellten Positionen und Theorien bildet; sie soll deshalb einleitend etwas ausführlicher besprochen werden.

2 So formuliert Habermas die herrschaftsfreie „Idealform" diskursiver Öffentlichkeit, während Foucault, wie später gezeigt wird, die Regeln eines machtgestützten Diskurses zum Kern seiner Theorie macht. (Stefan Meier / Christian Pentzold: Diskursforschung in den Kommunikations- und Medienwissenschaften. In: Johannes Angermuller et al. (Hrsg.): *Diskursforschung. Ein interdisziplinäres Handbuch*, Bd. 1: Theorien, Methodologien und Kontroversen. Bielefeld: Transcript 2014, S. 118–129, hier S. 121.)

3 Reiner Keller: *Diskursforschung. Eine Einführung für SozialwissenschaftlerInnen*. Wiesbaden: VS 2007, S. 20.

4 Juliette Wedl: Die Spur der Begriffe. Begriffsorientierte Methoden zur Analyse identitärer Zuschreibungen. In: Brigitte Kerchner / Silke Schneider (Hrsg.): *Foucault: Diskursanalyse der Politik*. Wiesbaden: VS Verlag 2006, S. 308–330, hier S. 309.

5 Reiner Keller et al.: Zur Aktualität sozialwissenschaftlicher Diskursanalyse – Eine Einführung. In: Dies. (Hrsg.): *Handbuch Sozialwissenschaftliche Diskursanalyse*, Bd. 1: Theorien und Methoden. Wiesbaden: VS 2006, S. 7–30, hier S. 11–13.

6 Ebd., S. 15.

zu gewinnen.[7] Offenbar ist die Analyse des Diskurses sowohl an die theoretische Perspektive auf den Diskurs als auch an den Gegenstand der Analyse gebunden, was bereits eine erste und grundlegende theoretische Bestimmung der Diskursanalyse darstellt.[8] Eine „künstliche Trennung" der beiden Bereiche, Theorie des Diskurses und dessen Analyse, halten die Autoren Rainer Keller, Andreas Hirseland, Jens Schneider und Willy Viehöver daher für wenig zielführend.[9] Ohne die theoretische Kenntnis und Berücksichtigung des zu analysierenden Gegenstandes in der Konzeption und Durchführung der Analyse, so ist man sich in der Fachliteratur einig, sei keine Diskursanalyse sinnvoll durchführbar. Das heißt aber auch, dass es keine Diskursanalyse ohne die Prüfung ihres theoretischen Fundaments und dessen Anpassung an den Analysegegenstand geben kann. In diesem Sinn widmet sich die Untersuchung nun der Frage, wie sich die Inhalte der Auseinandersetzungen um das, was nach 1989 eine neue nationale Kultur sein sollte, diskurstheoretisch begründen und diskursanalytisch darstellen lassen.

Ausgangspunkt der meisten Autor_innen zu dem Thema ist die Diskurstheorie Michel Foucaults. In seiner für die Diskurstheorie grundlegenden Schrift *Archäologie des Wissens* stellt er fest, „daß die Geschichte eines Begriffs nicht alles in allem die seiner fortschreitenden Verfeinerung, seiner ständig wachsenden Rationalität, seines Abstraktionsanstiegs ist".[10] Seine zentrale erkenntnistheoretische Frage ist daher: Wie kommt es, dass das geschichtliche Wissen über die Welt nicht immer besser wird, dass es einen „rein kumulativen Wissenszuwachs, der wissenschaftliche Erkenntnis als stetiges Anwachsen wahrer Aussagen über die Welt und als Fortschritt der Vernunft begreift"[11], nicht gibt? Wie kommt es, dass Wissen abgewertet, bekämpft oder für ungültig erklärt wird, ohne dass sich am Gegenstand des Wissens etwas geändert hätte? Um seine Frage zu beantworten, erwägt Foucault eine Abkehr vom geschichtswissenschaftlichen Denken wie er es vorfindet, ein Denken, das in der historischen Abfolge, dem zeitlichen Aufeinanderfolgen, immer nur Kohärenzen entdeckt.

7 Ebd., S. 19.

8 Johannes Angermuller spricht sogar davon, „dass der Diskurs kein vor der Theorie gegebenes Objekt ist, sondern im Forschungsprozess und mit dessen Methoden und Prozeduren konstruiert werden muss." (Johannes Angermuller: Einleitung. Diskursforschung als Theorie und Analyse. Umrisse eines interdisziplinären und internationalen Feldes. In: Ders. / Nonhoff / Herschinger (Hrsg.): *Diskursforschung*, S. 16–38, hier S. 24.)

9 Keller et al.: Zur Aktualität sozialwissenschaftlicher Diskursanalyse, S. 17.

10 Michel Foucault: *Archäologie des Wissens*. Frankfurt am Main: Suhrkamp 1981, S. 11.

11 Michael Maset: Diskontinuität/Zerstreuung. In: Clemens Kammler / Rolf Parr / Ulrich Johannes Schneider (Hrsg.): *Foucault-Handbuch. Leben – Werk – Wirkung.* Stuttgart / Weimar: Metzler 2008, S. 232–233, hier S. 232.

Stattdessen interessiert Foucault am disparaten Wissen über die Welt jenes Phänomen, das er als „Schwelle, Bruch, Einschnitt, Wechsel, Transformation“[12] bezeichnet. So widmet sich Foucault weniger den Inhalten historischer Begriffe und Erklärungen, sondern entnimmt vielmehr den geschichtswissenschaftlichen Aussagen und Wissensinhalten die abstrakten, vom Inhalt unabhängigen formalen Differenzen, die ‚Diskontinuitäten' und ‚Brüche' *des* Wissens. Diskontinuierlich und brüchig verweise die Disparität des Wissens in letzter Instanz allerdings wieder auf eine ideelle Einheit, den Diskurs. Er gilt Foucault als die übergeordnete Entität, die alle formalen Schnitte, Wechsel und Transformationen des Wissens letztlich nicht nur abbilde und beinhalte, sondern begründe. Damit führt Foucault in seiner Diagnose den Mangel des Wissensfortschritts zurück auf eine Instanz, die außerhalb des Wissens liegt, es steuert und reglementiert. Der Diskurs ist in dieser Vorstellung ein Regelwerk des Denkens, Wissens, Sprechens, das in seinem „Spiel der Regeln“[13] bestimmtes Wissen erst „möglich macht und beherrscht“[14].

Konsequenterweise rückt in dieser Sicht die individuelle Leistung des Subjekts bei der Aneignung von Wirklichkeit und beim Sprechen darüber in den Hintergrund:

> Wir haben gezeigt, daß die strategische Wahl nicht direkt aus einer Weltsicht oder einer Vorherrschaft von Interessen hervortritt, die diesem oder jenem sprechenden Subjekt eigen wäre; sondern daß ihre Möglichkeit selbst durch divergierende Punkte im Spiel der Begriffe determiniert wird;[15]

Der Inhalt des Denkens und Sprechens, die eigenen Weltanschauungen und Interessen, werde demnach durch abstrakte Regeln des Diskurses hervorgebracht. Dass jemand einen Gedanken äußert, womöglich einem bereits geäußerten damit widerspricht, sei nur sehr bedingt aus dem Inhalt des Gedankens selbst zu erklären. Dass ein Subjekt einen konkreten Gedanken formuliert, erscheint bei Foucault als die „Möglichkeit“, überhaupt etwas auszusprechen, als die formale Bedingung für das Sprechen. Noch vor jeder Auseinandersetzung mit dem Inhalt von Aussagen steht aus dem Blickwinkel der Diskurstheorie fest, dass Aussagen erstens grundsätzlich und zweitens durch die jeweils sie bestreitenden Aussagen determiniert sind. In diesem Bild von Wissen über die Wirklichkeit ist die Erklärung eines Gegenstandes, sein Begriff, immer zugleich konstituiert durch sein Gegenteil, durch eine konkurrierende Aussage über den

12 Foucault: *Archäologie des Wissens*, S. 13.

13 Ebd., S. 50.

14 Ebd., S. 105.

15 Ebd., S. 106.

Gegenstand. In der Metapher eines ‚Punktes' im „Spiel" der Begriffe sind die erst im Gegeneinander hervorgebrachten Aussagen gefasst als zwar gegeneinander abgegrenzte, jedoch unauflösbar in Beziehung stehende Positionen. Die Gesamtheit der ‚Punkte' bildet die diskursive ‚Formation':

> Nicht die theoretische Wahl hat die Formation des Begriffs reguliert, sondern er hat sie durch die Vermittlung der spezifischen Regeln der Begriffsformation und durch das Spiel der Beziehungen, die er mit dieser Ebene unterhält, produziert.[16]

Begriffe sind bei Foucault also vornehmlich keine Frage ihres Inhalts, sondern ihrer Beeinflussung durch die Regeln des Diskurses, d. h. durch die diskursiven Beziehungen, die den Diskurs bestimmen:

> Interne Prozeduren, mit denen Diskurse ihre eigene Kontrolle selbst ausüben; Prozeduren, die als Klassifikations-, Anordnungs-, Verteilungsprinzipien wirken.[17]

Damit ist eine theoretische Eigentümlichkeit des Diskurses benannt: Der Diskurs und seine versteckten Regeln und Beziehungen bringen das Wissen über die Wirklichkeit eigentlich erst hervor, ohne dabei auf die subjektive Einsicht derjenigen Subjekte angewiesen zu sein, die sie äußern. Insofern vollzieht die Analyse des Diskurses nicht nur die Formation des Diskurses nach, sondern formuliert sein ‚Verteilungsgesetz'. Die Gesamtheit aller abstrakten Bedingungen, Regeln und Beziehungen des disparaten Denkens und Sprechens bilden die Einheit des Diskurses *und* sein Entstehungsgesetz.[18] Folgerichtig ist der

16 Ebd., S. 108.

17 Michel Foucault: *Die Ordnung des Diskurses*. Frankfurt am Main: Fischer 1991, S. 17.

18 Foucault: *Archäologie des Wissens*, S. 51. Das Problematische dieses theoretischen Gedankens besteht m. E. in seinem theoretischen Zirkel, d. h., dass sich mit der Abbildung des Diskurses sein Gesetz formuliert, also in der bloßen Darstellung der Verwendung der Begriffe sich gleichzeitig die Bedingungen für deren Entstehung konstituieren; so fallen die Darstellung des Diskurses und dessen systematische Voraussetzung in eins. Michael Maset formuliert dies wie folgt: „Durch die Analyse der Kriterien der Formation, Transformation und Korrelation will Foucault Diskurse individualisieren und die Formationsregeln für ihre Aussagen bestimmen. Die Bestimmung der Einheit eines Diskurses, der Gesamtheit einer Menge von Aussagen in ihrer Individualität besteht aber nicht in der Beschreibung ihrer dauerhaften Merkmale, im Fixieren ihrer Individualität, sondern in der Formulierung ihres Verteilungs- bzw. Streuungsgesetzes. Eine Formationsregel ist das *Prinzip* der Vielfältigkeit und Streuung der Gegenstände, Begriffe, Operationen und theoretischen Optionen eines Diskurses – diese gilt es aufzuspüren. [...] Der Wahnsinn z. B. ist das Streuungsgesetz unterschiedlicher Gegenstände, die durch die Gesamtheit von Aussagen an den Tag gebracht werden, deren Einheit genau durch dieses Gesetz definiert wird." (Maset: Diskontinuität/Zerstreuung, S. 232–233.) Wer dem Prinzip des Diskurses auf die Spur kommen möchte, müsse demnach dessen Verteilungsregeln finden, die sich aber nur anhand der konkreten Streuungen des Wissens auffinden lassen. Es erhärtet sich hier der Verdacht der Tautologie: Weil der Diskurs alle disparaten Elemente selbst hervorbringe, er demnach selbst die Bedingung allen Wissens sei, zeige sich in und mit seiner *Darstellung* auch gleich jenes *Gesetz*, das alles Wissen bestimmt. Das aufgefundene Wissen verweist in dieser

Diskurs nur sich selbst verpflichtet, reglementiert und kontrolliert sich selbst.[19] Die Analyse des Diskurses, Foucaults sogenannte Archäologie,[20] müsse diese formalen Verteilungsprinzipien des Wissens auffinden.[21]

Foucaults theoretische Überlegung zu einer determinierten Ordnung des Wissens bekam in der wissenschaftlichen Auseinandersetzung in Deutschland stellenweise eine Eindeutigkeit in Bezug auf die Macht des Diskurses, die der Autor so explizit nicht ausführte. Hannelore Bublitz beispielsweise erklärt den Diskurs zum alles bedingenden und durchdringenden Ordnungskriterium:

> Vor aller Rede, vor aller menschlichen Praxis und wissenschaftlichen Reflexion gibt es eine fundamentale diskursive Ordnung, die das Verhältnis der Menschen zu den Dingen ebenso regelt, wie sie den Ordnungsraum des Wissens konstituiert.[22]

Nicht ohne Konsequenz aus dem Foucault'schen Denken einer regelhaften Einheit von sich widersprechendem Wissen formuliert Bublitz die Vorstellung einer alle Wirklichkeit konstituierenden und bestimmenden Kraft, eines epistemologischen Determinismus.[23]

Vorstellung immer auf seine Entstehungsbedingung, welche wiederum dann auf das Wissen verweist. Auch für die analytische Sichtbarmachung von begrifflichen Formationen innerhalb mehrerer Diskurse, bei der sogenannten „interdiskursive[n] Konfiguration" oder „Interpositivität", wie sie Foucault bezeichnet, – das sind identische Begriffe, die in verschiedenen Diskursen nicht-identische Inhalte haben, – besteht dieser Verdacht. „Eine Konfiguration der Interpositivität ist keine Gruppe benachbarter Disziplinen; ist nicht nur ein benachbartes Phänomen der Ähnlichkeit; ist nicht nur die globale Beziehung mehrerer Diskurse zu einem anderen; sie ist das Gesetz ihrer Kommunikationen." (Foucault: *Archäologie des Wissens*, S. 230–231.) Auch für die Beziehungen zwischen Diskursen gilt, dass sich mit der Beschreibung und Darstellung ihrer sichtbaren Inhalte, ein unsichtbares, hinter den Aussagen wirkendes Gesetz der Diskurse formuliert und benannt wird. Letztlich soll sich in der deskriptiven Beschreibung zufälliger Aussagen die analytische Erkenntnis eines Gesetzes ihrer Entstehung formulieren.

19 Das Verhältnis des Diskurses zu nichtdiskursiven Praxen ist bei Foucault selbst konsequenterweise eine „Leerstelle" und führte zwar zu produktiven theoretischen Erweiterungen seitens der Dispositivtheorie, aber auch „bis heute immer wieder zu Diskussionen." (Rolf Parr: Diskurs. In: Kammler / Parr / Schneider (Hrsg.): *Foucault-Handbuch*, S. 233–237.)

20 Siehe dazu Foucault: *Archäologie des Wissens*, S. 224–235; Knut Ebeling: Archäologie. In: Kammler / Parr / Schneider (Hrsg.): *Foucault-Handbuch*, S. 219–221.

21 Auch hier wird m. E. eine theoretische Inkonsequenz deutlich, wenn in und mit der Analyse die regulierende, determinierende Wirkung des Diskurses durchbrochen wird, er selbst also distanziert betrachtet werden kann und man letztlich die Wirkung des Diskurses auf das eigene Denken transzendiert. So wird die Macht des Diskurses durch die Analyse partiell suspendiert, die die Analyse eigentlich belegen und nachweisen soll.

22 Hannelore Bublitz: *Diskurs*. Bielefeld: Transcript 2003, S. 47.

23 Die Problematik des determinierten Denkens und Analysierens ist bereits angesprochen worden, spitzt sich mit Bublitz' Perspektive jedoch noch einmal zu. Der Diskurs, nimmt man ihn als dem Denken Vorgängiges ernst, wirft ernste analytische Probleme auf: Stünde der Diskurs tatsächlich vor allem Denken und Sprechen, dann wäre die analytische Erkenntnis, wie sie Bublitz formuliert, entweder nicht zu gewinnen oder die Macht des Diskurses im Moment

An den theoretischen Ausführungen zum Diskurs wird deutlich: Foucaults weitreichende Überlegungen zur Natur und Qualität des Diskurses machten zwar das Moment der Regelhaftigkeit des Denkens stark, relativierten damit aber gleichzeitig die *inhaltliche* Kenntnisnahme der Disparität des Wissens. Mit Blick auf die Analyse der Deutungskämpfe nach der Wende wird damit die Frage nach den politischen, ökonomischen, kurz: weltanschaulichen Inhalten der Auseinandersetzungen, die dem Kitsch-Vorwurf immanent sind, nicht befriedigend zu beantworten sein. Zwar thematisierte Foucault in der Spätphase seines Schaffens immer stärker die Macht des Diskurses und der Kämpfe um ihn:

> [D]er Diskurs – dies lehrt uns immer wieder die Geschichte – ist auch nicht bloß das, was die Kämpfe oder die Systeme der Beherrschung in Sprache übersetzt: er ist dasjenige, worum und womit man kämpft; er ist die Macht, deren man sich zu bemächtigen sucht.[24]

Allerdings lässt auch diese Perspektive nicht nur die grundlegende Frage offen, wie man sich einer Macht bemächtigen kann, die immer schon selbst als Macht den Subjekten gegenübertritt und ihr Denken und Handeln bestimmt. Sie lässt ebenfalls die Frage nach dem inhaltlichen Programm derjenigen offen, die die Macht des Diskurses für ihre Zwecke nutzen. Sie bleibt notwendig formal, da der Diskurs in dieser Fassung zwar Mittel, vor allem aber Selbstzweck ist.

Aus Sicht der angestrebten Analyse stellt die hier vorgestellte formale Perspektive auf Wissensformationen und Streuungsgesetze des Diskurses im Grunde eine Aporie dar. Für die Analyse, die sowohl die Regelhaftigkeit der Aussagen als auch deren inhaltliches Programm zu ihrem zentralen Gegenstand machen muss, ist es daher notwendig, zusätzlich diskurstheoretische Konzepte im Anschluss an Foucault zu prüfen, um zu fragen, inwieweit sie, indem sie Deutungskämpfe zu ihrem zentralen Gegenstand erheben, diese Schwierigkeit

der Erkenntnis gebrochen und der Inhalt der Erkenntnis demnach hinfällig. Etwas methodischer und auf einer abstrakteren Ebene formuliert G. W. F. Hegel diese Erkenntniskritik gegenüber Immanuel Kant: „Es ist darum die größte Inkonsequenz, einerseits zuzugeben, daß der Verstand nur Erscheinungen erkennt, und andererseits dies Erkennen als etwas Absolutes zu behaupten, indem man sagt, das Erkennen könne nicht weiter, dies sei die natürliche, absolute Schranke des menschlichen Wissens. Die natürlichen Dinge sind beschränkt, und nur natürliche Dinge sind beschränkt, und nur natürliche Dinge sind sie, insofern sie nichts von ihrer allgemeinen Schranke wissen, insofern ihre Bestimmtheit nur eine Schranke für uns ist, nicht für sie. Als Schranke, Mangel wird etwas nur gewußt, ja empfunden, indem man zugleich darüber hinaus ist." (Georg Wilhelm Friedrich Hegel: *Enzyklopädie der philosophischen Wissenschaften*, Bd. 1. Frankfurt am Main: Suhrkamp 1970, S. 143–144.) In diesem Sinne müsste man Hannelore Bublitz gegenüber anmerken, dass sie den Diskurs als bestimmende Größe, als Schranke des Denkens und Handelns kennzeichnet, darin aber längst über ihn hinaus ist.

24 Foucault: *Die Ordnung des Diskurses*, S. 11.

lösen. Exemplarisch sollen daher folgende drei Positionen diskutiert werden: die Kritische Diskursanalyse von Margarete und Siegfried Jäger, die Interdiskurstheorie von Jürgen Link sowie die hegemonietheoretische Kritik des Diskurses von Ernesto Laclau und Chantal Mouffe.

(a) In ihrer Publikation *Deutungskämpfe* widmen sich Margarete und Siegfried Jäger den Kämpfen in und mit dem Diskurs. Sprache begreifen die Autor_innen als Mittel in Kämpfen um politische Macht:

> [U]ns geht es vor allem um die Analyse aktueller Diskurse und ihrer Macht-Wirkung, um das Sichtbarmachen ihrer (sprachlichen und ikonografischen) Wirkungsmittel, insbesondere um die Kollektivsymbolik, die zur Vernetzung der verschiedenen Diskursstränge beiträgt, und insgesamt um die Funktion von Diskursen als herrschaftslegitimierenden und -sichernden Technik in der kapitalistischen bzw. globalisierten Gesellschaft.[25]

Der Diskurs habe in dieser Vorstellung sowohl eine eigene, vom gesellschaftlichen Tun unterscheidbare Wirkung und Macht und funktioniere gleichzeitig als Mittel zur Stabilisierung von politischer und ökonomischer Macht. Die Diskursanalyse habe die Aufgabe, die sprachlichen Mittel, also die Inhalte und Formen des Diskurses, zu untersuchen. Der Diskurs ist hier einerseits das, was die Subjekte als politische Ein- und Absicht formulieren. Anderseits betonen die Autor_innen immer auch die Gegenseite, dass also Diskurse der Wirklichkeit und damit dem subjektiven Willen vorausgehen. Diese beiden divergierenden Bestimmungen von Diskurs und daran anschließend die Frage nach seiner Wirkung sind nur scheinbar gelöst, wenn sie in eine Frage der Wirkdauer übersetzt werden:

> Wissen/feste Bewusstseinselemente entstehen erst durch die Rezeption von Diskursen, d. h. durch dauerhafte und sich über lange Zeiträume erstreckende Konfrontation mit immer den gleichen oder doch sehr ähnlichen Aussagen. Erst diese Rekursivität führt zu ihrer Verankerung im Bewusstsein der Subjekte.[26]

Dass der Diskurs selbst das Mögliche, das Sagbare durch seine Regeln formt, ohne dass die Subjekte vordergründig beteiligt sind, weisen Jäger und Jäger auf diese Art zurück, ohne den Gedanken einer Wirkung jenseits der Zustimmung der Subjekte zu verwerfen. Durch die Länge des Exponiert-Seins eines Subjekts schreibe sich der überindividuelle Diskurs ins individuelle Bewusstsein ein. Den freien Willen, den Foucault implizit und Bublitz explizit zurückweisen, führen Jäger und Jäger zwar wieder ein, kennzeichnen ihn jedoch gleichzeitig durch eine an die Zeit gebundene Wirkung des Diskurses als gebrochenen.

25 Margarete Jäger / Siegfried Jäger: *Deutungskämpfe. Theorien und Praxis Kritischer Diskursanalyse*. Wiesbaden: VS 2007, S. 19.

26 Ebd., S. 22.

Im Ergebnis entscheiden sich Deutungskämpfe also nicht durch die rigorose Durchsetzung eines Inhalts, sondern dadurch dass Subjekte einem Diskurs lang genug ausgesetzt waren. Auch wenn Jäger und Jäger in ihrem späteren Analyseleitfaden von diesem theoretischen Urteil wieder Abstand nehmen, indem sie sehr differenziert nach gesellschaftlichen Positionen, institutionellen Rahmungen und weltanschaulichen Inhalten der Diskursbeiträge fragen, ist diese theoretische Fassung der diskursiven Deutungskämpfe kein wirklich produktiv zu machender Beitrag für die angestrebte Analyse.

(b) In seinen Überlegungen zum Interdiskurs entwickelte Jürgen Link im Anschluss an, aber auch mit deutlichen Differenzen zu Foucault ein Konzept, das vor allem für die Literaturwissenschaft Gültigkeit beansprucht. Darin leitet Link aus der gesellschaftlichen Arbeitsteilung eine Spezialisierung des Diskurses in einzelne Spezialdiskurse ab, vor deren Hintergrund er dann fragt, wie mit diesem spezialisierten Wissen und Reden eine funktionierende Gesellschaft überhaupt möglich sei. Der Interdiskurs leiste im Modus „kultureller Verzahnung" diskursiver Formationen, die die Spezialdiskurse zu einer gemeinsamen Bilder- und Sprachwelt zusammenführen, die gesellschaftlich-funktionale „Reintegration" aller Spezialdiskurse.[27] Die Literatur sei im Spiel der Diskurse eine Sondererscheinung und übernehme Link zufolge „als Spezialdiskurs die Funktion interdiskursiver Re-Integration"[28]. Denn die Literatur greife – wie der Interdiskurs – auf Mittel „elementar-literarische[r] Anschauungsformen[29]" im Allgemeinen und auf Kollektivsymbole im Speziellen zurück. Ohne den Interdiskurs mit seiner Verwendung von Kollektivsymbolen wie beispielsweise ‚Ballon', ‚Boot' oder ‚Flut' könnte „der jeweilige Diskussionspartner solche Spezialargumente [wie etwa chemische Formeln, S. L.] gar nicht verstehen."[30] Link geht in seiner Theorie von einem formal verbindenden Moment des Interdiskurses und der Kollektivsymbole aus, obwohl er deren inhaltliche Gegensätzlichkeit am Beispiel des Kollektivsymbols ‚Ballon' exemplifiziert:

27 Jürgen Link: Literaturanalyse als Interdiskursanalyse. Am Beispiel des Ursprungs literarischer Symbolik in der Kollektivsymbolik. In: Jürgen Fohrmann / Harro Müller (Hrsg.): *Diskurstheorien und Literaturwissenschaft*. Frankfurt am Main: Suhrkamp 1988, S. 284–310, hier S. 285.

28 Ute Gerhard / Jürgen Link / Rolf Parr: Interdiskurs, reintegrierender. In: *Metzler-Lexikon Literatur- und Kulturtheorie. Ansätze – Personen – Grundbegriffe*, hrsg. v. Ansgar Nünning. Stuttgart / Weimar: Metzler 2004, S. 293–294, hier S. 294.

29 Link: Literaturanalyse als Interdiskursanalyse, S. 286.

30 Ebd., S. 288.

> Während die radikale aufklärerische und revolutionäre Intelligenz den Aufstieg des Ballons in riskante Höhen positiv und den platten banalen Erdboden dagegen negativ wertete, galt den Kritikern der radikalen Aufklärung und der Revolution umgekehrt der Ballonaufstieg als unseriöses oder sogar blasphemisches Unternehmen.[31]

Damit stehen sich die inhaltlichen Positionen von Revolutionär_innen und religiösen Kritiker_innen unvereinbar gegenüber, obwohl sie formal die gleiche Kollektivsymbolik verwenden. Das Interesse an den Inhalten und dem Gehalt der Konflikte, die mit und in der Kollektivsymbolik jeweils benannt und bebildert werden, nimmt in Links Interdiskurstheorie fast vollständig zugunsten der Betonung eines gesellschaftlich-funktionalen Moments des Interdiskurses ab. Dieses Moment wird unterstrichen, wenn Link die disparaten Verwendungen von Kollektivsymbolen als Bildbrüche, sogenannte Katachresen, fasst, die eine theoretische Eigentümlichkeit aufweisen: Je semantisch unvermittelbarer die verwendeten Bilder sind, umso integrativer und normalisierender wirken die Bildbrüche.[32] Damit werden die konkurrierenden Inhalte der Auseinandersetzungen letztlich immer unter dem Vorzeichen gesellschaftlicher Integration wahrgenommen und mit dem Interdiskurs in bloße Größen eines Ermöglichens gesellschaftlicher Kommunikation verwandelt. Aus der Sicht einer Analyse von Kulturkämpfen sind die Interdiskurstheorie und das System der Kollektivsymbole nur eingeschränkt anwendbar, da sie zwar das gemeinsame Vokabular als Mittel der Auseinandersetzungen sowie den „allgemeinen interdiskursiven Rahmen" und „den Funktionszusammenhang von Literatur, Kultur und Spezialdiskursen" in das Zentrum der Analyse stellen.[33] Demgegenüber steht allerdings eine Leerstelle, die Inhalte der Kämpfe betreffend, die sich nur eingeschränkt im System der Kollektivsymbole verorten lassen.
Hinzu tritt eine Beobachtung Foucaults, die dem Link'schen Konzept unmittelbar widerspricht. Denn Foucault begreift die Literatur nicht im eigentlichen Sinn als Diskurs, da ihr das Moment der Macht fehle. Nico Elste betont diesen Aspekt:

> Der diskursiv verhandelte Gegenstand selbst wird also nur als bestimmte Hinsicht der Interpretation dessen, was ihn auszeichnet, erzeugt *und* diese Hinsicht wiederum bestimmt, wie mit ihm praktisch umgegangen wird. Diese Eigenheit trifft selbst auf literarische Texte zu, wenn sie zum Gegenstand des Diskurses werden. Denn ihnen fehlt das, was den Diskurs

31 Link: Literaturanalyse als Interdiskursanalyse, S. 290.

32 Jürgen Link: Vom Loch zum Sozialen Netz und wieder zurück: Zur Diskursfunktion und Diskursgeschichte eines dominanten Kollektivsymbols der ‚Sozialen Marktwirtschaft'. In: Gabriele Cleve et al. (Hrsg.): *Wissenschaft Macht Politik. Interventionen in aktuelle gesellschaftliche Diskurse.* Münster: Westfälisches Dampfboot 1997, S. 194–207.

33 Gerhard / Link / Parr: Diskurs und Diskurstheorien, S. 118–119.

wesentlich bestimmt: die *Macht*. Gerade deswegen können literarische Werke im öffentlichen ebenso wie im wissenschaftlichen Diskurs limitierten Hinsichten unterzogen werden.[34]

Es spricht daher im Licht dieser Überlegungen und der Ergebnisse der Untersuchung über das Wahrnehmungs- und Urteilsverfahren des Kitsch-Urteils im Kapitel II dieser Arbeit einiges dafür, die Literatur dem Diskurs nicht einfach gleichzustellen oder sie gar als besonders integrative Form des Diskurses zu verstehen. Stattdessen muss davon ausgegangen werden, dass in und mit dem Kitsch-Vorwurf außer-ästhetische, weltanschauliche Maßstäbe und Anträge an die Literatur nicht nur herangetragen werden, sondern die Literatur im Diskurs über den Kitsch auf Grundlage dieser Maßstäbe überhaupt erst geformt und als eigener Gegenstand ‚Kitsch' konstituiert wird. Dass Literatur zu Kitsch wird, ist eine diskursive Leistung, die – wie die theoretischen Überlegungen zum Kitsch-Verfahren im Kapitel II dieser Arbeit gezeigt haben – der Literatur zugesprochen wird und nicht auf ihre sachlich-ästhetischen Eigenschaften zurückzuführen ist.

(c) Einen dritten prominenten diskurstheoretischen Ansatz in Bezug auf diskursive Kämpfe formulieren Ernesto Laclau und Chantal Mouffe in *Hegemonie und radikale Demokratie*. Laclau und Mouffe verstehen Diskurs ebenfalls als Wirklichkeit konstituierende Kraft und betonen, dass „sich jedes Objekt insofern als Objekt eines Diskurses konstituiert, als kein Objekt außerhalb jeglicher diskursiver Bedingungen des Auftauchens gegeben ist."[35] Damit beziehen sich Laclau und Mouffe zwar auf Foucaults Diskurstheorie, kritisieren sie aber gleichzeitig, indem sie sich gegen die Totalität des Diskurses im Foucault'schen Sinne aussprechen. Weil die Totalität des Diskurses bei Foucault nur vorherbestimmte Äußerungen kenne und zulasse, im Grunde daher alle Artikulationen prädisponiert seien und eine Art „genähte Totalität"[36] bildeten, sei auch keine Opposition gegen den Diskurs möglich. Laclau und Mouffe kritisieren die Vorstellung einer prästabilisierten Einheit, halten gleichzeitig aber an der Vorstellung eines dem Denken vorgelagerten Regelwerks fest. Mit der sogenannten „Zwischenregion"[37] zwischen determinierter Aussage und freier Artikulation

34 Nico Elste: *Von der Migration zur Integration. Literarische Konstruktionen von Kultur und Kulturkonflikt in der deutsch-türkischen Literatur nach '89*. Dissertation, Martin-Luther-Universität Halle-Wittenberg 2012. http://digital.bibliothek.uni-halle.de/download/pdf/1241748?name=Von%20der%20Migration%20zur%20Intergration (Zugriff am 07.02.2017), S. 13 (Herv. i. O.).

35 Ernesto Laclau / Chantal Mouffe: *Hegemonie und radikale Demokratie. Zur Dekonstruktion des Marxismus*. Wien: Passagen 1991, S. 157.

36 Ebd., S. 157.

37 Ebd., S. 158.

beantworten die Autor_innen die Frage, ob es eine diskursive Vorherrschaft und damit auch die Anfechtbarkeit diskursiver Positionen gibt, und legen letztlich den „unvollständige[n] Charakter jeder Totalität“[38] dar:

> Somit kommt ein Niemandsland zum Vorschein, das die artikulatorische Praxis erst möglich macht. Von daher gibt es keine gesellschaftliche Identität, die völlig geschützt ist vor einem diskursiven Äußeren, das sie umformt und verhindert, daß sie völlig genäht wird.[39]

Im Bild des „Niemandsland“, eines ‚Dazwischen‘ oder Weder-Noch, wird eine diskursive Praxis, wie sie Laclau/Mouffe stärken wollen, möglich. Es sind die Praxen möglicher Vormachtstellungen disparaten Wissens, der „Konstruktion von Knotenpunkten“[40] und damit einer grundlegenden „Offenheit des Sozialen“[41]. So können die Autor_innen die Totalität des Diskurses zurückweisen, ohne den Gedanken der umfassenden Einheit des Diskurses aufzugeben. Laclau und Mouffe lösen das prästabilisierende Moment der Totalität des Diskurses auf, indem sie ihn als Einheit konkurrierender Unterdiskurse begreifen:

> Das Äußere wird durch andere Diskurse konstituiert. Gerade die diskursive Natur dieses Äußeren ermöglicht die Anfechtbarkeit jeden Diskurses, da ihn nichts endgültig vor Deformation und Destabilisierung seines Systems von Differenzen durch andere diskursive Artikulationen, die außerhalb von ihm agieren, schützt.[42]

Die Frage nach den Deutungskämpfen beantworten Laclau und Mouffe indem sie die Vorstellung einer vor allen Inhalten existierenden Regelhaftigkeit des Denkens und Sprechens beibehalten, darin ein „Äußeres“ anderer Diskurse einführen, das die Fixierung in einer festen Formation gleichzeitig bekräftigt und dementiert. Mit Blick auf den Diskurs über den Kitsch lässt sich festhalten, dass diskursive Deutungskämpfe in der hegemonietheoretischen Fassung immer als die *Möglichkeit* zum Dissens gefasst sind. Die inhaltliche Disparität des Wissens und der für die angestrebte Analyse zentrale Aspekt des Gehalts der Deutungskämpfe erscheinen bei Laclau und Mouffe als die mögliche „Anfechtbarkeit jeden Diskurses.“ Damit wendet sich auch diese diskurstheoretische Ausführung in gewisser Weise von den konkreten Inhalten ab.

Im Ergebnis können diese exemplarisch diskutierten, für die kritische deutschsprachige Diskussion einschlägigen Ansätze der Diskurstheorie, welche die diskursiven Kämpfe in den Mittelpunkt rücken, nur einen eingeschränkten

38 Laclau / Mouffe: *Hegemonie und radikale Demokratie*, S. 162.

39 Ebd.

40 Ebd., S. 165.

41 Ebd.

42 Ebd., S. 277.

Beitrag zu einer Analyseanleitung leisten. Erforderlich ist es daher, die ‚poststrukturalistischen' Ansätze durch Perspektiven zu ergänzen, die die betreffenden Deutungskämpfe einerseits in ihrem politischen, ökonomischen, moralischen, religiösen, sprich: weltanschaulichen Gehalt bestimmen und dabei andererseits auch den Kontext des Feldes der Kultur berücksichtigen.
Einen ersten Anhaltspunkt zur Organisation des literarischen Feldes bietet Bourdieus kultur- und wissenssoziologische Studie *Die Regeln der Kunst*, in der er sich der Frage widmet, welcher soziale Raum die Literatur und das Sprechen über sie hervorgebracht hat. Auch wenn Bourdieu die Verflechtung von massenmedialen Deutungskämpfen und literarischem Feld nicht untersucht, gibt er grundlegende Hinweise zu konkurrierenden Literaturauffassungen, die immer wieder Gegenstand von Deutungskämpfen waren. Er erklärt, dass die Literatur immer auch außerliterarischen Anforderungen ausgesetzt war, denen sich Schriftsteller_innen entweder entzogen oder fügten. Dieses Spannungsverhältnis zwischen literarischer Autonomie auf der einen Seite und gesellschaftlich-politischen Vorgaben auf der anderen sieht Bourdieu in einem grundlegenden Kampf des literarischen Feldes um seinen Grad an Autonomie begründet:

> Das Ausmaß an Autonomie über das ein Feld verfügt, ist am Übersetzungs- und *Brechungs*effekt zu messen, den seine spezifische Logik externen Einflüssen oder Anforderungen zufügt, und an der Umformung, um nicht zu sagen: Verklärung, der es religiöse oder politische Vorstellungen und den Druck der weltlichen Kräfte unterzieht [...]. Es kann auch an der Strenge gemessen werden, mit der negative Sanktionen (Denunziation, Ausstoßung usw.) heteronome Praktiken wie direkte Unterordnung unter politische Direktiven oder selbst unter ästhetische oder ethische Auflage treffen, und vor allem an der Stärke der positiven Anreize zum Widerstand, ja zum offenen Kampf gegen die herrschenden Mächte (wobei derselbe Autonomiewille je nach Beschaffenheit dieser Mächte zu sehr unterschiedlichen Stellungsnahmen führen kann).[43]

Bourdieu betont, dass die Kunst als gesellschaftlicher Bereich existiert und niemals frei von politischen Einflussnahmen und Vorschriften sein könne, sondern ständig „externen Einflüssen oder Anforderungen" ausgesetzt sei. Er macht deutlich, dass es einen erheblichen Druck seitens ‚weltlicher Kräfte' auf die Kunst gebe, ihre Direktiven, ihre politischen, ethisch-moralischen, religiösen usw. Vorstellungen in der Kunst verwirklicht zu sehen, Vorgaben, der sich die Kunst mehr oder weniger offen unterordnen oder demonstrativ entgegenstellen muss. Auch Sanktionen, die die Kunst abwerten und ganz aus dem Feld ausschließen, wie es auch der Kitsch-Vorwurf macht, zählt Bourdieu zu diesen Deutungskämpfen. Allerdings begreift Bourdieu die Auseinandersetzungen

43 Pierre Bourdieu: *Die Regeln der Kunst. Genese und Struktur des literarischen Feldes*. Frankfurt am Main: Suhrkamp 2001, S. 349 (Herv. i. O.).

um die konkreten Inhalte der Kunst letztlich immer als eine Frage des Kampfes um abstrakte ästhetische Autonomie des Feldes selbst. Letztlich führe die Kunst die Kämpfe gegen weltanschauliche Einflussnahme um ihrer Autonomie willen, denn diese selbst gebe die „positiven Anreize zum Widerstand". Welche Direktiven zu welchem historischen Zeitpunkt der Kunst als ihre Pflicht vorgeschrieben, akzeptiert oder zurückgewiesen werden, rückt in Bourdieus Konzept folgerichtig in den Hintergrund. Wieso und wann der „Autonomiewille" zur Unterordnung oder „zum offenen Kampf gegen die herrschenden Mächte" führt, bleibt bei Bourdieu eine Leerstelle. Da die Kunst selbst auch kein Subjekt im eigentliche Sinne ist, bleibt zudem ungeklärt, wieso ‚die Kunst' den politischen, religiösen oder ästhetischen Auflagen ausgerechnet mit der Berufung auf ihre abstrakte Freiheit begegnet und damit mit einer Sichtweise, die keineswegs unpolitisch ist.

Schon ein erster Blick auf die massenmedialen Deutungskämpfe mit dem Kitsch-Argument macht deutlich, dass ‚Autonomie' kein feststehender, ahistorischer Inhalt, sondern eine Berufungsinstanz für oder gegen eine bestimmte Weltsicht ist. Am Beispiel der Auseinandersetzung um den Sozialistischen Realismus ostdeutscher Prägung lässt sich belegen, dass mit der Berufung auf oder der Absage an Autonomie politische Inhalte, dezidiert ohne Angabe von Gründen, zur Eigenschaft der Kunst erhoben werden. Einerseits weist man den Sozialistischen Realismus zurück, weil die Einflussnahme der SED auf die Kunst selbige verunmöglicht habe, andererseits wirft man den Protagonist_innen des Sozialistischen Realismus vor, dass er freiheitliche demokratische Direktiven gar nicht oder nicht genügend inkorporiert habe. In beiden Fassungen ist fehlende bzw. falsche Autonomie der Ausdruck eines bereits feststehenden Urteils über den Sozialistischen Realismus, er sei mit der Demokratie und der freien Kunst nicht vereinbar. Daher müssen Bourdieus Beobachtungen, so treffend sie in Bezug auf eine außer-ästhetische Inanspruchnahme der Kunst sind, erweitert und die inhaltliche, argumentative Ebene der Direktiven und Auflagen stärker in den Mittelpunkt gerückt werden. In der wissenssoziologischen Deutungsmusteranalyse findet sich ein solcher Zugang zu den weltanschaulichen Ebenen der Deutungskämpfe.

> Wissenssoziologische Deutungsmusteranalysen vermögen – idealiter – sowohl den Problemhintergrund, auf dem die Entstehung des Deutungsmusters plausibel wird, als auch dessen interne Logik zu rekonstruieren.[44]

44 Christian Lüders / Michael Meuser: Deutungsmusteranalyse. In: Ronald Hitzler / Anne Honer (Hrsg.): *Sozialwissenschaftliche Hermeneutik. Eine Einführung*. Opladen: Leske + Budrich 1997, S. 57–80, hier S. 66.

Dieser Fokus auf Weltdeutungsmuster und Welterklärungen, mit denen sowohl der historische Problemhintergrund als auch die inhaltlichen Argumente und ‚Logik' zur Kenntnis genommen werden, verspricht in Verbindung mit Bourdieus Überlegungen zur weltanschaulichen Einflussnahme auf die Literatur nebst den diskurstheoretischen Überlegungen zur Konstituierung literarischer Diskurse ein adäquates theoretisches Fundament der Analyse des Diskurses über den Kitsch. Im Mittelpunkt soll sowohl jene Verwandlung politischer, ökonomischer, moralischer oder ethischer Direktiven in eine Frage ästhetischen Genusses und geschmacklicher Vortrefflichkeit als auch der größere historische Zusammenhang der Debatten, Diskussionen und Diskurse stehen, in denen der Kitsch-Vorwurf in Anschlag gebracht wird. Auf diese Weise wird analytisch dem Umstand entsprochen, dass man es beim Kitsch nicht mit einem singulären Deutungsmuster im Sinn einer einzigen, unveränderlichen Folie der Kritik von Kunst zu tun hat, sondern mit historisch spezifischen Deutungsmustern, Welterklärungen und Ideologemen.

IV.
Eine unerwünschte kulturelle Erbschaft wird zurückgewiesen – Die Analyse des Kitsch-Vorwurfs gegen Alltags- und Populärkultur, Architektur, Bildende Kunst und Literatur aus der DDR und über die DDR

1. Inhaltliche und methodische Vorarbeiten zur Analyse

1.1 Einleitung

Das Feld der Kultur wurde nach der Wende als zentraler Ort gesellschaftlicher Integration begriffen und gleichzeitig zum Schauplatz erbitterte Kämpfe darüber, was mit dem Ende der DDR aus dem Bestand der Kultur verabschiedet werden müsste.[1] Zwischen der Inanspruchnahme der Kultur und der massenhaften Anklage ihrer falschen Ausrichtung bestand ein Zusammenhang: Nach Auffassung von Politiker_innen, Journalist_innen, Intellektuellen und anderen Persönlichkeiten des öffentlichen Lebens sollte Kultur dahingehend wirken,

1 Als Untersuchungszeitraum wurde die Zeit nach 1989/90 gewählt, weil durch den Systemumbruch vehemente Streits um die Gültigkeit konkurrierender Weltanschauungen befördert wurden, wie Lüders und Meuser unterstreichen: „Vielmehr geht es um die Identifikation exemplarischer Texte, die dann im Sinne einer Fallanalyse interpretiert werden können. Bei der Suche nach exemplarischen Texten hilft insbesondere der Blick auf Phasen kulturellen und gesellschaftlichen Umbruchs. In solchen Zeiten treffen tradierte und verfestigte Deutungsmuster auf neu entstehende, werden Auseinandersetzungen über die Gültigkeit von Weltdeutungen öffentlich geführt, so daß die Protagonisten die Logik ihrer Perspektiven explizieren müssen." (Lüders / Meuser: Deutungsmusteranalyse, S. 72.) Die Perspektive von Lüders und Meuser wird zusätzlich durch die Umbruchthese von Dettmar und Küpper gestützt. Es ist auch folgerichtig, dass sich die Untersuchung zuvorderst den Printmedien, genauer den Feuilletons der Republik widmet. Denn nach der Wende war der „Trend einer Verschiebung des Themas Ostdeutschland in den Bereich Feuilleton" zu beobachten; der Anteil der Beiträge dieses Ressorts hatte sich „annähernd verdoppelt". (Raj Kollmorgen: Diskurse der deutschen Einheit. In: *Aus Politik und Zeitgeschichte. Beilage zur Wochenzeitung Das Parlament* 30/31 (2010), S. 6–13, hier S. 11.

nationale Identität zu stiften und die nationale Einheit als Idee zu popularisieren. Die Herstellung von nationaler Gemeinschaft nach 1989, ihre Popularisierung, war aber nicht nur eine Frage des positiven Werbens für diese Idee, sondern mindestens zu gleichen Teilen eine Frage des Kampfes gegen missliebige Teile der Kultur. Das Kitsch-Urteil hatte in diesem Kulturkampf seinen prominenten Platz – das ist unbestritten. Offen bleibt die Frage, wie diese Deutungskämpfe im Detail aussahen. Welche Maßstäbe und Inhalte vertrat man mit dem Kitsch-Vorwurf und wogegen richteten sich die Vorwürfe? Welches Gesamtbild des Feldes der Kultur zeigt sich letztlich im Resultat der Auseinandersetzungen?

Für die Beantwortung dieser Fragen, sprich die Analyse des Diskurses über den Kitsch im Allgemeinen, wie für die Feinanalyse des Diskurses über den Kitsch der DDR ist es daher zunächst notwendig, ein belastbares Forschungsdesign zu entwickeln. Dabei ist die Analyse des Diskurses über den Kitsch, wie einführend erwähnt, nicht von vornherein durch eine feststehende Methode, die man unproblematisch einer solchen Untersuchung zugrunde legen könnte, abgesichert. Die bloße Orientierung an Diskurstheorie(n) kann, ganz ohne die Prüfung und Anpassung an den zu analysierenden Gegenstand, zu keinem zufriedenstellenden Ergebnis führen. Wie Jürgen Martschukat unterstreicht,[2] bleibt ein Forschungsdesign notwendig solange vage, wie der Gegenstand der Analyse nicht genauer zur Kenntnis genommen worden ist. Damit wird deutlich, dass zunächst eine überblicksartige Sichtung des Diskurses über den Kitsch geboten ist. Mittels einer Strukturanalyse wird in diesem Kapitel eine systematische, exemplarische Gesamtschau über den materialreichen Diskurs über den Kitsch nach der Wende gegeben.[3] In einem zweiten Schritt wird

2 Jürgen Martschukat: Diskurse und Gewalt: Wege zu einer Geschichte der Todesstrafe im 18. und 19. Jahrhundert. In: Reiner Keller et al. (Hrsg.): *Handbuch Sozialwissenschaftliche Diskursanalyse*, Bd. 2: Forschungspraxis. Wiesbaden: VS 2008, S. 69–98, hier S. 84.

3 Der Umfang des Diskurses beläuft sich im Untersuchungszeitraum von Januar 1990 bis August 2013 für fünf ausgewählte überregionale Tages- und Wochenpublikationen auf rund 20.200 Artikel. Das sind im Schnitt etwa zweieinhalb Artikel pro Tag oder etwas über 15 Artikel pro Woche, die den Kitsch-Vorwurf aussprechen. Im Einzelnen belaufen sich die Zahlen im Untersuchungszeitraum für das Wochenmagazin *Der Spiegel* auf rund 1.600 Artikel, bei der *Zeit* auf rund 2.000, bei der *tageszeitung* auf rund 3.200 Artikel, bei der *Süddeutschen Zeitung* auf rund 6.000 und bei der *Frankfurter Allgemeinen Zeitung* auf rund 7.400 Artikel. Das Korpus der Untersuchung wurde auf fünf Tages- und Wochenpublikationen eingegrenzt, da sie einerseits als reichweitenstärkste Publikationen einen hohen Verbreitungsgrad haben und andererseits das politische Spektrum gut abbilden. Zum Korpus werden das Wochenmagazin *Der Spiegel* und die Wochenzeitung *Die Zeit* sowie die Tageszeitungen *Frankfurter Allgemeine Zeitung*, *Süddeutsche Zeitung* und *taz* gezählt. Für die Strukturanalyse wurden zudem zusätzlich die Wochenmagazine *Focus* und *Stern*, die Wochenzeitung *der Freitag* sowie einzelne regionale und überregionale Tageszeitungen wie beispielsweise die *Berliner Morgenpost*,

die DDR-Kultur skizziert und das Material auf einen Untersuchungskorpus eingegrenzt. Erst dann werden in einem dritten Schritt das abschließende Forschungsdesign für die nachfolgende Analyse formuliert und die Feinanalysen durchgeführt.

1.2 Strukturanalyse des Diskurses über den Kitsch nach 1989

Im Mai 1991 erklärt *Der Spiegel* die Geschenke, die dem nordkoreanischen Diktator Kim Il Sung zur staatsmännischen Aufwartung und Ehrerbietung gemacht wurden, zum Kitsch. Am ästhetischen Gegenstand zeige sich, dass Nordkorea ein „wahrhaft Orwellsche[r] Sonnenstaat" sei, der jedes „Anzeichen von Reformwillen, Öffnung oder Dissens" vermissen lasse und „schamlos" die Entfremdung der Führer von ihrem Volk demonstriere.[4] Das politische Urteil über Nordkorea, das der *Spiegel*-Autor vertritt, speist sich also aus dem Verständnis, dass politisch legitime Staaten „Reformwillen, Öffnung oder Dissens" zulassen müssten. Der Autor misst Nordkoreas Diktatur am Maßstab einer westlichen Demokratie, die zum Veröffentlichungszeitpunkt des Artikels 1990 erst kürzlich in Osteuropa und Teilen Asiens Einzug gehalten hatte. Vor dieser Folie versagt der ostasiatische Staat und wird zum absurden „Sonnenstaat". ‚Bewiesen' wird dieser politische Befund an einem ästhetischen Phänomen der Diktatur, ihren aus dem Reich der Kunst und des Kunsthandwerks stammenden Staatsgeschenken. Wie funktionieren dieser Beweis und damit die Übersetzung von Politik in Ästhetik? Wie wird das Wahrnehmungs- und Urteilsverfahren des Kitsch-Vorwurfs konkret angewendet? Den Staatsgeschenken wird zunächst die Eigenschaft zugeschrieben, als Materialsurrogat zu funktionieren:

> In einer Halle hat sich Sohn Kim auf einem marmornen Sockel ein Gipsdenkmal setzen lassen. Hinter mehr als hundert dunklen Edelholztüren – die Griffe sind mit Edelsteinen besetzt – liegen die Kitsch- und Kunstpräsente, die Verehrer aus aller Welt dem Herrscherpaar darboten.[5]

Das Denkmal Kims täusche seinen Wert nur vor, es sei aus Gips statt aus Marmor. Mit diesem Bild des Vorspielens von Wert, wo eigentlich nur billiges Material verwendet wurde, ist bereits ein politisches Urteil über Kim Il Sung ausgedrückt. Das Urteil legt der Leser_in nahe, dass der Diktator und seine Herrschaft politisches Surrogat sind. Im Topos des minderwertigen ästhetischen

der *Tagesspiegel*, *Die Welt*, der *Kölner Stadtanzeiger*, die *Financial Times Deutschland*, die *Westdeutsche Allgemeine Zeitung* oder die *Frankfurter Rundschau* hinzugezogen.

4 Wir leben hier im Paradies. Der nordkoreanische Diktator Kim Il Sung hat dem Niedergang des Kommunismus erfolgreich getrotzt. In: *Der Spiegel*, 06.05.1991, S. 176–178, hier S. 176.

5 Ebd.

Materials ist ein genereller Zweifel am politischen Wert des Herrschers festgehalten. Der Kitsch-Vorwurf stellt das politische Urteil auf den Kopf und trägt es als Eigenschaft der Kunst vor, von der man auf die politische Führung schließen soll: Wer als Staat keine wertvollen und bedeutenden Staatsgeschenke sein eigen nennen kann, sondern nur Kitsch, der könne auch nicht viel gelten. Im Licht dieses Urteils erscheinen dann selbst die wertvollen Edelsteine als Verstoß gegen den guten Geschmack. Im Ganzen ist dieses Verfahren tautologisch, sein rhetorischer Ertrag jedoch nicht zu unterschätzen: Nordkoreas politische Legitimität – sowie die seiner Verbündeten – werden bestritten, ohne dass das eigene Urteil mit einem sachlichen politischen Argument begründet werden müsste. Der Verweis auf die Geschmacklosigkeit des Diktators scheint dem Kritiker auszureichen.

Dem Urteil über Kim Il Sungs hochoffizielle Staatsgeschenke liegt ein politischer Maßstab des Vergleichs und der Bewertung zugrunde, mit dem für Dissens, Opposition und Reformen Partei ergriffen wird, mit anderen Worten: für eine westlich ausgeprägte Demokratie. Nordkorea wird an dieser Staatsform gemessen und unterliegt in diesem Vergleich, weshalb nicht nur die nordkoreanische Diktatur eine schlechte Herrschaft sei, sondern auch deren kulturelle Insignien Kitsch.

Ein solcher vergleichender Blick, das ergibt die systematische Sichtung und Ordnung des Diskurses über den Kitsch nach der Wende, ist mehrheitlich Ausgangslage des Kitsch-Vorwurfs. Letztlich ist aber nicht eine abstrakte westliche Demokratie der grundlegende Maßstab der Bewertung, sondern konkret die neue Bundesrepublik Deutschland. Sie bildet in allen Facetten ihrer politischen, ökonomischen und sozialen Ordnung das feste Raster, mit dem ästhetische Phänomene in der ganzen Welt beurteilt werden. Die Kitsch-Urteile lassen sich in drei Gruppen von Deutungsmustern unterteilen. Die erste Gruppe bezieht sich auf die Abwesenheit demokratischer Prinzipien im Vergleich zur Bundesrepublik. Die zweite Gruppe nimmt stärker Bezug auf die BRD und richtet Urteile an den Zielen und Zwecken der Republik und ihrer Überlegenheit in der internationalen Konkurrenz der Staaten aus. Die dritte Gruppe bewertet Konkurrenzresultate innerhalb der Bundesrepublik; sie umfasst Fragen gesellschaftlicher Hierarchien sowie der Entstehung und Funktion von Hoch- und Massenkultur.

Den thematischen Umfang der ersten Gruppe der Deutungsmuster verdeutlicht ein Zitat zu Karl May:

> Viele haben an Karl May verdient, wenige haben sich um ihn verdient gemacht. Das wilhelminische Kaiserreich, der Nationalsozialismus und die DDR haben ihn benutzt – denn Heldenmoral und Gerechtigkeitsglaube beflügeln Jung und Alt allemal in einem System, das

von Parolen lebt. Der Glaube an das Gute lässt sich, angereichert mit einer Prise Kitsch und Kolportage, jederzeit für miserable Ziele verwenden.[6]

May sei deshalb Kitsch, weil Kaiserreich, Nationalsozialismus und die DDR – allesamt keine demokratischen Systeme und vom Autor bezeichnenderweise zu „einem System, das von Parolen lebt" zusammengezogen – ihn für ihre Zwecke gebrauchen konnten. Der Literatur Mays wird einerseits vorgeworfen, dass sie sich nicht gegen Vereinnahmung schützen könne, sondern durch „Heldenmoral und Gerechtigkeitsglaube" die Zustimmung zu Gesellschaftsordnungen befeuere, denen es an demokratischer Substanz fehle. Dieses Verhältnis der Literatur gegenüber der bundesdeutschen Demokratie wird andererseits als ihre Eigenschaft selbst ausgedrückt, da sie sich als eine der wenigen um die May'sche Literatur „verdient gemacht" habe. Wo dieses Wechselverhältnis gestört sei und durch die Literatur unterwandert werde, indem diese auch nicht-demokratischen Gesellschaften diene, weil sie den Glauben an sie stärke, werde die Literatur zu Kitsch. Eine Eigenschaft, die dann wiederum ganz aus der Literatur selbst entspringe, die „Phantasie", „Sehnsucht" und „Märchen" sei.[7]

Das erste Deutungsmuster lässt sich thematisch in Anlehnung an das Zitat zu Karl May in vier Abteilungen unterteilen, die kurz anhand eingängiger Beispiele vorgestellt werden sollen: Kitsch als Ausdruck der Monarchie, als Ausdruck des Nationalsozialismus, als Ausdruck des Sozialismus sowie als Ausdruck nichtdemokratischer Ordnungen, die nicht in die ersten drei Bereiche fallen.

(a) Monarchie: In der ersten Abteilung wird das Kitsch-Urteil beispielsweise über die massenhaft verbreiteten Bismarck-Statuen im Kaiserreich gefällt. Bismarck habe es, so das politische Urteil, an der nötigen demokratisch-staatsmännischen Bescheidenheit fehlen lassen. Anstoß erregt vor allem die von den Bismarck-Verehrer_innen betriebene „sich im Volksbewußtsein allmählich vollziehende Steigerung der Gestalt Bismarcks ins Heldenhafte"[8] – eine Haltung, die mit der demokratischen Repräsentation der Volksvertreter_innen unvereinbar sei und auf der Seite des Volkes „Hurrapatrioten"[9] statt kritischem Nationalbewusstsein voraussetze. Festgehalten wird das politische Urteil als ästhetische

6 Alexander Kulpok: Die vielen Wahrheiten des Dr. M. In: *Süddeutsche Zeitung*, 02.03.2002, S. ROM3.

7 Ebd.

8 Im Geiste mit uns. Der Fotograf Dirk Reinartz lichtete 29 Bismarck-Denkmäler ab – Selbstdarstellung einer Epoche, ihrer Ängste und Aggressionen. In: *Der Spiegel*, 25.02.1991, S. 108–110.

9 Ebd., S. 110.

Eigenschaft der Bismarck-Statuen, die „monströse Monument[e]“ und letztlich „monumentale[r] Kitsch“[10] seien.

(b) Nationalsozialismus: In der zweiten Abteilung ist das Themenspektrum sehr viel umfangreicher und umfasst u. a. Holocaust und Konzentrationslager, NS-Kunst, ‚Blut-und-Boden‘ und den deutschen Wald, Neonazis, Hitler-Tagebücher, Waffen-SS und renommierte deutsche Schriftsteller_innen, Vertreibung oder Zweiter Weltkrieg. Die klare politische Ablehnung gegenüber den Nazis ist Grundlage des Kitsch-Urteils und wird regelmäßig gegen NS-Kunst erhoben. Es kann aber wie im folgenden Beispiel auch gegen solche Kunst erhoben werden, die die klare Abgrenzung zum Nationalsozialismus vermissen lasse:

> Ob man den Schund zeigen soll, darüber wurde schon vor Jahren ergebnislos gestritten. Jetzt ist er jedenfalls in seiner ganzen Plumpheit einmal im Original zu sehen und läßt Hitler als verirrten Sammler erscheinen, der seinen Postkartenmalergeschmack nie überwunden hat. Daß diese Geschmacksverirrung systematisch und tückisch eine menschenverachtende Rassenideologie propagiert, vermag die Ausstellung kaum deutlich zu machen. Zwar werden als didaktisches Korrektiv vier (übrigens ebenfalls „rare“) Kinderzeichnungen aus Theresienstadt gezeigt, aber die werden von so viel guter Absicht zum Betroffenheitskitsch erniedrigt.[11]

Nicht nur die Kunst der NS-Täter_innen ist Gegenstand des Kitsch-Verdikts, sondern auch die Kinderzeichnungen der NS-Opfer – wieso? Zwar wird auch die NS-Kunst als Schund und der Kunstverstand Hitlers als minderwertiger Geschmack abgewertet, weil sich in ihnen die menschenverachtende Rassenideologie wiederfindet. Es wird, ohne dass der Kitsch explizit genannt werden muss, der Topos der Kitsch-Postkarte samt vorgespielter Idylle aufgerufen. Für *Zeit*-Autor Christof Siemes wiegt jedoch der gescheiterte Zweck der Ausstellung, über die Ideologie in den NS-Bildern aufzuklären, schwerer, diskreditiere letztlich die Kinderzeichnungen und mache sie zum Kitsch. Weil die Zeichnungen betroffen machten, statt ihrem in sie hineingedeuteten Zweck gerecht zu werden, der sachlichen Gegenaufklärung zu dienen, seien sie falsches Mittel und daher Kitsch.

(c) Sozialismus: Die dritte Abteilung umfasst die Themen sozialistische bzw. postsozialistische Nationen wie die DDR, Russland, Rumänien, China, Kuba oder Nordkorea. Weitere Themen sind u. a. sozialistische Kunst im Allgemeinen und Sozialistischer Realismus im Besonderen, sozialistische Architektur,

10 Im Geiste mit uns, S. 110.

11 Christof Siemes: Totale Faszination. In: *Die Zeit*, 22.04.1994. http://www.zeit.de/1994/17/totale-faszination/komplettansicht (Zugriff am 25.05.2015).

Agitprop oder kommunistische Organisationen. Auf die Kitsch-Vorwürfe gegen den Sozialismus wird hier nicht noch einmal eingegangen, da sie bereits am Beispiel Nordkoreas diskutiert wurden und sich zudem die Feinanalyse dezidiert mit dem Thema auseinandersetzen wird.

(d) Nichtdemokratische Ordnungen: Eine vierte und letzte Abteilung des Deutungsmusters umfasst Themen, unter die Gesellschaftsordnungen fallen, die nicht zu den oben genannten gehören, aber trotzdem nicht dem Maßstab einer aufgeklärten Demokratie bundesdeutscher Prägung genügen. Dazu gehören u.a. der Iran, Myanmar, Serbien, Venezuela, Afghanistan, Ungarn oder Italien. So heißt es beispielsweise über Silvio Berlusconi und seine Unterstützer_innen in deutlicher Abgrenzung zum demokratischen Ideal:

> Sie [Michaela Biancofiore, Anführerin der so genannten ‚Amazonen' in Berlusconis Partei PdL/Forza Italia; S. L.] schwärmt bereits von einer erneuerten Partei, träumt von Silvios Auferstehung und verklärt den Politpaten: „Er wird uns von oben bewachen und segnen, denn wir sind die Berlusconi-Generation, wir erkennen uns in ihm und sind ihm für immer tief dankbar." Solcher Politkitsch gehört seit der Römerzeit zum Klientelismus, der den Mächtigen auch im Moment des Sturzes auf den Sockel stellt, um ihn in der Glorie zu bannen.[12]

Anachronistisch sei Berlusconi und das politische Italien, stehengeblieben im Klientelismus des Römischen Reichs. Noch im Abtreten des Politikers wird eine Feindschaft zur Demokratie gesehen, die jedes Festhalten an Berlusconi zum Kitsch mache, weil ihm Anerkennung statt Distanzierung zuteil wird, weil er als Heiland verklärt wird – statt als Politmafioso gebrandmarkt zu werden. ‚Bewiesen' wird das politische Urteil gegen Silvio Berlusconi an einer zu Kitsch erklärten Lobrede seiner Unterstützerin.

In der zweiten Gruppe der Deutungsmuster werden die Ziele und Zwecke des eigenen Nationalstaats sowie dessen erfolgreiche Durchsetzung in der internationalen Staatenkonkurrenz begutachtet. Die Themen umfassen dabei u.a. die politische Weltordnung (z.B. das Verhältnis der BRD zur Supermacht USA, zu Israel oder den asiatischen Ländern), das Euro-Projekt und die Euro-Krise, das bundesdeutsche Selbstverständnis und die bundesdeutsche Repräsentation (z.B. Hauptstadt Berlin, Denk- und Mahnmale, Erinnerungskultur), den Einigungsprozess, die deutsche Bevölkerung (z.B. Generation Golf, Generation X), deutschen Terrorismus (z.B. RAF), Patriotismus bzw. Nationalismus, Rassismus, Migration sowie Protestbewegungen (z.B. Occupy und 15M). Die thematisch überwältigende Fülle soll anhand drei exemplarischer Fälle vorgestellt und verdeutlicht werden.

12 Dirk Schümer: Der König hat geweint. In: *FAZ*, 26.10.2012. http://www.faz.net/italien-nach-berlusoni-der-koenig-hat-geweint-11938410.html (Zugriff am 25.05.2015).

(e) So heißt es über den Patriotismus in den Vereinigten Staaten:

> Seit 1975, seit Curtis Browns bebilderter Dokumentation über den „Sternenbanner-Kitsch", hat der amerikanische Erfindungsreichtum die Palette schwülstiger Hervorbringungen der Patriotismus-Industrie nur noch verbreitert.[13]

Zurückgewiesen wird mit dem Kitsch-Vorwurf die „Art der nationalen Selbstbestätigung", mit der sich die USA als allen anderen Nationen überlegene, einzigartige Nation feiere. Dieser Anspruch wird in einen Gegensatz zur Wirklichkeit gesetzt; es wird behauptet, die USA hätte es auch zwei Jahre nach den Anschlägen des 11. September 2001 nicht vermocht, die Welt davon zu überzeugen, dass sie mit Recht die ökonomische, politische und militärische Vormachtstellung in der Welt innehabe. Dabei stellt der Autor den Weltmachtanspruch der Vereinigten Staaten prinzipiell nicht in Frage, sondern wirft der Nation die Diskrepanz von Anspruch und Wirklichkeit vor; er macht dieses Urteil zur Grundlage des Kitsch-Vorwurfs: Wer sich so umfassend seiner Macht nach innen versichere, indem er sich feiern lasse, obwohl er den Weltmachtanspruch nach außen gar nicht mehr zur Genüge ausfüllt, der betreibe seine eigene Verkitschung und die seiner nationalen Symbole, mithin „Sternenbanner-Kitsch".
(f) Ein anderer Artikel beschäftigt sich mit der staatlichen Erinnerungskultur in der deutschen Hauptstadt:

> Das jüngste Denkmal am Reichstag schließlich, gewidmet den ermordeten Sinti und Roma, ist mit seinem Mix aus plakativer Infodidaktik und illusionistischem Naturtheater kitschig.[14]

Dass das Denkmal Kitsch sei, leitet sich aus dem Urteil ab, demzufolge „[ö]ffentliche Kunst mit erinnerungspolitischem Anspruch" selbigen auch würdig vertreten müsse, da sonst das ganze politische Anliegen, die „Vermittlung des traumatischen deutschen Kernthemas", in Verruf gebracht und damit der „Glaubwürdigkeit der Erinnerung" und letztlich der deutschen Politik Schaden zugefügt werde. Kitschig sei das Denkmal nicht, weil es den Opfern unter Sinti und Roma inadäquat gedenke und den Interessen der in Deutschland lebenden Sinti und Roma eventuell schade, sondern weil es nicht staatstragend genug sei und den Ansprüchen der Repräsentation des deutschen Staates nicht genüge. Im Kitsch-Vorwurf wird dieser Maßstab offizieller politischer Repräsentation als Anspruch gegen das Denkmal formuliert und ihm

13 Thomas Kleine-Brockhoff: Sternenbanner-Kitsch und andere Patriotika. In: *Die Zeit*, 09.07.2003. http://www.zeit.de/politik/vierterjuli/komplettansicht (Zugriff am 25.05.2015).
14 Hier und folgende Zitate in Thomas Lackmann: Stoppt den Mahnmalkitsch! In: *Der Tagesspiegel*, 06.10.2013. http://www.tagesspiegel.de/berlin/gedenken-in-berlin-stoppt-den-mahnmalkitsch/8890884.html. (Zugriff am 25.05.2015).

dann als ästhetischer Verstoß zu Lasten gelegt. Das Sinti-und-Roma-Denkmal sei dann „illusionistisch", „plakativ", „Theater" und schließlich Kitsch.
(g) Das letzte Beispiel in der zweiten Gruppe hat den Rassismus am Beispiel des Films *Die weiße Massai* zum Thema. Zum „ärgerlichen, mit Ethno-Kitsch durchtränkten Schmachtfetzen"[15] werde der Film, weil eine „selbständige Frau" „einem archaischen Macho hinterherhechelt" und dies als „wirkliche Liebe" statt als naive Legende erzählt werde. Die patriarchalische Ordnung der Massai, in der sich Frauen unterordnen und sogar sexuelle Übergriffe dulden müssen, findet Peter Zander mehr als ablehnungswürdig, besonders wenn sich eine westeuropäische Frau in dieser – aus Sicht der westlichen Normen – feindlichen Umgebung einrichtet und mit ihr arrangiert, wie das der Film vorführe. Bezeichnenderweise sind die Massai-Frauen nicht Gegenstand der journalistischen Entrüstung. Dieser im Film inszenierten Zustimmung einer deutschen Frau zu einer Ordnung, die der westlich-demokratisch-aufgeklärten, der bundesdeutschen also, so offen widerspricht, entzieht der Kitsch-Vorwurf die Legitimität und behauptet den politischen Verstoß des Films als ästhetischen: der „aberwitzigste" „Schmachtfetzen", der sich „spießgesellig" in „Naivität" „weidet".
Eine dritte, die Strukturanalyse abschließende Gruppe der Deutungsmuster des Kitschs begutachtet die Resultate der Konkurrenz in der Bundesrepublik und anderswo und damit die Einordnung der Gesellschaftsmitglieder in Hierarchien. Kern des Deutungsmusters ist die Einteilung in Hoch- und Massenkultur mit den Themenbereichen Konsum- und Alltagskultur (Werbung, Inneneinrichtung, Design, Kleidung und Mode, Fernsehen und Fernsehprogramme, Hollywood-Filme, Popmusik und Popstars, Volksmusik, Musicals und Revuen, Spielzeug, Kopien gefeierter Kunstwerke, Adel und Adelshochzeiten, Fantasy-Literatur, Comics u.v.m.), (Massen-)Architektur, (Massen-)Tourismus, (Massen-)Psychologie oder Luxusgüter. Auch der Themenbereich der Wiederaneignung von Massenkultur als positiver Ausweis der eigenen gesellschaftlichen Stellung – wie der sprichwörtlich gewordene gute, schlechte Geschmack – ist Teil dieser Gruppe von Deutungsmustern. Wiederum anhand drei kurzer Beispiele soll das Deutungsmuster verdeutlicht werden.
(h) Ein erstes Beispiel widmet sich dem Merchandising solcher Werke, die der sogenannten Hochkultur entstammen:

15 Hier und folgende Zitate in Peter Zander: Spießiger Mißklang. Kuhglocken und Buschtrommeln passen eben nicht zueinander: Die Bestseller-Verfilmung „Die weiße Massai". In: *Die Welt*, 15.09.2005. http://www.welt.de/printwelt/article164936/Spiessiger-Missklang.html (Zugriff am 25.05.2015).

> Immer mehr Museen buhlen um die Besucher, immer wichtiger werden Ausstellungen für das Massenpublikum, immer bedeutender wird das Beiprogramm. Die Kunst soll Erlebnis sein, und Kuriositätenkabinette gehören dazu. Je skurriler der Kommerz-Dada, desto mehr Geld läßt sich verdienen. […] Unumwunden gibt er [der Mannheimer Kunsthallendirektor Manfred Fath, S. L.] zu, daß einige der rund 400 Produkte, die in der Kunsthalle vertrieben werden, die Grenze zum Kitsch kühn durchbrechen.[16]

Der Grund für die Ablehnung der Merchandising-Produkte liege in der Kunst selbst:

> Wer sich in fröhlich-bunte Bettwäsche von Joan Miró kuschelt, mit einem Kopftuch à la Ernst Ludwig Kirchner herumläuft oder Schonbezüge made by Emil Nolde über die Autositze zieht, wird im Museum eher enttäuscht sein – enttäuscht vom Original. Durch die vielen Produkte, die das flache Bild zum dreidimensionalen Lustobjekt aufblasen, erscheint das Unwiederholbare mit einem Mal wiederholbar. Das Verwunderliche wird enträtselt, und das Entrückte läßt sich in der Handtasche mitführen.[17]

Schuldig machen sich die Konsument_innen solcher Produkte nicht etwa, weil sie niederen Gelüsten nachgehen, sondern weil sie unempfänglich werden für die höheren Weihen der Kunst, genauer: für die auratische Einzigartigkeit der Werke, die sie als billige Kopie genießen. Dieser Gedanke unterstellt, dass keine noch so zum Gebrauch hergerichtete Kopie Bildender Kunst genossen werden könne, ohne dass das Original ästhetisch entwertet und herabgewürdigt werde und ihm so der Status als das aberkannt sei, was es eigentlich ist: das Rätselhafte, schwer Zugängliche und geistig Versunkene. Der Autor des Artikels, Hanno Rauterberg, klagt eine widersprüchliche Moral ein: Einerseits stehe Kitsch in einem natürlichen Entsprechungsverhältnis zum Geschmack des „Massenpublikums", denn das brächte überhaupt erst durch sein massenhaftes Erscheinen im Museum das ganze fragwürdige „Beiprogramm" zur Blüte. In dieser Hinsicht können und wollen die Massen gar nicht anders, als sich dem „dreidimensionalen Lustobjekt" hinzugeben. Andererseits wirft Rauterberg den ‚Massen' vor, dass sie die hohe Kunst aufgrund ihrer Liebe zur Lust nicht verstünden und von ihr enttäuscht seien, statt in sie versunken – obwohl das Versunken-Sein ihnen eigentlich gar nicht entspricht. So stehen die ‚Massen' dann schließlich in einem negativen Entsprechungsverhältnis zur hohen Kunst und vergingen sich permanent an ihr.[18] Der rhetorische Ertrag dieses

16 Hanno Rauterberg: Friedhof der Kuschelkunst. In: *Die Zeit*, 26.03.1998. http://www.zeit.de/1998/14/Friedhof_der_Kuschelkunst/komplettansicht (Zugriff am 25.05.2015).

17 Ebd.

18 Fragwürdig ist dann gleichzeitig auch, warum die Masse ins Museum ging, wenn sie immer nur enttäuscht wird? Offensichtlich kann sie ‚geweihte Räume' und Museumsshop sehr wohl auseinanderhalten.

Gedankens ist allerdings nicht widersprüchlich: Deutlich tritt der Kunstkenner als Bewahrer einer Kunst hervor, die von sich aus gebietet, dass man ihr so und nicht anders gerecht werde.

(i) Ein zweites Beispiel behandelt den Londoner Millennium Dome, der als „Tempel der Massenkultur" und als „Monstrum der Populärkultur" bezeichnet wird, welcher die „Volksmassen" beglücken will und deshalb den Vorwurf des „schamlosen Populismus" und den Kitsch-Befund auf sich zieht:[19]

> In der Mischung aus Ästhetik und Kitsch, aus Idealismus und Mammon erweist sich der Millennium Dome als treffliches Symbol unserer Zeit. Wie Umberto Eco vor einigen Jahren bemerkte – eine Charakteristik der Populärkultur ist, dass sie die Gefühle gleich mitliefert, die sie auslösen will.

Der Millennium Dome entspreche dem verwerflichen ökonomischen Zeitgeist und manipuliere als Kitsch sogar den ästhetischen Genuss. Wie selbstverständlich wird der Autor dieser Zeilen nicht manipuliert, dessen Gefühle in Bezug auf den Millennium Dome nicht mitgeliefert worden, sondern kritischer Natur sind. Berufungsinstanz des Kitsch-Urteils ist ein geschichtsphilosophisches Ideal, das an den Dome angelegt wird. Der solle eigentlich „eine Huldigung aus Glasfaser und Kunststoff an die Propheten der Moderne" sein, deren Anspruch ebenfalls formuliert wird. Es sind die „großen" „Bauten mit Symbolkraft und Anspruch auf Dauerhaftigkeit", die die Moderne verlange. Diesem Anspruch genüge der Millennium Dome nicht und sei deshalb „vulgär" und die „architektonische Entsprechung zum modischen Edelkitsch eines Versace". Berufen wird sich mit dem Verweis auf die Gebote der Moderne nicht nur vordergründig auf einen abstrakten Modus der Geschichte, sondern letztlich und ursächlich auf einen ganz konkreten parteipolitischen Verstoß. Wo „Sinnstiftung durch öffentliche Architektur" betrieben werde, die einem neuen „Populismus von links" ein Betätigungs- und Bestätigungsfeld gebe, entstehe Kitsch. Die eigenen, in vermeintlich apolitische Maßstäbe der Architektur verwandelten konservativ-politischen Ansichten des Autors sind Grundlage des Kitsch-Urteils, es wird aber als ästhetische Eigenschaft des Millennium Dome selbst vorgetragen.

(k) In einem dritten Beispiel ist die Doku-Soap *Bauer sucht Frau* Gegenstand des Kitsch-Vorwurfs. So werde der „Kitschbottich" über den Kandidaten ausgeschüttet und die Sendung zu Kitsch, weil „Intimität und Glaubwürdigkeit auf der Strecke" blieben.[20] Statt „[a]rrangierte[r] Ehen" werden „[u]ngekünstelte Momente"

19 Hier und folgende Zitate in Jürgen Krönig: Brot und Spiele. In: *Die Zeit*, 05.01.2000. http://www.zeit.de/2000/02/200002.populisten_.xml/komplettansicht. (Zugriff am 09.06.2015).

20 Hier und folgende Zitate in Ligia Dana Tudorica: Kuschelsau Pumba wird Zeuge schwuler Reiterspiele. In: *Die Welt*, 01.11.2011. http://www.welt.de/fernsehen/article13691124/Kuschelsau-Pumba-wird-Zeuge-schwuler-Reiterspiele.html (Zugriff am 09.06.2015).

verlangt, etwa wenn Bauern zum Frühstück Ketchup essen, statt im Kerzenschein zu dinieren. Dass letzteres wie „rührselige Romantik wie aus dem Werbeclip eines Landhotels" wirke, ist der Unterstellung geschuldet, Bauern wollten und könnten gar nicht anders, als das Leben eines Schweinewirts führen, der „Nahrungsmittel in gebrauchten Plastiktüten aufbewahrt und keine schöne Tischdecke besitzt". Die Inszenierung eines Liebeslebens mit Kerzen und Tischdecke wird deshalb als nicht echt und daher manipulativ zurückgewiesen, weil in ihr das Liebesleben der Bauern nicht standesgemäß gezeigt werde. Das Kitsch-Urteil speist sich letztlich aus der Zuschreibung der Kandidat_innen zu einem gesellschaftlichen Stand mit entsprechenden Gewohnheiten und Eigenarten. Glaubwürdig und authentisch ist dann genau das, was die elitären Vorurteile über die Bauern und ihren romantischen Habitus bestätigt.

1.3 Überblick des Diskurses über den Kitsch der DDR nach 1989

Das Urteil über Kim Il Sungs Staatsgeschenke spricht die politische Grundlage des Kitsch-Urteils bereits an: Sobald sie eine sozialistische Diktatur veredelt, wird Kultur zu Geschmacklosigkeit und zum Kitsch. Auch die Grundlage des Urteils ist bereits angesprochen worden. Es ist der niemals ergebnisoffene Systemvergleich, der auf einer Systemfeindschaft von sozialistischer Planwirtschaft und demokratischer Marktwirtschaft beruht. Auch die sozialistische DDR wurde vor und nach der Wende durch einen Systemvergleich mit den Bewertungsmaßstäben einer westlichen Ordnung beurteilt. Wie grundlegend und massenhaft[21] dieser Systemvergleich durchgeführt und die DDR-Kultur be- und abgewertet wurde, zeigt ein Blick auf den thematischen Umfang des Diskurses. Inhaltlich umfasst er so unterschiedliche Themen wie Konsum- und Alltagskultur, ostdeutsche Sendeanstalten der ARD, DDR-TV-Shows, ostdeutsche Illustrierte, ostdeutsche Städte und Provinzen, DDR-Pädagogik und Reformpädagogik, Psychologie der Ostdeutschen, DDR-Erinnerungspolitik und DDR-Denkmäler, DDR und Israel, DDR-Orden und -Auszeichnungen, Wiedervereinigung und deutsche Einheit, Kollektivschuld, Reformsozialismus, DDR-Filmkomödien sowie DDR-Kino und -Filme, ostdeutsche Identität, DDR-Intellektuelle, -Künstler_innen und -Autor_innen, Ministerium für Staatssicherheit, Systemvergleich, Palast der Republik, ostdeutsche Fernsehserien, Ostalgie, Ausbürgerungen, Wendezeit, sozialistische Revolution,

21 Der Kitsch-Vorwurf gegen die Kultur in der DDR findet sich im Untersuchungszeitraum in insgesamt rund 1.100 Artikeln, Kolumnen, Dossiers und Kurzmeldungen. Aufgeschlüsselt nach Printmedien stellt sich seine Quantität wie folgt dar: *Die Zeit* (156), *Der Spiegel* (ca. 200), *taz* (327), *der Freitag* (45), *Süddeutsche Zeitung* (165) und *Frankfurter Allgemeine Zeitung* (259).

Planwirtschaft und Vollbeschäftigung, westdeutsche Politiker_innen, DDR-Zensurpraxis, Homosexualität, DDR und Terrorismus, DDR und Nationalsozialismus, junge ostdeutsche Autor_innen nach der Wende, Kommunismus, Überwachung von Intellektuellen, SED, DDR-Staatsführung und DDR-Ministerrat, deutsche Teilung und Mauer, Bildende Kunst der DDR im Allgemeinen und die Leipziger Schule im Besonderen, Untergang bzw. historisches Scheitern der DDR, (DDR-)Hauptstadt Berlin, neue Marktwirtschaft, westdeutsche Autor_innen und Regisseur_innen, DDR-Sendeanstalt DFF, Geschichtsphilosophie, ostdeutsche Bands, DDR-Denkmalschutz, DDR-Kampflieder, NPD, DDR-Oppositionelle, westdeutsche Kommunist_innen, Deutschlandlied, Gartenzwerge in der DDR, DDR-Staatsgeschenke, Syrien, Karl Marx, Stalinismus, atomare Aufrüstung, DDR als Kult, DDR-Flucht sowie DDR-Vergnügungsparks. Der Vorwurf trifft Personen wie Willi Sitte, Walter Womacka, Gisela Kraft, Brigitte Reimann, Heiner Müller, Stephan Hermlin, Ingo Schramm, Stefan Kretzschmar, Jochen Schmidt, Karl May, Reinhard Jirgl, Armin Petras, Kurt Maetzig, Martin Eder, Wolfgang Büscher, Uwe Tellkamp, Jana Hensel, Gerhard Gundermann, Rolf Hochhuth, Inge Viett, Tamara Danz, Fritz J. Raddatz, Hanns Cibulka, Monika Maron, Werner Tübke, Christa Wolf, Herta Müller, Florian Havemann, Friedrich Christian Delius, Thomas Hettche, Kerstin Specht, Kurt Drawert, Antje Ravic Strubel, Joachim Gauck, Birk Meinhardt, Otto Grotewohl, Peter Hacks, Wladimir Sorokin, Cornelia Schleime, Sascha Anderson, Julia Franck, Caritas Führer, Angelika Klüssendorf, Guido Knopp, Einar Schleef, Jürgen Böttcher (Strawalde), Margot und Erich Honecker, Bernhard Heisig, Rolf Schneider, Hanns Eisler, Bertolt Brecht, Elfriede Jelinek, Botho Strauß, Johannes R. Becher, Günter Gaus, Stefan Heym, Mathias Wedel, Maurice Béjart, Jenny Erpenbeck, Wolfgang Mattheuer oder Neo Rauch.

Dieser unsystematischen Aufzählung lässt sich entnehmen, dass es fast keine Sphäre des politischen und kulturellen Lebens in der DDR gibt, die sich nicht auf irgendeine Art und Weise dem Vorwurf des Kitschs ausgesetzt sieht. Bereits an dieser Fülle lässt sich erkennen, dass die DDR in ihrer Gesamtheit als sozialistische Gesellschaft nach der Wende grundlegende Einsprüche provoziert. Den Urteilenden gilt die DDR als die unterlegene Gesellschaftsform, deren Scheitern auch die Frage ihrer Legitimität endgültig beantwortet. Gleiches gilt für jene Kultur, die diesen Staat und seine sozialistischen Werte propagiert.

Wie lässt sich aber aus dieser thematischen Fülle nun ein Korpus für die Feinanalyse zusammenstellen? Die Kitsch-Vorwürfe, so vielfältig sie gegen die DDR und ihre Kultur vorgebracht werden, sind nach der Wende auch immer gebündelt und in großen Debatten und Streits aufzufinden. Mit Blick auf die

Ausgangsthese der Untersuchung, dass sich mit dem Systemumbruch ein neues nationales Selbstverständnis von Kultur als identitäts- und einheitsstiftende Kraft herausbildet und damit eine massenhafte Absage an die Kultur der DDR zur Folge hat, sollen die Kitsch-Vorwürfe in jenen Debatten untersucht werden, die paradigmatisch für die Verabschiedung der DDR-Kultur sind. Allerdings sind auch diese Auseinandersetzungen zahlreich. Schaut man genauer auf den Diskurs über den Kitsch der DDR und ordnet ihn nach Debatten, dann ergibt sich, dass der Kitsch-Vorwurf vor allem in vier großen Streits zentral aufzufinden ist: in der Ostalgie-Debatte, der Debatte um den Berliner Schlossplatz, den Palast der Republik und die Rekonstruktion des Stadtschlosses, im Weimarer Bilderstreit und im deutsch-deutschen Literaturstreit. Untersucht werden sollen exemplarisch ausgewählte Artikel, die sich auf diese Debatten beziehen und die den Kitsch-Vorwurf aussprechen. In Bezug auf den Literaturstreit bietet es sich an, nicht den Streit selbst zu analysieren, da er bereits in der Forschung sehr ausführlich besprochen wurde[22], sondern stattdessen anhand von Rezensionen über Literatur aus der und über die DDR seine langfristigen Wirkungen zu untersuchen.

1.4 Abschließendes Forschungsdesign und Forschungsfragen

Im Mittelpunkt der Analyse steht der Inhalt der Kitsch-Vorwürfe. Wie bereits zum Ende des methodischen Kapitels III angesprochen, soll neben der Analyse der argumentativen Ebene auch eine historische Einordnung des Problemhorizonts im Sinne der Deutungsmusteranalyse geleistet werden. Denn ohne eine geschichtliche Kennzeichnung der Debatten droht der größere inhaltliche Zusammenhang der exemplarischen untersuchten Artikel aus dem Blickfeld zu geraten. Deshalb wird der Feinanalyse jeweils eine einführende begrifflich-historische Einordnung der Auseinandersetzung vorangestellt, die ihre Inhalte, Kontexte und Stoßrichtungen kennzeichnet. Für die Feinanalysen soll darüber hinaus eine Methode angewendet werden, die den Kulturkampf auf der Ebene der Aussagen und der Kontexte adäquat fassen kann. Es bietet sich ein Analyseverfahren an, das mit Blick auf die Bestimmungen des Kitschs die zum ästhetischen Urteil verwandelten inhaltlich-ideologischen Aussagen in ihrem Wechselspiel mit dem übergeordneten politischen Kontext fokussiert und dabei trotzdem sensibel für die spezifische Ausrichtung der Argumente bleibt.

22 Erwähnt sei an dieser Stelle nur die umfangreiche Material- und Debattensammlung von Thomas Anz (Hrsg.): *„Es geht nicht um Christa Wolf". Der Literaturstreit im vereinigten Deutschland.* Frankfurt am Main: Fischer 1995.

Die grundlegenden, die Feinanalyse strukturierenden und leitenden Fragen sind:

- Welche außer-ästhetischen Maßstäbe verschaffen sich mit dem Kitsch-Urteil in den Debatten auf welche Art und Weise Geltung?
- Welche Deutungsmuster über die Kultur der DDR kommen in den Debatten vor?
- Welche dominanten Erklärungen über die Kultur produzieren die Streits?
- Welcher Kulturbegriff setzt sich in den Debatten durch?
- Welches Panorama des Feldes der Kultur ergeben die Deutungskämpfe abschließend?
- Bestätigt sich in den Debatten damit der hegemoniale Anspruch kulturnationaler Sinnstiftung oder wird er relativiert bzw. zurückgewiesen?

2. Exemplarische Feinanalysen der Nachwendedebatten

2.1 Ostalgie: Die Konstruktion der neuen Bürger

In der Debatte über Ostalgie fällt als erstes die Wortneuschöpfung auf. Mit dem Neologismus aus ‚Ost-' und ‚Nostalgie' wird in der Debatte eine sehnsuchtsvolle Rückbesinnung auf die DDR bezeichnet und kritisiert. Geteilter Konsens zwischen Kritiker_innen und Verteidiger_innen der Ostalgie ist, dass mit dem Kauf von Schlager Süßtafel oder Radeberger Bier eine Rückbesinnung auf ehemals sozialistische Sitten und Bräuche stattfindet und damit ein Stück DDR gepflegt und zurückgebracht wird. Dass es einen direkten Zusammenhang von Waren der DDR-Alltags- und Konsumkultur und einer nostalgischen Rückbesinnung gibt sowie damit einhergehend eine DDR-freundliche und Bundesrepublik-kritische Haltung, bestreitet niemand. Streit gibt es in Bezug auf die Legitimität dieser Haltung. Während die Verteidiger_innen der Ostalgie mit ihr auf die eigene DDR-Biografie und persönliche Integrität verweisen, klagen die Kritiker_innen gegen die Ostalgie als geschönte Version der DDR und die Mystifizierung[23] des einstigen Realsozialismus. Doch wie kommt es überhaupt zu dieser Rückbesinnung? Worauf beruft sie sich und weshalb wird sie als falsche Vorstellung der Vergangenheit zurückgewiesen?

Die Besinnung auf die Alltags- und Konsumkultur der DDR ist zunächst einmal ein Wendephänomen:

23 Frank Thomas Grub: *‚Wende' und ‚Einheit' im Spiegel der deutschsprachigen Literatur. Ein Handbuch*, Bd. 1: Untersuchungen. Berlin / New York: de Gruyter 2003, S. 561.

> Alltagsgegenstände aus DDR-Zeiten werden plötzlich mit einer positiven Bedeutung aufgeladen, die sie vor der ‚Wende' – als omnipräsente Massenartikel – nicht hatte.[24]

Mit der Wiedervereinigung setzt in Ostdeutschland ein massenhafter Umwertungsprozess ein. Die Ostdeutschen besinnen sich anhand der Alltags- und Konsumkultur der untergegangenen DDR auf ihre Vergangenheit. Dieser Sinneswandel wird in der Debatte vielfach als Konsumgewohnheit thematisiert. So erklärt man die Rückbesinnung erstens häufig durch eine Art Gewöhnungseffekt. Demnach seien die Ostdeutschen an die Warenwelt des Sozialismus gewöhnt und wollen sie nach der Wende einfach weiter haben. Doch wieso haben dieselben Personen vor der Wende massenhaft nach echten westdeutschen Marken verlangt? Ein derartiger Effekt scheint vor dieser Folie wenig plausibel. Einer zweiten Erklärung zufolge seien die Ostprodukte nach der Wende im Vollzug des großen Industriesterbens[25] zur Luxusware und damit zum begehrenswerten Objekt geworden. Dass die Ostprodukte meist Qualität und Geschmack nicht ändern, wofür sie vor allem geschätzt werden, widerspricht dieser Erklärung. Als typisch minderwertige Waren fallen die Ostprodukte nicht in die Kategorie Luxuswaren.
Stattdessen steht die neue Rückbesinnung auf alte Konsumgewohnheiten ganz im Zeichen der politischen, ökonomischen und gesellschaftlichen Veränderungen in Ostdeutschland:

> Er [der Osten, S. L.] ist immer wieder als der unterlegene, abgehängte Teil Deutschlands etikettiert worden, und als Beleg dienten vielfältige Daten, Statistiken, Fakten und O-Töne von verdrossenen Menschen, die sich als „Bürger zweiter Klasse" zu fühlen vorgaben, die nichts von Politik hielten, sich ostalgisch an den guten alten DDR-Alltag ihrer Jugend erinnerten [...].[26]

Kritisch nimmt die Debatte auf, was die Ostdeutschen nach der Wende selbst an Unzufriedenheit äußern. Nicht nur werden sie in unsichere ökonomische Verhältnisse gebracht und allzu häufig für den neu entstehenden Arbeitsmarkt überflüssig gemacht, sondern auch politisch mit der Schuldfrage konfrontiert. Daraus ziehen viele Ostdeutsche einen ganz eigenen Schluss, sie sehen sich als ‚Bürger zweiter Klasse'. Anerkannt werden wollen die Ostdeutschen mit diesem Vorwurf als gleichberechtigte Bürger in einem wiedervereinigten Deutschland.

24 Grub: *‚Wende' und ‚Einheit' im Spiegel der deutschsprachigen Literatur*, S. 564.

25 Wie bereits im einleitenden Kapitel I erläutert, überlebte der Großteil der DDR-Betriebe die Umstellung auf eine marktwirtschaftliche Kosten-Gewinn-Rechnung nicht und wurde flächendeckend abgewickelt. Siehe Gros: Wirtschaft, S. 850.

26 Götz: *Deutsche Identitäten*, S. 336.

Was sie an der Wiedervereinigung vermissen, ist nicht die rechtliche oder materielle Gleichstellung, sondern eine Gleichheit ganz eigener Natur:

> Dabei ist nach allen aktuellen Umfragen und Analysen für die meisten Ostdeutschen die sittliche Anerkennung oder soziale Wertschätzung als Gleiche weitaus wichtiger als ein schnelles oder vollständiges Erreichen einer umstrittenen bleibenden „Gleichwertigkeit der materiellen Lebensverhältnisse".[27]

Mit der Kritik, sie werden als ‚Bürger zweiter Klasse' behandelt, klagen die Ostdeutschen ihre „sittliche Anerkennung oder soziale Wertschätzung" ein, also gerade keine materielle, sondern eine ideelle Gleichstellung. Sie wollen ‚Volk' ihres neuen Staates werden und als vollwertige, sittliche – und damit die neue Ordnung ihrerseits anerkennende – Bürger anerkannt werden. Je mehr sich die neuen Bürger in dieser Rolle in Frage gestellt sehen, umso vehementer verweisen sie auf ihre Sittlichkeit und damit auf die Sittlichkeit ihres Privatlebens in der DDR; sie erhoben *dafür* rückwirkend Anspruch auf Anerkennung. Eine solche wurde ihnen zwar auch formell zugestanden, gleichzeitig aber immer am politischen System der DDR selbst relativiert:

> Im Vereinigungsdiskurs der neunziger Jahre, in dem nicht zuletzt mit der retrospektiven Aufklärung über das Ausmaß der Stasi-Bespitzelung in der DDR deren Unrechtscharakter herausgestellt wurde, fühlten viele Ostdeutsche mit den Angriffen auf und der Desillusionierung über den Staat, in dem sie bislang gelebt, den sie mit aufgebaut hatten und in den sie hineingeboren waren, auch die eigene Biografie entwertet.[28]

Die ‚Entwertung der eigenen Biografie' ist ein Gefühl, das sich bei den Ostdeutschen aufgrund einer ganz bestimmten Kritik einstellt. Die Anerkennung des privaten Lebens in der DDR hat sich grundsätzlich am nun gültigen politischen Urteil über die DDR zu relativieren. So könne man angesichts eines Staats, der Stasi und Unrecht hervorgebracht habe, nicht mehr problemlos an der Vorstellung einer sittlich lupenreinen Biografie festhalten. Alle privaten Erfahrungen und Entscheidungen stehen damit unter generellem Verdacht.

In der Konsequenz stehen sich in der Debatte einerseits das Beharren auf der „ostdeutsche[n] Lebenserfahrung"[29] als einen anerkennungswürdigen Teil der eigenen Person und anderseits der grundlegende politische Vorbehalt gegen die DDR unversöhnlich gegenüber. Schon früh in der Debatte verknüpft man die fehlende Anerkennung mit einer eigenen, kompensatorischen Konstruktionsleistung: die Hinwendung zum Alltag der DDR als Ausdruck und Pflege einer eigenen ostdeutschen Identität. Mit dem Kauf von Ostprodukten, so

27 Kollmorgen: Diskurse der deutschen Einheit, S. 13.

28 Bergem: *Identitätsformationen in Deutschland*, S. 320.

29 Katja Neller: *DDR-Nostalgie. Dimensionen der Orientierung der Ostdeutschen gegenüber der ehemaligen DDR, ihrer Ursachen und politischen Konnotationen.* Wiesbaden: VS 2006, S. 53.

ist man sich einig, konstituiert und erhält sich nach der Wende eine eigene „Ostidentität“:

> Häufig kommt es in der Debatte um das Vorhandensein von DDR-Nostalgie zu einer *sehr engen Verbindung* oder sogar *Gleichsetzung* mit der Frage nach der Herausbildung einer – ebenfalls viel diskutierten – Ostidentität.[30]

Diese Identifikation mit der Vergangenheit als ‚gute‘ DDR-Bürger_in ruft massenhaft Kritik hervor, denn ostalgische Gefühle stoßen „im Westen der Bundesrepublik meist auf Unverständnis, wenn nicht [auf] radikale Ablehnung.“[31] Verstanden wurde die Rückwendung zu einer ostdeutschen „Heimatkultur“[32] als „ostdeutsche[] Abgrenzungsidentität“ und schließlich als „Identitätstrotz“[33]. Damit geben die Ostalgie-Kritiker_innen in der Debatte einen weit verbreiteten Standpunkt wieder: Im Zeichen eines wiedervereinigten Deutschlands soll es keine partikularen nationalen Identitäten mehr geben. Die Debatte um Ostidentität verschärft sich durch eine Befürchtung bezüglich des Transfers der DDR-Bevölkerung in die neue bundesrepublikanische Kultur. Man unterstellt den Ostdeutschen, dass ihre Zustimmung zur freiheitlich-demokratischen Grundordnung nur ein Lippenbekenntnis, ein „formaler *lip service*“[34] sei, da die Ostdeutschen im großen Stil zu einem „Arrangement mit dem Staat der SED“[35] oder zumindest einer „partiellen Loyalität“[36] ihm gegenüber bereit gewesen sind.

In der Debatte gilt die sehnsuchtsvolle Rückbesinnung auf die DDR-Alltagskultur nicht als legitimer Verweis auf die Qualität des ostdeutschen Lebens vor der Wende und damit die Anerkennungswürdigkeit der Ostdeutschen nach der Wende, sondern als eine prinzipiell fragwürdige Zustimmung zur neuen Ordnung und eine illegitime Anerkennung der alten. Im Vorwurf der Ostalgie fasst sich diese Haltung zusammen:

> Mit der von diffuser Sehnsucht und Melancholie geprägten Rückwendung zu einer verklärten und in Requisiten fixierten Vergangenheit, die für Nostalgie charakteristisch ist, wurde diese zu einer Form erinnernder Aneignung der Vergangenheit, die eine Ignoranz gegenüber dem Unrechtscharakter der DDR nicht nur ermöglicht, sondern geradezu nahelegt.[37]

30 Neller: *DDR-Nostalgie*, S. 53 (Herv. i. O.).

31 Grub: *‚Wende‘ und ‚Einheit‘ im Spiegel der deutschsprachigen Literatur*, S. 580.

32 Thomas Ahbe: Ostalgie als eine Laien-Praxis in Ostdeutschland. Ursachen, psychische und politische Dimensionen. In: Heiner Timmermann (Hrsg.): *Die DDR in Deutschland. Ein Rückblick auf 50 Jahre.* Berlin: Duncker & Humblot 2001, S. 781–802, hier S. 789.

33 Bergem: *Identitätsformationen in Deutschland*, S. 316.

34 Ebd., S. 327.

35 Ebd., S. 320.

36 Ebd., S. 318.

37 Ebd.

Jede Form der Rückwendung, so drückt man es in der Debatte kritisch-konfrontativ aus, sei eine Verklärung der alten Ordnung. Wer DEFA-Filme schaue und mit Spee wasche, der leugne im Prinzip den Charakter der DDR als Unrechtsregime. Folglich werden nicht nur die Unterhaltungs- und Konsumwünsche, die das Ostangebot nun als Bestandteil der Marktwirtschaft abdeckt, abgelehnt, sondern auch als ganz und gar ungeeignet für das übergeordnete Ziel der Vergangenheitsbewältigung betrachtet:

> Die DDR als Unterhaltungsthema ist keine angemessene Form der Vergangenheitsbewältigung, denn trotz aller Kuriositäten und tatsächlicher oder vermeintlicher „Nischengesellschaftsgemütlichkeit" war dieser Staat nicht nur „Totalitarismus light."[38]

In ihrem diskursiven Endpunkt, wenn man so möchte, wird in der Debatte das normative Verständnis einer Identifikation mit der neuen bundesrepublikanischen Gesellschaftsordnung zur Vorschrift für den Umgang mit DDR-Alltagskultur gemacht. Als Thema der Alltags- und Konsumkultur soll die DDR nicht mehr Bestandteil der neuen bundesdeutschen Kultur sein, denn von Bambina, Soljanka oder DEFA-Filmen gehe eine unmittelbare Wirkung auf die Identität der Ostdeutschen aus. Die verklärende Praxis der Ostalgie sei daher nicht harmlos, sondern das funktionale Moment einer unerwünschten ostdeutschen Partikularidentität, die eine gesamtdeutsche Identität und damit die ‚innere Einheit' verunmögliche.

„Das Beste aus der DDR"

Mark Siemons hält im ersten Satz seines Artikels die Problematik der untergegangenen DDR fest: „Stück für Stück verschwindet die DDR, und zur gleichen Zeit kehrt sie in neuer Gestalt wieder."[39] Belege für diese Wiederkehr sieht Siemons gerade in Phänomenen wie der steigenden Zahl von Lebensmittelgeschäften für ostdeutsche Produkte, in steigenden Preisen für Trabis, in der Neuauflage von DDR-Liedern durch die Bertelsmann AG und durch DEFA-Filme wie Heiner Carows *Die Legende von Paul und Paula* (1973):

> Wenn in der Eingangssequenz Prenzlauer-Berg-Altbauten gesprengt werden und den Blick auf den Funkturm vom Alexanderplatz freigeben, die Puhdys dazu „Wenn ein Mensch kurze Zeit lebt" singen und Angelica Domröse in ihren Siebziger-Jahre-Jeans keß vor einem Lichtspielhaus steht, dann ist die DDR wieder ganz da.

Dem filmischen Ostberlin als Setting der Liebesgeschichte von Paul und Paula könne man die Auferstehung des DDR-Staates nach der Wende entnehmen.

38 Neller: *DDR-Nostalgie*, S. 40.

39 Mark Siemons: Das Beste aus der DDR. In: *FAZ*, 30.11.1995, S. 35. Alle Zitate stammen im Folgenden aus diesem Artikel.

Die Zuschauer selbst betreiben die ‚Auferstehung' der DDR, aber nicht aus „wehmütiger ‚Ostalgie'", sondern weil sie eine ostdeutsche Spielart der Pop-Art pflegten, deren „Fülle von Anspielungen, Zeichen und Marken" nur Ostdeutsche verstünden. „Oberflächlich" sei diese Kunst im positiven Sinne, weil sie gar nicht erst den politischen Gehalt der DDR heraufbeschwören, sondern an die neuen Verhältnisse anknüpfen möchte. So habe die „Wiederkehr" der DDR in neuer Gestalt nicht die Funktion, die alte DDR zurückzuholen, wie das die „Ostalgie" mache, sondern eine ganz gegenwärtige, dialektische Funktion:

> Zumal jüngere Leute entwickeln heute ein geradezu ethnologisches Verhältnis zu ihrer eigenen Vergangenheit. Originale oder nachgemachte Elemente des früheren Lebens werden mit Bedacht aufgespürt und gehütet – nicht, weil man sich die alten Zeiten zurückwünscht, sondern weil man ihre Requisiten zur Selbstvergewisserung brauchen kann: Alles, was fremd ist, versöhnt mit der neuen Realität. Für lebensgeschichtliche Recherchen dieser Art sind Filme besonders geeignet.

Eröffnet wird ein Spannungsverhältnis der jüngeren ostdeutschen Generation zu den gültigen Verhältnissen, die aus Siemons' Sicht einer besonderen Einstellung bedarf, der Versöhnung, also der Beilegung des Streits gegen die neue demokratische Ordnung. Als „Requisiten zur Selbstvergewisserung" will Siemons die DDR-Filme verstanden wissen, als Instrumente einer neuen Identitätsstiftung, die die Leistung vollbringen, ostdeutsche Vergangenheit und neue gesamtdeutsche Realität in Einklang zu bringen. Gerade in der Hinwendung zur ostdeutschen Vergangenheit gelinge die Befriedung eines Konflikts, der die Leute nicht an die Vergangenheit binde, sondern praktische Hilfe zur Selbstfindung in der Berliner Republik leiste. Der Satz „Alles, was fremd ist, versöhnt mit der neuen Realität" drückt dieses Verhältnis zunächst paradox aus und ist erklärungsbedürftig. Wieso und wie soll ‚Fremdes' zur Versöhnung mit der Wirklichkeit beitragen? Zunächst wird die DDR und die Identifikation mit ihr als ‚das Fremde' benannt und ausgegrenzt. Die Perspektive des Urteils ist hier entscheidend: Natürlich ist nicht den Ostdeutschen die DDR-Vergangenheit fremd, sondern fremd und damit unvereinbar stehe diese Vergangenheit zur bestehenden Gesellschaftsordnung. Verbunden wird diese fremde Vergangenheit durch ein paradoxes Verhältnis, das sie zur neuen Realität habe: Indem die Ostdeutschen dieses Fremde durch „ein geradezu ethnologisches Verhältnis" als Fremdes bestätigen, es aber gleichzeitig zur „Selbstvergewisserung" hinzuziehen, also wieder der eigenen, bundesdeutschen Identität subsumieren, stellen sie sich, nach Siemons, versöhnlich zur neuen Wirklichkeit. So löse sich das Paradox in einem Bekenntnis der Ostdeutschen zur Bundesrepublik unter partieller, aber distanzierter Rückschau auf die DDR auf. Diese Art der Identifikation, vom Autor als „lebensgeschichtliche Recherchen" bezeichnet, finde sein produktivstes Betätigungsfeld in den DDR-Filmen.

Aber nicht automatisch und zweifelsfrei seien diese Filme immer dazu geeignet, diese Art der erwünschten Identifikation zu ermöglichen. In ihnen stecke gleichzeitig auch immer das Potenzial zur illegitimen Rückwendung:

> Seit fünf Jahren ist „Progress“ eine GmbH, und der Gesellschafter ist die Bundesanstalt für vereinigungsbedingte Sonderaufgaben. „Progress“ hat die Rechte an 1700 Defa-Filmen inne, davon rund 750 Spiel- und Kinderfilme. Die Gesellschaft will diesen Schatz einer noch zu gründenden nichtkommerziellen Stiftung zuführen. Das Geschichts- und Erinnerungspotential, das da schlummert, ist beträchtlich, und beträchtlich ist auch der dort aufgehobene Kitsch – was für den halbironischen neuen DDR-Pop vielleicht noch wesentlicher ist.

Einerseits sind alle Filme Fundus für die reflexive, sich auf die neue Realität verpflichtende Erinnerung, andererseits bilden sie auch immer das Korpus für eine Erinnerungspraxis, die sich davon abhebt und dadurch auszeichnet, dass sie diese Identität nicht stiftet. Dann ermöglichen die Filme der DEFA nicht das distanzierte ‚ethnologische Verhältnis‘, sondern werden angesichts ihrer schieren Masse zum Problem. Angesichts dieser mehreren tausend Filme werde das enorme „Geschichts- und Erinnerungspotential“, das Siemons in den Filmen entdeckt, zur Kippfigur. Dasselbe Material sei sowohl für die legitime wie für die illegitime Identitätsstiftung verantwortlich. Versöhnten die Filme nicht im Sinne des Autors mit der neuen Realität, sondern unterlaufen dieses „Geschichts- und Erinnerungspotential“, dann werden die DEFA-Filme zum Kitsch. Selbst die ironische Distanz zur DDR des „DDR-Pop“ stellt Siemons unter den Vorbehalt des Kitschs, da diese „halbironische[]“ Art der Erinnerung keine eindeutige Identifikation mit der ‚neuen Realität‘ leiste. Der Kitsch ist demnach das Material einer falschen Erinnerung und bruchlosen Identifikation mit der DDR, er ist der ernst gemeinte Rückfall in alte Muster der Vergangenheitsaneignung und damit die Abkehr von einer Haltung der Aussöhnung mit der neuen Bundesrepublik.

„Wir lieben die Heimat“

Thema des *Spiegel*-Artikels ist die ‚Wiederkehr‘ der DDR, die Henryk M. Broder wie folgt festhält:

> Ein seltsames Phänomen macht sich zwischen Kap Arkona im Norden und Apolda im Süden breit: Die DDR ist wieder da. Den Arbeiter-und-Bauern-Staat gibt es nicht mehr, doch dreht sich das Land noch immer (oder: schon wieder) um seinen eigenen Mittelpunkt. Ähnlich geht es den Menschen, die plötzlich heimatlos wurden, ohne ihre Wohnstube zu verlassen.[40]

40 Henryk M. Broder: Wir lieben die Heimat. In: *Der Spiegel*, 03.07.1995, S. 54–64, hier S. 54.

Rätselhaft erscheint Broder, dass mit dem Ende der DDR, deren „Mittelpunkt" nicht verschwinde, sondern weiter Anziehungskraft habe. Die Übernahme durch die BRD sei politisch zwar vollzogen, berühre jedoch die zentralen gesellschaftlichen Sphären der neuen Bundesländer nicht; die alte ‚Mitte' der DDR entfalte weiterhin (oder erneut – so genau legt sich Broder nicht fest) ihre fragwürdige und unzeitgemäße Wirkung. „Ähnlich" gehe es den ehemaligen DDR-Bürger_innen: Sie mussten den plötzlichen und unvermittelten Verlust ihrer DDR-Heimat hinnehmen, weil der Staat nicht mehr existierte, den sie ihre Heimat nannten. Broder deutet diese Art des Heimatverlustes als Problem. Es drehe sich noch alles um die DDR, dabei gebe es sie und ihre Daseinsberechtigung schon lange nicht mehr. In Broders Befund steckt bereits die implizite Aufforderung, diesen leeren Bezug zur DDR aufzugeben und die gesamtdeutsche Heimat anzunehmen. Der Autor stellt fest, dass die Ostdeutschen dieser Aufforderung nicht nachkommen und stattdessen ein bedenkenswertes Verlangen haben:

> Zwischen dem Waldstück bei Verlorenwasser und der Steinwüste des Prenzlauer Bergs liegen Welten, doch scheinen die Menschen dort wie hier vom gleichen Bedürfnis getrieben: in ihre Geschichte einzutauchen, um sie noch einmal zu erleben.[41]

Dieses triebhafte Bedürfnis der Ostdeutschen nach der spezifisch ostdeutschen Vergangenheit, nach ‚ihrer Geschichte', sei ein gesellschaftsübergreifendes Phänomen und zeige sich anschaulich darin, dass Ostdeutsche „Original-DDR-Artikel"[42] wie Wernesgrüner und Radeberger trinken, Soljanka essen, Christi Himmelfahrt ‚Herrentag' nennen, dass sie in DDR-Diskos gehen, sich DDR-Filme wie *Die Legende von Paul und Paula* ansehen, Pittiplatsch-Eisbecher auf der Berliner Karl-Marx-Allee essen oder Motorräder der Marke Schwalbe fahren und auch sonst an allen Sphären der DDR-Alltagskultur bedenkenlos festhalten. Die Psychologie des Ostdeutschen fasst Broder wie folgt zusammen:

> Der Ossi, das rätselhafte Wesen: Zuerst kann er die DDR nicht schnell genug loswerden, dann klagt er darüber, daß sie ihm abhanden gekommen ist, schließlich versucht er, sie aus ein paar Bruchstücken wieder zusammenzusetzen. Während im Westen von der Notwendigkeit der „inneren Einheit" gesprochen wird, setzt sich der Osten um so stärker vom Westen ab, je mehr sich die Lebensbedingungen angleichen.
> Als man den Ossi noch mühelos daran erkennen konnte, daß er „Hamse ...?" und „Plaste" statt „Plastik" sagte, wollte er unbedingt so sein wie sein westdeutscher Cousin: cool, wendig und abgebrüht. Nun, da er Benetton von Ralph Lauren und Nike von Reebok

41 Broder: Wir lieben die Heimat, S. 55.
42 Ebd.

> unterscheiden kann, besinnt er sich auf seine eigene, unverwechselbare Identität. Er fährt wieder Trabi, raucht F6 und Club, trinkt Goldbrand und Nordhäuser Doppelkorn.[43]

In dieser Darstellung als sprunghaftes „Wesen" ist der Ostdeutsche wahrlich rätselhaft: Erst wünsche sich „der Ossi" im Kollektivsingular nichts sehnlicher als die freie Marktwirtschaft und ihre bunte Markenwelt, bekomme sie daraufhin serviert, prüfe beides eingehend und komme letztlich zu dem Schluss, dass ausgerechnet die herbeigesehnte Konsumkultur ihm nicht entspreche. Der Ostdeutsche wähne sich in ihr letztlich verwechselbar mit dem Rest der Republik. Dieser diffus-unbegründete Wunsch nach Abgrenzung gegenüber den Westdeutschen, die ihrerseits nichts als die „Notwendigkeit der ‚inneren Einheit'" kennen, verschärfe sich sogar noch mit der steigenden Angleichung der materiellen Lebensbedingungen. Schließlich beklage „der Ossi" den Verlust seiner DDR und bastele sich aus „ein paar Bruchstücken" seine ganz eigene Ost-Identität.

Broder zeichnet das Bild des ‚Ossis' als undankbaren Verweigerer und rätselhaften Trotzkopf. Statt endlich in der westlichen Warenwelt aufzugehen und sich „cool, wendig und abgebrüht" als Gesamtdeutscher zu behaupten, wehrt sich ‚der Ossi' gegen die als natürliche Gemeinschaft der Familie imaginierte Einheit des Volkes und betreibt die identifikatorische Abspaltung. Er sammelt sich aus den Restbeständen der DDR-Kultur seine ‚Bruchstücke' zusammen, womit klar werden soll, dass die „eigene, unverwechselbare Identität" des Ostdeutschen, Broders Vorgaben eines gesamtdeutschen Einigungsprogramm nicht gerecht wird.

In Broders Bild verweisen die DDR-Alltagsprodukte auf die einheitsfeindliche Einstellung der Ostdeutschen. Wie sehr jene DDR-Markenwelt, die meist nur als Bestand westlicher Konzerne überlebt hat, einer sich der Einheit verweigernden ostdeutschen Identität entspreche, bekräftigt Broder mit folgendem Zitat:

> Es sind therapeutische Diskussionen, die ehemalige DDR-Bürger über ihr Leben in der ehemaligen DDR führen. Sie fangen bei einer Mitropa-Tasse oder einem FDJ-Wimpel an und führen geradewegs in die „Befindlichkeit" einer Existenz voller Widersprüche, Kränkungen und Kompromisse.[44]

Zwischen einer Mitropa-Tasse und der dazugehörigen ostdeutschen Identität könne eigentlich nur ein gradueller, aber kein qualitativer Unterschied gemacht werden. Wer aus der Mitropa-Tasse trinkt, bekenne sich geradewegs zu der

43 Ebd., S. 56.
44 Ebd., S. 59.

abtrünnigen Identität und mit ihr zu einer „Existenz voller Widersprüche, Kränkungen und Kompromisse". Dieses Urteil wirft einige Fragen auf: Wieso führen bei Angleichung der Lebensbedingungen nur die Ostdeutschen eine „Existenz voller Widersprüche, Kränkungen und Kompromisse"? Ist eine Existenz, die mit Gegensätzen, fehlender moralischer Anerkennung und materiellen Zugeständnissen leben muss, eine Frage der „Befindlichkeit", also der Stimmung und des Gefühls? In Broders Urteil flüchte sich der Ostdeutsche im Moment seiner marktwirtschaftlichen Übernahme und des allgemeinen Wohlstands ganz unbegründet in ‚Befindlichkeiten'. Ganz so, als ob er das gute Leben absichtsvoll und unerklärlich gegen ein Leben der Demütigung und des Verzichts tausche, nur um nicht mit seinen ‚Brüdern' aus dem Westen verwechselbar zu sein.

Broders Urteil stellt die politische und ökonomische Situation nach der Wende auf den Kopf: Nicht die irgendwie uneinsichtige Gemütslage der Ostdeutschen war Ausgangspunkt für Kränkungen und Verzicht, sondern die ökonomischen und politischen Zumutungen an die Ostdeutschen nach der Wende war Grundlage ihres Urteils über sich als zweitklassige Bürger und der Suche nach einer ostdeutschen Identität[45]. Der Wunsch der Ostdeutschen nach Marktwirtschaft und Markenwelt, den Broder anspricht, war mit der Vorstellung verbunden, dass die Versorgungs- und Lebenssicherungsleistungen der DDR einfach durch die Marktwirtschaft übernommen und durch die buntere Warenwelt ergänzt werden. Zwar bekamen die Ostdeutschen die Konsumgüter, aber eben auch die Freiheit zum Geldverdienen und die damit verbundene Angewiesenheit auf einen Arbeitsplatz eröffnet. Zudem mussten sich die Ostdeutschen den Vorwurf gefallen lassen, in einer verwerflichen Gesellschaft gelebt zu haben. Diese Quellen der Unzufriedenheit unterschlägt Broder in seiner Psychologie des Ostdeutschen und diminuiert sie zu bloßen ‚Befindlichkeiten'. Der gekränkte Nationalismus der Ostdeutschen und die Beschwerde in Form einer „ostdeutschen" National-Identität, die der flächendeckenden Einführung der Marktwirtschaft folgte, sind daher alles andere als rätselhaft.

An den Ostprodukten soll sich das Nationalbewusstseinsdefizit nicht nur zeigen, sondern mit ihnen die fehlende Zustimmung sogar verstärken. Jene Alltagskultur, die den Westen überlebt hat, gerät in Verdacht, den Ostdeutschen erst so richtig zum ‚Ossi' zu machen. Der kann mit ihr in eine „virtuelle DDR-Realität" fliehen, in der der Kitsch sein natürliches Vorkommen hat:

> Die Galerie „Stufe 85" im vierten Stock eines Ost-Berliner Fabrikgebäudes zeigt „Raritäten, Kitsch und Kurioses aus der DDR", eine schaurig schöne Sammlung politischer Plakate („Wie wir heute arbeiten, werden wir morgen leben"), Wimpel („Wir kämpfen um den Ehrentitel

45 Vgl. die Einleitung „Ostalgie: Die Konstruktion der neuen Bürger" zu diesem Kapitel.

Kollektiv der sozialistischen Arbeit") und Losungen („Überholen ohne einzuholen", „Trinkgelder sind unerwünscht!"), ergänzt um Artefakte des sozialistischen Alltags: unter anderem Bastelarbeiten für einen anti-imperialistischen Solidaritätsbasar, ein Schild, das auf deutsch, englisch, französisch und russisch „Grenzgebiet" verkündet und auf dessen Rückseite jemand „Frische Eier abzugeb." gemalt hat; ein Einkaufsnetz, gefüllt mit einer Packung Spee Vollwaschmittel, einem Pfund Magdeburger Eiermakkaroni, einem Paket Verbandwatte und einer Packung Pfefferminzbonbons aus dem VEB Süßwarenfabrik Oschersleben.[46]

Die gesamte DDR-Alltagskultur – vom SED-Plakat bis zur Nudel, von der politischen Parole bis zur Absage an Trinkgelder – stehe unterschiedslos für eine einzige Haltung der Ostdeutschen, die Flucht in eine Scheinrealität. Broder erklärt die Ostprodukte zu Fluchthelfern aus der Realität und damit die Wimpel, Plakate und Einkaufsnetze zu Kitsch. Weil alle „Artefakte des sozialistischen Alltags" potenziell die DDR wieder auferstehen lassen und damit geradewegs in die „Befindlichkeiten" der „Ossis" führen, seien sie nicht nur identifikatorisch, sondern ästhetisch fragwürdig. Indem das Kitsch-Urteil die Gegenstände als geschmackliche Entgleisungen fasst, sie als „schaurig schön" oder als „Bastelarbeiten" abwertet und sie so aus dem Kanon des guten Geschmacks verbannt, delegitimiert es deren identifikatorische Funktion.
Der Vorwurf der Ostalgie ist bei Broder überraschenderweise nicht identisch mit dem Vorwurf falscher Identifikation und somit nicht identisch mit dem Kitsch-Vorwurf. Broder grenzt Ostalgie vom Kitsch ab:

> Was im Westen ein wenig voreilig „Ostalgie" genannt wird, spielt sich auf Flohmärkten ab, wo DDR-Fahnen, Spielzeug-Trabis und SED-Anstecknadeln verkauft werden. „Ostalgie" hat oft ganz praktische, nachvollziehbare Gründe. „Ich hab' auf das Auto zwölf Jahre gewartet, das schafft Bindung", sagt eine Brandenburgerin auf die Frage, warum sie noch immer einen Trabi fährt, obwohl sie sich längst ein richtiges Auto leisten könnte.[47]

Dass man sich „ein richtiges Auto" längst leisten könne, verpflichtet laut Broder eigentlich zum Kauf. Doch er kennt diejenige Art von Bindung, die aus dem praktischen Umgang mit den Zwängen der DDR erwuchs und die er den Ostdeutschen zugesteht. Weil man aufgrund der langen Wartezeiten an seinem Trabant hängt, sei das zwar eine Bindung zur DDR, aber erstens eine nachvollziehbare und zweitens eine, die von den Westdeutschen „voreilig" als „Ostalgie" gebrandmarkt werde. Dass die meisten Ostprodukte jedoch diesen praktischen Umgang vermissen lassen und die Ostdeutschen stattdessen ihre „eigene, unverwechselbare Identität" pflegen, rechtfertige Broder zufolge nur das Kitsch-Urteil.

46 Broder: Wir lieben die Heimat, S. 56.
47 Ebd., S. 59.

„Möbel und Macht"

Die DDR habe sich aufgelöst „wie die Blähung eines von Hartleibigkeit Geplagten, dem Erleichterung ward"[48]. Im Verklingen dieses sozialistischen ‚Furzes' nun fragt sich Joachim Walther, „ob die versunkene Ära eine unverkennbar eigene Ästhetik, einen charakteristischen Stil oder gar eine kennzeichnende kunsthistorische Periode hervorgebracht habe". Die DDR muss sich dabei an Ikonen der Architektur wie etwa dem französischen Schloss Versailles oder dem indischen Taj Mahal messen lassen. Die „unverkennbar eigene Ästhetik" der DDR nach der Walther sucht, soll Ausgangspunkt einer Analyse „de[s] Charakter[s] der Macht" sein. Klar ist Walther, dass die DDR im Nachteil gegenüber ihren historischen Konkurrenten aus Frankreich und Indien sein muss, da sich die DDR-Nomenklatura, die sich als Avantgarde der Arbeiterklasse verstand, nicht im Sinne monarchistischer Herrscher_innen verwirklichen, also „in offener Pracht entfalten" konnte. In der Behauptung einer Konkurrenz der DDR zu anderen Ländern, die über die Kultur ausgetragen werde, kommt Walther zu einem konsequenten Urteil über die Qualität der DDR im Licht ihrer Kultur: „Ein höchst relativer Luxus, aufwendig, jedoch konsequent geschmacklos." Was vorgibt, der Auftakt zur Analyse zu sein, ist de facto ihr methodisch vorangestelltes, vor allem jedoch bereits fertig formuliertes Urteil über die DDR. Sichtbar wird es an der fehlenden Verbindung der beiden Satzteile. Ein „höchst relativer Luxus" ist Kultur zunächst in jeder Gesellschaftsordnung, denn sie ist erstens Luxus, also zusätzlich zur Reproduktion der Gesellschaft betriebener Aufwand, und zweitens relativ, d.h. abhängig von der jeweiligen Gesellschaft, ihren Mitteln und Gewohnheiten. Dass die DDR-Kultur „höchst relativer Luxus" sei, kann demnach keine Begründung für das Negativurteil der Geschmacklosigkeit sein. Tatsächlich leitet sich der fehlende Geschmack in der Kultur im Allgemeinen sowie der Architektur und des Designs im Besonderen ganz aus dem feststehenden Urteil über die Illegitimität der DDR-Gesellschaftsordnung ab. So ist die vermeintlich offene Frage nach dem „Charakter der Macht" mit dem ästhetischen Urteil bereits beantwortet: Die DDR-Kulturgüter seien geschmacklos, weil sie aus einer minderwertigen Gesellschaft stammen, und im Vergleich mit den großen kulturellen Errungenschaften anderer Staaten offensichtlich unterlegen.

Dieselbe Frage nach der bleibenden Hinterlassenschaft stellt Walther nun auch für das DDR-Volk. An den sozialistischen Bauten interessiert den Autor, ob sie „einen eigenständigen Baustil geprägt", an den DDR-Konsumgütern, ob

48 Joachim Walther: Möbel und Macht: Unten ein Schreibtisch, oben ein Maschinenmensch. In: *FAZ*, 13.03.1998, S. 18. Alle Zitate stammen im Folgenden aus diesem Artikel.

sie „eine identitätsstiftende Produktkultur“ hervorgebracht haben. Die Fragen werden in Form einer rhetorischen Gegenfrage beantwortet:

> Oder ergaben das Pappige, Hölzerne, Eckige und unprofessionell Improvisierte, die banal geometrischen Grundformen, die billigen Ersatzstoffe Igelit, Wellasbest und Spanplatte und die Grundfarben Grau und Braun nicht viel mehr eine steife Ärmlichkeit und stramme Schlichtheit, die zwischen militant-monumentalem Kitsch, kleinteiliger Heimeligkeit und duodezfürstlicher Großmannssucht oszillierten?
> Das Imitat stand allem vor. Es bestimmte nicht nur die Alltagskultur, sondern auch Politik und Ästhetik.

Wieso sich Taj Mahal und Versailles nicht den Vorwurf „duodezfürstlicher Großmannssucht“ gefallen lassen müssen, bleibt notwendig offen, da der instrumentelle Blick auf die Alltags- und Baukultur nach Funktionen unterscheidet. Das ästhetische Argument soll auf Grundlage eines politischen Urteils den Gegenstand grundsätzlich in Frage stellen. Sachlich-ästhetisch begründen lässt sich Walthers Urteil nicht, denn Werkstoffe, Formen und Farben sind kein Unikum der DDR-Alltagskultur. Igelit ist ein Erfindung der IG Farben im Nationalsozialismus, Wellasbest wurde in beiden Teilen Deutschlands als Baustoff geschätzt, die Spanplatte ist Grundmaterial so elaborierter Pop-Art wie den Brillo-Boxes von Andy Warhol, und der Rückgriff auf geometrische Grundformen galt im Bauhaus als wegweisendes Design. Sicher ist sich Walther der fragwürdigen Qualität der Oberflächen, Baustoffe und Farben der DDR, weil sich in ihnen etwas anderes ausdrückt als eine ästhetische Gestalt: „billige Ersatzstoffe“ und blasse „Grundfarben“ stehen für die Dürftigkeit und Minderwertigkeit der (Alltags-)Kultur als Ort der Werte und damit für die Minderwertigkeit der politischen Ordnung, die sie hervorgebracht hat. In Walthers ästhetischem Urteil soll es sich genau umgekehrt verhalten. Nicht die DDR-Politik veranlasste Kultur- und Konsumgüterproduktion, sondern die DDR-Kulturprodukte erschufen die DDR-Politik. Nach dieser Logik „ergaben“ schlechte „Grundformen“, und „Grundfarben“ eine schlechte Gesellschaftsordnung, die sich zwischen „Kitsch“ und „Großmannssucht“ bewegte. Dieses umgekehrte Abhängigkeitsverhältnis der Politik von allen Bereichen der Kultur wird plausibel gemacht durch eine mächtige ästhetische Instanz, die sich vor die Politik schiebt: „das Imitat“. In dieser scheinbar sachlichen Bestimmung von „Politik und Ästhetik“ wird eine gänzlich *vor*politische, ästhetische Instanz zur bestimmenden Größe der Politik. Ihre grundlegende Eigenschaft ist es, Defizit und negatives Abziehbild zu sein. Die DDR-Politik werde durch „das Imitat“ determiniert und damit als politische Ordnung zur schlechten Kopie. In diesem Weltbild verweisen ästhetische und politische Sphäre kongenial aufeinander: „Die DDR war nicht nur politisch eine Zumutung, sondern auch eine ständige ästhetische Kränkung." Das ist der Kern der „politischen Ikonologie", die Joachim Walther vorlegt. Darin gehen alle Sphären der sozialistischen Gesellschaft im ästhetischen Defizit auf: Es herrsche „[p]ermanente Mangelwirtschaft, behinderte Kreativität, biederer Geschmack, ideologische Beckmesserei und pseudoproletarische Prüderie". Konsequent deutet der Autor Städtebau, Mosaikfriese, Brunnen, Zigarillos und Brause als ästhetische Zumutungen, erklärt den Schreibtisch, ein „an sich unschuldiges Büromöbel", „zum zentralen Symbol totalitär verwalteter Gesellschaften" und den Marx-Engels-Platz zu einem Ort, „geschlossen wie die Gesellschaft selbst". Egal ob Trabi, Schreibmaschine „Erika", Puddingpulver „Rotplombe" oder der Wohnungsbau in Halle-Neustadt, alle ästhetischen Leistungen der DDR weisen *sich* als ästhetisches Defizit und damit als Minderwertigkeit der politischen Ordnung aus, die von diesem Defizit regiert wird. Die gesamte Gesellschaft erscheint in Walthers Vorstellung als Anhaltspunkt für Kitsch, der sich explizit dort zeigt, wo der politische Machtanspruch der DDR besonders dürftige kulturelle Beweise hervorgebracht habe. Dort wo die DDR ihre Größe und Bedeutung mit besonders unbrauchbaren Mitteln ausstellen wollte, sei „militant-monumentale[r] Kitsch" entstanden.

„Durch Honeckers Hornbrille"

Lavinia Lazar portraitiert Maik Schwolow, selbstironischer Schwärmer von DDR-Alltagskultur und gleichzeitig Kritiker der DDR, der in den späten Tagen der Republik einen Ausreiseantrag stellte. Schwolow ist seit einiger Zeit intensiver Sammler von DDR-Memorabilia und Betreiber des sogenannten Ostalgie-Museums in Berlin. Obwohl Schwolow seine Begeisterung ironisiert und relativiert, äußert die Autorin Kritik am Umgang mit der DDR-Kultur. Zunächst bezweifelt Lazar die Darstellbarkeit des DDR-Alltags, indem sie den Anspruch Schwolows, das Leben zu zeigen, „„wie es wirklich war""[49], in Anführungsstriche setzt. Auch die hohe Zahl der ostdeutschen Besucher_innen und deren Zuspruch mache die Ausstellung zweifelhaft, wenn nicht sogar verdächtig, denn die Autorin entdeckt in der Ausstellung eine Vielzahl an Gründen für Ablehnung und nicht für Zuspruch:

> Mit dem Eintritt ins Museum begibt man sich auf Zeitreise und landet im „Konsum", dem muffigen Ost-Lebensmittelladen mit Tempo-Bohnen und ATA-Scheuermilch, oder man

49 Lavinia Lazar: Durch Honeckers Hornbrille. In: *taz*, 07.02.2008. http://www.taz.de/1/archiv/digitaz/artikel/ressort=ku&dig=2008%2F02%2F07%2Fa0236&cHash=eb64d4651909de7b0847c0ba67ec41d2 (Zugriff am 12.11.2014) Alle Zitate stammen im Folgenden aus diesem Artikel.

versinkt in den „Sitzeiern" des Tschechen Peter Ghyczy, einem Designklassiker der 70er-Jahre. Eine komplett nachgebaute Wohnung, mit Möbeln von Hellerau und allerlei bunten Plastikgegenständen, aber auch ein Technik-, Sport- und Militärraum machen den Alltag in der DDR in seiner ganzen Absurdität erfahrbar. Da liegen Abhörgeräte neben Kinderpuppen wie Fuchs und Elster, und Honecker guckt derweil durch seine Hornbrille streng in den Raum, in dem die Schlager des Ostens ertönen.

Mehr als den Verweis auf die Markenwelt der DDR mit dem Attribut ‚muffig' benötigt die Autorin nicht, um zu verdeutlichen, dass die DDR veraltet, gestrig, abgelöst, untergegangen und unhaltbar geworden ist. Dem Nachbau einer Wohnungseinrichtung und anderen Themenräumen zum DDR-Alltag, also dem bloßen Nebeneinander der verschiedensten Alltags- und Gebrauchsgegenstände aus der DDR, von Kinderpuppen und Geheimdienst-Equipment, entnimmt Lazar eine ganz unmittelbare Erfahrung. Diese Gegenstände sprechen von sich aus und machten den „Alltag in der DDR in seiner ganzen Absurdität erfahrbar." Dass aus der Kollektion von DDR-Alltagsgegenständen nichts als die „Absurdität" der DDR spreche, ist eine interpretatorische Leistung der Autorin. Sie entdeckt in der Alltagskultur eine fehlende Logik, ein einziges Defizit an Sinnstiftung. Ausgesprochen wird dieses auf politischen Maßstäben basierende Urteil als objektive Eigenschaften der Gegenstände selbst. Dort wo die Autorin ihrem eigenen Urteil misstraut, wenn Fuchs, Elster und Honecker offenbar doch nicht selbsterklärend und von sich aus absurd sind, wird die rhetorische Leistung des Urteils deutlich:

„Warum soll man es vergessen? Es gehört einfach dazu", verteidigt sich der selbst ernannte Kurator gegen die Kritik mancher Historiker, die einen solch verklärenden Umgang mit DDR-Geschichte – die Exponate werden ohne Informationstafeln oder jegliche Kommentare zur Schau gestellt – höchst problematisch finden.

Mit Verweis auf „die Kritik mancher Historiker" äußerst Lazar Zweifel an der Eindeutigkeit der sinnlichen Wahrnehmung der unbedarften Besucher_in und damit an der Klarheit der politischen Ablehnung der DDR, die der Alltagskultur als sachliche Eigenschaft entnommen werden kann. Ohne „Informationstafeln oder jegliche Kommentare", d.h. ohne die kritische Einordnung der DDR-Alltags- und Konsumkultur, könne gar nicht davon ausgegangen werden, dass die Besucher_in sich nicht unerlaubterweise mit den DDR-Gegenständen und so mit der falschen Gesellschaftsordnung identifiziert. Einen „solch verklärenden Umgang" solle man „höchst problematisch finden." So bedarf es immer noch der eindeutigen politischen Stellungnahme Schwolows gegen die DDR, die den Generalverdacht der Autorin trotzdem nicht zerstreuen kann. Selbst der Ausreiseantrag Schwolows spreche nicht für eine Ablehnung der DDR, sondern für die bloße Verfolgung privater materieller Interessen. Nicht das

„System […] unterminieren“ wollte Schwolow, sondern „einfach die Hindernisse in seinem persönlichen Lebensweg […] umgehen“. So steht das Urteil zum ‚Ostalgie-Museum‘ fest:

> Dass damit für das Kapitel Aufarbeitung der DDR-Geschichte wenig gewonnen ist, ist die andere Seite der Medaille.

Mögen die 90 Prozent der ostdeutschen Besucher_innen ihren Spaß an der Ausstellung haben und sich ihrer „Jugendjahre“ erinnern, dem eigentlichen Maßstab für den Umgang mit der DDR – einer kritischen Aufarbeitung – werde das Museum nicht gerecht. So stellt Lazar der Präsentation von DDR-Alltagskultur ein generelles Gebot voran, das die Neubewertung der DDR-Gegenstände vor der Folie der politischen und ökonomischen Veränderungen verlangt. Wer dieses Gebot nicht achte, der mache sich prinzipiell verdächtig, einer Verklärung Vorschub zu leisten und einer gelungenen Einordnung der DDR entgegenzuarbeiten.

Trotzdem kennt Lazar einen Trend der Entspannung im Umgang mit den DDR-Gegenständen:

> Doch mit seiner Ausstellung hat er den Nerv der Zeit getroffen, einer Zeit, in der ernsthaft über eine Neuauflage des Trabis verhandelt wird und in welcher der Kitsch aus dem Osten schon wieder cool ist. Vielleicht braucht es eine Weile, bis solche Gegenstände Patina bekommen, bis man sie mit einem gewissen Abstand betrachten und ihre historische Bedeutung sehen kann.

Lazar zufolge sei die DDR-Alltagskultur Kitsch und materialisiert in ästhetisch lächerlichen und minderwertige Produkten zeuge sie von einer minderwertigen Gesellschaftsordnung und der ‚Absurdität‘ des Sozialismus. Im Kitsch-Urteil wird also die Potenz solcher ästhetisch anspruchs- und geschmacklosen Gebrauchsgegenstände benannt, immer auch eine falsche politische Identifikation zu ermöglichen und so einer ‚korrekten‘ Aufarbeitung der DDR entgegenzustehen. Zu diesem unversöhnlichen Urteil nun stellt sich Lazar in der Geste der Versöhnung. Weil man den Trabi nun auch als Zeichen des ironischen Umgangs, der gelassen-distanzierten Geste des Geschmacks werten könne, die Abstand nehme von der ‚einfachen‘ Identifikation mit der DDR, sei diese neue ‚Coolness‘ durchaus legitim. Mit dem „gewissen Abstand“, der abstrakten zeitlichen Distanz zur DDR, stelle sich automatisch eine geistige Distanz zur DDR ein, die es ermögliche, die „historische Bedeutung“ der DDR-Gegenstände zu erkennen. Dabei ist die „historische Bedeutung“ keinesfalls eine feste Größe, die man entschleiert und offenlegt, wie Lazar behauptet. Ihren legitimen Sinngehalt bekommen die DDR-Gegenstände erst durch den distanzierten Umgang und geistigen Abstand zur DDR. Das Zusammenfallen von Alter und Bedeutungslosigkeit der Alltagskultur schließt Lazar im Bild der „Patina“

zusammen. In ihm besitzen die Gegenstände als sachlich-ästhetische Qualität, was als rhetorische Kippfigur den gesamten Artikel bestimmt: Die politische Feindschaftserklärung an die DDR liegt dem Kitsch-Urteil zugrunde, das immer dann zurückgenommen wird, wenn die DDR an Einfluss auf die Subjekte verliert.

„Das umstrittene Geschäft mit der Erinnerung"
Katharina Pauli steigt mit einem Gedankenspiel in die Problematik des Kitschs der DDR ein:

> Würde Erich Honecker eine Nacht im DDR-Design-Hotel Ostel verbringen, er wählte wahrscheinlich die Stasi-Suite: nikotingelbe Mustertapete, Schrankwand Karat und Kristallleuchter an der Decke – DDR-Kitsch pur.[50]

Mit dem Irrealis, der Unmöglichkeitsform einer Wiederauferstehung Erich Honeckers und seiner vorgestellten Nacht im Ostel, soll etwas ganz Reales behauptet werden: das Entsprechungsverhältnis zwischen dem persönlichen Geschmack der DDR-Führung und der Einrichtung eines Hotelzimmers nach Vorbild der DDR-Geheimdienststuben. Dass sich die Tapeten, Schrankwände und Kristallleuchter mit dem vorgestellten Geschmack der Staatssicherheit und der DDR-Oberen deckten, mache sie zur Geschmacklosigkeit und zum Kitsch.
Dass das Ostel auch ostdeutsches ‚Design' beherberge, lasse seine Einrichtung allerdings nicht immer zum Kitsch verkommen. Pauli differenziert:

> Der Retro-Chic, der spätestens durch die (N)ostalgie-Welle vor rund zehn Jahren auch westdeutsche Wohnzimmer erreicht hat, spricht neben Touristen auch Einheimische an.

Es gebe die Ostalgie, die, nachdem sie in Form einer „Welle" in westdeutschen Wohnungen Einzug gehalten habe, ihre politische Anstößigkeit verlor und von der Geschmacklosigkeit zur modischen Raffinesse wurde. Als dieses Modestatement wollen die Betreiber des Ostels das Hotel verstanden wissen und weisen alle politischen Vorwürfe zurück, wenn sie sich „vom Gedankengut des kommunistischen Regimes distanzieren". Trotzdem trifft sie der Vorwurf der Autorin, „die Geschichte der kommunistischen Diktatur zu romantisieren". Allein der Umstand, dass in den Hotelzimmern DDR-Funktionärsportraits hängen, lasse die modische Lässigkeit des „Retro-Chic" zusammenfallen und zur moralischen Straftat werden. Mit dem ironischen Aufhängen der DDR-Nomenklatura verletze das Ostel die Gefühle der DDR-Opfer, weshalb das Spiel mit dem guten schlechten Geschmack in dieser Hinsicht nicht statthaft

50 Katharina Pauli: Das umstrittene Geschäft mit der Erinnerung. In: *FAZ*, 24.08.2012, S. 19. Alle Zitate stammen im Folgenden aus diesem Artikel.

sei. Den gleichen Vorwurf richtet Pauli an Berliner Händler, die „Gasmasken, FDJ-Anstecker und Uniformen“ sowie NVA-Mützen am Checkpoint Charlie verkaufen. Dass sich die Touristen über die DDR-Devotionalien amüsierten, statt ehrfürchtig der Opfer des Systems zu gedenken, mache „ein Geschäft aus ihrem Leid“. Letztlich, so die Autorin, werde die DDR „verniedlicht“ und „die Diktatur zum Kult gemacht“.

Mit diesem Befund schließt sich der Kreis zum Kitsch-Vorwurf gegen die Einrichtung des Ostels und lässt die Grundlage des Vorwurfs deutlich werden: Kitsch, das sei der Teil der Konsum- und Alltagskultur der DDR, der die Menschenfeindlichkeit der politischen Verhältnisse herunterspiele und damit all jene Menschen den Respekt verwehre, die von der DDR in irgendeiner Form negativ betroffen waren. Ihr Leid wird zum moralischen Einspruchstitel gegen einen allzu lockeren Umgang mit der DDR. Bestehe der Verdacht, dass mit der Konsum- und Alltagskultur der DDR auch deren politische Ordnung gewürdigt werde, verwandle sich die Kultur zu Kitsch, weil sie eine heile, harmlose DDR-Welt abbilde, statt der Gräuel des Sozialismus zu gedenken. So werden dieselben Gegenstände, die schickes Modestatement waren, zu scheußlichen Geschmacklosigkeiten und verwerflichen Accessoires.

Umgekehrt entfällt der Kitsch-Vorwurf sofort, wenn die politische Seite der DDR-Konsum- und Alltagskultur glaubhaft zurückgewiesen werden kann. Dienen die Ost-Produkte lediglich der Reanimierung eines „Lebensgefühls“, das „so unpolitisch wie möglich“ der Nostalgie dienen möchte, dann sind die Schaumbäder, Schrankwände und Soljankas legitim. Sie stünden lediglich für ein „kollektives Gedächtnis“, das mehr als zwei Jahrzehnte nach der Wiedervereinigung von seinen politischen Absichten befreit, einen legitimen Platz in der Bundesrepublik gefunden hat. Ostalgie ist in dieser Deutung die erlaubte Pflege des entpolitisierten DDR-Kults, der Kitsch hingegen die ästhetisch verwerfliche Abteilung der DDR-Kultur, die für die verwerfliche politische Sache steht.

„Alles so schön grau hier“

Den beiden Kinofilmen *Sonnenallee* (1999) von Leander Haußmann und *Helden wie wir* (1999) von Sebastian Peterson wirft Christiane Peitz vor, eine „Welt wie im Bilderbuch“[51] zu entfalten. Statt die echte DDR zu zeigen, verlegten sich die Komödien darauf, eine Lüge über den sozialistischen Staat in die Welt zu setzen:

51 Christiane Peitz: Alles so schön grau hier. In: *Die Zeit*, 04.11.1999. http://www.zeit.de/1999/45/199945.sonnenallee.etc..xml/komplettansicht (Zugriff am 12.11.2014). Alle Zitate stammen im Folgenden aus diesem Artikel.

> Eine DDR aus Sekundärrohstoffen, hundert Prozent Kopie. Das kürzere Ende der Straße, die durch den antifaschistischen Schutzwall zwischen Treptow und Neukölln geteilt war, lag früher wenig beachtet im Osten. Nun erscheint es als Fake, aus Pappmauer und Blendfassaden recycelt. Die Fälschung triumphiert über das Original. Der Osten als Puppenstube: verstellter Horizont, vernagelter Blick.

In diesem kurzen Zitat ist der Inhalt des Vorwurfs umrissen: Das Bild der DDR in diesen Filmen sei eine Lüge, weil es eine „Fälschung", ein „Fake" und „hundert Prozent Kopie" sei. Allerdings wirft dieses metaphorische Urteil die Frage auf, wie eine exakte Kopie das Original in Frage stellen kann? Denn Peitz behauptet, dass sich das identische Duplikat der DDR gegen das Original verselbständige. Die differenzlose Doublette überforme das Original, erzeuge eine falsche Differenz und werde auf diese widersprüchliche Weise zur Lüge. In diesem ästhetischen Generalvorwurf zeigten die Filme die DDR als illegitime Verniedlichung und weisen sich selbst als ideologisch aus. So werden die Filme zu Märchen:

> In beiden Brussig-Verfilmungen[52] erzählt die DDR sich gleichsam selbst. Zu besichtigen sind zwei Märchen im versöhnlichen Tonfall der Ostalgie, mit spöttischen Dissonanzen gewürzt. Auf dass der bittersüße Nachgeschmack jener frommen Lüge zurückbleibe, der zufolge vier Jahrzehnte Sozialismus doch recht glimpflich verlaufen sind.

Dass „vier Jahrzehnte Sozialismus doch recht glimpflich verlaufen sind", diese Überzeugung sei die puppenstubenhafte Lüge über die DDR, die die beiden Filme vertreten. Die Autorin verlangt stattdessen von beiden Filmen, dass sie vom Unglück des Staats DDR erzählen. Weil der Sozialismus alles andere als hinnehmbar war, könnten auch die Filme nicht einfach das Gegenteil behaupten; tun sie es doch, werden sie zu „Märchen im versöhnlichen Tonfall der Ostalgie". Ostalgie kennzeichnet bei Peitz die Haltung der Versöhnung, die in Bezug auf die DDR nicht gerechtfertigt sei. Dem ästhetischen Urteil über das versöhnliche Märchen DDR liegt sichtbar der politische Maßstab einer Ablehnung der DDR als Diktatur zugrunde. Dieser Maßstab wird dann erneut deutlich, wenn die Autorin ihr Urteil revidiert. Künstlerische Wahrheiten sprechen beide Filme aus, wenn sie „Mickrigkeit und Größenwahn" der Einwohner_innen schilderten, weil systembedingt „niemand mündig werden durfte", oder wenn sie vom „Kleinmut derer, die sich immer nur durchwursteln" erzählen. Dann werde deutlich, „was die DDR so lange zusammenhielt: nicht die Mauer, sondern der Stallgeruch mit seiner Mischung aus Mittelmaß und Sauerstoffmangel." Ausgerechnet die schwer zu atmende Luft, mithin das am wenigsten

52 Für beide Filme lieferte Thomas Brussig nicht nur die literarische Vorlage, sondern war auch Co-Drehbuchautor.

adhäsive Aggregat soll das gesellschaftliche Bindemittel gewesen sein und den Bestand der DDR gewährleistet haben? Im Bild der schlechten DDR-Luft spricht Peitz den Kitsch-Vorwurf aus:

> In *Helden wie wir* ist der Mief nicht einfach nur komisch. Er trübt die Bilder, lässt sie kränklich aussehen, genialisch-dilettantisch und ein bisschen verblasst, als wär's ein DDR-Fernsehfilm. Schwarzweißmaterial, Trickaufnahmen, Originaldokumente, Video, Handkamera, Animation, Kitsch und Kolportage: Der Film ist keine lineare Erzählung aus dem Tal der Ahnungslosen, sondern fortgesetzter Stilbruch – Resteverwertung zum Zweiten.

In die ästhetische Produktion des Films selbst schreibe sich das gesellschaftliche Bindemittel „Mief" so stark ein, dass alle Mittel bis hin zur Erzählung von ihm affiziert sind. So „kränklich", „verblasst" und „dilettantisch" wie die DDR seien auch die Bilder des Films, der letztlich aus der realen „Resteverwertung", die die DDR gewesen sei, eine zweite, filmische mache, der als ästhetisches Werk eine einzige Minderwertigkeit, ein „fortgesetzter Stilbruch" sei. Nicht die „Simulation einer sich täuschenden Gesellschaft" werde erzählt, sondern zusammengestückelt, was nicht zusammen gehört, und damit ein falsches Bild der DDR abgeliefert. Ein Bild, das verklärt statt aufklärt, das täuscht statt enttäuscht, das den Blick trübt, statt ihn zu schärfen. Dieses politische Urteil beweise sich Peitz zufolge an den ästhetischen Eigenschaften der Filme selbst, die „Stilbruch", „Burleske", „Märchen", „schrill", voll „läppischste[m] Slapstick", Klatsch, Kolportage und letztlich Kitsch seien.

Der Kitsch ist der ästhetische Verstoß gegen das Gebot einer politischen Abrechnung mit der DDR. Statt den Staat als miefiges, ergrautes Defizit an Substanz und Sinn, als „Tal der Ahnungslosen" zu erzählen, werbe der Film im „Tonfall der Ostalgie" für die gelungenen, privat-komischen Seiten des Sozialismus. Welche Funktion und politischen Auftrag eine deutsche Komödie über die DDR haben müsse, macht die Autorin schließlich explizit:

> Doch *Helden wie wir* spekuliert, ebenso wie *Sonnenallee,* am Ende doch auf das Lachen: auf ein Gelächter indes nicht der befreienden, sondern der verdrängenden Art, mit dessen Hilfe die Mauer in den Köpfen weggerückt werden soll. Das hat nicht funktioniert: *Sonnenallee* zahlt sich zwar als Kassenschlager aus, aber nur im Osten der Republik. Komödientechnisch gesehen sind die alten und die neuen Bundesländer einander nach wie vor Ausland.

Zu den falschen Filmen gehöre ein falsches Lachen, eines, das den gewünschten, politischen Auftrag verfehle, die Nation zu einen, statt sie zu entfremden. Komödien, die diesen Einheitsauftrag nicht erfüllten, drohen zum Kitsch zu verkommen und damit die eigentlich unteilbare Gemeinschaft wie Ausländer zu teilen. Noch nicht einmal der Erfolg gebe dem Film Recht und so zeige sich an den Kinokassen noch einmal die fehlende innere Einheit.

„Es kam dicke genug"

Eine „gesamtdeutsche Verschleierungsorgie", die die „DDR als harmloses Märchenland" zeige,[53] will Regisseur und Autor Leander Haußmann aufgedeckt haben. Da der Vorwurf der Verschleierung auch gegen seinen Film *Sonnenallee* erhoben wurde, macht Haußmann im ersten Absatz seines *Spiegel*-Artikels seinen Standpunkt gegen die DDR klar:

> Um es gleich zu sagen: Die DDR war ein Scheißsystem. Ich kann auch heute nichts Gutes an ihr finden. Als es sie noch gab, betete ich dafür, dass dieser Alptraum aus Peinlichkeit, Mittelmäßigkeit und Dummheit, aus Willkür, Brutalität und Gleichschaltung ein Ende finden würde.

Seine rigorose Ablehnung der DDR macht Haußmann sehr deutlich, doch was sind die Gründe für das Zerwürfnis zwischen ihm und der DDR? Was benennt Haußmann als Eigenschaften des Staates, die objektiv gegen ihn sprechen? „Peinlichkeit", die erste Eigenschaft der DDR, ist bei näherer Betrachtung keine Eigenschaft einer Sache selbst, sondern eine Reflexion auf sie. Weil Haußmann die DDR als persönlich bloßstellend empfindet, weil sie *ihm* peinlich ist, soll sie objektiv peinlich sein. „Mittelmäßigkeit", die zweite Eigenschaft der DDR, ist Ergebnis eines Systemvergleichs. Gemessen an einer westlichen Demokratie wird die DDR zum Mittelmaß. Drittens: Der DDR Dummheit zu attestieren, ist ihr vorzuwerfen, wider besseren Wissens gehandelt zu haben. Die Eigenschaft der Dummheit einer Gesellschaftsordnung ernst genommen, bestünde die DDR in einer permanenten und bewussten Subversion der eigenen Macht. Dieser Gedanke wird schon angesichts des stetig ausgebauten, unnachgiebigen und erschreckend effizienten Geheimdienstapparats relativiert. Das Zitat abschließend, ist auch die „Willkür" eine problematische und keineswegs eindeutige Kategorie. Wiederum erst aus dem Vergleich mit einer westlichen Rechtsordnung folgt die Defiziterklärung, die Hausmann so vermeintlich schlüssig vorträgt. Alle vier Eigenschaften geben also weniger Auskunft über objektive Eigenschaften der DDR, als vielmehr über den polemischen Standpunkt des Autors, der den Blick auf das Thema ‚DDR und Humor' bestimmt und eine Abrechnung mit der DDR ist.

Dem „Grauen von damals in die Fratze schauen" muss Haußmann in den vielen DDR-Revival-Shows, die die DDR-Stars als „Ost-Zombies" zurück auf die Bühne bringen und in einer groß angelegten „Kampagne" die DDR „zum lustigsten Diktatürchen aller Zeiten" verklären. Diese verklärende Seite der Unterhaltung stehe einer zweiten gegenüber, die ein legitimes Bedürfnis der

53 Hier und folgende Zitate in Leander Haußmann: Es kam dicke genug. In: *Der Spiegel*, 08.09.2003, S. 220–221, hier S. 220.

Ostdeutschen bediene und die Haußmann vor allem in seinem Film *Sonnenallee* entwickelt habe:

> Wir waren offenbar auf ein Grundbedürfnis gestoßen: die Sehnsucht, ein bisschen Identität zurückzubekommen.

Offenbar sei mit der deutschen Einheit den Ostdeutschen die Identität entzogen worden, weshalb *Sonnenallee* ein Identitätsbedürfnis befriedige und nachträglich ostdeutsche Identität stifte. Sicher sei Haußmann, dass diese Sehnsucht nicht von den „Ost-Zombies" in der „TV-Arena" befriedigt, sondern missbraucht werde. In dieser Abgrenzung seines Films gegenüber einer illegitimen Sinnstiftung spricht der Autor einen Widerspruch der Ost-Identität an. Das Bedürfnis nach Ost-Identität wolle befriedigt werden, dürfe es jedoch nicht übermäßig, weil sonst das Vergessen drohe. So beschreibt Haußmann zwei Arten des Umgangs mit der Identität:

> Die DDR geriet mehr und mehr zu einem Produkt der Künstlichkeit. Sie wurde ein originelles Label für jugendliche Freaks und Puristen auf der Suche nach dem verlorenen Kick, eine Spielwiese für Romantiker zwischen Kitsch und Revolution. Das freute mich, weil es einer heiteren, selbstironischen Kommunikation zwischen Ost und West zu verdanken schien, die wir auch mit unserem Film herbeiführen wollten.
>
> Doch heute hat sich die Stimmung verändert. Die Wirklichkeit der DDR geriet offenbar vollständig in Vergessenheit – und alle kamen sie wieder aus ihren Löchern, in denen sie sich aus Angst, Frust und Scham verkrochen hatten: die alten Maulhelden und Mitläufer. Statt die Schnauze zu halten, sich des Lebens und ihrer Unversehrtheit zu erfreuen, machen sie heute neckisch in „Ostalgie".

Während Haußmanns Film vor einigen Jahren noch die legitimen Sehnsüchte nach ostdeutscher Identität erfüllte und die „selbstironische[] Kommunikation zwischen Ost und West" ermöglichte, habe sich die Stimmung nun gewandelt und die „Wirklichkeit der DDR" geriet in Vergessenheit und gänzlich zur Ostalgie der „alten Maulhelden und Mitläufer". Der einst humorvolle Dienst an einer Annäherung von Ost und West entpuppe sich nun als kontraproduktives Programm der Amnesie. Der Kitsch findet in Haußmanns Weltsicht zwischen romantisch-revolutionärer Regung und gefährlicher ostalgischer Weltflucht seinen Platz. Kitsch ist bei Haußmann die Vorstufe des Vergessens, die schwärmerische Weltflucht, die dann zur Amnesie führe, Sympathisant_innen und Parteigänger_innen des Sozialismus rehabilitiere und ihnen eine neue Plattform biete. Die legitime Sehnsucht nach ostdeutscher Identität schlage dann mit und im Kitsch in illegitime Ostalgie um.

Nach Haußmann sei es „verständlich“[54], dass sich die Ostdeutschen in Zeiten bundesdeutscher Depression „auch mal ganz gern an frühere Tage erinnern“. Obwohl der Autor die Praxis der Rückbesinnung formal anerkennt, weist er sie inhaltlich zurück. Nichts worauf sich die Ostdeutschen in ihrer Ostalgie beriefen, erfülle das Kriterium des Stolz-Sein-Könnens. Wenn überhaupt könne man sich nur auf die wenigen „Unbeugsamen“, „Freiheits-Sehnsüchtigen“ und ein „paar Intellektuelle“ berufen, die Widerstand leisteten. Stattdessen zeige man die DDR als „Märchenland aus Schnatterinchen und Pittiplatsch“, das jedes Opfer der Diktatur verhöhne. Kontrastierend stellt er einen Häftling, der wegen Fluchthilfe 25 Jahre in Bautzen einsaß, der ostdeutsche Unterhaltung gegenüber:

> Was soll einer wie er in einer Ostalgie-Show? Er muss und will draußen bleiben. Er würde nur den Spaß verderben.

Mit diesem Einwand werden die aktuellen „Ostalgie-Shows“ an der Kategorie ‚Opfer‘ und damit an dem höheren, moralischen Maßstab für den Umgang mit Ost-Identität blamiert. Niemand dürfe sich auf die DDR als Land der fehlenden Armut und der Arbeit im Überfluss berufen, da man sich damit an den Opfern vergehe, deren Leid relativiere und letztlich leugne. Jedes Lob des sozialistischen Staates verbiete sich angesichts der Schäden, die er angerichtet habe. So wird der Umstand, dass der Sozialismus massenweise Betroffene hervorbrachte, zur Begründung in letzter Instanz für die Absage an einen partiell positiven Rückbezug auf den DDR-Alltag.

Mit dieser rigorosen Zurückweisung diktiert Haußmann letztlich die Bedingungen für „ein bisschen Identität“[55]: Nur wenn die DDR-Identität gegen die DDR selbst spreche, sei sie legitim. Nur wenn man als DDR-Bürger_in keine sein wollte, könne man stolz darauf sein, DDR-Bürger_in gewesen zu sein. Diese Art von Dialektik ist der Endpunkt des Haußmann'schen Gebots der Parteilichkeit und Kritik. Der Kitsch findet in ihr seinen Platz als ästhetische Qualität der Populärkultur. Diese sei ‚künstlich‘, ‚grauenhaft‘, ‚stumpfsinnig‘, ‚orgiastisch‘ oder ‚banal‘ und damit Ausdruck einer falschen Identität.

„Klaviatur des Sadismus“

Thomas Brussigs Rezension des Films *Das Leben der Anderen* beginnt mit einer theoretischen Überlegung zum Kitsch:

54 Hier und folgende Zitate ebd., S. 221.

55 Ebd., S. 220.

Kundera[56] sagte mal: Der Kitsch ist die Umsteigestation zwischen dem Sein und dem Vergessen. Wendet man diesen Satz auf die DDR-Erinnerung an, müssten wir jetzt im Stadium des Vergessens sein; den Kitsch (die DDR- und Ostalgie-Shows des deutschen Fernsehens) hatten wir schon. Diese Woche kommt allerdings ein Film in die Kinos, der Kunderas Axiom aushebelt.[57]

Der Vorstellung, dass Kitsch die Station sei, auf der man Richtung ‚Vergessen' umsteige, liegt trotz der bildhaften Sprache eine theoretische Unvereinbarkeit zugrunde. Kitsch stehe für ein fast vollzogenes Vergessen und damit für ein Defizit an Erinnerung. Dass man etwas *nicht* mehr weiß, soll die logisch positive Erklärung des Kitschs sein. Diese theoretische Unvereinbarkeit findet sich konsequenterweise auch bei der Bestimmung der DDR-Shows als Kitsch, die Vergessen seien, obwohl in und mit ihnen an die DDR erinnert wird. Wieso ist diese Form der Erinnerung Ausdruck des Vergessens und damit Kitsch? In Milan Kunderas ursprünglichem Bild liegt bereits der Funktionalismus des Kitschs begründet, den Brussig aufnimmt und auf seine Weise produktiv macht. Mit dem Kitsch-Vorwurf scheidet Brussig legitime von illegitimen Inhalten, *falsche* Erinnerung der „DDR- und Ostalgie-Shows des deutschen Fernsehens" von der richtigen in dem von ihm rezensierten Film. Brussig legt in seinem Urteil über Erinnern und Vergessen, Kitsch und Kunst Wert auf den Inhalt der Erinnerung. Weil die DDR-Shows die fröhlichen Seiten des Alltags einer Gesellschaft zeigen, die es prinzipiell abzulehnen gelte, verletze ihr Inhalt diesen politischen Maßstab der Erinnerung und sie seien daher Vergessen und Ostalgie. Die Shows werden damit gleichzeitig zu ästhetisch minderwertigen Werken und letztlich zu Kitsch. *Das Leben der Anderen* nun falle durch eine dem Kitsch gegenläufige Sicht auf, die Brussigs Diagnose des Kitschs eigentlich unterläuft und „Kunderas Axiom aushebelt". Brussig verwirft damit aber seinen Kitsch-Befund nicht, sondern schärft ihn anhand der Filmrezension. *Das Leben der Anderen* sei trotz „Kinolüge" kein Kitsch, sondern Realismus pur:

Dass Stasileute ihre Opfer beschützten, können wir getrost als Kinomärchen abtun. [...] Vermutlich wird sich die Empörung über die Kinolüge, die Florian Henckel von Donnersmarck in die Welt setzt, in Grenzen halten. Sofern sie überhaupt als solche auffällt. Denn sein Film ist in den Details so realistisch, dass man wie von selbst glaubt, er beruhe auf Tatsachen.

Einerseits weiß Brussig, dass die Geschichte einer rücksichtsvollen, Staatsfeinde schützenden Staatssicherheit kein bisschen realistisch ist. Mit „Kinolüge" und „Kinomärchen" sind sogar solche Topoi angesprochen, die in der Regel dem Kitsch vorgeworfen werden. Trotzdem sei der Film kein Kitsch. Wie

56 Gemeint ist der tschechische Autor Milan Kundera.

57 Thomas Brussig: Klaviatur des Sadismus. In: *Süddeutsche Zeitung*, 21.03.2006, S. 13. Alle Zitate stammen im Folgenden aus diesem Artikel.

begründet Brussig dieses Urteil? Die erzählerische ‚Lüge' von der liebevollen Staatssicherheit falle im Gesamteindruck nicht ins Gewicht, da die Details der Inszenierung dem Film Glaubwürdigkeit verleihen. So entfalte er einen Realismus, dem man „wie von selbst glaubt". Dieser Zuschauereindruck beruht, wie Brussig betont, ganz auf dem Glauben, dass die filmische Darstellung der Staatssicherheit die Wirklichkeit trifft. Weil der Film eine Fiktion zeige, in der das MfS fast ausnahmslos ‚erbarmungslos', „sadistisch", „absurd" und der Ort des „Fachidiotentums" sei, benötigt Brussig nur seinen Glauben – und das ist sein bestehendes Bild vom DDR-Geheimdienst –, um diesem filmischen Bild von der DDR folgen zu können. Dass sich bei Brussig der Eindruck einstellt, der Film „beruhe auf Tatsachen", ist ganz der Übereinstimmung der filmischen Weltsicht mit der des Autors geschuldet. Durch den positiven Abgleich von Film-DDR und dem DDR-Bild Brussigs erhalten die filmischen Details Dokumentcharakter, weisen sich als realistisch aus und machen den Film letztlich zum Zeitzeugnis. Der Film wirke dann, als erzähle er Fakten, obwohl er eine Kinoerzählung ist. Kitsch, so kann man noch einmal ex negativo schließen, sei schließlich die Abwesenheit eines solchen ‚realistischen' DDR-Bilds.
Den filmischen Realismus der DDR-Darstellung fasst Brussig im Begriff der Authentizität:

> Sein Film ist so authentisch, dass man es gar nicht glauben mag, dass der Regisseur im Westen und in den Siebzigern geboren wurde.

Weil die Staatssicherheit im Film so inszeniert sei, wie Brussig sich die reale vorstellt, mache das nicht nur den Inhalt ‚realistisch', sondern den Film auch ‚authentisch'. Dass mit dem Gütesiegel der Authentizität auch immer ein künstlerisches Subjekt gemeint ist, das aufgrund seiner Charakteristika Wahres spricht, verblüfft Brussig mit Blick auf den Regisseur. Der stammt aus Westdeutschland und hat die DDR gar nicht selbst erlebt. Auch an dieser Stelle relativiert Brussig sein Urteil nicht, sondern bekräftigt den Anspruch auf die Gültigkeit der filmischen Weltsicht.
Der Autor nimmt abschließend *Das Leben der Anderen* zum Anlass, um Vorwürfe gegen Komödien wie *Sonnenallee*, zu der er die Romanvorlage und das Drehbuch geschrieben hat, antizipierend zu entkräften:

> Ein Hinweis in eigener Sache sei gestattet: Als Co-Autor des Films „Sonnenallee" werde ich in den nächsten Wochen des öfteren hören, dass man es so (wie in „Sonnenallee") „nicht machen kann", weil man es nämlich so (wie in „Das Leben der Anderen") „machen muss". Das ist natürlich Quatsch. Man muss es weder so noch so machen; man kann es sowohl als auch machen. Nicht die DDR-Komödien haben das DDR-Bild verzerrt, sondern das schlichte Nichtvorhandensein solcher Filme wie „Das Leben der Anderen". Insofern bin ich über diesen Film schon deshalb froh, weil endlich dieses Manko behoben ist.

Wenn „man" es „sowohl als auch machen" könne, wieso betont Brussig, dass der Film „Sonnenallee" kein Verstoß gegen den Maßstab des Erinnerns ist? Offensichtlich waren in der Diskussion um die Komödie nicht alle Sichtweisen gleichberechtigt und der Maßstab korrekten Erinnerns längst durchgesetzt. Noch im Dementi bekennt sich Brussig dazu, dass es nur einen gültigen Maßstab der Bewertung gibt und die Komödie das DDR-Bild „verzerrt", denn immerhin brauchte es einen Film wie *Das Leben der Anderen*, damit „dieses Manko behoben" wurde. Brussigs Komödie verzerrte eben nur so lange, wie es das Korrektiv des realistischen Stasi-Films noch nicht gab. Indem Brussig *Das Leben der Anderen* als dieses Korrektiv benennt, das Filme wie *Sonnenallee* und ihr verzerrtes DDR-Bild relativiert, macht er den Film zum endgültig verbindlichen Maßstab filmischer Erzählung über die DDR.

„Im nahen Osten – so fern"

Der Mitteldeutsche Rundfunk (MDR) und sein Intendant Udo Reiter sind Gegenstand des *Spiegel*-Artikels von Thomas Tuma, der gleich zu Beginn deutlich macht, was von der ostdeutschen Sendeanstalt der ARD zu halten sei:

> Er [Udo Reiter, S. L.] ist König der dritten Programme geworden, obwohl oder weil manche Beilagen seiner öffentlich-rechtlichen TV-Soljanka aus Ostalgie, Volksmusik und Ratgeberei für westdeutsche Geschmäcke nur schwer zu verdauen sind.[58]

In Tumas Urteil erscheint der MDR als eine einzige Geschmacklosigkeit, als eine schwer konsumierbare, ostdeutsche Suppe aus nostalgischem Rückblick auf die DDR, aus geschmackloser Musik und zweifelhaften Ratgebersendungen. Für „westdeutsche Geschmäcke", die offensichtlich die Grundlage des abwertenden Urteils bilden, sei diese Mixtur unerträglich. Der Intendant wird als Monarch vorgestellt, dessen Karriere zwar von den Geschmacklosigkeiten profitiere, dessen Erfolg damit jedoch zweifelhaft sei. Tuma charakterisiert dann das Programm des MDR näher:

> Da wird noch immer geschunkelt, bis der Kassenarzt kommt, und mit Shows wie „Damals in der DDR" gegen das mildtätige Vergessen angesendet. Da geht's in „Informationssendungen" wie „Dabei ab zwei" oder „Hier ab vier" überwiegend um überfallene Discountmärkte und missbrauchte Schülerinnen, Schlägertrupps, Vandalismus, Rechtsradikale und immer noch einen Kinderschänder-Prozess. Alles ist entweder „schlümm" oder „forschbor".
>
> Seien wir höflich: Wer ein paar Tage nonstop MDR schaut, träumt danach nicht sofort von einem Kurzurlaub im Sendegebiet. Manches in diesem Programm wirkt befremdlich, vor bald zehn Jahren war es allerdings noch schier unfassbar.[59]

58 Thomas Tuma: Im nahen Osten – so fern. In: *Der Spiegel*, 09.11.2009, S. 94–96, hier S. 94.
59 Ebd., S. 95.

Geschunkelt wird ebenfalls in der gesamtdeutschen Vorzeigeanstalt ARD und in westdeutschen dritten Programmen, muss man einwenden. Auch die ARD berichtet mit Boulevard-Formaten wie *Brisant* aus Gesamtdeutschland über „überfallene Discountmärkte und missbrauchte Schülerinnen". Was ist also das spezifisch Geschmacklose am MDR? Offenbar sind es gar nicht die Formate, sondern das Sendegebiet selbst, das dem Autor Unbehagen bereitet. Weil man dieselben Urteile wie die westdeutschen Zuschauer_innen der ARD zum Kinderschänder-Prozess, aber eben auf sächsisch fällt, spreche das gegen den MDR und sein Programm. Weil die DDR-Shows im MDR liefen und nicht wie viele andere populäre DDR-Show-Formate im ZDF, auf Sat.1 oder RTL müsse man das Programm in Anführungsstriche setzen. Auch die vermeintliche Selbstbeschränkung bei der Abrechnung mit dem Ostdeutschen ist keine „höflich[e]" Zurücknahme des eigenen vernichtenden Urteils, sondern dessen Ouvertüre. Noch heute sei das Programm erstens der lebendige Beweis für die Teilung Deutschlands, schlicht, weil es „befremdlich" auf den Autor wirke, und zweitens vor einer Dekade „noch schier unfassbar", also der unverzeihliche Verstoß gegen das Gebot der Einheit.
Tuma stellt dann die Fragen, die den Bewertungsmaßstab der Einheit unterstreichen:

> Haben er [Reiter, S.L.] und sein MDR ihren damals zehn Millionen Zuschauern in den Umbruchjahren eine Plattform für notwendige Identifikation geboten? Oder zementierten sie deutsch-deutsche Differenzen?
> Die Frage ist umso spannender, als die Ost-Autorin Jana Hensel in ihrem aktuellen Buch „Achtung Zone" ja gerade erklären möchte, „warum wir Ostdeutschen anders bleiben sollten". Sollten sie?
> Interessanterweise machte die zweite Bedürfnis-Anstalt der neuen Bundesländer strategisch alles anders als der MDR: Der RBB-Vorläufer ORB schmiss von Anfang an vieles aus dem Programm, was nach Defa-Kitsch oder geschichtsklitternder Altlast roch. Das Programm hieß Aufbruch, das Ergebnis war quotentechnisch zunächst erschütternd.[60]

Engagiert sich der MDR für die deutsche Einheit oder wirkt er ihr entgegen? Das ist der harte politische Kern auf dessen Grundlage der MDR ästhetisch bewertet wird. Weil sich die Partikularidentität der Ostdeutschen nicht etwa erledigt habe, sondern mit jungen ostdeutschen Autorinnen neue Fürsprecher_innen gewinne, stelle sich dem MDR die Aufgabe, gesamtdeutsche Einheit unter seinen Zuschauer_innen zu stiften besonders dringlich. Tuma beantwortet seine Fragen implizit mit einem Vergleich. Wie es richtig gehe, zeige die anfangs erfolglose Alternative des ORB, der die „geschichtsklitternde[] Altlast" wie

60 Ebd.

etwa „Defa-Kitsch" nicht mehr sendete. In dieser Gegenüberstellung wird die Anklage an den MDR bekräftigt: Dieser mache sich schuldig, die alten DDR-Filme bruchlos ins neue Programm übernommen zu haben. Weil DEFA-Filme die Geschichte des untergegangenen und abzulehnenden Staates bereinigen, seien sie Kitsch. Abgelehnt und angegriffen wird im Kitsch-Urteil jedes noch so partielle Bekenntnis der Ostdeutschen zur DDR, da es die „notwendige Identifikation" mit der neuen Bundesrepublik und damit die innere Einheit vermissen lasse. Abschließend stellt Tuma dem Intendanten Reiter die Frage, ob der Einheitsauftrag auch erfüllt worden sei:

> Und – ist die deutsche Einheit nun vollzogen? „Im Prinzip ja", sagt Reiter. „Es knirscht noch ein bisschen, und an manchem Rand brennt's. Formal sind die Ostdeutschen in der Demokratie angekommen. Inhaltlich haben es sich viele schöner vorgestellt."
> Und natürlich bedient sein Sender weiterhin diese Unzufriedenheits-Befindlichkeiten der vermeintlich zu kurz Gekommenen. Das merkt man schon daran, welche Formate aufgrund ihres schieren Erfolgs einfach nicht wegzukriegen sind.[61]

Reiter antwortet, dass die neue politische Ordnung längst etabliert und die deutsche Einheit politisch außer Frage steht. Er gibt zu bedenken, dass die Erwartungen der Ostdeutschen an Demokratie und Marktwirtschaft bis heute nicht erfüllt werden konnten. Dieser doch sehr pragmatischen Absage Reiters an die innere Einheit widerspricht Tuma, indem er die Enttäuschung der Ostdeutschen, die der inneren Einheit entgegenstehe, als Irrglaube der „vermeintlich zu kurz Gekommenen" interpretiert. Die Ostdeutschen hätten demnach gar keine guten Gründe für den Rückzug in die Ost-Identität, die der MDR so geschmacklos bediene. Tuma ist dagegen überzeugt, dass der MDR jegliche Legitimation, ein solches ostalgisch-kitschiges Programm zu senden, längst verloren habe, weil es falsche Unzufriedenheit bediene und falsche Identifikation liefere, statt die innere Einheit voranzutreiben.

Fazit

Alle exemplarisch besprochenen Zeitungsartikel zur Markenwelt des Ostens und zur DDR-Alltagskultur, zur Populärkultur aus der DDR und über die DDR, die mit dem Vorwurf der Ostalgie und des Kitschs belegt worden sind, behaupten eine beachtliche Wirkung der kulturellen Dingwelt. Durch Trabis, FDJ-Hemden, ostdeutsche Biere, DDR-Puddingsorten, Filme wie *Sonnenallee*, *Helden wie Wir* und *Die Legende von Paul und Paula*, Schaumbäder, Kronleuchter und Tapeten aus der DDR wirke eine Kraft, die die Wahrnehmung der sie genießenden Ostdeutschen auf besondere Weise bestimme. Sie erlaube

61 Tuma: Im nahen Osten – so fern, S. 96.

nur die geschönte Sicht zurück auf die DDR und rege so die Identifikation der Ostdeutschen mit dem ehemaligen Staat erst eigentlich an. Darüber entstehe eine eigene Identität der Ostdeutschen, die sie gleichsam zu einem neuen Kollektiv zusammenschließe. Das mache die Markenwelt, die TV-Shows und Filmkomödien zu Kitsch.

Dass mit den Werken der Populär-, Alltags- und Konsumkultur aus der DDR und über die DDR ein Bekenntnis zur DDR abgelegt werde, betonen alle Autoren und bekräftigen damit das Wechselverhältnis von Kultur und Identität. Dass die Ostprodukte eine Ost-Identität erzeugten, ist Konsens der Debatte. Die Beiträge in der öffentlichen Debatte gehen selbstverständlich davon aus, dass Ost-Produkte und -filme ein illegitimer Beitrag zur gesamtdeutschen Kultur sind und quer zur Identifikation mit der Einheit stünden. Jene bekräftigten das Bekenntnis zur DDR, legten eine Identifikation mit dem DDR-Alltag nahe und stifteten damit eine Partikularidentität des Ostdeutschen. Die Beiträge machen klar, dass eine solche Leistung der Alltags-, Konsum- und Populärkultur keine Berechtigung besitze. Damit werden in der Ostalgie-Debatte solche Teile der Alltagskultur aussortiert, die sich in Form der Erinnerung positiv auf die DDR beziehen.

Dass das Verständnis von Kultur und Identität in Bezug auf die neuen ostdeutschen Bürger_innen alternativlos gilt, dafür wird öffentlich gestritten. Konsequent wird mit der Kultur aus der DDR und über die DDR abgerechnet. Weil sie bruchlos versöhne, in alte Muster der Vergangenheitsaneignung zurückfalle und schließlich die DDR wieder auferstehen lasse, weil sie ein Programm der Amnesie und des Vergessens, Flucht aus der Realität, Verklärung, Verdrängung, Verniedlichung und Märchenwelt sei und eine gesamtdeutsche Identität letztlich verunmögliche, verkommt die Populär-, Alltags- und Konsumkultur in der Sicht ihrer Kritiker_innen zur ästhetischen Minderwertigkeit. Dass sie quer zur gesamtdeutschen Identität stehe, mache die DDR-Kultur zum Kitsch. Ausgedrückt wird das ästhetische Urteil allerdings ganz als sachliche Eigenschaft der Kultur selbst, sie sei ‚künstlich', ‚grauenhaft', ‚stumpfsinnig', ‚banal', ‚grau', ‚pappig', „schaurig schön", ‚Bastelarbeit', Kunsthandwerk, ‚märchenhaft', letztlich also Kitsch. In gleicher Weise wird vom Vorwurf des Kitschs abgesehen, sobald die Ostprodukte apolitisch, distanziert oder praktisch konsumiert und genutzt werden, wenn sie dem bloßen Lebensgefühl und Lifestyle dienen. Letztlich bildet in der Debatte mit dem ästhetischen Urteil ‚Kitsch' der Maßstab einer gesamtdeutschen Identität die Folie, vor der die Alltags-, Konsum- und Populärkultur als solche für obsolet erklärt wird.

2.2 Schlossplatzdebatte: Der neue Repräsentationsbedarf der Nation

Durch die Wiedervereinigung und eine neu gewonnene Souveränität der Bundesrepublik durch den Zwei-plus-Vier-Vertrag 1990/91 stellt sich das Problem einer gesamtdeutschen Hauptstadt, das mit dem Umzug der Bundesregierung nach Berlin gelöst wird und damit zugleich das Ende des „Bonner Provisoriums"[62] besiegelt. Vorausgegangen war dieser politischen Entscheidung eine langanhaltende Debatte, die als ‚Hauptstadtfrage' bezeichnet wird. Man verbindet in der Debatte mit den Regierungssitzen Bonn und Berlin eine jeweils eigene Programmatik: Bonn gilt als Vertreterin der sogenannten Bundesstaatslösung, Berlin dagegen steht für die Vollendung der deutschen Einheit. Mit der Wahl Berlins als neuem alten politischen und kulturellen Zentrum soll an die Verdienste, aber auch die von Deutschland verantworteten Katastrophen des 2. Weltkriegs und der Shoah angeschlossen und das neue Selbstverständnis der Berliner Republik verdeutlicht werden. Fragen von höchster nationaler Bedeutung sind mit der Hauptstadtfunktion Berlins auf der Tagesordnung:

> Berlin war und ist der Fokus, in dem sich Geschichte, aktuelle Problemlagen und Zukunftserwartungen der Deutschen bündeln.[63]

An Berlin als Hauptstadt sollen sich Geschichtsbewusstsein, politische Gegenwart und Zukunftserwartungen ausrichten. Nicht ein einzelnes politisches Gremium wie der Bundestag, sondern die gesamte Stadt wird als Bezugspunkt für nationale Vergangenheit, Sehnsüchte und Wünsche bestimmt. Sie selbst soll Ausdruck für geleistete und noch zu leistende nationale politische, ökonomische und kulturelle Anstrengungen werden. Berlin wird also in der Hauptstadtfrage ganz grundlegend ein nationaler Symbolcharakter zugesprochen, der die innen- wie außenpolitischen Veränderungen und Ansprüche der neuen Republik darstellen soll. Dabei geht es immer auch darum, dass und wie sich die neuen politischen Ansprüche des Staates in den alten und neuen Bauwerken ausdrücken:

> Subtile Interpretationen der dort errichteten politischen Symbolik sind integrale Bestandteile der Berlin-Debatte. Architektur, Baustoffart und Standortwahl – alles ist mit Bedeutung aufgeladen. Sind Quadrate ästhetische Machtgesten? Signalisiert Glas Demokratie, Beton Diktatur, Holz Volksnähe? Die Wahrnehmung verkompliziert sich ferner durch die jeweiligen historischen Kontexte vor Ort. Niemand kann in Berlin der Geschichte entkommen.

62 Andreas Kießling: Berlin. In: Weidenfeld / Korte (Hrsg.): *Handbuch zur deutschen Einheit*, S. 57.

63 Ebd.

> Die historischen Bauten wie die neuen Anlagen, in denen künftig Politik gestaltet wird, sind dabei mehr als nur Kulissen, vor denen die Inszenierung „Deutschland“ spielt.[64]

Mit dem in der Debatte formulierten Anspruch an die Hauptstadt auf Repräsentation der Nation, ordnet und bewertete man die vorhandene und neu entstehende Architektur Berlins nach Kriterien der Bedeutung und des Sinns. Die Formen und Materialien der Bauwerke werden gleichsam als ästhetische Repräsentanten eines politischen Programms interpretiert, das sie nicht nur bebilderten, sondern durch ihre Existenz auch beglaubigen. Sie seien keine Kulissen der Politik, sondern Ausdruck einer politischen Geschichte und Gegenwart. In der Debatte wird also besonderer Wert auf die Leistung der Architektur gelegt, eine politisch-geschichtliche Programmatik als ästhetischen Wert zu veranschaulichen. Dabei ist eigentümlich, wie das Zitat verdeutlicht, dass diese ästhetischen Formen und Materialien von sich aus gar keinen eindeutigen Verweischarakter besitzen. *Dass* sie prinzipiell symbolisch und bedeutsam sind, wird daher immer wieder betont. Dass sie damit immer auch für die Werte der Demokratie stehen, also für „Volksnähe“ – und in anderen Fällen für „Inspiration“ oder für „Freiheit“ und „Einheit“ und nicht mehr für die „skrupellose Kriegs- und Außenpolitik“ der Nationalsozialisten[65] beispielsweise –, war Konsens in der Hauptstadtfrage.
In ihrer programmatischen Ausrichtung auf nationale Repräsentation ist die Hauptstadtdebatte fester Bezugspunkt für die Schlossplatzdebatte. Mit der Entscheidung für Berlin als Regierungssitz und Hauptstadt der neuen Republik erfährt die Schlossplatzdebatte wichtige Impulse. Es wird eine politische Wirklichkeit geschaffen, die Berlin auch praktisch zur nationalen Angelegenheit ersten Ranges macht und die für den Schlossplatz die wesentlichen Maßstäbe setzt. So schreibt der damalige Bundeskanzler Gerhard Schröder in seinem Geleitwort zur Publikation der Internationalen Expertenkommission zum Schlossplatz:

> Das Schlossareal bildet die historische Mitte Berlins. Hier und in seiner Umgebung liegen die geschichtlichen Wurzeln Berlins. Zugleich war das Berliner Schloss ein Zentrum staatlicher Repräsentation während wechselvoller Epochen deutscher Geschichte [...].
> Der Schlossplatz gehört der Stadt, und zugleich gehört er dem Staat. Dies gilt nicht nur – ganz gegenständlich – für die beiderseitigen Eigentumsverhältnisse. Dies gilt zugleich für die daraus abzuleitende politische Verantwortung.[66]

64 Ebd., S. 65.

65 Wilfried Scharf: *Deutsche Diskurse. Die politische Kultur von 1945 bis heute in publizistischen Kontroversen*. Hamburg: Academic Transfer 2009, S. 91.

66 Gerhard Schröder: Zum Geleit. In: Hannes Swoboda (Hrsg.): *Der Schlossplatz in Berlin. Bilanz einer Debatte*. Berlin: B & S Siebenhaar 2002, S. 7.

Der Schlossplatz zieht also nicht nur als ein geografisch zentraler Platz in Berlin nach der Wende Aufmerksamkeit auf sich, sondern als ein Platz, den Politik und Öffentlichkeit in der Debatte als symbolisches Zentrum der Berliner Republik begreifen. Was „die daraus abzuleitende politische Verantwortung" bedeutet, führt der damalige Kulturstaatsminister Julian Nida-Rümelin im Anschluss an Schröder in seinem Geleitwort aus:

> [D]iese eine Mitte – dort, wo früher das Schloss stand, weswegen sie die „historische Mitte" genannt wird – hat im Bewusstsein der Deutschen eine herausragende Bedeutung. Deshalb gehört die Gestaltung dieses Platzes und seiner Umgebung zu den kulturellen Aufgaben, für die sich die Bundesregierung in besonderer Weise mitverantwortlich fühlt.[67]

Die Bundespolitik will für den Platz „Verantwortung" übernehmen und sah dies explizit als Kern ihrer kulturellen Aufgaben. Es geht dem Bund um eine ästhetische Gestaltung des Platzes, die der Chiffre von der historischen Mitte gerecht werden und das nationale Bewusstsein aller Deutschen ansprechen soll. Mit anderen Worten wird gefordert, dass die zukünftige Architektur auf dem Schlossplatz *als Kultur* der Bedeutung der Nation Ausdruck verleiht. Die Erträge einer solchen ästhetischen Gestaltung drückt Hannes Swoboda, Vorsitzender der Internationalen Expertenkommission „Historische Mitte Berlin", wie folgt aus:

> Dennoch kommen Investitionen in wohl überlegte „grand projets" – besser mit „großartige Projekte" als mit „Großprojekte" übersetzt – jenen Staaten, die diese Aufgabenstellung auf sich nehmen, insgesamt zugute.[68]

Gelobt wird, dass sich solche kulturellen Großtaten wie die Gestaltung der ‚Historischen Mitte' in Berlin für Staaten wie Deutschland auszahlen. Zugute käme den Staaten die Leistung der Kultur als ästhetische Repräsentation der nationalen Gemeinschaft. Als Symbol für die höheren Werte der Nation betreiben kulturelle Großprojekte stets nationale Sinnstiftung. Dazu gehört, wie Nida-Rümelin formuliert, die Leistung der Architektur, das Bewusstsein der Deutschen als Deutsche anzusprechen und darüber nationale Identität zu stiften. 2002 beklagt Hannes Swoboda in der Debatte, dass Berlin „als Hauptstadt noch keinesfalls fest im Bewusstsein und in den Herzen aller Deutschen verankert"[69] sei, und da die grundsätzlich positive Haltung dem Schlossareal und seiner Bedeutung gegenüber fehle, auch die gewünschte identifikatorische Wirkung nationaler Symbolik auszubleiben drohe.

67 Julian Nida-Rümelin: Zum Geleit. In: Swoboda (Hrsg.): *Der Schlossplatz in Berlin*, S. 8.
68 Hannes Swoboda: Das Schloss: Zeit für eine Entscheidung. In: Ebd., S. 11–18, hier S. 12.
69 Ebd., S. 11.

Die Repräsentationsfunktion des Schlossplatzareals ist unstrittiger Konsens in der Schlossdebatte, sowohl unter den Befürworter_innen des Palasts der Republik als auch unter denen des Schlossneubaus, sowohl unter den politischen und kulturellen Eliten als auch unter den Bürgerinitiativen.[70] Es herrscht Einigkeit darüber, was die künftige Bebauung leisten sollte, „ein Symbol der Demokratie werden".[71] Die zunächst offen klingende Frage der Kolloquien-Reihe „Schloss – Palast – Haus Vaterland": „In welchem Verhältnis stehen Herrschaftsform, architektonisches Monument und nationale Identität?"[72] ist insofern bereits im Ausgangspunkt der Debatte beantwortet: Das ‚architektonische Monument' soll grundsätzlich und vor allen gestalterischen Details in einem funktionalen Verhältnis zur existierenden ‚Herrschaftsform' der Demokratie stehen und so der Identifikation mit der nationalen Sache dienen. Diesen Anspruch, den die politischen Entscheider_innen und Gestalter_innen an den Schlossplatz stellen und durch eine entsprechende Stadtentwicklungspolitik zementieren,[73] macht die Öffentlichkeit zum Prüfstein für Vorschläge und Entwürfe und verwirft darüber nicht selten ganze Konzepte.[74]

Deutungskämpfe finden in der Frage des ‚Wie' einer solchen repräsentativen Gestaltung statt. Um die Art und Weise der Bebauung – ob der Palast stehen bleiben kann oder abgerissen werden soll, ob ein Neubau angemessen ist oder das alte Schloss wiedererrichtet werden soll – wird heftig gestritten. Will eine

70 Beate Binder: *Streitfall Stadtmitte. Der Berliner Schloßplatz*. Köln / Weimar / Wien: Böhlau 2009, S. 274.

71 Anna-Inés Hennet: Die Berliner Schlossplatzdebatte – die Geschichte einer Identitätssuche. In: Alexander Schug (Hrsg.): *Palast der Republik. Politischer Diskurs und private Erinnerung*. Berlin: BWV 2007, S. 54–66, hier S. 57.

72 Anna-Inés Hennet: *Die Berliner Schlossplatzdebatte im Spiegel der Presse*. Berlin: Braun 2005, S. 104.

73 Der Bund schuf sich mit dem Flächennutzungsplan vom 23.06.1994 eine Verfügung über den Schlossplatz, der als „Sonderbaufläche Hauptstadtfunktion (H)" deklariert nun der Verpflichtung enthoben wurde, Ministerien aufzunehmen, und mit einem Zusatzparagraphen versehen zu einem Gebiet von „außergewöhnlicher stadtpolitischer Bedeutung" erklärt wurde. (Hennet: *Die Berliner Schlossplatzdebatte im Spiegel der Presse*, S. 77.)

74 Beispielsweise wird 1992 der Vorschlag des Berliner Landeskonservators Helmut Engel, den noch Marx-Engels-Platz genannten Schlossplatz und das umliegende Ensemble unter Denkmalschutz zu stellen, von der übergeordneten Behörde des Senators für Stadtentwicklung und dem Bund zurückgewiesen. Dafür fordert man in der Öffentlichkeit „seinen [Engels, S. L.] Kopf". Die *Berliner Zeitung* titelt empört, dass Berlin sich „diesen Mann" „nicht leisten" könne (mön.: Ballast der Republik. In: *FAZ*, 01.02.1992, S. 11; Diesen Mann kann sich Berlin nicht leisten. In: *Berliner Zeitung*, 28.01.1992). Engels Kollege Jörg Haspel betont später, dass eine Denkmalschutzdebatte aus „Mangel einer historischen Aufarbeitung der DDR" verfrüht angestoßen worden sei. (Jörg Haspel: Denkmalschutz für Bauten der 70er Jahre? In: Landesdenkmalamt Berlin (Hrsg.): *Denkmalpflege nach dem Mauerfall. Eine Zwischenbilanz*. Berlin: Schelzky & Jeep 1997, S. 120–123, hier S. 122–123.)

Seite den Palast der Republik als Grundsatzfrage der Abrechnung mit der DDR abgeräumt wissen, plädiert eine andere Seite für dessen Erhalt aus Gründen des gesamtdeutschen Zusammenwachsens, und eine dritte Seite wehrt sich gegen das preußische Geschichtsbild eines Wiederaufbaus und streitet für einen alternativen Weg. Entsprechend vielfältig fallen die – an dieser Stelle exemplarisch vorgestellten – Inhalte und Positionen innerhalb der Debatte aus:
(a) Gestritten wird um die Frage, ob ein Bau, der eine der Demokratie feindlich gesinnte Herrschaftsform repräsentiert, das neue Deutschland überhaupt darstellen darf. Schon der erste Beitrag zur jahrelang andauernden Debatte von *FAZ*-Autor und -Herausgeber Joachim Fest fasst die grundlegende Polemik gegenüber dem Sozialismus zusammen. Fest äußert, dass die Gründe für den damaligen Abriss des Schlosses wesentliche Argumente für dessen heutigen Wiederaufbau wären. Weil die DDR einen ‚Roten Platz' in Berlin „für die massenweise dargebotenen Unterwerfungsgesten der Verehrung, die einer fremden, so östlich wie vergangenen Vorstellungswelt entstammen"[75], wollte, müsse das Schloss wiedererrichtet werden. Nichts geringeres als die zivilisatorische Überlegenheit würde den Westen vom Osten und das Stadtschloss vom Palast der Republik trennen. Diese Überlegenheit solle sich gleichzeitig in ein Symbol des Scheiterns der DDR übersetzen:

> Wenn der Abbruch des Schlosses das Symbol ihres Sieges sein sollte, wäre die Wiedererrichtung das Symbol ihres Scheiterns.[76]

Fest bringt damit das Argument in die Debatte ein, dass man den ehemaligen Systemfeind nicht einfach nur politisch, sondern auch symbolisch besiegen müsse. Gegen diese Vorstellung regt sich später Einspruch. Simone Hain[77] warb in Opposition zu Fests Artikel dafür, diese symbolische Rache zugunsten der Idee einer mildtätigen, überlegenen Nation zurückzustellen. Andreas Apelt, CDU-Abgeordneter in Berlin, wiederum stärkte 1998 in der *Berliner Morgenpost* die Vorstellung von einer Abrechnung mit dem Sozialismus in Form des Abbruchs des Palasts:

> Das sozialistische Statussymbol muss verschwunden sein, bevor der Bundestag in die Hauptstadt kommt und Teile der SPD gemeinsam mit der PDS erneut eine ideologisch behaftete Denkmalschutzdebatte für den asbestverseuchten DDR-Palast starten.[78]

75 Joachim Fest: Denkmal der Baugeschichte und verlorenen Mitte Berlins. Das Neue Berlin, Schloss oder Parkplatz? Plädoyer für den Wiederaufbau des Schlüterschen Stadtschlosses. In: *FAZ*, 30.11.1990, S. 35.

76 Ebd., S. 35.

77 Simone Hain: Späte Rache an den Barbaren. In: *Der Spiegel*, 14.12.1992, S. 192–194.

78 Zit. n. Hennet: *Die Berliner Schlossplatzdebatte im Spiegel der Presse*, S. 115.

Die fundamentale Opposition des „sozialistische[n] Statussymbol[s]" zur Berliner Republik drückt Apelt als Nicht-Dulden-Können aus. Es könne schlicht kein Berlin als Hauptstadt und Regierungssitz geben, das vereinbar mit einem Bauwerk sei, das immer noch für die Ideologie der DDR steht, vor allem wenn deren Anhänger weiterhin so stark für den Erhalt des Palasts kämpfen. Noch 2002 begreift die Kommission „Historische Mitte Berlin" in Gestalt ihres Vorsitzenden Swoboda das Schloss als Opfer sozialistischer Aggression und Willkür, denn es sei „durch Bomben und durch Ideologie"[79] zerstört worden. Der Palast der Republik wurde in diesem Bereich der Debatte als Symbol für das „Gesamtsystem" DDR-Diktatur und Staatssicherheit aufgefasst, als „Parabel auf den gesamten Staat"[80], dem man entschlossen entgegentreten will. Als Positivfolie zu diesem Leitbild wird der Schlossneubau als nationaler „Heilungs- beziehungsweise Erneuerungsprozess"[81] und damit als Mittel der deutschen Einheit begriffen. Günter de Bruyn interpretiert das Schloss folgerichtig als „Symbol für die Einheit"[82] der Nation.

(b) Die Auseinandersetzung mit dem preußischen Erbe ist ein zweiter wesentlicher Teil der Debatte, der durch einen positiven wie durch einen negativen Bezug auf die preußische Geschichte gekennzeichnet ist. Zum einen richtet man sich im Namen der Demokratie gegen das preußische Schloss als Ausdruck einer überlebten Ordnung. Bundesbauminister Peter Strieder erklärt 1999, „die Bundesrepublik baut republikanisch, nicht monarchisch".[83] Im Sinne dieser Abgrenzung wird Kritik am Schlossneubau laut. Man begreift, wie der Berliner Landeskonservator Helmut Engel es formulierte, das Schloss als „Fälschung"[84], oder vermisst, wie Tilmann Buddensieg es ausdrückt, die „Geschichtlichkeit"[85] des Bauwerks. Die Kritiker_innen klagen Authentizität ein, die einem repräsentativen Bauvorhaben solcher Größenordnung zwingend eingeschrieben sein müsse. Ihr Argument ist, dass dort wo Authentizität und damit die Autorität der Repräsentation von Demokratie nicht gewährleistet sei, die Architektur zum „Disneyland"[86] verkomme. Auch die Finanzierung wird vor dieser Folie

79 Swoboda: Das Schloss, S. 13.

80 Tim Birkholz: *„Schloss mit der Debatte!"? Die Zwischennutzung im Palast der Republik im Kontext der Schlossplatzdebatte.* Berlin: Universitätsverlag der TU Berlin 2008, S. 17.

81 Swoboda: Das Schloss, S. 14.

82 Zit. n. Hennet: *Die Berliner Schlossplatzdebatte im Spiegel der Presse*, S. 43.

83 Zit. n. ebd., S. 116.

84 Ebd., S. 43.

85 Ebd.

86 Ebd., S. 54.

diskutiert, weshalb man der Regierung das Recht abspricht, „dieses herausragende Erbe der preußischen und deutschen Geschichte zu privatisieren".[87]

(c) Die Schlossplatzdebatte wird durch eine Ebene ergänzt, die ‚rein' städtebaulich zu argumentieren vorgab. So erklärt beispielsweise Wolf Jobst Siedler nicht den Symbolcharakter des Palasts der Republik zum Problem, sondern dessen Kubatur und Lage.[88] Dessen bloßes Volumen soll schlicht nicht zu einem städtebaulichen Gesamtensemble beitragen können, weil es die anderen Gebäude nicht einzubinden vermag. Dieses Argument nimmt scheinbar Abstand von einer ideologischen Debatte und entwickelt die Logik eines städtebaulich-architektonischen Sachzwangs der Form, der dem Schloss klar den Vorrang gibt. Damit bekommt diese Art des Argumentierens eine besondere Funktion in der Debatte: Sie gilt als vermeintlich rationaler Verweis auf einen baulichen Sachzwang, ist aber in der Regel nicht weniger parteilich. So hat es sich durchgesetzt, Kritik und „Äußerungen zum Palast der Republik in den Deckmantel der zukünftigen gestalterischen Form dieses Platzes zu kleiden."[89]

(d) Schließlich gilt auch für das Nutzungskonzept das Gebot demokratischer Repräsentation: „Der Inhalt des Schlosses sollte ebenso bezwingend sein wie seine Gestalt."[90] Man streitet, ob und wie das Humboldt-Forum ein Ausweis für Ansehen und Weltoffenheit der neuen Nation sei und eine positive Identifikation und Sinnstiftung leiste. Einspruch gibt es beispielsweise seitens solcher Gruppen, die im eurozentristisch ausgerichteten Repräsentationsbedarf des Forums eine Verletzung der Würde „von Menschen in allen Teilen der Welt" ausmachen.[91] Dieser Streit dauert bis heute an und wird vermutlich erst im Zuge der Aufnahme der praktischen Arbeit des Humboldt-Forums entschieden werden können. Der ihm zugrundeliegende Maßstab allerdings ist immer konsensfähig gewesen.

Letztlich wird durch den Bundestag zunächst die Asbestsanierung des Palasts der Republik und dann mit der Expertenkommission „Historische Mitte

87 Franziska Eichstädt-Bohlig: Werkstatt der Baukultur, Zukunft Schloßplatz (I): Es darf kein privates Investitionsprojekt werden. In: *Berliner Zeitung*, 14.01.2000. http://www.berliner-zeitung.de/archiv/zukunft-schlossplatz--i---er-darf-kein-privates-investitionsprojekt-werden-werkstatt-der-baukultur,10810590,9757308.html. (Zugriff am 19.09.2014).

88 Binder: *Streitfall Stadtmitte*, S. 212.

89 Hennet: *Die Berliner Schlossplatzdebatte im Spiegel der Presse*, S. 57.

90 Patrick Bahners: Berlins Stadtschloss. Von der Lust, ein Bürger zu sein. In: *FAZ*, 06.07.2007. http://www.faz.net/aktuell/politik/berlins-stadtschloss-von-der-lust-ein-buerger-zu-sein-1458298.html. (Zugriff am 19.09.2014).

91 Moratorium für das Humboldt-Forum im Berliner Schloss. http://www.no-humboldt21.de (Zugriff am 23.09.2014).

Berlin" der Wiederaufbau des Schlosses sowie der Abriss des Palasts beschlossen. Interessanterweise ergibt sich mit und durch die Arbeit der Kommission bei Kommissionsmitgliedern, Politiker_innen und Bevölkerung ein Sinneswandel in Bezug auf den Wiederaufbau des Schlosses. Selbst überzeugte Kritiker_innen wie Helmut Engel, Tilmann Buddensieg, Josef Paul Kleihues, Goerd Peschken, Laurenz Demps, Friedrich Dieckmann, Barbara Jakubeit oder Peter Klemm wechseln ihre Positionen und befürworten letztlich eine Rekonstruktion.[92] Der Schlossplatzdebatte ist dieser Sinneswandel abschließend eingeschrieben; nach der Entscheidung zum Wiederaufbau des Schlosses durch das höchste politische Gremium des Landes wandelt sich auch die Debatte. Die Entscheidungen gegen den Palast und für das Stadtschloss wird öffentlich als notwendige Entscheidung begrüßt.

„Wir sind der Platz"

Gerwin Zohlen führt in die Problematik des Schlossplatzes ein, indem er ihn als „schlechthin de[n] ‚nationale[n] Gedächtnisort'"[93] vorstellt, dessen Bebauung dem geschichtlichen Denken gerecht werden müsse, indem er die gewünschte Kontinuität „von Preußens Aufstieg bis zur Reichsgründung und schließlich zum Sturz in den Nationalsozialismus verknüpft und erinnert". Als „sedimentierte Geschichte" müsse die Architektur auf dem Berliner Schlossplatz beweisen und ausstellen, dass die Wiedervereinigung nicht nur „Kanzlerrhetorik" gewesen sei. Der Ort selbst verpflichte die Architektur darauf, den Bedürfnissen historischer Sinnstiftung nachzukommen, indem sie die Berliner Republik als positive Erbin einer reichen, wenn auch stellenweise dunklen deutschen Vergangenheit präsentiert, die es nun zu ansehnlicher nationaler Größe und Geltung gebracht habe. Zohlen bringt diese Sicht noch einmal anhand des Wiederaufbaus des Berliner Stadtschlosses auf den Punkt:

> Aber es handelt sich hier nicht allein um eine ästhetische Frage architektur- oder städtebauhistorischer Natur, um ein Problem des Denkmalschutzes und seiner reinen Lehre. Vielmehr dreht es sich um ein politisches und geschichtsmoralisches Anliegen ersten Ranges. Denn der Berliner Schloßplatz gehört nicht – wie die Frauenkirche den Dresdnern – Berlin allein, sondern eben der Nation.

Als nationales Eigentum soll der Berliner Schlossplatz nicht nur städtebaulichen Kriterien genügen, sondern höchsten politischen Anliegen. Mit der Frage der Gestaltung des Schlossplatzes sei immer zugleich die nationale Sache betroffen.

92 Hennet: *Die Berliner Schlossplatzdebatte im Spiegel der Presse*, S. 135–136.

93 Gerwin Zohlen: Wir sind der Platz. In: *Die Zeit*, 02.10.1997. http://www.zeit.de/1997/41/Wir_sind_der_Platz/komplettansicht (Zugriff am 12.11.2014). Alle Zitate stammen im Folgenden aus diesem Artikel.

Architektur, die dem Zweck nationaler Repräsentation nicht nachkomme und es an der gewünschten nationalen Sinnstiftung fehlen lasse, die „der Seele keinen Halt" gebe und ihre „öffentlich-hoheitlichen Staatsaufgaben in historischer Dimension" nicht wahrnehme, gehöre nicht auf den Schlossplatz. Zohlen entdeckt diese Art der Architektur, wenn er 1997 auf den Schlossplatz schaut, im Palast der Republik.

> Ausgeweidet wie ein aufgebrochenes Wildbret lagert er hinter Zäunen und erblindet langsam. Seine Einrichtung ist in mehrere Restaurants und Kneipen im Osten der Stadt gewandert, zwiespältige Empfindungen angesichts solch finster strahlender Gemütlichkeit und altdeutsch drapierter Eichentischlerei, Kutschräder auf Neubaubalkonen.

Zohlen stellt den Palast der Republik als ein erlegtes Tier vor, dem bereits alle verwertbaren Teile entnommen wurden, das aber paradoxerweise noch lebt und zusehends an Sehkraft und damit, gemessen an gesunden Tieren, an (Über-)Lebensfähigkeit verliert. Obwohl Zohlens Urteil über angemessene Architektur auf dem Schlossplatz ganz und gar politischen Maßstäben nationaler Repräsentation folgt, ist die Ablehnung des Palasts mit keinem Wort politisch. Der Palast wird als ästhetischer Verstoß vorgestellt, bei dem den Autor „zwiespältige Empfindungen" überkommen. Dem Palast selbst, seiner architektonischen Gestalt und dem Design seiner Inneneinrichtung, soll zu entnehmen sein, dass man sich ihm gegenüber nur skeptisch äußern kann. Dabei sind „Gemütlichkeit" und „altdeutsch" ausschauende Eichentische gar kein Widerspruch zu Zohlens viel beschworenem Maßstab deutscher Tradition, die die Architektur auf dem Schlossplatz demonstrieren soll. Zohlen unterstellt – das kann man den Argumenten ex negativo entnehmen – immer schon die repräsentative Funktion des Palasts für eine mit der Demokratie konkurrierende Ordnung. Diese Funktion ist Ausgangspunkt der ästhetischen Abwertung des Palasts, die ganz an der Formensprache der (Innen-)Architektur festgemacht wird.
Zohlen sieht in Bezug auf den Schlossplatz und das Berliner Stadtschloss, dessen Rekonstruktion nur „Banausen" nicht am Herzen liege, „Handlungsbedarf", um „Schaden vom Ansehen" der Nation abzuwenden, weshalb der Schlossplatz umgehend seiner eigentlichen Funktion zugeführt werden müsse. Aus finanziellen Gründen, die Zohlen einsieht, werde mit der Privatwirtschaft in „public-private partnership" paktiert, was der Autor streng ablehnt. Es drohe der Ausverkauf der Bedeutung des Bauwerks, weil privaten Unternehmen das „Gestaltungsrecht" eingeräumt werde:

> Sosehr in Einzelfällen die Privatisierung staatlicher Aufgaben ihr Recht und ihren Vorteil haben mag, in diesem empfindlichen Bereich politischer Geschichte darf staatspolitisches Handeln nicht kommerziell verscherbelt werden, ohne berechtigten Unfrieden zu erzeugen und – Lächerlichkeit zu ernten.

Nichts geringeres als die Verhöhnung nationaler Bedeutung und der nachhaltige Schaden für die Ausstrahlung der Berliner Republik drohe durch die Privatunternehmen. Sie griffen in den „empfindlichen Bereich" nationaler Repräsentation zum Schaden des nationalen Images ein, indem sie das Weihevolle profanisieren. Zohlen fühlt sich an die DDR erinnert, denn diese „Art der Nutzung gab es in etwa schon einmal, nämlich im Palast der Republik." So steht sein Urteil fest:

> Doch was schafspelzig und sentimental auftritt, versteckt einen antistädtischen Werwolf im Herzen. Um rentabel zu sein, muß das Gebilde fast doppelt soviel Fläche bieten wie der einst „riesige Kasten" des Schlosses – das bedeutet etwa 700.000 Quadratmeter statt gehabter 390.000. Hier vermählt sich ein röhrender Hirsch mit 'nem zeitgemäßen Girlie auf feuerrotem Sofa im Hotel. Tosender Kitsch oder, kultivierter gesagt, geschichtsvergessene Fassadenklitterei.

Die Rekonstruktion des Berliner Stadtschlosses gebe sich als harmlos aus, gefährde aber das städtische Leben. Die Abhängigkeit von der Gewinnrechnung der Privatwirtschaft zwinge, bei der Rekonstruktion historisch ungenau zu werden, mithin das Bauwerk mit doppelter Nutzfläche entstehen zu lassen. Die weihevolle städtische Funktion des Bauwerks werde so korrumpiert, was man dann nur als „Fassadenklitterei" oder als „[t]osende[n] Kitsch" bezeichnen könne. Das Schloss sei letztlich eine Geschmacklosigkeit und Ergebnis eines (Geschlechts-)Akts zwischen dem Epitom des Kitschs, dem röhrenden Hirsch und einem jungen, geschmacklosen Mädchen auf einem ästhetisch minderwertigen Sofa.

Dem ästhetischen Kitsch-Urteil liegt ein außer-ästhetischer Maßstab zugrunde, es ist der einer gelungenen nationalen Repräsentation, den das Schloss nunmehr verletzte, weil es privatwirtschaftlichen Interessen genügen müsse. Obwohl der Staat sich in seiner ganzen marktwirtschaftlichen Räson auf nichts anderes als auf erfolgreiche private Geschäfte stützt, werde nationale Sinnstiftung durch private Interessen in Frage gestellt. Mit dem Schlossneubau, so Zohlens Logik, werde letztlich die gelungene geschichtsmoralische Identifikation der Bürger mit ihrer Nation boykottiert, weil das richtige Gedenken nur mit einer baulichen Hülle gewährleistet sein könne, die ganz der Machtvollkommenheit des Souveräns entspringe.

Gegen den Palast der Republik erhebt Zohlen den Kitsch-Vorwurf nicht, weil es seiner Vorstellung entspricht, dass „alttestamentliche Rachemuster" und „moralischer Fundamentalismus" „aufgeklärten Zentraleuropäern fremd geworden sein sollte". Aus geläuterter nationaler Sicht dürfe man den Palast nicht verdammen, sondern müsse ihn „in den allergrößten Teilen [...] erhalten". Alles andere sei einem „historischen Karnickelblick" verhaftet, der den korrekten historischen Blick auf eine aufgeklärte und legitime europäische Nation verstelle. Es gelte, den „zivilen Geist der Bundesrepublik – der alten und der neuen“ in Berlin, als bundesdeutscher Hauptstadt, städtebaulich richtig darzustellen.

„Das Schloß als Symbol“

Schon mit dem ersten Blick auf den *Spiegel*-Artikel von Matthias Matussek wird den Leser_innen eröffnet, welche Sicht auf das Stadtschloss vertreten wird. Zwei Panorama-Fotos des historischen und gegenwärtigen Schlossplatzes, die jeweils zwei Drittel der Magazin-Doppelseite einnehmen, sind wie folgt untertitelt: „Berliner Dom, Stadtschloß (um 1905): Abschluß und Krönung des Lindenboulevards im Herzen der Metropole“[94], „Berliner Dom, Palast der Republik (heutiger Zustand): Provinzklotz für uniforme Volkskammerabstimmungen“[95]. Es zeigt sich hier, dass mit dem Stadtschloss und dem Palast der Republik Themen eröffnet sind, die über städtebauliche Fragen weit hinausweisen. Wer am Palast im Zustand von 1998 einerseits noch seine Funktion für Volkskammerabstimmungen herausstellt und ihm andererseits die Bedeutungslosigkeit bescheinigt, die ein ganzes politisches System metonymisch einschließt, weist der Architektur deutlich eine politische Funktion zu, formuliert die Kritik aber als ästhetischen Einspruch. Die Funktion des Palasts verhält sich offenbar konträr zur geforderten Ausgestaltung des Berliner Schlossplatzes – im weiteren Verlauf des Artikels wird deutlich, welchen Kriterien die kommende Gestaltung zu genügen habe.
Als eine Art Heilwirkung vom negativen Image des Palasts bespricht Matussek das Berliner Stadtschloss, dessen Rekonstruktion er als dringendes und alternativloses Anliegen vorstellt:

> Merkwürdig, daß keiner hier unten aufs Schloß zu sprechen kommt. Daß keiner das fehlende Gravitationszentrum der Stadt jenseits der Tür beklagt, keiner an dem Mangel würgt, den die gähnende Brache verkörpert, ein Aufmarschgebiet, das nur für Kolonnen schreiender Menschenmassen taugt und den totalitären Terror des Gewöhnlichen.[96]

Zunächst macht Matussek den Schlossplatz zum quasi-natürlichen Mittelpunkt der Stadt, um den planetenähnlich alles kreist. Anschließend leitet er aus der fehlenden Bebauung, die eigentlich eine körperliche Reaktion der Übelkeit hervorrufen müsste, so etwas wie das Potenzial falscher plebejischer Aktivierung

94 Matthias Matussek: Das Schloß als Symbol. In: *Der Spiegel*, 13.07.1998, S. 158–164, hier S. 158–159.

95 Ebd.

96 Ebd., S. 158.

und den „Terror" des Banalen ab. Mit entwaffnender Klarheit spricht Matussek aus, wofür das „Gravitationszentrum" dienen soll und wofür nicht: Sein demokratisches Ideal, dass er dem Palast der Republik so scharf gegenüberstellt, ist keines der Versammlung und der Volksmassen. Dem Gewöhnlichen und dem Alltäglichen, mithin der Durchschnittsbürger_in soll dieser Platz nicht gerecht werden; stattdessen hätte ein Bauwerk zu entstehen, „das sich durchaus mit den ersten Europas messen kann", und „die demokratische Vorliebe für Mehrzweckhallen" und „das Zeitalter der Gartenzwerge und Fußgängerzonen"[97] hinter sich lasse. Es ist der Wunsch nach einem Symbol, dass die ‚Gravitation', die Größe, Anziehungskraft, Stärke – und damit die Sinnhaftigkeit – der neuen Republik versinnbildlichen soll. Für Matussek ist klar, dass die Sozialist_innen diese überragende Kraft historisch beseitigen mussten:

> Es war eine kulturelle Geiselerschießung. Vorgeblich im Kampf gegen den Klassenfeind, vorgeblich ein Racheakt am Feudalismus – in Wahrheit aber einer an einer architektonischen Kraft, die wie ein stummer Vorwurf das nachwachsende Gekröse überdauert hätte.[98]

Die DDR habe eine Geisel genommen und sie erschossen. In diesem Bild fällt der legitime Umgang mit dem Schloss nicht der DDR zu, sondern der BRD. Die Sprengung des personifizierten Bauwerks soll so als allzu radikale Gewalt gegen eine unschuldige Kultur erscheinen. Matussek weist die politische Begründung der Sprengung zurück und klärt über die wirklichen Motive auf: Nicht die politische Konkurrenz der Systeme sei ausschlaggebend, sondern die Architektur selbst, die alle DDR-Bauten ästhetisch in den Schatten gestellt hätte. Matussek entpolitisiert das Motiv der Sprengung, um es als reinen Akt der kulturellen Barbarei erscheinen zu lassen; er politisiert es dann wieder, um die Sozialist_innen auf dem Feld der Kultur politisch zu diskreditieren. Vor der ästhetischen „Kraft"[99] des Schlosses hätten sich die Sozialist_innen gefürchtet, weil sie wussten, dass ihre repräsentativen Bauten und damit der Glanz, der auf ihre Gesellschaftsordnung fällt, unterlegen seien. Statt also den Kampf der Systeme auf dem Feld der Kunst ‚fair' zu verlieren, haben sie einfach das überlegene Machwerk, das als „stummer Vorwurf" gegen ihr „Gekröse" dagestanden hätte, abgeräumt. Das sei keine politische Entscheidung, obwohl Matussek das als politischen Inhalt bespricht, sondern willkürliche Gewalt gegen Kultur, „kulturelle Geiselerschießung". Der Palast der Republik sei dann „als Grabstein auf Teile der alten Schloßfundamente gelegt"[100] worden und trat somit das Erbe

97 Ebd.
98 Ebd., S. 159.
99 Ebd.
100 Ebd., S. 160.

der sozialistischen Erschießungskommandos an. Dem Palast fällt es zu, statt überragender Feudalarchitektur eine ästhetische Geschmacklosigkeit zu sein – oder in Matusseks Worten: „SED-Honoratioren-Baracke", „grausamer Witz", „rostbraune[s] Kleinbürger-Kacka", „Monstrosität", „Erichs Lampenladen" oder „Honecker-Kommode".

Derart Schlossplatz, Schloss und sozialistische Gegenentwürfe in ein Verhältnis gebracht und ins Bild gesetzt, kommt Matussek bei dem Gedanken an ein „demokratische[s] Sponsoring" eines Wiederaufbaus des Schlosses ins Schwärmen:

> Ein sehr langwieriges, fast utopisches Projekt, das eine ungewöhnliche Energieleistung voraussetzt. Aber hat nicht der komplette Neubau des Warschauer Schlosses diese Energien freigesetzt, als Sache der nationalen Würde und gemeinsamen Anstrengung? Man stelle sich diesen deutsch-deutschen Vereinigungsschub vor: die gemeinsame Anstrengung zur Wiederherstellung eines Schmuckstücks, die sinnliche Repräsentation gemeinsamer Vergangenheit.
>
> Das Schloß aufzubauen wäre darüber hinaus eine schöne antimoderne Paradoxie. Eine untergegangene Fürstenresidenz könnte wiederkehren als Entwurf kollektiver Erinnerung. Bisher war es umgekehrt: Da ersonnen sich Architektenfürsten in genialem Terror jene Silos, die das Volk abzuwohnen und auszubaden hatte. Nun könnte sich das Volk als Gesamt-Architekt den Palast [*sic*] zurückerträumen.[101]

Nichts geringeres als ein nationales Einigungsprogramm ruft Matussek mit dem Wiederaufbau des Schlosses auf, man solle doch nur einmal auf Polen und das Warschauer Schloss schauen. Nur wurde Matusseks Kronzeuge für die nationale Einheit im Zeichen der Demokratie 1984 unter sozialistischer Herrschaft und ohne nationale Teilung wiedererrichtet. Diese Details sind zu vernachlässigen, wenn es um eine Kraftanstrengung ungewöhnlichen Ausmaßes geht, die der „nationalen Würde" zu dienen verspreche, vor allem aber einen „deutsch-deutschen Vereinigungsschub" verheiße. Die Kultur materialisiert in Gestalt des Schlosses selbst solle für ein handfestes nationales Einigungsprogramm sorgen und die innere Einheit herstellen. Das Volk, das Matussek anfangs noch als brüllende Menschenmasse kannte, soll sich nun als „Gesamt-Architekt" einer nationalen Repräsentation imaginieren und darüber zur Einheit finden. Dass die Masse dann im Schloss eine „kollektive Erinnerung" pflegt, macht sie in Matusseks Augen dann zu würdevollen Anhängern ihrer Nation, selbige zur großen und erledigt schließlich in einer Art historischem Treppenwitz den „genialen Terror" der „Architektenfürsten". Ganz so als ob die „Silos" nun nicht mehr bewohnt werden müssten, wenn man sich ein Schloss „zurückerträum[t]".

101 Matussek: Das Schloß als Symbol, S. 161.

Die Gegner dieses elaborierten Volkseinigungsprogramms sind Matussek im Weiteren besonderer Befassung wert. Zu ihnen zählt er die Stadtplaner_innen der Nachkriegszeit in Ost und West, die „die deutschen Innenstädte kaputtsaniert“[102] hätten, sozialdemokratische Kommunalpolitiker_innen der Gegenwart, die „Linden im Lustgarten ab[...]hacken“[103] lassen, und nicht zuletzt Journalist_innen, die „in selbstanbetender Feuilletondrechslerei“ „dem Normalbürger das ‚Zeitgemäße‘ über den Schädel ziehen wie eine historische Kopfnuß“[104]. Einer der kritisierten Kommunalpolitiker_innen ist der damalige SPD-Senator für Stadtentwicklung, Umweltschutz und Technologie, Peter Strieder, der sich für die Sanierung und bauliche Erweiterung des Palasts der Republik politisch einsetzte.

> Für Strieder bedeutet die gerade bewilligte Asbestsanierung des Palastes nur einen ersten Schritt für dessen Wiederaufbau. Man könne Erichs Lampenladen sogar auf Schloßgröße ausbauen. Irgendwann könne er sich statt der FDJ-Feten dort durchaus mal den „Juso-Bundeskongreß“ vorstellen.
>
> Auf alle Fälle, so gelobte er bereits dem einstigen FDJ-Blatt „Junge Welt“, wolle man besondere Behutsamkeit walten lassen, etwa bei der Rettung der Bestuhlung des beliebten „Jugendcafés“. Für die „denkmalgerechte“ Zwischenlagerung von Marmorplatten und zeitlos schönem Proletenkitsch kalkuliert er 10 Millionen Mark. Ein Klacks.[105]

Den Palast der Republik zu erhalten, scheint Matussek vor der Folie sozialistischer „Geiselerschießung“ und Grabsteinpflege sakrosankt. Dass man den Palast sogar auf Schlossgröße ausbauen könne, erscheine lächerlich angesichts der behaupteten Provinzialität des „Lampenladen[s]“ (ohne Anführungsstriche). Auch das Nutzungskonzept sei diskreditiert, wenn Kongresse demokratischen Parteiennachwuchses als FDJ-Wiedergänger gehandelt werden. Ganz absurd sei es dann, die Palasteinrichtung fachgerecht einzulagern. Was nicht den Anspruch auf Erhaltung habe, sondern „Proletenkitsch“ sei, könne schließlich nur denkmalgerechte Behandlung (in Anführungsstrichen) erwarten. Dafür Millionen auszugeben, wird von Matussek bissig verspottet.

Die Einrichtung des Palasts der Republik ist dem Autor zufolge „Proletenkitsch“, der seinerseits den realsozialistischen Arbeiter- und Bauernstaat repräsentiere und für eine skrupellose, willkürliche, frevelhafte, letztlich kulturlose und illegitime Herrschaft stehe. Zu Kitsch werden die Teile des Palasts, weil sie quer zum Maßstab eines gemeinsamen deutschen Nationalstolzes stünden und

102 Ebd.
103 Ebd.
104 Ebd., S. 164.
105 Ebd., S. 163.

für „Nein-Sager" und Linke Identifikationsobjekte bereitstellten. Das ganze volkseinende Wirkungsverhältnis, auf dem Matussek mit dem Schlossneubau besteht, werde durch den Palast konterkariert und unterlaufen. Kitsch ist der Verstoß gegen diesen Auftrag einer Herstellung von nationaler Gemeinschaft. Das Kitsch-Urteil hat also die nationale Identitätsstiftung zur Grundlage, hält aber am Palast die Verletzung und Gegnerschaft dieses Maßstabs ästhetisch fest.

Dass der Palast des Asbests wegen ganz abgeräumt wird, begrüßt Matussek; allerdings seien es die gänzlich falschen Motive:

> Nun wird der Palast weggeputzt: nicht etwa, weil er die seelische Gesundheit gefährdet, sondern die körperliche.[106]

Weil der Palast die falsche identifikatorische Wirkung habe, gefährde er die „seelische Gesundheit" des Volkes, die es zu erhalten gelte und vor deren Verfall dringend gewarnt wird. Der Erhalt der ‚Psychohygiene' sei nach Matussek ein wirklich einsehbarer Grund für den Abriss des Palasts. Dass nun der körperliche Schaden durch Asbest zur Abrissursache wird, relativiere das Einheitsprogramm und damit die Bedeutung der Architektur.

Abschließend fasst Matussek seinen Standpunkt noch einmal deutlich zusammen, wenn er dem zukünftigen Kanzler Schröder Empfehlungen gibt:

> Was für eine Chance, im Wahlkampf nicht nur die Brieftasche der Bürger zu adressieren, sondern ihr Bedürfnis nach Schönheit! Ohne nationale Metaphern, einen zumindest rudimentären Patriotismus geht es auch in einem vereinigten Europa nicht, das hat man in Paris begriffen, in Rom und in London erst recht.
>
> Was Schinkel beschwor, nämlich das „Vollkommene" zu riskieren, gerade in „ungünstigen Zeiten", und was die Amerikaner das „vision thing" nennen, meint im Grunde dasselbe: den elektrisierenden Appell an Stolz und Tradition. Schröders Chance: in Terrains vorzudringen, die jenseits der Deutschland-GmbH liegen.[107]

Das „Bedürfnis nach Schönheit", das das Volk zur Spende bewegen soll, ist bei Matussek – obwohl er es als zwei getrennte Dinge behauptet – synonym mit dem patriotischen Gefühl; „Schönheit" stehe gleichsam für Patriotismus, „nationale Metaphern" und Nationalbewusstsein. Konsequent fußen alle ästhetischen Urteile Matusseks auf politischen und so irrt der Autor, wenn er dem Schönheitsbedürfnis einen nur „rudimentären Patriotismus" attestiert. Als ob nicht Matussek in seinem Artikel vornehmlich für die patriotischen Gefühle, für die ideelle Einheit streitet, kommt dieser Zweck nun wie ein unvermeidbarer Zusatz zur unpolitischen Schönheit daher – um sich im nächsten Absatz

106 Matussek: Das Schloß als Symbol, S. 164.
107 Ebd.

wieder zu relativieren und offen für Patriotismus Partei zu ergreifen, wenn das Stadtschloss einen „elektrisierenden Appell an Stolz und Tradition" der Deutschen richten soll. Das Stadtschloss und seine Schönheit ist in Matusseks Vorstellung nicht weniger als das Mittel zur Anrufung aller Bürger_innen, sich selbstbewusst als geeintes Volk der Berliner Republik zu begreifen.

„Von Schlossfreiheit und Burgfrieden"

Dietrich Muehlberg nimmt 2001 u. a. Matusseks Kitsch-Urteil aus dem *Spiegel*-Artikel auf und weist es zurück:

> In der Schlossdebatte entschuldigen einfühlsame Westdeutsche die positiven Erinnerungen mancher Ostdeutscher damit, dass ihnen hier der Sozialismus so vorgezaubert worden sei, wie sie ihn sich (vielleicht) gewünscht haben: gutes Essen, fröhliche Geselligkeit, viel Unterhaltsames, gediegene Umgebung. Die Schöngeister vom Spiegel sprechen da von „zeitlos schönem Proletenkitsch" im „Provinzklotz für uniforme Volkskammerabstimmungen". Andere Westler weisen auf das Anschlussvotum der letzten Volkskammer hin und möchten darum etwas vom Palast bewahrt sehen. Kulturhistorisch interessanter ist eine andere an diesen Ort gebundene Erfahrung: Seine Nutzung bei alltäglichen und festlichen Anlässen hieß ja, dass mit den Jahren immer selbstbewusstere Leute einen Stadtraum besetzten, der einstmals nicht für sie vorgesehen war.[108]

Drei Urteile stellt Muehlberg seinem eigenen gegenüber und greift sie an: Das erste Urteil unterstellt den Ostdeutschen, dass sie sich haben täuschen lassen. Wenn Ostdeutsche sich mit dem Palast identifizierten, dann weil sie dem geschönten Bild eines gesellig-unterhaltsamen Sozialismus anhingen. Das sei nach Muehlberg der „einfühlsame" westdeutsche Versuch, das falsche Verhalten der Ostdeutschen zu entschuldigen. Das zweite Urteil ist das Kitsch-Urteil Matusseks, dem Muehlberg denselben Spott entgegenhält, den schon der *Spiegel*-Autor anwandte: Matussek sei einer der „Schöngeister vom Spiegel", wenn er Worte wie „Proletenkitsch" in den Mund nehme. Indem Muehlberg das Kitsch-Urteil seinem sarkastischen Urteil zur intellektuellen Leistung vermeintlich empfindsamer Personen gegenüberstellt, wehrt er das Kitsch-Urteil Matusseks als eines ab, das gebildete Menschen nicht teilten und das dafür umso mehr die Grobschlächtigkeit des *Spiegel*-Autors verrate. Das dritte Urteil bespricht den Grund für den partiellen Erhalt des Palasts. Weil die Volkskammer, das offizielle DDR-Parlament, die eigene Abschaffung beschlossen habe, könne und müsse man diesen Teil der deutschen Geschichte nicht verbannen, sondern erinnern. Muehlberg weist diese Sicht indirekt zurück, indem er sie zur „kulturhistorisch" uninteressanteren erklärt, wohl wissend, dass,

108 Dietrich Muehlberg: Von Schlossfreiheit und Burgfrieden. In: *Die Zeit*, 15.11.2001. http://www.zeit.de/2001/47/Von_Schlossfreiheit_und_Burgfrieden/komplettansicht. (Zugriff am 12.11.2014). Alle Zitate stammen im Folgenden aus diesem Artikel.

wenn das DDR-Parlament sich nicht freiwillig zur BRD erklärt hätte, auch sein Erhalt keine „Westler"-Fürsprecher gewänne.
Muehlberg möchte den Palast ganz anders honoriert wissen: Der Autor deutet den Palast nicht als Zeichen der Einheit von Volk und Führung, wie es die DDR-Oberen propagierten und auch die „Westler" missverstünden, sondern er geht von einem Gegensatz beider aus. Muehlberg deutet die Nutzung des Palasts „bei alltäglichen und festlichen Anlässen" nicht als erlaubte und gewünschte Akte der Freizeitgestaltung, sondern als Akte bürgerlichen Widerstands. So stehen Palast und Schlossplatz für unangepasste DDR-Bürger_innen und selbstbewusste Besetzer_innen von „Stadtraum" und sind für Muehlberg Zeichen einer Kritik an der Gesellschaftsordnung der DDR.
Diese Sicht widerspricht ganz offen Matusseks Bild vom Palast und dem Schlossplatz – doch weist Muehlberg damit auch die Maßstäbe des Kitsch-Verdikts Matusseks zurück? Zunächst sind sich beide einig, dass es bei der Diskussion um das Berliner Schloss und den Palast der Republik „stets um mehr als nur um architektonische oder städtebauliche Fragen", nämlich „um die kulturelle Definitionsmacht an diesem historischen Ort" gehe. Muehlberg zeichnet zunächst jedoch kein funktionales Bild von einer durch das Schloss zur Einheit gelangenden Gemeinschaft, wie sie Matussek vorschwebt, sondern geht davon aus, dass es eine „unterschiedliche Interessenlage" gebe.

> Es sind ja nicht nur differierende Gedächtniskulturen, die sich da aneinander reiben, beide Seiten haben auch verschiedene Streitmotive. Während die westdeutschen Kontrahenten uneins sind, wie mit dem Erbe Preußens in der Berliner Republik umzugehen sei, streiten die Ostdeutschen darüber, wie sie ihre eigene deutsche Teilgeschichte bewerten sollen. [...]
> Das hinzugekommene kollektive Gedächtnis der Ostdeutschen fügt sich nicht ein in die Erinnerungswelt, aus der heraus Westdeutsche denken.

Derart unterschiedliche „Gedächtniskulturen" – der westdeutsche Streit um das preußische „Erbe" und der ostdeutsche Streit um die Bewertung der DDR – stünden sich unversöhnlich gegenüber. Doch auch Muehlberg kennt einen Auftrag zur Zusammenführung der „Gedächtniskulturen". Für ihn scheint klar, dass der Wiederaufbau des Stadtschlosses der Zusammenführung dieser „kollektive[n] Gedächtnis[se]" nicht dienen kann:

> Da bleibt es unverständlich, dass Klaus Hartung ausgerechnet von der Schlossrekonstruktion erwartet, dass sie die fehlende innere Einheit der von Westlern regierten Großkommune Berlin befördert.

Mit der Rekonstruktion des Schlosses werde man vielleicht einem westdeutschen Einheitsauftrag gerecht, der das ostdeutsche Gedächtnis unterschlage. Auf diese Art und Weise könne niemals eine „innere Einheit" entstehen. Auch

Muehlberg vertritt, ähnlich wie Matussek, den Standpunkt einer Einheit, die die Architektur stifte und stiften soll. Auch Muehlberg verknüpft folgerichtig die Herstellung dieser Einheit mit der baulichen Gestaltung des Schlossplatzes. Nur hält er nicht die Schlossrekonstruktion für das geeignet Mittel, diese Einheit zu erlangen, weil sie nur der westdeutschen Sicht gerecht werde. Er möchte auch die ostdeutsche Sicht gewürdigt und materialisiert wissen:

> Tatsächlich ist es in Berlin geboten, die gegensätzlichen Gedächtniskulturen beider deutscher Teilgesellschaften anzuerkennen und irgendwie auch zusammenzuführen. Das könnte an diesem symbolisch hoch aufgeladenen Ort jüngster politischer Geschichte nur mit einer Lösung gelingen, die dem kollektiven Gedächtnis beider Seiten Möglichkeiten zur Identifikation bietet.

Die Architektur könne ihrem Auftrag zur Herstellung einer nationalen Gemeinschaft nur nachkommen, wenn sie Symbole erschaffe, mit denen sich ost- wie westdeutsche Bürger_innen identifizieren. Das gelinge nur, wenn ehemalige Identifikationsobjekte der Ostdeutschen nicht abgeräumt, sondern in die neue Repräsentationsarchitektur der Berliner Republik integriert werden. So weist Muehlberg zwar das Kitsch-Urteil Matusseks zurück, ist sich mit ihm jedoch über den grundlegenden Maßstab des Urteils einig. Nur Matusseks Kitsch-Urteil gegen den Palast der Republik sei nicht gerechtfertigt, da jener gerade Bestandteil der neuen nationalen Kultur seien müsse.

„Das Kraut haut ins Auge“

Noch bevor Joachim Lottmann seinen Artikel über ein Konzert der Band Einstürzende Neubauten im Palast der Republik mit der offenen Ablehnung sowohl des untergegangenen Ostens als auch des abgehängten Westens beginnt, fällt die Bildunterschrift des dazugehörigen Fotos in der *Süddeutschen Zeitung* auf: „Westalgie: ‚Neubauten‘-Männchen an der Palastfassade, wo einst das Staatswappen prangte.“[109] Die Nähe der Westberliner Band zur DDR ist demnach nicht nur eine geografische; Lottmann leitet aus dem Ort des Konzerts einen inhaltlichen Zusammenhang ab:

> Es war ganz schön scheußlich. Wirklich. Es war so, wie man es sich vorstellt: altgewordene Wendeverlierer aus dem Westen verkrümeln sich in den Weiten der galaktisch großen Tiefkühltruhe Palast der Republik. Nun sind diese Worte *Einstürzende Neubauten* und der Palast der Republik allein schon einen Artikel wert. Weil ja diese Band so alt und eingestürzt ist wie der Palast selbst. Weil da zwei Deutschlands zusammenfinden, die beide etwas Haarsträubendes haben: Die Grufti-Szene aus seligen Kohl-Tagen und die tote Welt der Inka-Monumente Erich Honeckers.

109 Joachim Lottmann: Das Kraut haut ins Auge. In: *Süddeutsche Zeitung*, 06.11.2004, S. 15.

Die DDR als indigene Kultur zu fassen, die unterging und deren Herrschaft lange zurückliegt, ist der rhetorische Kunstgriff Lottmanns, um sich und seine Leser_innen der Bedeutungslosigkeit des Sozialismus zu versichern. Dieser toten Kultur ordnet Lottmann eine gesellschaftliche Gruppe zu, die gemeinhin nicht im Verdacht steht, das wiedervereinigte Deutschland in Frage zu stellen: die „Wendeverlierer aus dem Westen". So erfährt man, dass die Mitglieder der Band Einstürzende Neubauten menschliche Prototypen seien, die immer noch in „seligen Kohl-Tagen" lebten und in dieser Rückwärtsgewandtheit, die Lottmann als gesellschaftlichen Misserfolg und als Verfall kennzeichnet, kongenial zur DDR und ihrem Verfall stünden. Im Palast der Republik nun träfen sich westdeutsche Wendeverlierer_innen und untergegangener Staat.

Zunächst widmet sich Lottmann dem Palast; von ihm erfährt man, dass er eine „galaktisch große[] Tiefkühltruhe", das „gestürzte Megasymbol unbarmherziger Diktatur", ein „rostbraune[s] Riesengebirge" und „allesverschlingend, allesvernichtend riesig" sei. Der gesamte Bau deute auf eine Bedrohlichkeit und Gefährlichkeit hin:

> Aber angsterregender noch sind die vielen funzeligen Neben-, Tief- und Hinterebenen, die sich im Dunkel verlieren und ahnen lassen, dass der Schrecken dieses Ortes keinesfalls schon abgeschlossen, ausgegrenzt ist.

Der „Schrecken dieses Ortes", mit dem Lottmann keineswegs nur die Furcht vor langen, dunklen Fluren meint, sondern einen politischen Schrecken, wird mit der unmittelbaren körperlichen Bedrohlichkeit plausibel und anschaulich gemacht. Als Schluss liegt Lottmann zufolge nur nahe, den realen und den politischen Schrecken des Palasts auszugrenzen und abzuschließen.

Bedrohlichkeit entdeckt Lottmann auch in der Kunst der Einstürzenden Neubauten, die das Konzert in einen „namenlosen Reichsparteitag wabernder deutscher New-Wave-Gefühle" verwandeln, der „von Leni Riefenstahl geträumt" worden sei. Lottmanns NS-Vergleich soll die Bedrohlichkeit des DDR-Baus unterstreichen. Statt „Auflockerung" und „Stimmung" für die „West-Loser" gebe es nur die Kinski-hafte Selbstinszenierung des Sängers Blixa Bargeld, der die „‚hypnotisierten' Menschenmassen, die in Trance die Köpfe nicken auf Befehl", zur Selbstaufgabe anleite:

> Dumpfe Trommelschläge nehmen ihnen den letzten freien Willen, diesen Ur-Germanen, die ihrem apokalyptischen *commander in chief* hörig folgen [...].

Derart die Industrial-Band zu fragwürdigen NS-nahen Einpeitschern stilisiert, ist auch die Charakterisierung der Besucher_innen konsequent. Ganz ohne eigenen Willen sind solche „West-Loser-Senioren" nun entlarvt als willige Vollstrecker_innen eines ewig gestrigen Unterordnungswillens. Trotz

Willenlosigkeit bringe das Publikum genug Willen auf, um die Laune zu verlieren und gegen die Band aufzubegehren, nicht mehr andächtig zuzuhören, sondern zu telefonieren und zu reden. Diesen Widerspruch zur eigenen Unterwerfungsnatur lässt Lottmann großzügig gewähren und relativiert ihn ganz am Gedanken des gesellschaftlichen Misserfolgs des Publikums: Weil das Publikum sich keine Handys und teuren Klamotten leisten, weil es nicht mit der neuesten Technik umgehen könne, sei es nicht weit her mit ihm. Weil es vom „Leben bestraft" worden sei, müsse man es verurteilen. Die ausbleibenden Erfolge in der gesellschaftlichen Konkurrenz behauptet Lottmann als Eigenschaften der Besucher_innen, die ihnen zur Natur geworden seien und die automatisch gegen sie spreche. Klar sei Lottmann zufolge, dass mit solchen Leuten kein neues, erfolgreiches Deutschland zu haben ist. Einstürzende Neubauten diskreditiere sich in Lottmanns Verständnis selbst, weil sie „alt" sei:

> Ich erinnere mich daran, wie alt mir die *Rolling Stones* vorkamen, als sie ihr zehnjähriges Bühnenjubiläum feierten. Damals war ich noch ein Kind. Alte Menschen, dachte ich damals, sollten nicht mehr auf der Bühne rumhampeln.

Lottmann macht seine kindliche Sicht, das was er sich im Alter von zehn Jahren Naives zur Welt dachte, zum ernst gemeinten Einspruchstitel und Maßstab für die Bewertung von Kunst. Eine solche Sicht weist in schlichter Vehemenz die Band zurück, ohne selbst noch irgendeinen inhaltlichen Grund für das Urteil vorbringen zu müssen. Der bloße Verweis auf das Alter der Band und ihrer Mitglieder soll schon erschöpfend gegen sie sprechen.

Aus diesen Befunden nun zieht Lottmann den Schluss auf den Palast der Republik und dessen Bespielung:

> Schon seltsam, dass dieser Ort, genau hier und nirgendwo anders, das Allerheiligste des Sozialismus war, die kommunistische Kaaba. Und heute: Quatsch und Kitsch; deutsche Schauerromantik, tödlich ernst aufgetischt.

Es ist seltsam, dass Lottmann sich wundert, dass auf dem Schlossplatz, „genau hier und nirgendwo anders", der Sozialismus repräsentiert wurde. Den Palast zum verkommenen Heiligtum einer untergegangenen Religion erklärt, bietet er die Bühne für den westdeutschen Teil einer untergegangenen Kultur. Der Schrecken über den toten, aber noch nicht genügend ausgegrenzten Sozialismus und der Schrecken über die Verlierer aus dem Westen nebst ihren Stimmungsmacher_innen für „deutsche Schauerromantik" formen sich zum Kitsch-Vorwurf. Das Urteil Lottmanns hat im politischen Urteil über die Einstürzenden Neubauten und den Palast seine Grundlagen. Zum einen ist das die im Kapitalismus abgehängte Gesellschaftsschicht der Westdeutschen, denen die eigene Mittellosigkeit zur zweiten Natur wird. Dieser Teil der „zwei

Deutschlands, die beide etwas Haarsträubendes haben", ist erklärtermaßen unbrauchbar für eine neue Republik und jene Aufbruchsstimmung, die sie begleiten soll. Die apokalyptische Klangkunst der Einstürzenden Neubauten erweise sich damit als untauglich für eine neue Republik. So werde die Musik zu „exzentrisch[em]" „Trübsinn", zum ‚Riefenstahl-Traum', zum „Reichsparteitag", zur „humorlos[en]" „Volksmasse[n]"-Veranstaltung und zu Kitsch. Für den Palast der Republik gilt: Weil er für einen Staat stehe, der so untergegangen sei wie einst das Inka-Reich, dennoch furchterregend einen zentralen nationalen Ort besetze und dem Kitsch und der „Schauerromantik" der abgehängten Westdeutschen und ihrer Kultur eine Bühne biete, werde der Palast zur „amerikanische[n] Comic-Gothic-Fantasie", zum Ort des Schreckens, zum „Megasymbol unbarmherziger Diktatur" und „braune[n] Rostgebirge" und daher zum Kitsch. Im Kitsch gingen schließlich DDR-Architektur und untaugliche Westkultur eine unheilige Allianz ein, die Lottmann „Westalgie" tauft.

„Letzte Grüße"

Selbst „Fans des Palastes"[110] der Republik hätten Mühe, sich nach der Asbestsanierung im entkernten Bau zu orientieren. Katharina Schuler entdeckt solche „Fans", die auch gegen die geschaffenen Fakten eines bevorstehenden Abrisses an ihn glauben:

> Das Ostberliner Ehepaar gehört zu den Fans des Palastes und vielleicht kann es sich deswegen nicht vorstellen, dass der einstige Prunkbau der DDR, Honeckers Neuschwanstein, wie manch einer spottete, bald nicht mehr da sein soll. Dabei ist es mit sozialistischem Glanz und Gloria schon lange vorbei.

An der Frage, ob man sich den Abriss des Palasts vorstellen könne, hing seine Beseitigung sicher nicht, denn auch Schuler weiß, dass ihn „der Bundestag beschlossen" hat. Aber für den Beweis, dass parteiliches Denken für den Palast selbst diese harten Fakten negieren könne, stehen die „Fans des Palastes" allemal. Obwohl der Sozialismus untergegangen und „es mit sozialistischem Glanz und Gloria schon lange vorbei" sei, reiche die Fantasie und Vorstellungskraft der vorurteilsbehafteten Palast-Liebhaber_innen noch immer nicht aus, um sich einen Schlossplatz ohne Palast vorzustellen. Vergnügt würden sie stattdessen in Erinnerungen schwelgen, sich erinnern, welche Restaurants sie damals besuchten. Mit dem Hinweis, dass der Palast als „Honeckers Neuschwanstein" bezeichnet

110 Katharina Schuler: Letzte Grüße. In: *Die Zeit*, 23.11.2005. http://www.zeit.de/online/2005/47/Palast/komplettansicht (Zugriff am 12.11.2014). Alle Zitate stammen im Folgenden aus diesem Artikel.

wurde, ruft Schuler implizit den Kitsch-Topos auf. Im Unterschied zum Schloss Ludwig II., das immer noch gepflegt wird, ist der Palast jedoch „seit langem stumpf und blind geworden". Doch schon während der Bauzeit sei der Palast eine ästhetische Zumutung gewesen:

> Keine Spur mehr vom einstigen 70er-Jahre-Prunk, den Hunderten Kugelleuchten im Foyer, die dem Haus den Namen Erichs Lampenladen eintrugen, den Glasskulpturen, den Reliefs und Wandgemälden, der aufwendigen Deckenverkleidung. Als das Haus 1976 eingeweiht wurde, zeugte es vom neuen außenpolitischen Selbstbewusstsein der DDR als international anerkanntem Staat und sollte zugleich der eigenen Bevölkerung signalisieren, dass die Zeiten der Entbehrung vorüber waren.

Dem neu entstandenen politischen Selbstbewusstsein der DDR-Führung sollte der Palast ästhetisch entsprechen, nach innen wie nach außen. Dieser politische Anspruch der DDR-Führung ist auch die Grundlage für Schulers ästhetisches Urteil, für die Kritik an der DDR-Repräsentationsarchitektur. Schon damals sei die aufwendige Ausgestaltung ästhetisch zumindest fragwürdig gewesen: als „Lampenladen" überbordend mit „Hunderten Kugelleuchten" ausgestattet, banal zugleich und damit „70er-Jahre-Prunk". Die Architektur könne damals schon nicht sehr repräsentativ gewesen sein, heute habe sie jeden Rest von Geltung längst verloren. In den oft und auch von Schuler zitierten Volksmundausdrücken wie dem bereits erwähnten „Erichs Lampenladen", aber auch „Pallazzo Prozzo" oder „Ballast der Republik" wird prinzipiell auf Grundlage einer politischen Kritik auf den entgleisten Geschmack der DDR-Führung geschlossen; jene Namen gerinnen so zu Sprachdenkmalen eines ästhetisch delegitimierten Staats.

Dieses Verfahren, ein Entsprechungsverhältnis zwischen fehlender politischer Legitimität und ästhetischer Geschmacklosigkeit zu behaupten, führt Schuler erneut am Beispiel der Palast-Architektin Anna Franziska Schwarzbach aus:

> Zwischen 1974 und 1976 war sie als junge Architektin am Bau des großen Saales beteiligt. In den letzten Jahren sei der Palast immer schöner geworden, sagt sie. Der graue leere Bau gefällt ihr viel besser als das sozialistische Geprotze. Die Funktionäre hätten ja leider so einen entsetzlich schlechten Geschmack gehabt, dieser furchtbare Marmor, den sie überall haben wollten, statt Klarheit, Transparenz und Stahl, wie es ihr gefallen hätte.
> Auch ansonsten hatten die Architekten mit Einschränkungen zu kämpfen, die man aus dem Westen nicht kennt. Gebaut wurde unter enormem Zeitdruck [...].

Auf gleich zwei Ebenen wird implizit der Sozialismus angegriffen: Erstens mit dem ästhetischen Urteil der Architektin, die sozialistische Führung habe „so einen entsetzlich schlechten Geschmack gehabt" und deshalb „das sozialistische Geprotze" hinstellen lassen, statt einer modernen Glas-Stahl-Architektur,

die sie sich gewünscht hätte. In den Augen der „junge[n] Architektin" ist sogar der „graue leere Bau" geschmackvoller und „viel besser" als andere damalige sozialistische Prachtbauten. An den Maßstäben einer westlichen Nachkriegsmoderne gemessen, reiche der entkernte Palast näher an das Glas-Stahl-Vorbild von Schwarzbach heran, als dies durch den „furchtbare[n] Marmor" erreicht hätte werden können. Damit ist implizit auch ausgesprochen, dass geschmackvolle Architektur den ästhetischen Gesetzen der westlichen Moderne entspreche. Wer den Ansprüchen einer westlichen politischen Ordnung nicht nachkomme, der könne auch den Ansprüchen der westlichen Architekturmoderne nicht gerecht werden und ist als Staat, der nationale Größe und Glanz zeigen wolle, umfassend als geschmacklos diskreditiert.
Die zweite Ebene des Urteils der Architektin greift die DDR über das Argument fehlender Möglichkeiten der Selbstentfaltung ihrer Berufsgruppe an. Die DDR habe nicht die persönlichen Vorlieben der Architekt_innen als Maß staatlichen Bauens und Repräsentierens gelten lassen. Auch in diesem Urteil ist der Bewertungsmaßstab ein geschöntes westliches Modell individueller beruflicher Entfaltung, bei dem unterschlagen wird, dass sich in bundesdeutschen Büros Architekt_innen nur unter Verzicht von Aufträgen und damit ihrer beruflichen Karriere selbst verwirklichen können.
Derart den DDR-Palast zur subjektfeindlichen Antipode moderner Nachkriegsarchitektur erklärt, werden die Gegner_innen des Abrisses zitiert. Sie fänden das Gebäude zwar nicht „schön", wohl aber „wichtig", weil es ein Licht auf das zeitgenössische Berlin werfe, es sei dadurch „interessant". Den Vorwurf des Kitschs geben jene Schlossgegner_innen gleich zurück, nicht ohne dass Schuler deren Vorhaben, den Palast zu erhalten, in Kontrast zur vermeintlich mehrheitlichen Meinung bringt:

> Und wenn von Kitsch die Rede ist, diesen Vorwurf müsste sich die geplante Schlossfassade, wenn sie denn gebaut würde, wohl noch weit eher gefallen lassen als der Palast selbst zu seinen besten Zeiten. Die Abrissgegner können der schönen, glatten Kulisse, hinter der sich ein gewöhnlicher Neubau verbergen würde, jedenfalls nichts abgewinnen. Deswegen verlangen sie ein Moratorium gegen den Abriss und eine Fortsetzung der Diskussion darüber, was mit dem Platz geschehen soll. Einer von den Abrissgegnern zitierten Emnid-Umfrage zufolge sind 60 Prozent der Bundesbürger für ein solches Moratorium.
> Ein paar Schritte vom Palast entfernt ist das Meinungsbild allerdings ein ganz anderes. Bei einer zufälligen Befragung findet sich nicht einer, der für den Bau Partei ergreift. „Das Ding soll endlich weg", sagt eine Frau empört und es ist keine Westdeutsche. In dem hätten die Funktionäre ihre Partys gefeiert. Als Normalbürger habe man vor den Restaurants Schlange gestanden. Auch das ist eben eine Erinnerung an den Palast.

Der Kitsch-Vorwurf gegen den Palast ist der Autorin zufolge den Palastbefürworter_innen und Schlossgegner_innen offenbar geläufig, weshalb sie ihn auch gegen das Schloss vorbringen – freilich mit einem anderen Inhalt. Eine

Kulisse sei die Schlossfassade, die eine Glättung des Ortes bedeuten würde, wo es doch ein „interessantes" Berlin geben soll. Kitsch ist in dieser Auffassung ein „gewöhnlicher Neubau", der als Kulisse Schönheit vorspiele und langweile, statt wie der Palast die hässlichen, aber interessanten Seiten der Stadt zu zeigen. Dieses Programm der Identifikation mit Berlin als aufregender Hauptstadt der neuen Bundesrepublik, für das die Schlossgegner mit dem gewendeten Kitsch-Vorwurf streiten, hält Schuler eine Wirklichkeit ganz eigener Natur entgegen. In einer „zufälligen Befragung" von Passant_innen durch die Autorin selbst (und deren Fragestellungen und Teilnehmerzahl das Geheimnis der Autorin bleiben), zeige sich deutlich, dass die ‚normalen' Bürger_innen ganz anders sprechen. Niemand ergreife Partei für den Palast, stattdessen höre man die empörte Forderung nach dem Abriss der ungeliebten Architektur. So dreht sich letztlich das um, was Schuler dem Palast noch zugutegehalten hat, nämlich dass er das Volk der DDR geeint habe, dass „Sekretärin" und „Oppositioneller" – auch wenn sie gar nicht dasselbe taten – doch denselben Bau benutzten wie die Obrigkeit. In Schulers Schlussperspektive gebe es nur noch die Funktionär_innen, die „ihre Partys" feierten und das Volk draußen Schlange stehen ließen. Heute gebe es keine einzige Stimme mehr, die den Bau erhalten wolle – und das, obwohl Schulers Artikel mit dem Rundgang eines Ehepaars beginnt, das sich den Abriss selbst mit Beschluss des Bundestags partout nicht vorstellen könne. Angesichts der Parteinahme für den Palast und des Kitsch-Vorwurfs gegen das Schloss scheint eine deutliche Klarstellung gegen den Palast durch die Autorin vonnöten, damit das Urteil über „Honeckers Neuschwanstein" nicht nur Einzelnen vorbehalten ist.

„Säulenkult am Spreeufer"

Matthias Schulz beobachtet einen „Retro-Boom in deutschen Städten"[111], dessen Inhalt die Rekonstruktion historischer Prachtbauten und dessen prominentestes Beispiel das Berliner Stadtschloss ist. Die wichtigste politische Entscheidung für den Wiederaufbau des Schlosses habe der Deutsche Bundestag bereits getroffen. Schulz berichtet in diesem Zusammenhang von der Geschichte des umstrittenen Bauwerks in Berlin. Den damaligen Bauherren des Schlosses, Friedrich I., stellt Schulz als „perückentragende[n] Edeling" vor, der sich eine „neue Datscha an der Spree" bestellte, die von den „eigenen Ahnen" als „[a]siatischer Prunk" kritisiert wurde.[112] Doch das Schloss habe auch sein Gutes

111 Matthias Schulz: Säulenkult am Spreeufer. In: *Der Spiegel*, 07.04.2007, S. 156–159, hier S. 156.

112 Ebd.

gehabt, denn immerhin seien dort Geistesgrößen wie Leibniz, Humboldt und Schelling ein- und ausgegangen. Dem Schloss und seiner reichen Geschichte bereitete die DDR dann ein Ende:

> All dies zerbarst in einer Wolke aus Rauch und Dynamit. Walter Ulbricht, Staatslenker der DDR, ließ die Residenz 1950 sprengen. Berlin verlor seine Mitte und halste sich den an derselben Stelle errichteten Palast der Republik auf, genannt „Erichs Lampenladen".
> Heute, kaum drei Wimpernschläge der Geschichte später, ist die Machtstätte des SED-Sozialismus ihrerseits im Zerfall begriffen. Kräne drehen sich über der entkernten Ruine. Zum Tanz blauer Funken teilen Schneidbrenner das Stahlskelett in Stücke. Eilig wird der Schrott auf Lastkähne verladen und über die Spree wegtransportiert.
> Bundesbauminister Wolfgang Tiefensee (SPD) drückt aufs Tempo. Sein neuer Zeitplan für die Renaissance der Preußenfeste sieht vor, noch in diesem Jahr den Architektenwettbewerb auszuloben.[113]

In diesem Bild einer DDR, die die historische Größe des Schlosses einfach leugne, vergingen sich die DDR-Oberen nicht nur gegen den Bau, sondern gleich noch gegen zwei überzeitliche historische Subjekte. Das erste Subjekt namens ‚Berlin' verliere durch den Palastbau seine „Mitte", die mehr sei als nur eine geografische Ortsbezeichnung und als Kollektivsymbol für vitale Organe wie das Herz oder für das innere Gleichgewicht stehe. ‚Berlin' sei unter der falschen Herrschaft gewesen, habe sich den sozialistischen „Lampenladen" aufgehalst und damit sein Innerstes verloren. Diese überzeitliche Vorstellung wird komplettiert durch ein zweites, mächtigeres Subjekt namens ‚die Geschichte', welche dann die DDR-Herrschaft ihrerseits beseitigte, da sich die DDR und der Palast gegen ‚Berlin' vergangen habe. Mittels weniger „Wimpernschläge" habe dieses machtvolle Subjekt die „Machtstätte des SED-Sozialismus" zerfallen lassen. Weil ‚die Geschichte' solche Fakten zugunsten ‚Berlins' geschaffen habe, sei man nun dabei, „[e]ilig" die Überreste des Baus zu entsorgen, was wiederum in den Aufgabenbereich realer politischer Subjekte falle. „Bundesbauminister Wolfgang Tiefensee (SPD)" nehme die Vorgaben der überzeitlichen Subjekte auf und gestalte die verfallene sozialistische Stätte temporeich zum Ort der „Preußenfeste" um. In Schulzes Bild von der eiligen Betreuung der Resultate zerstörerischer Wimpernschläge wird die politische Entscheidung des Abrisses des Palasts und des Wiederaufbaus des Schlosses nicht als politischer Wille verstanden, sondern in eine Art Dienstverhältnis der Politiker_innen zu einem neutralen geschichtlichen Prozess verwandelt. So ist das, was an Fakten durch den Bundestag geschaffen wurde, nicht Durchsetzung der Souveränität

113 Schulz: Säulenkult am Spreeufer, S. 156–157.

demokratischer Herrschaft, sondern ein Reagieren auf und ein Unterordnen unter die höhere Gewalt der ‚Geschichte'.

Derart den Schlossneubau entpolitisiert, subsumiert Schulz alle Rekonstruktionsversuche unter das Phänomen des „Retro" und tauft die Parteigänger dieser Rekonstruktionen „die Retros". Die politischen und ökonomischen Zwecke des Wiederaufbaus der Schlösser in Braunschweig, Potsdam, Frankfurt und Berlin sind so zu einer Haltung des inhaltslosen Rückwärts und in eine schlichte „Begeisterung fürs Vorgestern"[114] umgedeutet, die sich gerade nicht durch eine politische Haltung auszeichnen sollen, sondern durch eine unverfängliche ästhetische Liebe zur historischen Gestaltung. Die Verfechter_innen der Rekonstruktionen gelten als „[u]nverdächtige Streiter", zu denen der „Zeitgeist" spreche und die sich als „[b]esonnene Betrachter" nicht gegen die DDR-Altlasten, sondern lediglich gegen die „Schwächelei der modernen Architektur wenden", denn jeder „Aldi-Laden" sehe mittlerweile „so aus, als hätte ihn Mies van der Rohe errichtet". Die Streiter_innen gegen das Schloss und andere Rekonstruktionen seien dagegen voll „Hysterie", die „hinter jeder Säule" Hitlers Bauherren Albert Speer sichteten.

> Die Feinde der Bewegung dagegen halten das Ganze für Kitsch und Schwindel. Ihr Verdacht: Ewiggestrige planen die architektonische Konterrevolution.

Die „Feinde der Bewegung" seien solche Personen, die die Rekonstruktionen in ihrem Weltbild für eine „architektonische Konterrevolution" halten. Mit diesem Terminus aus der realsozialistischen Kampfrhetorik sollen die Kritiker_innen als verbissen linientreue Modernist_innen diskreditiert und ihrerseits als Gestrige vorgeführt werden, die die neuen Einkaufszentren, Landtage und Kulturzentren ungerechtfertigt zum Kitsch erklären. Kitsch sei in der Auffassung der „Feinde" der Verstoß gegen die ‚Revolution' moderner Architektur und ihrer Gebote der Reinheit und Echtheit. Kitsch sei das Vorspielen falscher Tatsachen, da kein Schloss mehr die Zwecke monarchistischer Repräsentation erfüllen müsse. Obwohl Schulz das Kitsch-Urteil der „Feinde der Bewegung" zurückweist, teilt er doch zumindest graduell deren Maßstäbe, denn auch ihm fällt die Zweckentfremdung negativ auf. Dass die Rekonstruktion der Braunschweiger Welfenresidenz „nur als schmucke Eingangspforte für ein dahinterliegendes gigantisches Einkaufszentrum mit 30.000 Quadratmeter Verkaufsfläche" diene, sei noch kein Skandal, wie die Modernist_innen behaupteten, sondern ein „Wermutstropfen" – aber es ist auch für Schulz ein Verstoß gegen das eigentlich Weihevolle der Architektur: „vorn genial, hinten banal".

114 Hier und folgende Zitate ebd., S. 158.

Letztlich jedoch schaffe der Braunschweiger Bau Fakten, die selbst die Kritiker_innen verstummen lassen, leider eben nicht alle und nicht grundlegend:

> Angesichts der zauberischen Schwere und Mächtigkeit der portalgekrönten, 116 Meter breiten Sandsteinfestung in Braunschweig sind die Kritiker nun aber mehrheitlich verstummt. Ohnehin kranken ihre Unmutsbekundungen zuweilen daran, dass die aus verschnörkelten Jugendstilvillen vorgetragen werden.
> Gleichwie: Die Schlacht um den Retro-Look brennt weiter. „Ornament ist Verbrechen", hatte einst der österreichische Architekt Adolf Loos verkündet und damit die Moderne angekündigt. Theodor W. Adorno schob sodann den Begriff der „Authentizität" nach, an dem sich fortan jeder hippe Häuslebauer zu orientieren hatte, wollte er nicht dem Kitsch verfallen.
> Solche Dogmen gelten noch bis heute. Dekor und Wandschmuck sind verpönt, nicht zuletzt, weil ihre Verächter gern vom Gesims auf die Gesinnung schließen.

Wer einmal die „zauberische[] Schwere und Mächtigkeit" des Braunschweiger Bauwerks erblicke, der lasse seine Kritik fahren, so die Unterstellung. Letztlich sei der gebaute Fakt der beste Einspruch gegen alle Nörgler_innen und Kritiker_innen, deren Urteile schon deshalb fragwürdig erscheinen, weil sie selbst Liebhaber_innen des Ornaments seien, was allein der Umstand beweise, dass sie in „verschnörkelten Jugendstilvillen" wohnen. Trotz alledem ließen sich die Kritiker_innen nicht eines Besseren belehren und trieben „die Schlacht um den Retro-Look" voran. Worin deren Gebote bestehen, liefert Schulz gleich nach: Ornamente zu schaffen sei eine kriminelle Tat, und wer nicht authentisch ist, der baue Kitsch. Offensichtlich ist auch hier, dass die Auseinandersetzungen nur eine Ebene berühren: den Streit zwischen zwei in ihrer Auffassung von Ästhetik verfeindeten Lagern, in dem es um die Daseinsberechtigung eines „Retro-Looks" geht. Den Schlossneubau als einen harmlosen, entpolitisierten „Retro-Look" eingeführt, erscheinen die „Feinde" mit ihrem ausdauernden Beharren auf längst veraltete architekturhistorische Polemiken als Dogmatiker_innen der authentischen Form. In Schulzes Bild arbeiten so unterschiedliche Personen wie der Architekt Adolf Loos und der Philosoph Adorno an ein und demselben Problem: der architektonischen Moderne. An der hatte Adorno zumindest in seinem Hauptwerk zur Authentizität, der Kritik des Jargons der Eigentlichkeit,[115] gar nichts zu bemängeln, aber es ist auch nicht Schulzes Absicht das zu klären. Er benennt das Authentizitätsgebot, ohne seinen Inhalt näher zu bestimmen, als ein Dogma, um es darüber zu entwerten, und letztlich den Kitsch-Vorwurf zurückzuweisen. Der Kitsch wird hier vorgestellt als die rhetorische Waffe von dogmatischen Intellektuellen, die ihrerseits nicht

115 Theodor W. Adorno: *Jargon der Eigentlichkeit. Zur deutschen Ideologie.* Frankfurt am Main: Suhrkamp 1964.

zwischen „Gesims" und „Gesinnung" unterscheiden könnten, und noch der unverdächtigsten Abweichung von ihren Geboten den ideologischen Vorwurf machten. Kitsch sei letztlich der Verstoß gegen eine viel zu eng gedachte architektonische Moderne und ihre ästhetischen Vorschriften von Schmucklosigkeit und Authentizität. Wer auf diesem Vorwurf beharre, mache sich seinerseits der ideologischen Lehre verdächtig, denn man könne schließlich nicht von der Bauform auf den politischen Inhalt der Bauten schließen. Damit wird der Ertrag von Schulzes Entpolitisierung der Auseinandersetzung sichtbar: Weil es keinen notwendigen Zusammenhang zwischen „Gesims" und „Gesinnung" gebe, solle überhaupt keine Diskussion um die politische Dimension der Rekonstruktionen möglich und nötig sein. Wer mehr behaupte, als dass die Rekonstruktionen lediglich „Erinnerung an die alten Formgesetze der Baukunst"[116] seien, wer den Kitsch-Vorwurf gegen die Wiedererrichtungen ernsthaft erhebe, beharre letztlich selbst auf einem ideologischen Dogma.

Schulz kommt noch einmal auf das prominente und störende Kitsch-Urteil zu sprechen:

> Muss solch ein Memento gleich Kitsch sein? Was überhaupt heißt hier „Echtheit"? Der Campanile auf dem Markusplatz von Venedig sackte 1902 weg. Flugs mauerte man ihn wieder hoch. Das Warschauer Schloss oder das Kloster auf dem Monte Cassino, wo Benedikt einst das abendländische Mönchtum begründete – all das sind nur Kopien.
>
> Den Vorwurf, ein „Disneyland" zu planen, weist der Berliner Förderverein zurück. „Wir gießen hier keine Putten in Beton nach", beteuert Boddien. Die Arbeiten am Berliner Barockschloss seien vielmehr eine enorm mühsame Mischung aus Hightech und historischer Handwerkskunde.[117]

Einmal die Rekonstruktion zum bloßen „Memento" der Form heruntergebrochen, erscheint das Kitsch-Urteil aller politischen Grundlagen beraubt. Wer könne gegen die Rekonstruktion etwas einzuwenden haben, wenn alle kritischen Fragen nach Authentizität ideologisch seien? Die Frage nach der Authentizität wird aber auch von Schulz nicht kategorisch zurückgewiesen, sondern als eine Frage der Präzedenzfälle besprochen. Weil in Venedig, Warschau und Cassino jeweils Nachbauten errichtet wurden, entkräfte das gleichsam die Frage nach der Authentizität. Wer dann immer noch kritisieren möge, dass Berliner Schloss sei ein „Disneyland", also eine Kulisse, der wird eines besseren belehrt: Man baue schließlich nicht mit Beton, sondern mit historischen Baustoffen unter Anwendung von authentischem Handwerk. Zum Beweis der Gültigkeit dieses Arguments widmet der *Spiegel* eine größere Grafik den Fragen

116 Schulz: Säulenkult am Spreeufer, S. 159.

117 Ebd.

komplizierter Bautechnik. Als ob nicht auch Kulissen aus echtem Sandstein sein können, geht dieser Gedanke davon aus, dass sich der politische Vorwurf der Kulisse mit einem Verweis auf die Qualität der Baustoffe und -meister sowie deren Technik erledige.
Letztlich weist der Autor den Vorwurf des Kitschs, dessen politische Grundlagen er als ideologische Gesinnung deutet und ablehnt, als unberechtigten ästhetischen Angriff auf einen Neubau alter Formgesetze zurück. Die Kritiker_innen des Kitschs seien im Ergebnis nichts weiter als die Verfechter einer anachronistischen ästhetischen Reinheitslehre.

„Allein in Erichs Lampenladen"
Andrea Gnam spricht in ihrer kurzen Rezension eines Fotobuchs über den Palast der Republik gleich im ersten Absatz den Kitsch-Vorwurf aus:

> Betrachtet man Christian von Steffelins Fotodokumentation[118] über den aufgelassenen, zeitweilig umgenutzten, asbestsanierten, entbeinten und schließlich abgerissenen „Palast der Republik" der gewesenen Hauptstadt der untergegangenen DDR, so ist es zeitweilig, als schaute man in den aufgelassenen Fundus eines Theaters. „Erichs Lampenladen"[,] wie der Palast aufgrund der Unmengen von ballonförmigen Lampen im Innern genannt wurde, wirkt aus heutiger Perspektive wie eine Mischung aus realsozialistischem Kaufhaus – es gab Rolltreppen und kleingemusterte Teppichböden – und einer Inszenierung dessen, was man in der DDR der siebziger Jahre für fortschrittlich hielt. Manches verströmt den Charme älterer Science-Fiction-Filme, zwischen Kitsch und Formwillen, mal futuristisch, mal zum Fürchten bieder.[119]

Der Palast der Republik – ohnehin erst einmal in Anführungsstriche gesetzt, als ob es eine Abwertung sei wie der „Lampenladen" – wird einer ganze Reihe von Vergleichen unterzogen. Mal sei er ein „aufgelassene[s]" Wesen, dass man „entbeint[]" habe, dann ein Theater, dessen Fundus aufgelöst und dessen Inszenierungen abgesetzt seien, aber auch ein Kaufhaus, ein „Lampenladen" oder die Kulisse eines alten Science-Fiction-Films. Zwischen kultureller Stätte, die den falschen Schein inszeniere, erlegtem Getier und banal-lächerlichem Konsumplatz changiert die Anschauung der Autorin, wenn sie die Fotodokumentation betrachtet.
Das Zitat exemplifiziert in komprimierter Form das Verfahren des Kitsch-Urteils sehr anschaulich. Es gebe keinen Bereich des Palasts, aus dem nicht die ästhetische Minderwertigkeit der Architektur, Inneneinrichtung, der künstlerischen und handwerklichen Kompetenz spreche. Den „Formwillen" lasse das Machwerk zu großen Teilen vermissen, inszeniere eine verkehrte ästhetische

118 Christian von Steffelin: *Palast der Republik 1994–2010*. Ostfildern: Hatje Cantz 2011.
119 Andrea Gnam: Allein in Erichs Lampenladen. In: *Süddeutsche Zeitung*, 22.09.2011, S. 14.

Vorstellung von Fortschritt, bringe „kleingemusterte Teppichböden" statt großer architektonischer Gesten hervor und biete Gebrauchskunst, die „zum Fürchten bieder" sei, statt den ästhetischen Aufbruch zu verkünden. So werde er letztlich zum Kitsch.

Trotzdem steht das Kitsch-Urteil nicht einfach unvermittelt zur politischen Herrschaft der DDR. Die Verstöße des Palasts gegen den guten Geschmack macht die Autorin zwar an dessen ästhetischer Erscheinung fest, sie gehen allerdings nicht auf eine reine Geschmacksfrage zurück. Die ästhetische Ablehnung des Bauwerks und die diagnostizierten ästhetischen Defizite und Geschmacklosigkeiten basieren auf einer Ablehnung des Palasts in seiner politischen Funktion als Repräsentationsarchitektur für die sozialistische DDR. Nicht ohne Grund unterstreicht Gnam die nunmehr fehlende Daseinsberechtigung des Palasts nach der Wende in „der gewesenen Hauptstadt der untergegangenen DDR". Mit dem Untergang der DDR hätten sich auch alle politischen Ansprüche auf Repräsentation des Sozialismus aufgelöst. Offenbar ist der Palast als immerwährender „Erichs Lampenladen" so eng mit der sozialistischen Herrschaft verbunden, dass es keine Frage sei, ob dem Bauwerk über das Ableben der DDR hinaus eine Daseinsberechtigung erteilt werden sollte.

So steht die politische Gegnerschaft vor der Beschäftigung mit dem Palast fest und findet an ihm das geeignete – weil ästhetische – Objekt der Kritik. Im Kitsch-Verdikt hat die Verwandlung der politischen Sicht in ein ästhetisches Argument seinen Schlusspunkt, ‚exkommuniziert' in der geschmacklichen Empfindung den Palast aus dem Kanon der Architektur und entledigt sich so ganz ohne politische Argumente seines politischen Gehalts als Repräsentant eines untergegangenen Sozialismus. Die Frage nach der Daseinsberechtigung wird so ästhetisch entschieden. Weil er Kitsch ist, ist der Palast zurecht abgerissen worden. Als ästhetische Urteile speisen sich die vorgetragenen zwar ganz aus der politischen Funktion des Palasts als eines der bedeutendsten architektonischen Symbole der DDR, sind aber der Debatte als politische letztlich entzogen.

„Die Locken des Preußenlöwen"

Im Artikel von Nina Apin wird der Gegensatz zwischen dem Palast der Republik und dem Berliner Stadtschloss, der die Debatte so lange bestimmte, konsequenterweise nahezu aufgelöst. Der Palast ist nicht mehr zentraler Antipode des Schlosses, denn er wurde bereits im Jahr 2008 abgerissen. Der Fokus des Artikels liegt auf Fragen der Qualität, Geschwindigkeit und Finanzierung der Umsetzung des „Megaprojekt[s]“[120], also dem Gelingen des Schlossneubaus. Um sich einen Einblick in die Arbeit zu verschaffen, besucht Apin die Schlossbauhütte in Berlin-Spandau und deren Leiter Carlo Wloch. „Die Schlossbauer haben noch viel vor sich“, lautet der zunächst skeptische Befund, der im weiteren Verlauf des Artikels erst zur Einsicht – „Carlo Wloch wird sich darum später kümmern. Er hat zu tun“ – und dann zur offenen Parteinahme für das Gelingen der Rekonstruktion wird:

> So sind es nur gelegentliche Stippvisiten von Architekt, Bauherr oder Schlossbaufans auf Besichtigungstour, die das konzentrierte Arbeiten der Barockspezialisten stören.

Dass jede Ablenkung von der Arbeit eine Störung der „Barockspezialisten“ sei, dass also schnell und viel gearbeitet werden *muss*, damit das Projekt gelingen kann, ist letztlich der interessierte Standpunkt der *taz*-Autorin. In ihm finden die Diskussionen um das Schloss und die Vorwürfe der Gegner_innen ihren Platz. Der erste Vorwurf, den Apin aufnimmt, spielt auf den Charakter der Kopie und Epigonalität des Schlosses an, den seine Gegner_innen stark machen. Apin verwandelt den Vorwurf in eine Frage der historischen Genauigkeit der technischen Umsetzung:

> Dass es historisch genau zugeht in der Schlossbauhütte, darüber wacht Steinmetz Wloch. Der 63-Jährige hatte bereits Treppengeländer und Marmorverkleidungen für den Palast der Republik angefertigt, der zu DDR-Zeiten an Stelle des Originalschlosses errichtet wurde und mittlerweile längst wieder abgerissen ist. Die Schlossfassade sei die Krönung seiner Bildhauer- und Steinmetzkarriere, sagt Wloch, der in Pankow einen Grabsteinbetrieb hat.

Mit dem Verweis auf die „historisch genau“ umgesetzte Fassade soll auf die Legitimität der Kopie verwiesen werden, die, weil sie der Nachbau eines historischen Gebäudes ist, wohl generell unter dem Verdacht der historischen ‚Ungenauigkeit‘ stehe. Als Ausweis für die Kompetenz des Schlossbauhüttenleiters als „historisch genau[en]“ Handwerker verweist Apin ausgerechnet auf den Palast der Republik und ausgerechnet auf solche baulichen Elemente, an denen der Kitsch-Vorwurf gegen den Palast stark gemacht wurde. Dass Wloch den Marmor am Palast behauen habe, stehe prinzipiell für seine Eignung als Handwerker am Stadtschloss. Zu entnehmen ist diesem Befund, dass es überhaupt kein Hindernis mehr ist, dass Wloch den Palast mitgebaut hat. Im Gegenteil, der Gegensatz ist offenbar mit dem Abriss des Palasts aus der Welt geschafft und befriedet. Nichts geringeres als die „Krönung“ der Karriere Wlochs sei der Wiederaufbau des Schlosses, in der der Palast nur eine Stufe darstellt. In Apins Bild kommt

120 Nina Apin: Die Locken des Preußenlöwen. In: *taz*, 22.10.2011. http://www.taz.de/!80417 (Zugriff am 12.11.2014). Alle Zitate stammen im Folgenden aus diesem Artikel.

das „Originalschloss“ durch den Wiederaufbau zu seinem historischen Recht, da der Palast einfach „an Stelle“ des Schlosses gebaut wurde. Jener Palast sei folgerichtig und mit Einsicht aller Beteiligten, so scheint es, „längst wieder abgerissen“. So macht das Zitat den Gedanken stark, dass die politischen Auseinandersetzungen um nationale Repräsentation mit der Rekonstruktion des Schlosses letztlich ausgeräumt seien. In Personalunion des Schlossbauhüttenleiters, der sowohl am Palast als auch am Schloss arbeitete und dessen Karriere nun gekrönt werde, wird diese Harmonie anschaulich gemacht.
Die Autorin kommt wenig später auf den Kitsch-Vorwurf gegen das Schloss zu sprechen:

> Daneben warten komplizierte Reliefs mit den kurfürstlichen Insignien „F3K“ (Friedrich III. Kurfürst) auf Fertigstellung. Rund vierzig davon werden benötigt, sie sollen über den Schlossfenstern thronen. Dazu kommen unzählige Kapitelle, Tierköpfe und Müschelchen. Für Freunde der Moderne und Gegner der Barockfassade ist das Preußenkitsch. Für Wloch ist es nur die Minimalvariante. Statt einer „modernen Hochbunkerarchitektur“ mit Barockfassade würde er am liebsten den ganzen historischen Bau wieder errichtet sehen, inklusive Schlosskapelle, Krönungssaal und Kuppel.

Die Opposition gegen das Schloss bespricht Apin als Streit zwischen Modernist_innen und Barockfreund_innen, also als Streit zwischen zwei konkurrierenden architekturhistorischen respektive ästhetischen Sichtweisen. Die politischen Fragen im Streit um Repräsentation und nationale Einheit, um die Mitte der Stadt usw., die mit dem Schlossneubau aufgeworfen wurden, kommen bei Apin nur verwandelt als eine Frage der richtigen baulichen Ästhetik vor. In dieser Frage hielten die „Freunde der Moderne“ das Schloss für „Preußenkitsch“. Nach Apin missverstehen die Modernist_innen die eigentlich „komplizierte[n] Reliefs“ und die historische Bedeutung der „Barockfassade“ als eine Sammlung von überflüssigen, detailverliebten und borussifizierenden Zierelementen. Der Vorwurf „Preußenkitsch“ wird zurückgewiesen, indem die Autorin eine ‚noch historischere‘ Variante kennt, die diesen Vorwurf weit eher verdient habe. Nimmt man an dieser gedachten alternativen baulichen Fassung des Schlosses Maß, müsse sich automatisch das Urteil „Preußenkitsch“ relativieren. Historisch ganz genau arbeitende Handwerker wie Wloch führten das vor, wenn sie für die historisch korrekteste Rekonstruktion des Schlosses plädierten. In Wlochs Augen sei die aktuelle Rekonstruktion nur die „Minimalvariante“ und als „Hochbunkerarchitektur“ im eigentlichen Sinne ein moderner Bau, der lediglich eine Barockfassade habe. Mit dieser Gegenüberstellung von „Preußenkitsch“-Vorwurf und Wlochschem Geschmacksurteil relativiert Apin das Kitsch-Urteil der „Freunde der Moderne“. Wenn die jetzige Rekonstruktion des Schlosses im Grunde ein moderner Bau sei, dann könnten die Modernist_innen nichts dagegen einzuwenden haben, sondern müssten der baulichen Fassung den Kitsch-Vorwurf machen, die Wloch vertritt. Dass der Kitsch-Vorwurf keine Frage der verschiedenen Rekonstruktionsfassungen ist, sondern die Rekonstruktion angreift, um eine wirkungsvolle nationale Repräsentation einzuklagen, übersieht Apin nicht. Sie nutzt die Verwandlung des politischen Urteils in eine Frage des Geschmacks, um Kitsch als vermeintlich reines Geschmacksurteil über den Schlossneubau als Vorwurf zu entkräften.

Fazit

Die Intensität, mit der die Stadtschlossdebatte geführt wird, leitet sich aus der Funktion der Kunst, genauer der Architektur, für einen der zentralsten und prominentesten Plätze der neuen Hauptstadt einer neuen Bundesrepublik ab. Der Schlossplatz ‚im Herzen' Berlins soll nationales Symbol ersten Ranges sein. Zum einen soll die Bebauung des Platzes Wirkung über die Grenzen der Republik hinweg entfalten und im ideellen und tatsächlichen Vergleich der Nationen bestehen können. Matthias Matussek formuliert diesen Anspruch an den Schlossplatz, der sich „mit den ersten Europas messen"[121] müsse. Zum Zweiten, und das ist sicher der Schwerpunkt in der Debatte, sollte ein kommendes Bauwerk eine ganz besondere Wirkung auf die Gesellschaft entfalten. Es soll als herausragendes nationales architektonisches Meisterwerk die neue Bundesrepublik repräsentieren und so einen herausgehobenen Beitrag zur deutschen Einheit leisten. Im Bauwerk als nationalem Symbol sollen diejenigen Werte der neuen Republik verortet sein, die die Deutschen zu einer besonderen Gemeinschaft machen, denen sie sich zugehörig erklären können und die „der Seele [...] Halt"[122] geben, wie es Gerwin Zohlen ausdrückte. Dieser Wunsch nach gelungener nationaler Sinnstiftung vor dem Hintergrund einer gelingenden deutschen Einheit liegt der Debatte als Konsens zugrunde. An ihm richten sich Journalist_innen, Architekt_innen, Akademiker_innen und Stadtplaner_innen aus und prüfen, ob und wie der Palast der Republik oder der Schlossneubau als Symbole des wiedervereinigten Staates zu diesem Maßstab steht.

Die Konfliktlinien sind zu Beginn der Debatte keineswegs eindeutig. So wird der Schlossneubau zurückgewiesen, weil ihm das Potenzial für eine nationale Identifikation fehle. Durch die Bevorzugung privater Unternehmerinteressen beim Bau des Schlosses sei die Souveränität des Staates und damit seine Werte

121 Matussek: Das Schloß als Symbol, S. 158.

122 Gerwin Zohlen: Wir sind der Platz.

in Frage gestellt. Der Palast der Republik wird aber auch gegenüber einer allzu abrechnenden Haltung gegenüber der DDR, die den mit der neuen Bundesrepublik assoziierten Werten nicht mehr entspreche, verteidigt. Der Palast soll zudem im Einigungsprozess wahrgenommen und als Teil ostdeutscher Erinnerungskultur nicht ausgegrenzt werden.

Im Fortgang der Debatte, die u. a. auch Bezug auf politische Entscheidungen des Bundestags nimmt, wird das Schloss immer stärker als nationales Symbol bevorzugt. Mit seiner Rekonstruktion wird ein nationaler Vereinigungsschub vorausgesagt, der die Gesellschaften der beiden deutschen Staaten zusammenführen soll. Die Mehrheit der hier untersuchten Beiträge macht deutlich, dass der Palast einem Einigungsprogramm ganz grundsätzlich entgegensteht. Als Symbol sozialistischer Herrschaft und den mit ihr verbundenen Werten, die in diesem Bauwerk materialisiert seien, stehe es konträr zur architektonischen Repräsentation der neuen Bundesrepublik in der Mitte Berlins. Als ein sozialistisches Bauwerk spalte der Palast die Gesellschaft, denn er biete nur Identifikationspotenzial für einen kleinen unterlegenen Teil der Bevölkerung. Katarina Schuler streitet selbst diese identifikatorische Funktion für die Ostdeutschen ab. Joachim Lottmann unterstreicht die Funktion des Palasts für den ‚abgehängten Teil' der westdeutschen Bevölkerung. In fast allen untersuchten Fällen steht der Palast ganz offen gegen die Idee von der deutschen Einheit, wie sie die Autor_innen vertreten. Das mache ihn zur Geschmacklosigkeit und zum Kitsch. Die ästhetischen Urteile über den Palast sind zahlreich und deutlich: er sei „SED-Honoratioren-Baracke", „grausamer Witz", „rostbraune Kleinbürger-Kacka", ‚Monstrosität', „Erichs Lampenladen", „Honecker-Kommode", ‚Bausünde', „Honeckers Neuschwanstein", „Ballast der Republik", „Palazzo Prozzo", „amerikanische Comic-Gothic-Fantasie", Ort des Schreckens, „Megasymbol unbarmherziger Diktatur", „braune[s] Rostgebirge", „realsozialistische[s] Kaufhaus" oder „zum Fürchten bieder". In diesen Urteilen drückt sich letztlich die rigorose Absage an den Palast als nationalem Symbol der neuen Republik und damit ein politisches Urteil aus. Als minderwertige Un-Kultur markiert, wird der Palast im Namen der Hochkultur verworfen und ausgegrenzt.

Dem Beschluss des Bundestags zum Abriss des Palasts und zum Wiederaufbau des Stadtschlosses folgt in gewisser Weise auch die Debatte. Mehrere Artikel beschäftigen sich damit, die Kitsch-Vorwürfe gegen das Schloss anzugreifen und zurückzuweisen. Dabei setzen die Autor_innen zwei Verfahren ein, um ihr Ziel zu erreichen. Zum einen verweisen sie auf die ästhetische Natur des Kitschs und dementieren offensiv seine außerästhetischen Bewertungsgrundlagen. Sie entpolitisieren den Kitsch und erklären ihn zum schlichten, verfehlten

Geschmacksurteil, dessen Träger_innen damit gleichsam diskreditiert werden. Schuler interpretiert das Kitsch-Verdikt als eine wunderliche geschmackliche Neigung dem Palast gegenüber. Nina Apin relativiert das Kitsch-Urteil, indem sie es mit einer baulichen Variante konfrontiert, die ein solches Urteil nahelegt und lässt es so als ein unausgewogenes und damit verfehltes Geschmacksurteil erscheinen. Ferner wird die politische Grundlage des Urteils als borniertes politisches Vorurteil entwertet. Matthias Schulz greift die Kitsch-Kritiker_innen an, indem er sie zu rückwärtsgewandten Dogmatiker_innen erklärt, die den eigentlich apolitischen, ästhetischen Streit um gute Baukunst absichtsvoll politisierten und damit ideologisierten. Bestärkt wird in diesen Zurückweisungen des Kitschs der wichtige Status des Schlosses als nationales Symbol der neuen Republik.

2.3 Weimarer Bilderstreit: Die Absetzung der Kunst der DDR

Die Bildende Kunst der DDR wird nach der Wende, ähnlich wie die Architektur und die Populär- und Alltagskultur, einer prinzipiellen Neubewertung unterzogen:

> Nach der Wende kam es zur gnadenlosen Abrechnung mit der Bilderwelt des Sozialismus: Der Westen sprach dieser Kunst ab, überhaupt Kunst zu sein.[123]

Nicht nur der *Spiegel* charakterisiert die Debatte als schonungslosen Angriff auf die Bildende Kunst und ihren Status als Kunst. Der Soziologe Karl-Siegberg Rehberg konstatiert mit Blick auf Auseinandersetzungen, die nach der Wende begannen, dass jene im Weimarer Bilderstreit ihren vorläufigen Höhepunkt finden; sie werden als deutsch-deutscher Bilderstreit bekannt:[124]

123 Ulrike Knöfel: Nebel des Wohlwollens. In: *Der Spiegel*, 15.10.2012, S. 140–142, hier S. 141.

124 Die wichtigsten Stationen und Impulsgeber dieser Debatte: Am 13. und 14.12.1993 findet das Symposium „Auftragskunst" im Deutschen Historischen Museum (DHM) Berlin statt. Am 22.12.1993 lässt Dieter Honisch, Direktor der Neuen Nationalgalerie der Staatlichen Museen in Berlin, die Sammlungsbestände aus der Nationalgalerie-Ost in die Bestände der Neuen Nationalgalerie unter dem gleichnamigen Ausstellungstitel *dazwischenhängen* bringen. Vom 27.01. bis 18.04.1995 läuft im DHM Berlin die Ausstellung *Auftrag: Kunst 1949–1990*. Vom 07.09.1997 bis 11.02.1998 wird die Ausstellung *Deutschlandbilder* im Martin-Gropius-Bau Berlin gezeigt. Am 13.11.1998 wird die Ausstellung *Rahmenwechsel* im Speicher der Burg Beeskow eröffnet. Dort ist im Kunstarchiv Beeskow ein Großteil der Bestände der DDR-Kunst eingelagert. Von 09.05. bis 26.09.1999 wird in Weimar die von Achim Preiß kuratierte Ausstellung *Offiziell und Inoffiziell – Die Kunst der DDR* gezeigt. Am 15.12.2000 wird eine fast fertiggestellte Ausstellung zum Werk Wille Sittes im Germanischen Nationalmuseum Nürnberg gestoppt. Vom 03.08. bis 27.10.2002 zeigt das Museum der Bildenden Künste Leipzig die Doppelausstellung *Mauersprünge* und *Wahnzimmer*. Vom 25.07. bis 26.10.2003 läuft in der Neuen Nationalgalerie Berlin die Ausstellung *Kunst in der DDR*. Die Ausstellung *60 Jahre – 60 Werke. Kunst aus der BRD* wird vom 01.05. bis 14.06.2009 im Martin-Gropius-Bau Berlin

Im Bilderstreit fanden die einander entgegengesetzten Wahrnehmungen des Umbruchs ihre im Kunstsystem ausgelöste, jedoch weit darüber hinaus wirkende und oft emotional gesteigerte Diskursform: Es ging um die Frage, ob es „Kunst" unter der östlichen Einparteienherrschaft *überhaupt* habe geben können.[125]

Diese Grundsatzfrage einer (Un-)Möglichkeit von Kunst in der DDR ist für die Debatte charakteristisch und rückt einen Zweifel prinzipieller Natur in den Mittelpunkt. Bildende Kunst und Bildende Künstler werden nach der Wende nun vor allem an ihrer *Funktion* für die „östliche[] Einparteienherrschaft" der DDR gemessen. Der Kunst der DDR wird bescheinigt, dass sie das bebildert und besingt, was der Staat entweder geschönt und als Utopie oder als reale Errungenschaft von sich zeigen wollte und was für ihn als einen realsozialistischen Staat warb – also „die kulturpolitisch von Staat und Einheitspartei erwünschten, geförderten und teilweise auch durchgesetzten Bildwelten"[126]:

Im Westen bestärkte das den tiefsitzenden Verdacht, dass alle erfolgreiche, womöglich repräsentative Kunst im Osten parteilich manipuliert, korrupt und unterwandert gewesen sei – frei und selbstbestimmt hingegen nur die Kunst der Emigranten und Dissidenten.[127]

In der Debatte erhärtet sich der „tiefsitzende Verdacht", dass die Kunst, zumal die repräsentative, als Ort der Wertevermittlung nichts anderes tut, als Auskunft über die höheren Zwecke und guten Prinzipien der sozialistischen Gesellschaft zu geben und so im Dienst der politischen Elite steht. Aus dem Verdacht wird Gewissheit und so wirft man der Kunst genau jene Leistung vor, für die sie im Westen gelobt wird, die Sinnstiftung. Dass die Kunst in der DDR die Werte einer sozialistischen Gesellschaft vertritt und selbiger so einen höheren Sinn zuspricht, gilt den Kritiker_innen als Manipulation und Korruption der Kunst. Wo Kunst derart unterwandert und verraten werde, kann sie, so der Schluss, als

präsentiert. Die Kontroverse entzündet sich hier an der nicht gezeigten DDR-Kunst. Vom 03.10.2009 bis 10.01.2010 wird die Ausstellung *Kunst und Kalter Krieg* im DHM Berlin gezeigt. Vorher lief sie bereits im County Museum Los Angeles und im Germanischen Nationalmuseum Nürnberg. Vom 19.10.2009 bis 22.06.2010 wird die Ausstellung *Helden auf Zeit* im Kunstarchiv Beeskow gezeigt. Aufgrund der Erfahrung der tiefen Verwerfungen im Weimarer Bilderstreit wird im Weimarer Neuen Museum vom 09.10.2012 bis 03.02.2013 die Ausstellung *Abschied von Ikarus. Bildwelten in der DDR – neu gesehen* als Neuformulierung des Umgangs mit Kunstwerken aus der DDR präsentiert.

125 Karl-Siegbert Rehberg: Deklassierung der Künste als stellvertretender Gesellschaftsdiskurs. Zu Geschichte und Funktion des deutsch-deutschen Bilderstreites. In: Karl-Siegbert Rehberg/Paul Kaiser (Hrsg.): *Bilderstreit und Gesellschaftsumbruch. Die Debatten um die Kunst aus der DDR im Prozess der deutschen Wiedervereinigung.* Berlin/Kassel: B&S Siebenhaar 2013, S. 23–62, hier S. 23 (Herv. i. O.).

126 Ebd., S. 33.

127 Eduard Beaucamp: Der deutsch-deutsche Bilderstreit – nicht nur ein Rückblick. In: Ebd., S. 110–125, hier S. 110.

Kunst an sich nicht existieren. So wird die Kunst der DDR prinzipiell und in ihrer Eigenschaft *als Kunst* angezweifelt und damit ausgedrückt, dass wirkliche Kunst prinzipiell frei sein müsse und nur in einer freien Gesellschaft zu sich komme, „weil der Staat dort weder normierend noch als Großmäzen kontrollierend oder leutselig, ermutigend oder drohend agierte".[128] Peter Iden unterstreicht, dass dieses Urteil ein politisches ist, wenn er erklärt, dass die Differenz zwischen Ost- und Westkunst „eine Frage der Freiheit"[129] sei. Während die westdeutschen Künstler_innen die Schönheit mit der Freiheit verbinden, lassen sich die ostdeutschen Künstler_innen „das harsche, hässliche Programm des Bitterfelder Weges"[130] verordnen. Grundsätzlich wird in diesen Urteilen ausgedrückt, dass Bildende Kunst bzw. Künstler_innen, die nach der Wende den Anspruch auf Anerkennung als Kunst bzw. Künstler_innen erheben wollen, in keinem positiv funktionalen, keinem identifikatorischen Verhältnis zur DDR stehen dürfen. So grundlegend ist der Einspruch gegen die Funktion und Inhalte der DDR-Kunst, dass man sie als Kunst diskreditiert, wenn sie in einem solchen Verhältnis steht. Verbindlich wird in der Debatte formuliert, dass Kunst in einem identifikatorischen Verhältnis zur Demokratie stehen müsse, wolle sie wirkliche Kunst sein. Diese Art der Verurteilung und Ausgrenzung der DDR-Kunst bleibt, obwohl sie laut Siegberg längst zum „Klischee"[131] geworden ist, gängiger, ernst gemeinter und nicht auszuräumender Grundbestandteil der Debatte.

Historisch wie programmatisch steht zu Beginn der Auseinandersetzung kurz nach der Wende die Baselitz'sche Polemik gegen die Künstler_innen der DDR, die keine „Jubelmaler"[132] gewesen seien, sondern einfach „Arschlöcher"[133]. Als von der DDR korrumpierte Künstler_innen, die das Prinzip der Kunst

128 Rehberg: Deklassierung der Künste, S. 25.

129 Peter Iden: Liebe gibt es nicht auf Verlangen. Ein Plädoyer gegen die Kunst der DDR. In: Joachim Fischer / Hans Joas (Hrsg.): *Kunst, Macht und Institution. Studien zur Philosophischen Anthropologie, soziologischen Theorie und Kultursoziologie der Moderne.* Frankfurt am Main / New York: Campus 2003, S. 595–600, hier S. 596.

130 Ebd. Der ‚Bitterfelder Weg' steht für die offizielle Leitlinie der DDR-Kunst, benannt nach zwei Konferenzen in Bitterfeld in den Jahren 1959 und 1964. Dort wird für die offizielle Kunst der DDR verbindlich festgelegt, dass sie zu einem sozialistischen Bewusstsein erziehen soll und also für den Sozialismus zu wirken habe.

131 Rehberg: Deklassierung der Künste, S. 53.

132 Alex Hecht / Alfred Welti: Ein Meister, der Talent verschmäht. Im Gespräch mit den ART-Redakteuren Axel Hecht und Alfred Welti erläutert Georg Baselitz, einer der erfolgreichsten zeitgenössischen Maler und Bildhauer, seine Ästhetik des Häßlichen. In: *ART Das Kunstmagazin*, 01.06.1990, S. 54–72, hier S. 70.

133 Ebd. Die Parallele zu Biermanns Urteil über Sascha Anderson als „Sascha Arschloch" fällt hier auf. (Siehe Biermanns Ausführungen in Kapitel I.)

verraten, sind sie „Interpreten, die ein Programm des Systems in der DDR ausgefüllt haben“ und letztlich zu „Propagandisten der Ideologie verkommen“[134] seien. In der Baselitz'schen Beschimpfung tritt gleichzeitig auch die Positivfolie der Abwertung hervor: Als Künstler_in dürfe man sich, wolle man wirklich Künstler_in sein, nicht mit dem Sozialismus gleichmachen, dürfe ihn nicht künstlerisch vertreten. Dem Künstlertum wird so schon zu Beginn der Auseinandersetzung implizit und qua eigener ästhetischer Natur die Kritik am Sozialismus zur Denk- und Handlungsvorschrift gemacht. Wer sich ihr entzieht oder offen entgegensteht, wird von Baselitz nach der Wende rigoros zum Arschloch erklärt.

Baselitz stellt auf Grundlage seiner Generalabrechnung mit der Kunst auch die Verknüpfung zu ästhetisch-kunsthistorischen Kategorien her, die für die Debatte bestimmend sind:

> Liest man die Äußerungen von Baselitz genau, so formuliert er einen doppelten Vorwurf: Es ist nicht nur die Indienstnahme für ideologische Zwecke, die er den ostdeutschen Künstlern entgegenhält, sondern auch ihr ästhetischer Antimodernismus […].[135]

Rüdiger Thomas spricht hier einen zentralen Vorwurf des Bilderstreits an: Die Kunst aus der DDR zeichne sich nicht nur durch einen ideologischen Gehalt aus, sondern auch durch die Abwesenheit von Modernismus. Was Thomas mit einem „sondern auch“ ausdrückt, ist bei genauerer Prüfung gar kein Zusatz, sind keine zwei Inhalte der Kunst. Der Vorwurf der Antimoderne ist eine ästhetische Kategorie, der das Urteil über die Funktion der Kunst in der DDR zu Grunde liegt. Die Antimoderne ist der in eine ästhetische Kategorie überführte Ideologievorwurf. Angesichts des Weimarer Bilderstreits wird dies besonders deutlich. Achim Preiß, Kurator der Ausstellung *Offiziell und Inoffiziell – Die Kunst der DDR*, deren Grundkonzept die Gegenüberstellung von Moderne und Antimoderne bildet und an der sich der Weimarer Bilderstreit 1999 entzündet, fasst die Kunst der DDR als „eine besonders autistische und formalistische Version der Antimoderne“ auf.[136] Was die Antimoderne Preiß zufolge auszeichnet, ist ihr Gegensatz zur Moderne, der durch ein Defizit an Freiheit bestimmt wird:

> Was die DDR-Kulturpolitik dem Projekt der Moderne theoretisch entgegensetzte, war von gleicher Qualität: Der Sozialistische Realismus, ein sowjetischer Zensurkatalog aus den 20er Jahren, weder theoretisch schlüssig noch überhaupt praktizierbar. Wie der Titel schon

134 Hecht / Welti: Ein Meister, der Talent verschmäht, S. 70.

135 Rüdiger Thomas: Blickwechsel auf die Kunst der DDR. Vom Literatur- und Bilderstreit zum musealen Bilderscreening. In: Rehberg / Kaiser (Hrsg.): *Bilderstreit und Gesellschaftsumbruch*, S. 126–150, hier S. 128.

136 Achim Preiß: *Abschied von der Kunst des 20. Jahrhunderts*. Weimar: VDG 1999, S. 108.

besagt, handelte es sich um ein Realismus-Verbot und genauer gesagt um eine Aufforderung an Künstler, die Realität schön zu färben, daß die Beschönigung realistisch erscheint. Dieser gewöhnliche Werbe- und Propagandaauftrag sollte nicht als Propaganda erkennbar sein, sondern als Kunst, da doch auch die DDR für sich in Anspruch nahm, als Staat eine neue Qualität in der Kunstentwicklung bewirken zu können.[137]

In der Vorstellung von Preiß, aber nicht nur seiner, ist die Antimoderne das sozialistische Gegenprogramm zur Moderne und gezeichnet durch die kunstfremden Aufträge der Partei. Weil die Kunst der DDR Propaganda statt Kunst, Zensur statt Ausdruck von Wirklichkeit, Auftrag statt Freiheit ist, oder weil sie alles das *nicht* ist, was schlechthin die Moderne auszeichnet, begreift Preiß sie als antimoderne, anachronistische, altertümliche, militant unsinnige, sterile, primitivistische, biedere, provinzielle Nicht-Kunst, die es letztlich abzulehnen gilt. Die Künstler_innen der DDR sind dieser Auffassung nach Komplizen, politische Opportunist_innen und werden zu „Mitgliedern des Hofstaates"[138] ernannt, die den Staat umgekehrt mit ihrer Kunst stützten und in „einer kulturellen Bananenrepublik"[139] weltfremd sozialistischen Formfragen nachgingen. Aus dem politischen Urteil über die Politik wird bei Preiß also ein ästhetisches Urteil über die Kunst, mithin eine eigene ästhetische Kategorie. Letztlich steht sich in Preiß' theoretischem und kuratorischem Konzept die Moderne als abstrakter Ausdruck der Freiheit und die Antimoderne als Sammelbegriff und Schlagwort der antidemokratischen Diktaturen nicht nur unversöhnlich gegenüber, sondern die Diktaturen – Nazis und Sozialisten gleichermaßen – galten als Angreifer auf die Moderne. Die Antimoderne sei als ein Kampfprogramm und aktive Gegnerschaft gegen die Moderne zu verstehen, die letztere in ihrer Existenz potenziell und tatsächlich bedroht. Ziel der Weimarer Ausstellung ist es dann folgerichtig, die „drei Stilrichtungen der Antimoderne" als „Gemeinsamkeit aller drei Richtungen" zu vermitteln.[140]

An diesem theoretischen Konzept und seiner praktischen Umsetzung entbrennt eine heftige Debatte. Die schlecht beleuchteten, vor riesige Plastikplanen hängenden, teilweise auf dem Boden abgestellten und ohne die sonst übliche kuratorische Sorgfalt und Sortierung präsentierten Bilder veranlassen Publikum, Künstler_innen, Kritiker_innen und mediale Öffentlichkeit zu einer kontroversen Auseinandersetzung. Deren Kern ist jene Frage, die auch in den vorangegangenen Debatten immer wieder zentral gestellt wird und die Preiß

137 Preiß: *Abschied von der Kunst des 20. Jahrhunderts*, S. 79.

138 Ebd., S. 105.

139 Ebd., S. 97.

140 Ebd., S. 10.

mit seiner Ausstellung bereits praktisch beantwortet hat: Ob die Kunst der DDR im Grunde und mit nur wenigen Ausnahmen überhaupt eine sei. Dass sie generell „ein großes Graffiti“[141] ist, eine nicht zu unterscheidende Masse an Propaganda, die ihren „Staat nicht überlebt“[142], will Preiß dokumentieren, ausstellen und beweisen. In der Debatte um die Ausstellung verläuft die diskursive Front entlang einer Beurteilung der Freiheitsgrade der Kunst in der DDR. Die Frage ihrer ‚Modernität‘ ist also zentral.

Darüber hinaus wird der Weimarer Bilderstreit von Autor_innen wie Rehberg und verschiedenen Journalist_innen[143] auch als Stellvertreterdiskurs bezeichnet, der in der uneigentlichen Auseinandersetzung um Bildende Kunst der DDR sein eigentliches Streitthema verhandle, d. i. die Frage des gesellschaftlichen Status der Bevölkerung in Ost und West:

> Im Bilderstreit wurden diese gegenseitigen Abgrenzungsformeln nun in höhere Kultursphären transformiert.[144]

Sicher kann die Abrechnung mit der Bildenden Kunst der DDR auch als impliziter Angriff auf die ostdeutschen Bürger_innen gewertet werden. Zuvorderst war sie aber explizit an die Kunstschaffenden und ihr Verhältnis zum sozialistischen Staat gerichtet – und als solche wird die Ausstellung auch überwiegend vom Publikum verstanden.[145] Im Weimarer Bilderstreit wird mit der Kunst der DDR als Repräsentantin sozialistischer Werte abgerechnet, die in der neuen Bundesrepublik keine Gültigkeit mehr besitzen sollen.

Gegenstand der Analyse zum Weimarer Bilderstreit bildet ein Korpus, das nicht aus den in der Einleitung aufgeführten Presseerzeugnissen stammt, sondern auf eine Sammlung von Pressematerial zurückgreift, die die Ausstellungsmacher_innen im Folgejahr des Weimarer Bilderstreits publizieren[146] und die den Anspruch einer ausgewogenen Darstellung der Meinungen innerhalb des Streits vertritt. Es bietet sich daher an, auf diese Auswahl zurückzugreifen.

Aus Anlass einer kritischen Rückschau auf die Verwerfungen, die sich im Weimarer Bilderstreit gezeigt haben, wird im Weimarer Neuen Museum von

141 Achim Preiß: Die Debatte um die Weimarer Ausstellung „Aufstieg und Fall der Moderne“. In: Kunstsammlungen zu Weimar (Hrsg.): *Der Weimarer Bilderstreit. Szenen einer Ausstellung.* Weimar: VDG 2000, S. 9–26.

142 Preiß: *Abschied von der Kunst des 20. Jahrhunderts*, S. 69.

143 Vgl. Christine Käppeler: Das Gesetz der Flügel. In: *der Freitag*, 17.10.2012. http://www.freitag.de/autoren/christine-kaeppeler/das-gesetz-der-fluegel (Zugriff am 13.10.2014).

144 Rehberg: Deklassierung der Künste, S. 51.

145 Vgl. Besucherbuch zu Teil III der Ausstellung „Aufstieg und Fall der Moderne“. In: Kunstsammlungen zu Weimar (Hrsg.): *Der Weimarer Bilderstreit*, S. 39–115.

146 Presse. In: Kunstsammlungen zu Weimar (Hrsg.): *Der Weimarer Bilderstreit*, S. 147–254.

Oktober 2012 bis Februar 2013 die Ausstellung „Abschied von Ikarus. Bildwelten in der DDR – neu gesehen" gezeigt und damit der Versuch unternommen, die veränderte „Diskurslage" in Bezug auf die Kunst der DDR zu belegen[147]. Das Kapitel hat mit den letzten beiden Analysen zwei Beiträge zum Gegenstand, die sich auf diese Ausstellung beziehen und anhand derer die These von der veränderten Diskurslage geprüft werden soll.

„Die Avantgarde konnte sich nicht lange behaupten"

Susanne Schreiber bespricht zunächst den ersten Teil der Ausstellungstrilogie „Aufstieg und Fall der Moderne", der unter gleichem Namen im Weimarer Schlossmuseum gezeigt wurde. Im ersten Absatz des Artikels präsentiert Schreiber die Folie, vor der die beiden anderen Ausstellungen *Die Kunst dem Volke – erworben: Adolf Hitler* und *Offiziell und Inoffiziell – Die Kunst der DDR* interpretiert werden:

> Die Kunstsammlungen zu Weimar rücken erstmals ins Bewußtsein, daß Weimar ab 1889 eine führende Rolle bei der Durchsetzung der Moderne spielte. Und sie benennen zugleich die konservativen Strömungen, die in diesem Jahrhundert jeden Aufbruch zu hemmen wußten.[148]

In Schreibers Bild ist mit „der Moderne" ein progressives Programm, ein „Aufbruch", verbunden. Eines, das die „konservativen Strömungen" verhindern wollten und das deshalb umso mehr Pflege benötigte. Schreiber stellt mit dem Befund einer Moderne den künstlerischen Verfahren einen politischen Inhalt aus, verbindet demnach die Formensprache der klassischen Moderne und anderer ästhetischer Avantgarden wie dem Impressionismus mit einem dezidiert politischen Inhalt: die neuen Kunstverfahren der Avantgarde stünden gleichsam für eine nicht-konservative, progressiv-emanzipatorische Haltung zur Welt, eine moderne, offene und zukunftsweisende. Damit ist der Moderne ein Programm des abstrakten Fortschritts eingeschrieben, dem die Avantgarde mit ihren formalen Neuerungen als Brücke in das Kommende, Neue, Begrüßenswerte dient. Dagegen stünden konträr Kunstauffassungen des Kaiserreichs und der Weimarer Republik, die reaktionären, ewig gestrigen Verhinderer des Zukünftigen; solche Köpfe, die Auguste Rodin für obszön hielten, die die

147 Karl-Siegbert Rehberg: Von der ‚Unmöglichkeit' einer Ausstellung. Einleitende Überlegungen zu „Abschied von Ikarus. Bildwelten in der DDR – neu gesehen". In: Karl-Siegbert Rehberg / Wolfgang Holler / Paul Kaiser (Hrsg.): *Abschied von Ikarus. Bildwelten in der DDR – neu gesehen*. Weimar / Köln: König 2012, S. 14–25, hier S. 15.

148 Susanne Schreiber: Die Avantgarde konnte sich nicht lange behaupten (*Handelsblatt*, 14.05.1999). In: Kunstsammlungen zu Weimar (Hrsg.): *Der Weimarer Bilderstreit*, S. 163–165, hier S. 163.

Modernisten aus Weimar vertrieben „und für die Schließung des Bauhauses sorgten"[149]. Diese „konservativen Strömungen" nebst politischen Erlassen bildeten dann „das Vorbild für den verheerenden Bildersturm von 1937 auf die sogenannte ‚Entartete Kunst'"[150].

Damit ist Schreiber bei den gegen die Moderne konkurrierenden Kunstauffassungen angelangt:

> Zur kurzen Entfaltung der Moderne in Weimar gehört unlösbar auch ihr jäher Abbruch im Nationalsozialismus und in der DDR, wo beide Male die Kunst für politische Botschaften instrumentalisiert wurde.[151]

Aus Sicht der „Moderne", die für abstrakte Fortschrittlichkeit stehe, stellen sich nun die NS-Kunst ebenso wie die DDR-Kunst als Angriff auf diesen, der Moderne inhärenten Fortschrittsdrang dar. Ohne überhaupt in Bezug auf NS- und DDR-Kunst näher zu bestimmen, was eigentlich ihr Programm gegen den Fortschritt sei, und inwiefern die in beiden politischen Systemen hervorgebrachte Kunst Verstöße gegen die Gebote der Moderne seien. Den antimodernen Gehalt der Kunst entdeckt Schreiber nicht nur im formalen „Abbruch" der „kurzen Entfaltung der Moderne in Weimar", sondern auch in der Zweckentfremdung der Kunst durch NS- und DDR-Künstler_innen. Beide Systeme haben die Kunst gegen ihr Wesen benutzt und sie zum bloßen Instrument ihrer politischen Weltanschauung gemacht. Unterstellt ist damit, dass Kunst, die eine Gesellschaftsordnung positiv inszeniert, lobt und deren Werte beglaubigt, nicht etwa nur NS- oder DDR-Kunst sei, sondern, dass auf diese Art und Weise der Kunst an sich Unrecht zugefügt werde. Die Kunst werde in beiden Systemen „instrumentalisiert", das heißt gegen ihre Natur gebraucht, also missbraucht. Mit diesen Befunden hat Schreiber der modernen Kunst nicht nur einen politischen Inhalt zugeschrieben, sondern sie zudem als eine gefasst, die der falschen politischen Auffassung von sich aus keinen Raum bietet. Denn wenn Kunst nationalsozialistische oder sozialistische Inhalte habe, dann sei sie diffamiert. Die Kunst ist hier als eine gekennzeichnet, die als vorpolitische und überparteiliche schlicht für NS und DDR nicht nützlich sein könne und damit wiederum, ohne dass es explizit thematisiert werden müsste, Partei ergreift gegen diese Weltanschauungen.

Vor dieser Folie einer entpolitisierten Auffassung der progressiven Moderne, die von sich aus Partei ergreife gegen reaktionäre Systeme und deren „politische

149 Ebd.

150 Ebd.

151 Hier und folgende Zitate ebd., S. 164.

Botschaften", bespricht Schreiber die beiden Ausstellungsteile *Die Kunst dem Volke – erworben: Adolf Hitler* und *Offiziell und Inoffiziell – Die Kunst der DDR*. Dass zwischen NS und DDR Parallelen bestehen, zeige schon der erste Blick auf die Ausstellungsräume. Die Mehrzweckhalle am sogenannten Gauforum, die als „NS-Tempel" geplant, aber kriegsbedingt nicht fertiggestellt wurde, sei von der DDR aufgegriffen und komplettiert worden:

> Zweiundzwanzig Jahre später vollendete ausgerechnet der Arbeiter- und Bauern-Staat das Wrack zu einem Fabrik- und Bürogebäude von besonderer Scheußlichkeit.

„Ausgerechnet" die DDR bringe das, was im NS begonnen wurde, zur Vollendung. Dass die DDR-Führung nicht den „NS-Tempel" fertig gebaut hat, sondern ihr eigenes sozialistisches Bauprojekt verfolgte, weist Schreiber zufolge die Verwandtschaft beider Systeme aus. Dass man überhaupt an demselben Werk gebaut hat, sei der Beweis für die Gemeinsamkeit und die bauliche Geschmacklosigkeit. „Scheußlichkeit" ist der ästhetische Nenner, auf den Schreiber DDR und NS bringt. Derart die Systeme ästhetisch verschwistert, folgt der Blick auf die Ausstellung der Hitler-Sammlung:

> In der Masse dominiert die heile Welt, das Glück an Herd und Scholle. Schamlos werden Kompositionen und Motive von Breughel, Tizian, Goya und Leibl kopiert. Erstaunlich, daß der verklemmte Hitler soviel Aktdarstellungen ankaufen ließ, Akte allerdings, denen fast immer jede sinnliche Ausstrahlung abgeht.

Auch diese Darstellung folgt der Trennung in fortschrittliche, moderne Kunst und reaktionäre Kunst, die eigentlich keine echte sei. Bereits das erste Urteil ruft den Kitsch-Topos „heile Welt" auf, ohne ihn explizit zu machen. Der zweite Befund nimmt der NS-Malerei die Authentizität, indem er sie als stilistische Kopien leuchtender Größen der Malerei ausweist. Nicht eine Quelle der Inspiration seien sie, sondern moralisch verwerflich angeeignet und imitiert. In einem dritten Urteil wird die Rückschrittlichkeit als Charaktereigenschaft Hitlers gefasst, der sexuell gehemmt sei, weshalb es erstaunen muss, dass er überhaupt Darstellungen nackter Menschen sammeln ließ. Dieses vermeintliche Rätsel wird in einem vierten Urteil gelöst: die Akte sind gar nicht sinnlich, weshalb sie wiederum gut zu Hitlers Charakter passten. Was von anderer Stelle dem Akt als Pornografie entgegengehalten wurde, ist hier ein Defizit an erotischer Wirkung, das laut Schreiber für die Minderwertigkeit der Kunst spreche. Aus allen vier Urteilen geht hervor, dass die Autorin einen fundamentalen Unterschied zwischen moderner Kunst und der NS-Kunst entdeckt – und zwar einen, der gar nicht aus den ideologischen Inhalten der Kunst hervorgeht, sondern aus ihren Verfahren, ihrer Wirkung und ihren Sammlern. Das kann keine ‚echte Kunst' sein:

> Nach soviel Schematismus und Abwesenheit von künstlerischer Handschrift sehnt sich der Besucher nach echter Kunst. Die hofft er im dritten Ausstellungsteil „Offiziell/Inoffiziell – Die Kunst der DDR" zu finden.

Wieso ausgerechnet die Hoffnung bestätigt werden soll, dass DDR-Kunst echt ist, wo doch die Autorin so viel Wert darauf legt, deren Gemeinsamkeiten mit der unechten NS-Kunst herauszustellen und die DDR-Kunst als zweite große Gegnerin der Moderne einzuführen, bleibt zunächst unklar. Es gebe eine Differenz zur NS-Kunst, die an der Hängung der Ausstellung und ihrer impliziten Aussage sichtbar werde:

> Staatskunst hängt Stoß auf Stoß mit Werken, die die Grenze des Möglichen ausloten; Agitation neben Rückzug.

Es sei also nicht alles gleich in der DDR – auf diesen Unterschied zum NS, den sie nicht begründet, legt Schreiber Wert. Unstrittig sei, dass es „Staatskunst" gegeben habe, die gegen solche Kunst abgegrenzt werden müsse, „die die Grenze des Möglichen auslote[t]", also gegen die offizielle Linie der Kulturpolitik zwar nicht verstießen, sie jedoch auch nicht genau befolgten. Schreiber fasst diese Haltung als „unangepasste Kunst", die sich zurückzog, statt für den Sozialismus zu werben. In diesem Befund wird deutlich, was den Unterschied ausmacht, auf den es Schreiber ankommt und den sie im Kitsch-Urteil ausspricht:

> Das kitschige Kindergartenbild von Günther Brendel und das Agitationsbild von Walter Womacka markieren Anfang der fünfziger Jahre den Aufbruch in den Sozialistischen Realismus und das Ende der künstlerischen Freiheit, die in den siebziger Jahren unter der Devise „Weite und Vielfalt" Schritt für Schritt zurückerobert werden konnte.

Nichts geringeres als die künstlerische Autonomie als grundlegende Bedingung für künstlerisches Schaffen habe die DDR mit ihrem „Sozialistischen Realismus" abgeschafft und damit im Prinzip die Kunst selbst. Es sei Kitsch und Agitation produziert worden, statt echter, freier Kunst. Erst mit einem veränderten politischen Klima konnten sich die Künstler ihre Freiheit sukzessive ‚zurückerobern'. Die Folie, vor der Schreiber Kitsch und Kunst trennt, ist das Defizit an Freiheit der Kunst und die Inanspruchnahme der Kunst für das sozialistische Projekt. Wer den „Sozialistischen Realismus" malt, der habe sich gegen die Freiheit der Kunst vergangen; sozialistische Kunst und freie Kunst schließen sich in dieser Erklärung gegenseitig aus. Weil aber die Freiheit die Bedingung für das künstlerische Schaffen sei und die Künstler der DDR keine freien Subjekte, wenn sie „Agitation" malten, ist diese Kunst eben gar keine, sondern Kitsch. Schreiber konfrontiert im Kitsch-Befund die Kunstauffassung der DDR mit einem zum inhärenten Gesetz der Kunst gemachten Autonomiegebot, das die DDR-Oberen für ihre kulturellen Produkte jedoch nie erhoben. Die Kunst

sollte im Dienst der politischen Herrschaft stehen, also gerade nicht eigenständig sein. Dieser politische Gehalt sei aber genau das, was Schreiber zufolge zu verurteilen ist, weil es die Kunst unfrei mache.
Letztlich ist es dieses Gebot, mit dem Schreiber zwischen akzeptabler, echter Kunst und der DDR-Kunst unterscheidet:

> Auch wenn Präsentation und Auswahl der ostdeutschen Kunst nicht nur Applaus hervorrufen, so beleben sie die Diskussion über Kunst und Kitsch, über Staats- und Nischenkunst.[152]

Schreiber unterstreicht in ihrer scheinbar einfachen Aufzählung das ganze Urteil über die Kunst in der DDR. Gelungene Kunst ist diejenige, die gegen das politische System DDR die Freiheit der Kunst verteidige und damit zur „Nischenkunst" werde. Kitsch sei solche, die den Staatsauftrag erfüllt. Damit fällt die Autorin ein eindeutiges Urteil, welche Kunst nach der Wende überhaupt noch als echte Kunst Beachtung finden kann und welche aus der Sphäre der Kultur verbannt werden muss.

„Klasse, Mittelmaß und biederer Kulturkampf-Kitsch"
Tim Sommer erwartet „Großes" von der Weimarer „Mammutschau", deren Konzeption er wie folgt beschreibt:

> Grundidee der Macher war, die Strömungen der Moderne einem Strang der dem 19. Jahrhundert verpflichteten realistischen Tradition gegenüberzustellen, der wegen breiter Akzeptanz beim Volk von den Diktaturen bevorzugt und gefördert wurde.[153]

Die „Grundidee" der Ausstellungstrilogie, die Moderne mit ihren Gegenspieler_innen zu konfrontieren, findet Sommers Zustimmung. Darin ist die Moderne diejenige, die sich positiv abhebt von anachronistischen Bildtraditionen, die dem vorigen Jahrhundert verhaftet bleiben. Diese „realistische[] Tradition" sei wegen ihrer Eingängigkeit und Zustimmung bei den Untertanen der Regime im NS und der DDR sehr zielführend und dadurch von Diktaturen besonders unterstützt und begünstigt worden. Sommer zeigt, dass er den Macher_innen in ihrem Konzept folgt und dem künstlerischen Verfahren einer „realistischen" Darstellung prinzipiell eine politische Potenz zuschreibt, die dem künstlerischen Verfahren immanent sei. Der Autor schließt rückwärts: Weil die NS- und DDR-Diktatur Realismus verordnet und gefördert haben, stehe die „realistische[] Tradition" auch ganz ohne ideologischen Inhalt für diese

152 Schreiber: Die Avantgarde konnte sich nicht lange behaupten, S. 165.
153 Hier und folgende Zitate in Tim Sommer: Klasse, Mittelmaß und biederer Kulturkampf-Kitsch (*Leipziger Volkszeitung*, 17.05.1999). In: Kunstsammlungen zu Weimar (Hrsg.): *Der Weimarer Bilderstreit*, S. 171–172, hier S. 171.

politischen Systeme. Darin entsprechen sich rückwärtsgewandte künstlerische Verfahren und politische Systeme; sie gehen eine Allianz ein, die die Volksmassen für die Diktaturen begeistert. Gegen diese „Tradition" erklärt Sommer die Moderne, die sich in fortschrittliche, zustimmungsfähige „Strömungen" unterteilt, als geradezu anti-diktatorisch.
In seinem Artikel macht Sommer diese politisierte „Grundidee der Macher" zu seinem theoretischen Sorgeobjekt und begutachtet ihre erfolgreiche praktische Umsetzung. So wurde mit dem ersten Teil „eine feinziselierte Ausstellung zusammengestellt", die „längst zerstreute Sammlungen wieder vereinigt". Auch die Präsentation der Sammlung Hitlers folgt dem theoretischen Konzept:

> Hitlers Privatsammlung, die erstmals in dieser Breite aus ihrem Münchner Depot ins Licht der Öffentlichkeit gezogen wurde, besteht aus recht hübsch gemalten Belanglosigkeiten aus der Mottenkiste der prämodernen Kunstgeschichte.

Sommer findet das Konzept der Ausstellung und seine damit verbundene Sicht bestätigt: Die nationalsozialistische Kunst ist hier nicht mehr nur „dem 19. Jahrhundert verpflichtet", sondern eine einzige Reihung von bedeutungslosen Gemälden, die, obwohl weit nach Beginn der Moderne gefertigt, in ihrem Geist vormodern und damit angestaubt und im höchsten Maße unzeitgemäß sind. In diesem Befund bestätigt sich die Verknüpfung von politischer Polemik und ästhetischem Urteil, ohne dass die inhaltliche Seite der Kunst, die nationalsozialistische Ideologie, überhaupt ausgeführt werden müsste. Nur aus den künstlerischen Verfahren sei erkennbar, dass es sich um anachronistische, ewig gestrige und damit ästhetisch belanglose Werke handelt, die längst aus der Kunstgeschichte verbannt und eingemottet wurden.
Die DDR-Ausstellung aber bietet Sommer Anlass zur Klage. War „die Begegnung mit den sonst versteckten Originalen" im „Hort des Bösen" der NS-Abteilung der Ausstellungstrilogie noch genehm, so wird sie in der DDR-Abteilung zum Problem:

> Das, was für die Leib-und-Hof-Kitschiers des „Gröfaz"[154] recht ist, müßte doch eigentlich für die DDR-Kunst billig sein. Sollte man meinen ...
> Aber in der Etage darüber wird der Kulturstadtbesucher Zeuge des kuratorischen Harakiri eines Weimarer Professors der Architekturgeschichte: Achim Preiß [...] summiert die „Kunst der DDR als letzte konservative Kunstbewegung in Deutschland", erklärt seine Schau zur „Kunstausstellung einer nicht mehr existierenden Nation". In dieser mehr als fragwürdigen Begriffsbildung spiegelt sich ein Verständnis von Kunstgeschichte, das gegen alle Bedenklichkeiten gewappnet jede Verkürzung billigend in Kauf nimmt, wenn sie nur ein Skandälchen verspricht.

154 „Gröfaz" ist ein satirisch gebrauchtes Akronym und steht für „größter Feldherr aller Zeiten".

War das „Verständnis von Kunstgeschichte" in der Abteilung Nationalsozialismus noch ganz im Sinne des Autors, kommt es hier zum Zerwürfnis, ohne dass der Kurator Achim Preiß etwas an seinem Konzept hätte ändern müssen. Das eingangs gewürdigte Konzept – die Gegenüberstellung einer „dem 19. Jahrhundert verpflichteten realistischen Tradition" und der aufbruchsbereiten Moderne – wird in seiner Konsequenz umfassend zurückgewiesen. Immerhin unterlaufe Kurator Preiß nicht irgendein Schnitzer, sondern er begehe kuratorischen Selbstmord. Man könne und dürfe laut Sommer nicht sagen, dass die gesamte DDR-Kunst eine „konservative Kunstbewegung" gewesen sei, deren Legitimation spätestens mit dem Untergang der DDR beendet sei. Während Sommer bei der NS-Kunst den „jede Verkürzung billigend in Kauf" nehmenden Kitsch-Vergleich bemüht, möchte er diese „Verkürzung" bei der DDR-Kunst nicht akzeptieren. Hier habe man es mit einer „fragwürdigen Begriffsbildung" zu tun, die noch dazu moralisch verwerflich sei, weil sie das Interesse am Skandal der gebotenen Differenzierung überordnet. Dieses Gebot spitzt Sommer zu, wenn er die Ausstellung besichtigt:

> Hier schon wird klar, wie Preiß die Früchte künstlerischen Bemühens instrumentalisiert, um seine schlichten Thesen zu illustrieren. Sofern er die überhaupt hat.
> Denn in der folgenden Rotunde, die mit müllsackgrauen Plastikplanen Werner Tübkes Bad Frankenhausener Panorama[155] nachbildet, versandet sein Konzept endgültig in einer völlig unbewältigten Bilderflut der „Kunstproduktion des ostdeutschen Staatssozialismus".[156]

Sommer stellt heraus, dass die Kunst die verkürzten Thesen des Kurators illustrieren soll, was die Kunst abermals zur instrumentalisierten mache und den Kurator zur fraglichen Person. Sommer unterstellt Preiß zudem, dass er im Grunde gar kein tragendes Ausstellungskonzept habe, was der Autor an der „unbewältigten Bilderflut" ausmacht. ‚Unbewältigt' ist die ‚Flut' einzig deshalb, weil das kuratorische Konzept nahezu alles als sozialistische Staatskunst ausstellt. Sommer geht es um eine andere Art der Bewältigung, die in einer gegenteiligen Bewegung zu bestehen habe:

> Rechts und links des Eingangs zur Arena finden sich diverse Fabrikate aus den 50ern, wo auch schon mal ein Curt Querner untergemischt wird, dann verliert sich jede Ordnung und Differenzierung im unverdaulichen Cocktail aus Klasse, Mittelmaß und Kulturkampf-Kitsch. [...]

155 Gemeint ist Werner Tübkes Arbeit *Frühbürgerliche Revolution in Deutschland* (1976–1987), das er als riesiges Panoramabild über den Bauernkrieg für das Panorama Museum in der Nähe von Bad Frankenhausen gemalt hat.

156 Ebd., S. 172.

> Ein Keil – welch superbes Bild! – stößt dann dazwischen und entlässt den Besucher in eine Ruhmeshalle des Widerstandes, die den Unbescholtenen zu ihrem Recht verhelfen soll. Auch hier scheint der Zufall das Geschehen zu bestimmen.[157]

Dass ein der Neuen Sachlichkeit zugeschriebener Maler im Kanon der frühen Staatsmaler auftaucht, stehe pars pro toto für die ganze Ausstellung: Es fehle an „Ordnung" und „Differenzierung", stattdessen walte der „Zufall" und vermische qualitativ unterschiedliche Werke zu einem unverträglichen „Cocktail". Bewältigt werden soll die kuratorische Trennung der Bilder in „Klasse, Mittelmaß und Kulturkampf-Kitsch". Sommer verlangt eine Ordnung und Differenzierung, mit der die Ausstellung die Hierarchie der Werke eindeutig kenntlich macht. In dieser Hierarchie kennt der Autor die Spitzenkunst, die mittelmäßige Kunst und den Kitsch. Der „Kulturkampf-Kitsch" ist demnach diejenige Kunst aus der DDR, die sich dem Systemgegensatz verschrieben hat, die den Sozialismus propagierte und ganz in der „Kunstproduktion des ostdeutschen Staatssozialismus"[158] aufgegangen sei; es ist die Kunst der Diktatur. Im Kitsch-Befund wird beurteilt, welche Funktion die Kunstproduktion für die offizielle Staatsräson hatte. Ging sie ganz im sozialistischen Gedanken auf, waren die Ergebnisse ihres „künstlerischen Bemühens"[159] Bilder, die den Vorgaben der Kulturpolitik entsprachen und damit Kitsch.

Das Kitsch-Urteil Sommers dient mit der Abwertung des Sozialistischen Realismus gleichzeitig als Mittel, in der Debatte die kuratorisch inszenierte Einheit der DDR-Kunst anzugreifen und die eingeklagte Differenzierung vorzunehmen. Indem Sommer das Kitsch-Urteil gegen die ‚Staatskunst' ausspricht, soll es im Umkehrschluss auch Kunst in der DDR geben, die kein Kitsch ist, jene als „Klasse" bezeichnete Kunst. Zurückgewiesen wird das als ästhetisches Urteil diskutierte politische Urteil damit allerdings nicht: Es gelte weiterhin die Unterscheidung zwischen „Kulturkampf-Kitsch" und echter Kunst. Dieser Kitsch, also die Kunst, die sich positiv auf die DDR bezog, gehört nach der Wende nicht mehr zum Bestandteil der Bildenden Kunst.

„Die Guten ins Töpfchen …"

Johann Michael Möller wirft der Weimarer Ausstellung ideologischen Schematismus vor:

> Da sollte auf hochambitionierte Weise vorgeführt werden, daß Weimar zwar eine Geburtsstätte der Moderne war, am Ende aber reaktionäre Spießer und totalitäre Kunstideologen die Oberhand behielten. Herausgekommen ist das alte Spiel vom ideologischen

157 Ebd.
158 Ebd., S. 171.
159 Ebd., S. 172.

Schiffe-Versenken, das sich in dieser Schlichtheit wohl keiner im Westen mehr zu spielen getraut hätte. Die Guten ins Töpfchen, die Schlechten ins Kröpfchen.[160]

Möller beschreibt das Konzept der Ausstellungstrilogie, das die Moderne als das Gegenstück zu solchen Kunstauffassungen vorstellt, die durch „reaktionäre Spießer und totalitäre Kunstideologen" vertreten wurden. Möllers Kritik an der allzu einfachen Sortierung der Kunst stimmt der Gegenüberstellung von Moderne und ihren Gegenentwürfen im Prinzip zu, findet die Umsetzung allerdings zu einseitig und damit ihrerseits ideologisch. Es muss wohl am Osten selbst liegen, dass da so simpel geurteilt werden könne, denn „im Westen" sei es undenkbar, derart parteilich auf die Kunst der Diktaturen zu blicken. So teile dann die Ausstellung schablonenhaft in die ‚Guten' und die ‚Schlechten':

Die Guten, das sind natürlich die großen Meister der Moderne [...]. Ihre Werke sind, wenngleich lieblos zusammengepfercht, in richtigen Museumsräumen im Schloß zu sehen. Die Schlechten dagegen, die Bilder der Nazis und der Kommunisten, die vielfach mit Weimar gar nichts zu tun haben, wurden zu einer monströsen Müllhalde im sogenannten Gauforum aufgeschichtet. Im Untergeschoß der einstigen Halle des Volkes völlig belanglose Ölschinken, die im Auftrag Hitlers zusammengetragen wurden. Im Obergeschoß aber vier Jahrzehnte Kunstgeschichte der DDR: bedeutende Werke unmittelbar neben üblem Propagandakitsch.

Grundsätzlich wendet Möller ein, dass keinem der Werke gerecht worden sei: Die Modernen seien „lieblos zusammengepfercht" und die „Bilder der Nazis und der Kommunisten" zu einer „monströsen Müllhalde" „aufgeschichtet". Klagt Möller damit ein, dass jedem in Weimar gezeigten Werk prinzipiell eine würdevolle museale Inszenierung und Aura zustehe? Für die Moderne scheint das zu gelten, denn ihre Kunst stammt von „großen Meister[n]". Bei der NS-Kunst fällt das Urteil schon ambivalenter aus: Immerhin seien alle Bilder „völlig belanglose Ölschinken". Wieso sollen ihnen dann statt einer „monströsen Müllhalde" die Weihen des Museums zustehen? Folgt man Möllers Urteil, scheint doch die ‚Müllhalde' für sie angemessener. Tatsächlich gibt es gegenüber den NS-Werken keinen Einspruch, was die Inszenierung betrifft. Erst bei der sozialistischen Kunst kennt Möller „bedeutende Werke", die unvermittelt „neben üblem Propagandakitsch" hängen. Er fordert die kuratorische Trennung dieser kitschigen Bilder von den bedeutenden.

Das Gros der suspekten „Staatskünstler" aber wird unsortiert auf riesige Baugerüste geklatscht: wie die Sekundärrohstoffe für die ideologische Kompostiertrommel. Heisig neben Sitte,

160 Hier und folgende Zitate in Johann Michael Möller: Die Guten ins Töpfchen ... (*Die Welt*, 19.05.1999). In: Kunstsammlungen zu Weimar (Hrsg.): *Der Weimarer Bilderstreit*, S. 173–174, hier S. 173.

> Mattheuer neben Womacka, der röhrende Kommunist neben subversiven Metaphern vom Ikarus, und in der Mitte eine riesige Rotunde als Parodie auf Tübkes Bauernkriegspanorama in Bad Frankenhausen.

Dass nicht ausgewählt, sondern die Werke „unsortiert" als Abfall inszeniert werden, beklagt Möller, wenn er die Ausstellung begutachtet. Im Umkehrschluss verlangt er mit der Sortierung jedoch: Wenn sich DDR-Kunst als ideologisch erweist, dann soll sie auch in die „ideologische Kompostiertrommel" wandern, dann ist sie wirklich „Propagandakitsch". Im Sinne dieser Forderung sortiert Möller nach *seinen* Kriterien: So gehörten Willi Sitte und Walter Womacka zu den ideologischen Künstlern, hingegen dürften Bernhard Heisig und Wolfgang Mattheuer nicht entsorgt werden. Aus der Gegenüberstellung von Sitte und Heisig, von Mattheuer und Womacka soll, ohne den Ideologievorwurf zu begründen, klar werden, dass es einen fundamentalen Unterschied zwischen den Künstlern gibt, dass der eine „der röhrende Kommunist" und der andere der Maler „subversive[r] Metaphern" ist. Mit dem Befund „Propagandakitsch" ist die Grenze, die qualitative Differenz, benannt und bewiesen, die diese Künstler trennt. Allerdings geht die Differenz nicht auf eine ästhetische Qualität zurück, sondern auf ein politisches Urteil. Weil Sitte und Womacka als Künstler Anhänger des DDR-Regimes waren, „röhrende Kommunist[en]" und „Staatskünstler", werde ihre Kunst zum Propagandakitsch. In dieser fundamentalen Scheidung kennt Möller Gute und Schlechte, und es stört ihn nicht, dass er diese Unterscheidung bei den Macher_innen eben noch angeklagt hat: Sitte und Womacka sind die Kitschiers, Heisig und Mattheuer die Subversiven. Unter diesem Blickwinkel rechnet Möller mit den Ausstellungsmacher_innen ab:

> Es ist schon frappierend, mit welcher Ignoranz hier eine ganze Künstlergeneration der DDR unterschiedslos ihrer ästhetischen Entsorgung zugeführt werden soll. Und es ist verblüffend, mit welch ungebrochener Apotheose die ästhetische Selbstentfaltung des Westens dagegen in Stellung gebracht wird.

Die „ästhetische Selbstentfaltung des Westens", die Preiß gegen die Kunst der DDR in Stellung bringe, ist keine rein ästhetische, wie Möller zwar behauptet, aber mit dem Verweis auf „das alte Spiel vom ideologischen Schiffe-Versenken" selbst dementiert. Auch er vollzieht den Wechsel vom politischen zum ästhetischen Argument, klagt die ästhetische Anerkennung ausgesuchter Werke der DDR-Kunst genauso wie die rigorose Ablehnung eines Teils der DDR-Kunst ein. Mit seinem Urteil scheint Möller eine differenziertere ästhetische Betrachtung der DDR-Kunst einzufordern. Bei näherer Betrachtung offenbart sich das Gegenteil: Das Kitsch-Urteil wird ebenfalls nach politischen Maßstäben gefällt. Mit der Klage über eine fehlende Differenzierung zwischen Kitsch und Kunst, über „unterschiedslos“ entsorgte Kunst, steht Möller methodisch auf demselben Standpunkt, den er Preiß als seinen Fehler vorwirft. Auch er fordert, zwischen guter und schlechter Kunst zu unterscheiden. Er steht aber auch inhaltlich auf demselben Standpunkt wie der Kurator: Maßstab der Abwertung der Kunst ist die Funktion der DDR-Kunst im und die Stellung der Künstler_innen zum Staat. Auch Möller streitet gegen eine Inanspruchnahme der Kunst durch den sozialistischen Staat und seine kulturpolitischen Verordnungen und entsorgt auf diese Weise einen wesentlichen Teil der DDR-Kunst aus dem Bestand des gesamtdeutschen Kanons.

Eine Differenz will Möller allerdings in der Haltung des Ausstellungsmachers Achim Preiß entdeckt haben, der stellvertretend für die „Selbstentfaltung des Westens“ stehe. Dessen ignorante westdeutsche Haltung kenne gar keine Unterschiede mehr und verwerfe deshalb „unterschiedslos“. Letztlich lasse sich aus der Haltung des Kurators auch ein genereller Schluss ziehen:

> Aber die Ausstellung erzählt unfreiwillig mehr. Sie erzählt vom Zustand der deutschen Einheit [...].[161]

Nicht die nach politischen Maßstäben vollzogene Verbannung großer Bestände der DDR-Kunst aus dem Kanon der Kunst nach der Einheit stehe implizit für den problematischen Zustand der Bundesrepublik Ende der 1990er Jahre. Offenbar ist der Zustand der deutschen Einheit eine Frage der ausgetragenen Streits auf dem Feld der Bildenden Kunst. Erst wenn richtig zwischen Propagandakitsch und guter DDR-Kunst unterschieden werde, ist die Einheit vollzogen.

„Willkommene Wunden“

In das beschauliche Weimar, so Bernhard Schulz, „platzte“ die Ausstellungstrilogie, die „den Zweikampf von Avantgarde und Reaktion darstellen soll.“[162] Schulz bemängelt die fehlende inhaltliche Beschränkung der Ausstellung auf Weimar und sieht in der Überblickschau einen Griff der „Organisatoren ins Allgemeine“:

> Nazi-Kitsch und Realsozialismus: so plakativ geriet die Gegenüberstellung, daß die Gemüter nicht nur der Weimarer schäumten.

161 Möller: Die Guten ins Töpfchen ..., S. 173–174.

162 Hier und folgende Zitate in Bernhard Schulz: Willkommene Wunden (*Der Tagesspiegel*, 24.05.1999), In: Kunstsammlungen zu Weimar (Hrsg.): *Der Weimarer Bilderstreit*, S. 178–179, hier S. 178.

Was den Autor und „die Gemüter" stört, ist nicht die Abwertung der NS-Kunst zu „Nazi-Kitsch" und auch nicht die generelle Gegenüberstellung von NS- und DDR-Kunst, sondern die graduelle Übertreibung, die zu pointierte, zu reißerische, zu plakative Konfrontation. Schulz verweist auf eine vergleichbar kontroverse Ausstellung von 1993 in der Berliner Neuen Nationalgalerie,[163] die ebenfalls „die Frage nach der (Museums-)Würde der DDR-Kunst aufgeworfen hatte." Die Forderung der Ostdeutschen, „die Kunst ihrer eigenen Vergangenheit" endlich deutschlandweit anzuerkennen und ins Museum zu bringen, hieße nach Schulz, sie „von dem Makel zu befreien, es habe sich dabei um nichts als Staatskunst und Staatsbeweihräucherung gehandelt." Schon der Schulz'schen Formulierung kann man entnehmen, dass „Staatskunst und Staatsbeweihräucherung" gleichbedeutend mit einem Makel seien, den man ihr, der Staatskunst, gar nicht nehmen könne. Es gehe um die Kunst, die gerade keine Staatskunst sei, die man von dem Makel befreien könne, weil sie fälschlicherweise für eine gehalten wird. Damit ist die Frage nach den Maßstäben für die Bewertung der Kunst mit Blick auf ihre Museumswürde allerdings bereits beantwortet. Nur solcher Kunst aus der DDR, die nicht das Ziel verfolgte, dem SED-Staat zu dienen, sei überhaupt die höhere Anerkennung auszusprechen. Die DDR-Kunst, die in Weimar zu sehen sei, werde als „Staatskunst" zur Schau gestellt. Was auf den ersten Blick wie der Konsens zwischen Autor und Kurator scheint, provoziert dennoch Schulz' Kritik:

> Ohne jede erkennbare Ordnung, dicht an dicht neben und übereinander an einer riesigen Wand aufgereiht, provozieren nicht weniger als 500 Gemälde den Eindruck eines Sammelsuriums ohne Qualität und Dignität. Natürlich gab es unter der rigiden Kontrolle des SED-Apparatschiks unendlich viel an saurem Kitsch und peinlicher Liebesdienerei. Aber doch nicht nur.

Mindestens 500 Gemälde hat Schulz gezählt, denen er nach genauerer Prüfung die Qualität, Kunst zu sein, abspricht, weil sie „peinliche[] Liebesdienerei" des DDR-Regimes und damit „saure[r] Kitsch" seien. Dass die Ausstellung diese Werke als Kitsch inszeniert, ruft seinen Einspruch nicht hervor. Vielmehr stört sich Schulz an den nicht ausreichend gekennzeichneten Ausnahmen, an dem nicht beachteten „doch nicht nur".

Schulz zufolge hätten man längst Lehren ziehen müssen aus der Debatte um die Ausstellung von 1993, und so wundert es ihn, wie „erfahrenen Museumsleuten

163 Gemeint ist die Ausstellung mit dem Titel *dazwischenhängen*, in der Dieter Honisch, Direktor der Neuen Nationalgalerie, die Sammlungsbestände aus der Nationalgalerie-Ost mit den Beständen der Neuen Nationalgalerie mischte.

ein solcher Faux-pas überhaupt passieren konnte." Aus seiner Sicht ist die damalige Debatte wie folgt gekennzeichnet:

> Denn die Debatte von 1993/94 hatte zur Genüge deutlich gemacht, daß die Reden über Kunst, für das sich im Westen die Form des freischwebenden Diskurses herausgebildet hatte, mit dem Hinzutreten der Kunst aus DDR-Zeiten andere Dimensionen hinzugewinnen mußte: vor allem jene des Inhalts und der Aussage und, dahinter verborgen, die der politischen Auseinandersetzung mit vier Jahrzehnten DDR und der Frage des „richtigen Lebens" unter einem autoritären, wo nicht totalitärem Regime. Mit einem Mal rückte Geschichte in den Blick und nicht bloß künstlerische Mode. [...] Nicht ästhetische Kriterien wurden darum gegen sie ins Feld geführt, sondern vielmehr der Vorwurf der Verstrickung von Künstlern im SED-Regime – eine berechtigte, aber außerhalb der künstlerischen Qualitätsbewertung liegende Frage.

Schulz zufolge sind die Bewertungsmaßstäbe, nach denen man die DDR-Kunst bewertete, als sie nach der Wende den kunsthistorischen Auseinandersetzungen ‚hinzutrat', keine rein ästhetischen und sagen selbst wenig über die künstlerische Qualität der Werke aus. Jene politischen Maßstäbe, nach denen man die Künstler_innen selbst begutachtete, hatten allerdings ihre Berechtigung. Wer den „SED-Apparatschiks" zuarbeitete und die DDR in seinen Werken zu Glanz verhalf, der musste nach der Wende „berechtigte" Kritik an seiner Person dulden. Was also ist das Problem, ist die Lehre, die man aus der alten Debatte ziehen sollte, wenn man in Weimar auf die DDR-Kunst schaute und sie verwarf?

> Es schien, als ob mit dem Abkühlen der hitzigen Auseinandersetzung die verwirrten Begriffe einigermaßen geklärt worden seien. Da nun ereignet sich die Weimarer Teufelsaustreibung. Vor die qualitative Bewertung der DDR-Kunst schiebt sich erneut die Bewertung von vierzig Jahren SED-System – und die nachträgliche Identifikation der Ex-DDRler erreicht wiederum ungeahnte Stärke. Erneut wird die notwendige Diskussion über Stärken und Schwächen der DDR-Kunst zugedeckt von Emotionen, wenn auch bisweilen verdächtig tönender Empörung.

War also die Frage der Funktion der Künstler in den Jahren 1993/94 noch eine Notwendigkeit zur Sortierung des neuen, alten DDR-Kanons, so sei sie es 1999 nicht mehr. Das, was vor knapp fünf Jahren berechtigt gewesen sei, werde in Weimar zur „Teufelsaustreibung". Nicht mehr die „nachträgliche Identifikation der Ex-DDRler" solle man betreiben, sondern die Beurteilung der Qualität der Arbeiten. Der Streit um die „Ex-DDRler" sei längst beendet und eine „notwendige Diskussion über Stärken und Schwächen der DDR-Kunst" fällig. Wie das Resultat dieser Diskussion ausfallen wird, ist auch kein Geheimnis, denn für Schulz steht die Qualität der DDR-Kunst fest: Die Masse der DDR-Kunst ist mit nur wenige Ausnahmen sauerer Kitsch.

„Laut schreien die Schweigenden"

Rolf Schneider zieht mit der Bestimmung „Lärm"[164] ein Fazit aus dem nunmehr über einen Monat andauernden Streit um die Weimarer Ausstellung in den Feuilletons. Den „Lärm" befeuerten einstweilige Verfügungen der Kurator_innen gegen die Künstler_innen, die ihre Bilder unerlaubt abhängten, ein erzürntes Publikum und die Öffentlichkeit, die einen „ignorante[n] Wessi" am Werk sehe, der „den armen Osten in den Schmutz gezerrt" habe. Diese Gemengelage bezeichnet Schneider als Skandal. Zwar räumt Schneider ein, dass es „Ignoranz"[165] gegeben habe, aber den Vergleich zur NS-Kunst müsse sich die DDR-Kunst „schon gefallen lassen". Immerhin wisse man seit Hannah Arendt doch „von der weitgehenden Übereinstimmung totalitärer Herrschaften.":

> Daß Ähnlichkeiten existieren und manchmal beklemmend groß sind, ist die von DDR-Nostalgikern beharrlich verdrängte Wahrheit.

Schneider überträgt die aus der Beobachtung von Ähnlichkeiten gewonnene Erkenntnis der Übereinstimmung von NS und DDR – der größte Unterschied liege ihm zufolge in der zeitlich-abstrakten Dauer der jeweiligen Herrschaft – selbstbewusst auf die ästhetische Debatte: So sei der Sozialistische Realismus „in seiner schlimmsten Phase" nichts als eine „Dublette der Nazi-Kunst":

> Der Kampf gegen die ästhetische Avantgarde, bei den Nazis „entartet" geheißen und bei den Stalinisten „Formalismus", war in seinen volkstümelnden Argumenten wie in seiner propagandistischen Zielrichtung völlig identisch: Verherrlichung einer naturalistischen Gegenständlichkeit mit pathetischen Gebärden, gesunden Körpern und der figurativen Feier von Kampf, Arbeit und Natur.

Dass das NS-Regime seine eigene ‚Volksart', die ‚arische Rasse', kannte, die die „entartete" Kunst nicht wie verordnet bebilderte, bringt Schneider ohne weitere Befassung zusammen mit der sozialistischen Kulturpolitik, die an der „westlich-dekadenten" Kunst die Verpflichtung auf ihre Ideale vermisste. NS-Kunst und DDR-Kunst werden vor dem Hintergrund des „Kampf[es] gegen die ästhetische Avantgarde" und einer von jeder Ideologie befreiten westlichen Kunst nivelliert. Dass Kunst sowohl im NS-Staat wie in der DDR auf staatliche Propaganda verpflichtet wurde, gereicht ihr ohne jede Differenzierung des Inhalts zunächst zur formalen Gemeinsamkeit, und weil beide Staaten totalitäre waren, seien auch ihre Kunstauffassungen identisch. Den Ausdrucksformen des Gegenständlichen wird seitens des Autors, weil sie in diesen Staaten

164 Hier und folgende Zitate in Rolf Schneider: Laut schreien die Schweigenden (*Die Welt*, 25.06.1999). In: Kunstsammlungen zu Weimar (Hrsg.): *Der Weimarer Bilderstreit*, S. 218–219, hier S. 218.

165 Hier und folgende Zitate ebd., S. 219.

entstanden sind, ein politisches Programm attestiert. Weil die DDR wie der NS das Figurative vorgeschrieben haben, seien die Werke identisch und kontaminiert. Die „Feier" und „Verherrlichung" der politischen Herrschaft wird der Kunst ganz über ihr stilistisches Programm zur Last gelegt. Der Autor vollzieht genau jene Programmatik, nur unter negativen Vorzeichen nach, die schon das DDR-Regime als wirksam behauptet hatte, nämlich dass mit der Wahl der Formensprache bereits der ideologische Inhalt vorweggenommen wäre. Diese These teilt Schneider, wendet sie aber gegen die DDR-Kunst. Weil es die DDR ist, stünde der Realismus, die „Gegenständlichkeit", das Pathos und die Darstellung von „Kampf, Arbeit und Natur" für die Einlösung des sozialistischen Programms und damit letztlich für Nicht-Kunst.
Schneider widmet sich dann dezidiert der DDR-Kunst, die sich „in alledem nicht erschöpfte", weshalb es zu differenzieren gelte:

> Das enge Nebeneinander von Kitsch und Ehrgeiz, von Kunst und Talmi gehört zur Wirklichkeit des untergegangenen ostdeutschen Staates. Daß Talent nichts mit politischer Einstellung, oder widerständischem Moralismus zu tun hat, bewiesen in Hitlers Drittem Reich die Maler Emil Nolde und Rudolf Schlichter, Nazis der ersten Stunde, gleichwohl mit Malverbot belegt und bedeutende Künstler allemal. Für die DDR hießen die in etwa vergleichbaren Fälle Strempel und Mattheuer.
> Der Lärm um die Weimarer Präsentation hat etwas Uneigentliches. Man spricht von Ausstellungstechnik, doch man meint Politik, und man argumentiert mit Ästhetik, um nicht von Opportunismus reden zu müssen.

Man fragt sich, wieso Schneider einerseits mit jenem Deutungsmuster – die Qualität der Ästhetik sei eine Frage der politischen Regime – fast die gesamte Kunstproduktion im NS und der DDR zu Grabe trägt und dann das Deutungsmuster kritisiert. Soll damit mehr gesagt sein, als dass die „Fälle Strempel und Mattheuer" Ausnahmen sind? Soll damit das Kitsch-Urteil revidiert werden? Mitnichten: Die Ausnahmen bestätigen vielmehr die Regel, nach der die Übereinstimmung von politischem Regime und Kunstproduktion die Kunst zum Kitsch degradiert. Bei näherer Betrachtung sind die seltenen Ausnahmen für politisch-opportunes „Talent" gar keine, denn immerhin wurde gegen Nolde und Schlichter ein „Malverbot" durch die Nazis verhängt. Kennt Schneider einen NS-Maler, der „Talent" hatte und den auch die Nationalsozialisten in die erste Reihe stellten? Oder einen DDR-Maler, der nicht gleich Kitsch produzierte, wenn er einen Auftrag von der SED erhielt? So hat Schneiders Vorstellung, dass „Talent nichts mit politischer Einstellung" zu tun habe, nur in einer Hinsicht Bestand: Die falsche politische Einstellung ist zwar keine notwendige Bedingung für den Kitsch und die Verabschiedung der DDR-Kunst, aber eine hinreichende allemal.

„Abbilder. Urbilder. Vorbilder“

Kerstin Decker sieht im Weimarer Bilderstreit die Absicht eines noch unbekannten Subjekts, der DDR die Bilder zu rauben. Das habe eine besondere Konsequenz:

> Jemanden seine Bilder zu nehmen heißt ihn auslöschen. Sein Weltverhältnis. Seine Erfahrungen. Das gilt für Gesellschaften wie für Menschen. Woher dieser seltsame Eifer, alles für „unwert“ – verräterisches Wort – zu erklären, was aus der DDR kam? Literatur und Malerei traf es besonders hart und – unvorbereitet.[166]

Decker unterbreitet der Leserin_in eine ganze Reihe von Urteilen und Prämissen: Zunächst ist unterstellt, dass zwischen einem Individuum und „seine[n] Bilder[n]“ – was immer diese Kategorie umfassen mag – ein ganz fundamentales, vitales Entsprechungsverhältnis bestehe. Ohne die Bilder fehle dem Individuum das Verständnis von der Welt, ohne Bilder ist sein Verhältnis zur Welt und damit das Individuum selbst in Frage gestellt. Diese abstrakte Wirkung überträgt Decker auch auf „Gesellschaften“, die dadurch grundlegend angegriffen seien, dass man ‚ihre‘ Bilder entwendet. Das Weltverhältnis, also der Bestand einer Gemeinschaft, sei durch das Infragestellen ihrer Kunstauffassung ausgelöscht. Im Lichte dieser sehr abstrakten Aussagen widmet sich Decker der DDR, von der man bekanntlich nur noch im Präteritum reden kann. Programmatisch wirft Decker die Leitfrage auf, woher der – scheinbar abwegige und unbegründete – Eifer der Abrechnung an der DDR-Kunst stamme. Die Erklärung, was das Wort „unwert“ im Zusammenhang mit der DDR-Kunst bedeutet, bleibt die Autorin allerdings schuldig, aber selbsterklärend ist es nicht. Der rhetorische Ertrag des Zitats ist allerdings gewichtig: In ein unhintergehbares Entsprechungsverhältnis gebracht, sind sozialistische Gesellschaftsordnung und sozialistisches Volk samt „Erfahrungen“ und sozialistischer Kunstproduktion nicht mehr voneinander zu trennen:

> Die DDR [...] hielt hartnäckig fest am Werkcharakter von Kunst – am Bildcharakter der Bilder. Daraus ist nun ein ästhetisches Verdikt geworden. Freie Kunst entsteht nur in einem freien Lande, glauben die Demokratiegebürtigen.[167]

Die vermeintlich entpolitisierte Sicht der DDR auf ihre Kunstproduktion, die den „Bildcharakter der Bilder“ festhielt, der nach der Wende ‚ästhetisch‘ abgeurteilt wurde, dementiert Decker schon im darauffolgenden Satz, indem sie über die politische Seite des Urteils aufklärt. So führten die Kritiker_innen

166 Kerstin Decker: Abbilder. Urbilder. Vorbilder (*taz*, 07.07.1999). In: Kunstsammlungen zu Weimar (Hrsg.): *Der Weimarer Bilderstreit*, S. 229–231, hier S. 229.

167 Hier und folgende Zitate ebd., S. 230.

der DDR-Kunst die Unfreiheit der DDR-Gesellschaft, also ein dezidiert politisches Urteil, gegen die DDR-Kunst an. Decker beantwortet mit dem Wort „nun" gleichzeitig die Frage nach dem „seltsame[n] Eifer" der Abrechnung im Bilderstreit: Es ist die Auffassung der „Demokratiegebürtigen", die sich nach der Wende ohne ersichtliches Motiv Bahn bricht und deren Auffassung im Bilderstreit „nur die letzte Konsequenz" zeitigt. Laut Decker stand das Verdikt über die Bilder bei den Ausstellungsmacher_innen bereits im Vorfeld der Ausstellung fest, man orderte nach dem Motto „Hauptsache viel!" und „arrangierte sie zu einem Mittelding aus Zirkus und Kuriositätenkabinett." Diese Herangehensweise sei ein Fehler:

> Zu den elf Werken aus dem Palast der Republik liest man im Ausstellungsführer: „Es sind die Schaustücke einer großen Selbstdarstellung des Staates." Doch ein Bild ist zuerst Selbstdarstellung des Künstlers.

Mit der Entgegensetzung einer „Selbstdarstellung des Künstlers" gegen die „Selbstdarstellung des Staates" beharrt Decker auf der Autonomie des Künstlersubjekts und weist so das Urteil zurück, dass durch die Einmischung des Staates, die Kunst in der DDR korrumpiert, wenn nicht sogar verunmöglicht wurde. Die Autorin verweist auf die Selbstbestimmung der Künstler_innen, deren Werke auch durch den SED-Staat nicht in Verruf geraten wären, da sie zuvorderst künstlerische Eigenständigkeit dokumentierten. Doch schon wenig später dementiert die Autorin ihre Behauptung wieder:

> Wo Abbild und Vorbild realsozialistisch zusammenfallen, entsteht Kitsch. Wieviel Kitsch zeigt Weimar?

Mit dieser geschlossenen Frage ist bereits alles Wesentliche gesagt: Wenn die kulturpolitischen Vorgaben der SED mit den künstlerischen Ergebnissen zusammenfallen, wenn die Kunst die Darstellung der Ideale des Staats wirklich betreibt und das realsozialistische Vorbild abbildet, dann sei Kitsch die logische Folge. Die Frage sei nach Decker dann nicht mehr, zu welchen qualitativen Ergebnissen die Autonomie der Künstler_in im Realen Sozialismus geführt habe, sondern welche Quantität, welches Ausmaß an Kitsch in der DDR eigentlich produziert wurde und wie viel davon in Weimar gezeigt werde. Mit dieser zentralen Behauptung Deckers ist der politische Maßstab für die ästhetische Bewertung der DDR-Kunst explizit eingeführt. Vor dieser Folie macht Decker den Abgleich mit der NS-Kunst:

> Dem grotesken Kraftkitsch der NS-Malerei entsprach in der DDR in ihren besten Augenblicken ein vergangenheitstiefes, bildgewordenes Sinnen, das seine Hoffnung [...] auf Zukunft stellte. Die DDR wollte Gegen-Bild sein zu den deutschen Katastrophen des Jahrhunderts. Viele hatten es ihr anfangs geglaubt. Manche wohl zu lange. [...] Man wähnte sich

> in einem sinnhaften Kontinuum von Geschichte – noch in der Verzweiflung an dem Staat, der diesen Anspruch erhob. Man malte gegenständlich.

Auffällig ist, dass Decker nicht über nur ästhetische Merkmale der DDR-Kunst spricht, sondern vor allem über ihre Funktion für den DDR-Staat und seinem falschen Anspruch. Die Vorstellung von einer besseren Gesellschaft, von einem Sozialismus, der „in einem sinnhaften Kontinuum von Geschichte" aufgehe, sei nicht nur ein politischer Trugschluss. Die DDR-Kunst, wo sie diesem Anspruch folgte, wurde zu einer Kunst, die den geschmacklosesten Werken der Nazis entspreche, zu Kitsch. Wie selbstverständlich schiebt die Autorin nach, dass der Kitsch als Programm einer gegenständlichen Malerei durchgesetzt wurde.
Was bleibt von Deckers anfänglichem Versuch, die Bilder der DDR als ein ihr entsprechendes (Über-)Lebens-Mittel zu behaupten und den Eifer der Abrechnung zu hinterfragen? Wenn Decker schon selbst der DDR einen Teil der Bilder ‚genommen' hat, lässt sie dann die Erfahrungen mit und in der DDR gelten als diejenigen, die man den Ostbürger_innen nicht aberkennen dürfe?

> Man hätte die Geschichte der DDR beinahe tragisch nennen können, wenn das Hauptmerkmal dieses komischen kleinen Landes nicht Dummheit gewesen wäre. Dummheit ist die Unfähigkeit, Erfahrungen zu machen. Dumme sind nie tragisch.

Auch die Erfahrung, diesen lebenswichtigen Bestandteil der DDR erkennt Decker den Ostdeutschen ab, wenn sie die Unmöglichkeit unterstreicht, echte Erfahrungen zu machen. Das ist der rigorose und sich nicht mehr an den einleitenden Überlegungen relativierende Schlusspunkt von Deckers Abrechnung mit und der Ausschluss der DDR-Kunst. Die eingangs gestellte Frage, woher der Eifer der Abrechnung kommt, beantwortet die Autorin implizit und umfassend mit ihrem eigenen Urteil: Bilder, die der DDR zur Sinnstiftung und Identifikation nützten, seien Kitsch und müssten einer Gemeinschaft entzogen werden.

„Ikarus, Prometheus, Sisyphos"

2012 greift Ingeborg Ruthe anlässlich der Ausstellung *Abschied von Ikarus. Bildwelten in der DDR – neu gesehen* in Weimar das zentrale mythologische Thema der Ausstellung auf. Das Leitmotiv des Ikarus und damit „einer zerbrochenen Gesellschafts-Utopie"[168] wurde nicht nur von den „[s]ogenannte[n] Staatskünstler[n]" zitiert, sondern war in allen Bereichen der Künstlerschaft beliebt, bei den „Enttäuschten" oder den „Renitenten aus der Subkultur".

168 Ingeborg Ruthe: Ikarus, Prometheus, Sisyphos. In: *Berliner Zeitung*, 19.10.2012. http://www.berliner-zeitung.de/kultur/ddr-kunst-neues-museum-weimar-ikarus--prometheus--sisyphos-6082094. (Zugriff am 07.02.2017) Alle Zitate stammen im Folgenden aus diesem Artikel.

Obwohl es diese Unterschiede zwischen den Künstler_innen gebe, sei die Motivik doch Ausdruck eines größeren Zusammenhangs:

> Alles trifft hier mit großer Ehrlichkeit der Kontraste, auch unversöhnlich, zusammen und hat zwangsläufig miteinander zu tun: offizielle Auftragskunst und ganz Privates aus den Ateliers. Die Arbeits-Heldenmaler mit den Apokalyptikern, die Sozialismus-Gläubigen, Enthusiasten mit den Ungläubigen, die Optimisten mit den Pessimisten, die Romantiker mit den Desillusionierten.

Die Unterschiede und Gemeinsamkeiten, die der DDR-Staat mit seinem Bekenntniszwang bei seinen Künstler_innen hervorrief und die sie im Anschluss daran selbst pflegten, sind in Ruthes Sicht einerseits anerkannt, andererseits werden sie umfassend umgedeutet: Die unterschiedlichen Beziehungen zwischen Künstler_innen, solchen die zur Dissidenz und solchen, die zur Nomenklatura gehörten, und dem Staat lösen sich in dem größeren Zusammenhang ‚sozialistische Gesellschaft' auf und werden zu einem „zwangsläufig miteinander". Aus dieser Perspektive sind die Unterschiede, Kontraste und Gegensätze unter den gemeinsamen Nenner ‚sozialistisch' subsumiert und damit nivelliert. Egal, ob man für den Sozialismus Partei ergriff oder ihn kritisierte, alles habe „zwangsläufig miteinander zu tun", alles sei Ausdruck einer gescheiterten Gesellschaftsutopie.

> Anstelle einer chronologischen Aufreihung entschieden die Ausstellungsmacher – Historiker aus Ost und West – sich für Themenkomplexe, die das Spannungsfeld zwischen offiziellen und nonkonformen, geförderten und unerwünschten Bildwelten ausloten und den konzeptionellen Zugriff der Ausstellungsmacher deutlich machen, nämlich das in der Kunst gespiegelte Verhältnis zwischen utopischem Anspruch und ernüchternd sozialistischer Wirklichkeit.

Der „konzeptionelle[] Zugriff" der Ausstellung auf die Bildwelten der DDR ist ein besonderer, und er folgt Ruthes bereits ausgeführtem Verständnis einer untrennbar zusammengehörenden DDR-Gesellschaft. In der Ausstellung stehe die Kunst, die die sozialistische Gesellschaft veredelt und besingt für eine dem Zeitgeist entsprechende Utopie, deren Ernüchterung, Desillusionierung und letztlich auch Untergang sich immer stärker abzeichnete. Indem die Ausstellungsmacher_innen in Weimar der idyllischen, idealisierten Staatskunst konzeptuell immer einen desillusionierten Blick auf die Gesellschaft gegenüberstellen, binden sie die Staatskunst in ein übergeordnetes Narrativ ein. Demnach gab es in der DDR zwar utopisches Denken, aber eben auf Kosten einer „ernüchternd[en]" Wirklichkeit. In diesem „Spannungsfeld" müsse die Staatskunst als ‚Spiegel' einer wirklichkeitsfremden, illusorischen und konformistischen Ideologie begutachtet und bewertet werden. Die kritischen, nichtkonformen Kunstwerke bekommen in dieser Gegenüberstellung die Rolle eines Korrektivs und der unparteilichen Chronisten ihrer Zeit. Die von der DDR

„unerwünschten Bildwelten" bilden so die Folie, vor der die offiziellen staatlichen Utopien grundlegend in Bezug gesetzt und überhaupt *als* Utopien, als unerfüllte, nunmehr gescheiterte Verheißungen begreifbar werden sollen:

> Zu jedem Werk gibt es ein Bezugs- oder ein Gegenstück, eins, das die Welt, die Zeit, den Alltag, die Arbeit in der DDR ganz anders sah. Allein die Arbeiterbildnisse: Zwischen Kurt Querners neusachlich-kritischem Realismus und Walter Dötschs idealisierter „Brigade Mamai" liegen Welten [...].

Dass „Welten" zwischen den Malern lägen, bezeugt allein die Methode einer grundlegenden Korrektur der „idealisierte[n]" Darstellungen durch die kritischen Werke. Immer soll die Betrachter_in mitdenken, dass jedes Bild, das die Arbeit oder den Alltag in der DDR nicht nüchtern-kritisch zeigt, nur die geschönte, lebens- und wirklichkeitsfremde Fassung eines gescheiterten Wunschbildes sei. Als dieses Denkmal einer erfolglosen alternativen Gesellschaftsordnung werden die Staatsbilder geduldet und begrüßt:

> „Abschied von Ikarus" klammert nichts aus, nicht den Politkitsch und das Doktrinäre und nicht die großartigen Trotz-Alledem-Werke, die zur deutschen Kunst der Nachkriegszeit bis 1989 gehören. Die Ausstellung ist gelungen als Besichtigung einer Ära und ihrer Kunst. Und die verlangt endlich eine faire Neubewertung 22 Jahre nach der Wiedervereinigung und nach jenem Skandal von 1999, als der deutsch-deutsche Bilderstreit hochgekocht war.

Dass die Ausstellung nichts unterschlage, gereiche ihr zum Lob. Dass sie jedes Werk an seinen Platz stelle, den Kitsch, wo der Kitsch hingehört, die großartigen Werke, wo diese hingehören, sei die Leistung der Ausstellung. Als „Politkitsch", d.i. die ästhetisch minderwertige, idyllische Darstellung einer wirklichkeitsfremden und dogmatischen Vorstellung von der DDR, stehe die Staatskunst für jene falschen Überzeugungen einer Epoche, die immer schon scheitern mussten. Als diese Kunst, die für das Telos ihres Untergangs stehe, müsse sie vorgestellt und nicht ausgeklammert werden. Die Kunst selbst verlange mit Berufung auf die Wende und den Bilderstreit „eine faire Neubewertung". Ruthe sieht sie offenbar genau in dieser Art von Gegenüberstellung eingelöst. Darin bleibt die Staatskunst wie noch im Kontext der Ausstellung von 1999 Politkitsch, aber als Ausdruck einer höheren, spiegelbildlichen Wahrheit mit musealen Weihen versehen und nicht wie 1999 als „Sondermüll, [der] ideologisch kontaminiert" verworfen wurde.

Damit wird in beiden Ausstellungen nachdrücklich solche Kunst mit dem Kitsch-Urteil aus der Sphäre der Kunst verbannt, die sozialistische Utopien vertrat. In *Abschied von Ikarus* müsse laut Ruthe die Staatskunst bereits von vornherein als Kitsch gewertet werden und sei damit einer ästhetischen Diskussion über die Qualität der Arbeiten immer schon entzogen. Begrüßt wird der Kitsch allein als Kronzeuge einer idyllisch-geschönten, unrealistischen und letztlich zum Untergang verurteilten sozialistischen Welt. Damit ist der Blick auf die Staatskunst der DDR allerdings nicht versöhnlich. Die offiziellen Bilder der DDR sind so erneut ins Museum gelangt, um gegen sich selbst Zeugnis abzulegen.

„Abschied von Ikarus“

Kito Nedo entnimmt der Ausstellung in Weimar das Versprechen auf „einen neuen Blick auf die Kunst der DDR“[169]. Doch gerade dieses Versprechen bediene „ein altes Reiz-Reaktionsschema“, das in der jahrzehntelangen Diskussion um den „Stellenwert“ der DDR-Kunst bestehe: angefangen bei Georg Baselitz und seiner Beschimpfung der Ostkolleg_innen über den Bilderstreit 1999 bis hin zur Ausstellung *60 Jahre 60 Werke* und ihrem demonstrativen Ausschluss der Ostkunst. Die „Gegenwart“ allerdings sei „längst weiter“, denn in und mit ihr funktioniere die „Ignoranz“ gegenüber der DDR-Kunst nicht mehr. Es gebe den „Impuls, *sich* zu erinnern“, und das schließe die DDR-Kunst als positives Betätigungsfeld der Erinnerung ein.

> Das macht auch Kunst als Medium der Überlieferung wieder interessant, bringt allerdings auch eine ideologische Entschärfung mit sich. Sie ist eben nur mehr eine Facette eines vergangenen Alltags. Insofern macht die chronologisch angelegte Weimarer Ausstellung alles richtig: Sie nimmt die Kunst der DDR ernst, verknüpft sie mit dem zeithistorischen Kontext und präsentiert sich als Schaufenster eines größeren wissenschaftlichen Forschungsvorhabens [...].

Zurückgelassen seien demnach die Streits der Vergangenheit, in denen man das ideologische Scharfmachen gegen die Bilder betrieb, denn es habe nun eine gesellschaftliche „ideologische Entschärfung“ der Bilder eingesetzt. Mit der Interpretation des Sozialistischen Realismus als geistiger Stütze für Erinnerungen an ein Alltagsleben dementiert Nedo den politischen Angriff auf die Bilder und erklärt sie zu entideologisierten Stellvertretern „eine[r] Facette eines vergangenen Alltags“. Diese übergeordnete, allgemein-gesellschaftlich wirkende Entideologisierung greife die Ausstellung auf – darin wird sie vom Autor als zielführend gelobt – und bringe die Kunstwerke in einen „zeithistorischen Kontext“.

Dass man die Kunst der DDR jetzt nicht mehr ignoriere, dass man sie in einem Museum wissenschaftlich begutachte und ausstelle, „bestätigt im Wesentlichen das bereits Bekannte:“

169 Kito Nedo: Abschied von Ikarus. In: *Frieze Magazine*, Februar/März 2013. http://frieze-magazin.de/archiv/kritik/abschied-von-ikarus/?lang=de (Zugriff am 16.10.2014). Alle Zitate stammen im Folgenden aus diesem Artikel.

> Die in der Art einer Depothängung präsentierten Leinwände, unter anderem das von Georg Kretzschmar im Parteiauftrag für die *3. Deutsche Kunstausstellung* in Dresden angefertigte Bild *Die Volkslehrerin* (1953), erzählen von der ästhetischen Sackgasse des Agitations-Kitschs: Eine teilweise recht pimpfig wirkende Schulklasse wird in Geografie unterrichtet – durch das Fenster scheint schemenhaft die Stadtkulisse im stalinistischen Zuckerbäckerstil.

Von einer „ideologische[n] Entschärfung" kann bei Kedos Urteil nicht die Rede sein: Er entnimmt dem Umstand, dass Kretzschmars Bild im Parteiauftrag entstanden ist und der Maler seine stalinistische Gesinnung zeige, indem er die sowjetische Architektur der Zeit als „stalinistischen Zuckerbäckerstil" zitiert, dass es sich deshalb auch um „Agitations-Kitsch" handeln müsse. Dass die Schulklasse „pimpfig" wirke, deutet die Gemeinsamkeit der DDR- mit der NS-Kunst an, die bestimmte Mitglieder der Hitlerjugend als Pimpfe bezeichneten. Nedo schließt von der Deckungsgleichheit von staatlichem Auftrag und künstlerischer Darstellung einer idealisierten Schulsituation in der ‚Volkslehrerin' auf den Kitsch der Agitation für eine stalinistische, faschistisch-angehauchte DDR. Letztlich führe Kretzschmars Realismus also nicht in die alltagsweltliche Erinnerung, sondern in eine „ästhetische[] Sackgasse". Als ästhetisches Urteil deklariert, zeigt sich die politische Polemik gegen den sozialistischen Staat der 1950er Jahre, für den in und mit der Kunst nicht geworben werden dürfe.
Trotz dieser verwerflichen Parteilichkeit der Kunst „scheiterten" Nedo zufolge sowohl die erfüllungsbeflissene Auftragsmalerei als auch die DDR-Kulturpolitik „an der Realität wie auch an der Listigkeit der Künstler". Die Realität, das sei der Gang der Geschichte, der „bekanntlich anders" verlief, als von der DDR-Politik gewünscht und künstlerisch dargestellt wurde. So spreche einerseits die „Agonie der 80er" aus der späten DDR-Kunst, aber auch die Subversion der Künstler_innen, die sich darin zeige, einer Arbeiterbrigade Hände zu malen, mit denen man eigentlich nicht arbeiten könne. Letztlich stehe die Ausstellung in Weimar für das Ende des Bilderstreits:

> Vielleicht zeigt diese mit einer gewissen wissenschaftlichen Abgehangenheit präsentierte Schau aber vor allem eines: Die Kontroverse um die Ostkunst kommt an ihr Ende. Dass in der DDR relevante Kunst entstand, bezweifelt heute niemand mehr. Den „Einzelgängern" von damals wie Carlfriedrich Claus, Gerhard Altenbourg oder Hermann Glöckner werden längst Einzelausstellungen gewidmet. Weil *Abschied von Ikarus* alles zeigen will, rücken ehemals staatsferne und staatsnahe Positionen zuweilen auch merkwürdig nah zusammen: Relativ unvermittelt findet man sich so etwa vor einem jener berüchtigten Fleischbilder (*Liebespaar im Badezimmer*, 1970–1) des ehemals mächtigen Künstlerfunktionärs und ZK-Mitglieds Willi Sitte wieder. Das spricht für wissenschaftliche Gründlichkeit, aber auch von einer gewissen Schonungslosigkeit gegenüber dem Betrachter: Soviel Vollständigkeit wäre selbst in einer DDR-Schau vielleicht gar nicht notwendig gewesen.

Weil heute niemand mehr bezweifle, dass die DDR relevante und damit überhaupt Kunst hervorbrachte, sei die Kontroverse, die Nedo zu Beginn des Artikels

in drei Phasen einteilt, beigelegt. Der Umstand, dass Altenbourg und Glöckner in Einzelausstellungen vertreten seien, sei Beweis für die Befriedung des Streits. Dass schon die Weimarer Ausstellung 1999 Altenbourg als „[i]noffiziellen" gegen den Rest der „offiziellen" sozialistischen Auftragsmaler verteidigte,[170] entgeht Nedo versehentlich. Der Autor hat aber Recht, wenn er sagt, dass es in dem Streit vor allem darum ging, zu beweisen, dass auch in der DDR Kunst ermöglicht wurde. Damit muss er aber auch zugegeben, dass man im Bilderstreit die Masse der DDR-Kunst für irrelevant erklärte und ihr sogar jede Anerkennung und Daseinsberechtigung als Kunst entzog. Weil Heisig oder Mattheuer, neben einigen anderen, als offizielle Maler aus dem Kanon der guten Kunst verdammt wurden, regte sich 1999 Widerstand. Gegen die überwiegende Mehrheit der Maler_innen sozialistischer Inhalte galt und gilt der Vorbehalt der Staatsnähe, des Auftragsmalens und der epigonalen Erfüllung des sozialistischen Kunstprogramms. Die Polemik gegen sozialistische Bilder gilt weiterhin ungebrochen, sie scheint nur keines Streites mehr bedürftig zu sein.
Aber schon der Problematisierung des Falls Willi Sitte im Schlusswort Nedos ist zu entnehmen, dass der Streit keineswegs so ausgeräumt ist, wie es scheint. Eines „jener berüchtigten Fleischbilder" des „ehemals mächtigen Künstlerfunktionärs und ZK-Mitglieds" fordert den Autor heraus. Zwar kann Nedo Sittes Bild noch unter „wissenschaftliche Gründlichkeit" der Ausstellungsmacher_innen verbuchen, aber schonungslos und an der Grenze des Erträglichen sei es trotzdem, dem Besucher dieses Material anzubieten. Ein bisschen weniger von der viel gelobten wissenschaftlichen Vollständigkeit – die im Übrigen gar keine Frage der Quantität ist – hätte sich Nedo deshalb von der Ausstellung gewünscht, und das heißt, dass Sitte nicht hätte gezeigt werden sollen. Dieser Dissens mit den Ausstellungsmacher_innen ist dem Inhalt nach das Gegenteil einer ausgestandenen Kontroverse. Auch 2012 provozieren die wenigen ‚Staatsmaler' der DDR, die es in den anerkannten Kanon der gesamtdeutschen Kunst geschafft haben, den Wunsch nach Ausschluss.

Fazit

Alle hier analysierten Beiträge nehmen deutlich auf die Grundlagen des Bilderstreits Bezug und vertreten das Grundsatzurteil, dass die Kunst nur in Freiheit ganz zu sich komme, sich selbst gerecht werde und so letztlich *überhaupt* erst möglich sei. Damit bestätigen die Autor_innen, was im Bilderstreit im Allgemeinen und in Weimar im Besonderen immer schon als Annahme unterstellt ist: dass echte und eigentliche Kunst keine sozialistische sein kann. Denn, so die

170 Preiß: Die Debatte um die Weimarer Ausstellung „Aufstieg und Fall der Moderne", S. 19–20.

Unterstellung, im Realen Sozialismus wurde die Kunst gegängelt, zensiert und gesteuert, das macht sie unfrei und letztlich unmöglich. Dass Kunst das umsetzt, wofür sie der sozialistische Staat vorgesehen hat, was also aus Sicht der DDR ihr Gelingen darstellt, wurde nach der Wende zum Beleg ihres Scheiterns.

Übersetzt wird das Defizit politischer Freiheit in ein ästhetisches Defizit der Malerei, Grafik und Bildhauerei, welche sich dann in den Kategorien ‚Moderne' vs. ‚Antimoderne' unversöhnlich gegenübersteht. Dass Kunst das umsetzte, wofür sie der sozialistische Staat vorsah, diskreditiert gleichzeitig auch die Art des künstlerischen Ausdrucks. Weil den Künstler_innen seitens der DDR-Kulturpolitik Gegenständlichkeit, Figürlichkeit und eine bestimmte Art ‚Realismus' verordnet war, schließen die Debattenbeiträge von der Art der Darstellung auf eine notwendig sozialistische Aussage und verwerfliche Parteinahme. In dieser Denkungsart verbürgt die künstlerisch-bildnerische Formgebung notwendig einen politischen Inhalt. Damit fällt die Auseinandersetzung in längst überwunden geglaubte ideologische Gräben der 1950er und 1960er Jahre zurück, die beispielsweise mit der Diskussion um Abstraktion als Weltsprache[171] im Rahmen der *documenta II* oder im Formalismus-Streit[172] ausgehoben wurden.

Alle Autor_innen machen die politische Funktion der Kunst zum Maßstab ihrer ästhetischen Kritik: Für Susanne Schreiber folgt aus der Agitation für den Sozialismus Kitsch, für Tim Sommer führt die Parteilichkeit der Kunst zu „Kulturkampf-Kitsch" und für Johann Michael Möller zu „Propagandakitsch". Für Bernhard Schulz wird aus „peinlicher Liebesdienerei" „saurer Kitsch", für Rolf Schneider ist die Verherrlichung der DDR Kitsch, für Kerstin Decker das Zusammenfallen von Staatsauftrag und künstlerischem Schaffen. Auch die Rezensionen der Ausstellung von 2012/13 teilen diesen Standpunkt in ihrem Kitsch-Urteil. Für Ingeborg Ruthe ist die beschönigende Darstellung des Sozialismus „Politkitsch", für Kito Nedo ist Kitsch die Agitation für den Sozialismus stalinistischer Prägung der 1950er Jahre.

Dissens gibt es demnach nicht darüber, was der Kitsch im Wesentlichen ist. Man ist sich einig, dass Kitsch Folge einer Parteilichkeit der Kunst gegenüber der DDR ist und damit auch jede Anerkennung als Kunst verloren habe. Insofern ist das Konzept des Kurators Achim Preiß in dieser Hinsicht sehr wohl

171 Patrice Neau: Abstraktion. Weltsprache oder Ausdruck der „dekadenten westlichen Moderne"? In: *ILCEA. Institut des langues et cultures d'Europe, Amérique, Afrique et Asie* 12 (2016). http://ilcea.revues.org/1489 (Zugriff am 02.07.2015).

172 Hartmut Pätzke: Von „Auftragskunst" bis „Zentrum für Kunstausstellungen". Lexikon zur Kunst und Kunstpolitik in der DDR. In: Eugen Blume / Roland März (Hrsg.): *Kunst in der DDR. Eine Retrospektive der Nationalgalerie.* Berlin: G+H 2003, S. 317–328, hier S. 318–319.

aufgegangen: Die DDR-Kunst wird in der Masse als eine wahrgenommen, die es nicht verdient hat, weiterzuleben. Dieses Urteil wird mit dem Kitsch bekräftigt und gegen alternative Vorstellungen durchgefochten. Erinnert sei nur an Bernhard Schulz' harsche Zurückweisung solcher Stimmen, die ihm zufolge für eine „nachträgliche Rechtfertigung der DDR" stritten. Gleichzeitig beweist man mit dem Kitsch-Urteil, dass zwischen Nischenkunst und Kitsch, zwischen Kunst, die die ‚Grenze des Möglichen auslotet', und Kunst, die nur einen Auftrag erfüllt, Welten liegen. Mit dem Kitsch-Argument befreien die Autor_innen die jeweils von ihnen geschätzte Kunst vom Verdacht auf eine ansonsten vehement unterstellte Komplizenschaft. Dass nicht *alle* Kunst gleichzusetzen sei mit der beflissenen Auftragserfüllung der DDR-Kunst ist letztlich das Movens des Bilderstreits. In Bezug auf die undifferenzierte Ausstellung wird Differenzierung und Ordnung eingeklagt und den Macher_innen vorgeworfen, alles auf einen Haufen geworfen, statt die erhaltenswerten Namen herausgestellt zu haben. In dieser Forderung ist der Bilderstreit wiederum überraschend einhellig, konsensuell und im Umkehrschluss nicht weniger radikal. Für Ausnahmen zu streiten, bedeutete vor allem, den Großteil der DDR-Kunstproduktion auf den viel zitierten ‚Müllhaufen' der Kunstgeschichte zu befördern.

Dass sich 2012/13 mit der Ausstellung im Weimarer Neuen Museum die „Diskurslage"[173] in Bezug auf die Kunst der DDR verändert habe, lässt sich nur bedingt bestätigen. Der Kitsch-Vorwurf wird weiterhin zur Abgrenzung der Staatsmaler_innen gegen die Unangepassten und Subversiven gebraucht. Was sich geändert hat, ist der Umgang mit der DDR-Kunst im Kontext der Ausstellung. Wurde 1999 noch „offiziell" und „inoffiziell" gegenübergestellt, um das Erste mit dem Zweitem zu blamieren, ist das Ausstellungskonzept 2012/13 zwar nicht weniger konfrontativ, gesteht darin aber der Kunst der DDR eine didaktische Funktion zu: Die gute wie die schlechte Kunst gelte als Ausdruck und Spiegel von „utopischem Anspruch und sozialistischer Wirklichkeit"[174]. Bezeugen sollten die Kunstwerke das Scheitern der DDR und damit ihr eigenes Scheitern; in *dieser* Funktion werden sie gewürdigt. So hat sich der Streitpunkt zwar tatsächlich aufgelöst, am Ergebnis der Abrechnung mit der DDR und ihrer Kunst von 1999 nehmen sowohl das Ausstellungskonzept als auch die feuilletonistischen Rezensionen nichts zurück: Der Großteil der DDR-Kunstproduktion sei nicht auf Augenhöhe mit der Kunstproduktion aus dem Westen, kann deshalb auch nicht als Kunst im eigentliche Sinne gewürdigt werden und Teil des künstlerischen Feldes sein.

173 Rehberg: Von der ‚Unmöglichkeit' einer Ausstellung, S. 15.

174 Verbundprojekt Bildatlas: Kunst in der DDR. In: *Bildatlas-DDR-Kunst*. http://www.bildatlas-ddr-kunst.de/exhibition. (Zugriff am 24.10.2014).

Etwas Entscheidendes fällt bei distanzierter Betrachtung des Streits auf: Die Auseinandersetzung in Weimar ist an keiner Stelle eine Debatte über die konkreten Inhalte der Kunst. Die Prüfung, ob und wie der Sozialismus in den Bildern und Skulpturen enthalten ist und welcher Weltsicht und welchem Menschenbild die Künstler_innen tatsächlich Ausdruck verleihen, ersparen sich die Autor_innen durchweg großzügig. Dass man es bei der DDR-Kunst mit einer Komplizin des Sozialismus zu tun hatte, reicht als Beweis für ihre Minderwertigkeit und Geschmacklosigkeit und als Grund für ihre Beurteilung als Kitsch. Mit dieser Art der Kritik wird das eigene politische Urteil gar nicht mehr erläutert oder dafür argumentiert. Es ist daher nur konsequent, dass man es als sachlich-ästhetischen Befund vorträgt, die DDR-Kunst als „besonders autistische und formalistische Version der Antimoderne“[175] begreift und sie damit des Feldes der Kunst verweisen kann.

2.4 Wirkungen des deutsch-deutschen Literaturstreits: Der verbindlich gemachte Maßstab für die Kritik der Literatur

Die Literatur der DDR wird schon früh nach der Wende und nicht weniger schonungslos einer Neubewertung unterzogen. Unter der Bezeichnung deutscher oder deutsch-deutscher Literaturstreit entzündet sich im Sommer 1990 an Christa Wolfs Erzählung *Was bleibt*[176] eine hitzig geführte Debatte. Wolf hat ihr Buch zwar im Juni 1990 veröffentlicht, allerdings schon 1979 verfasst und im November 1989 für eine Veröffentlichung überarbeitet. Ende der 1970er Jahre, so liest man im Klappentext zur Erzählung, sei Wolf tagelang durch die Staatssicherheit überwacht worden und erarbeitet daraufhin ihre Erzählung. In ihr beschreibt die Autorin eine Schriftstellerin, die ebenso durch die Staatssicherheit überwacht wird und daran leidet. Mit Veröffentlichung des Buches – eigentlich schon kurz davor – wird Wolfs Buch harsch angegriffen und als verspätete Kritik an der Staatssicherheit und der DDR zurückgewiesen. Hellmuth Karasek schreibt im *Spiegel* zu den Vorwürfen der Kritiker_innen:

> Die Veröffentlichung wäre vor Jahren eine Ungeheuerlichkeit gewesen, ein Beispiel von Courage und Widerstand gegen das Regime, heute sei sie bestenfalls eine Peinlichkeit, vielleicht gar eine wendehalsige Ranschmeiße: Christa Wolf versuche nachträglich, sich von der Nutznießerin zum Opfer umzuschminken.[177]

175 Preiß: *Abschied von der Kunst des 20. Jahrhunderts*, S. 108.

176 Christa Wolf: *Was bleibt*. Frankfurt am Main: Luchterhand 1990.

177 Hellmuth Karasek: Selbstgemachte Konfitüre. Hellmuth Karasek über die Diskussion um Christa Wolfs Erzählung „Was bleibt“. In: *Der Spiegel*, 25.06.1990, S. 162–166, hier S. 162.

Wolf wird mit dem Zeitpunkt der Veröffentlichung auch zugleich zum Vorwurf gemacht, dass sie ihre Überwachung zu keinem Zeitpunkt thematisiert. Man habe von ihr erwartet, dass sie aus der SED austritt oder zumindest ihre positive Einstellung der DDR gegenüber aufgibt. So wird die Erzählung als der Versuch gewertet, in Reaktion auf den Systemumbruch, die ihr unterstellte Mitschuld – d. i. die Stabilisierung der sozialistischen Verhältnisse durch sie als staatlich geschätzte Schriftstellerin – in eine Opfererzählung umzuschreiben, die sie moralisch entlasten soll. Weil man Wolf im Westen als eine Autorität anerkannte, die „Funktionäre und Minister stützen" konnte und „die geistige Souveränität und Selbständigkeit der anderen deutschen Republik zu bezeugen schien"[178], wird sie umso härter wegen dieser unlauteren Absicht angegriffen.

Wesentliches Moment der Debatte ist nicht nur, dass Wolf ihre Erzählung nach der Wende publiziert, sondern dass die Vorwürfe gegen Wolf einer Logik der Neubewertung folgen, die durch den Systemumbruch erst eigentlich hervorgerufen und ermöglicht werden. Noch bis zur Wende gilt das allgemeine Einvernehmen in den westdeutschen Feuilletons, ostdeutsche Schriftsteller_innen wie Wolf nicht über Gebühr zu kritisieren, weil man „die DDR um des lieben Friedens und um der utopischen Hoffnung willen nicht reizen"[179] wollte. Dieser Konsens wird mit dem Mauerfall aufgekündigt. Ulrich Greiner schreibt als einer der ersten über Wolfs schriftstellerische Qualität:

> Hier begegnen wir der inneren Logik des Wolfschen Erzählens. Es ist die altbekannte machtgeschützte Innerlichkeit, die sich literarische Fluchtburgen baut.[180]

Kein psychologisches Urteil soll Greiners Befund einer „machtgeschützte[n] Innerlichkeit" sein, sondern ein ästhetisches. Wolfs Absage an offene Kritik gegenüber der SED vor der Wende erscheint Greiner als eine Flucht vor der kritikwürdigen Wirklichkeit in die Literatur, weshalb Wolfs Literatur damit zu „literarische[n] Fluchtburgen" wird. Aus ihrem Defizit an Kritik leitet Greiner also ein generelles Urteil über ihre zweifelhafte literarische Qualität ab. Andere Kritiker_innen schließen an dieses Verfahren an und so wird Wolfs DDR-Biografie prinzipiell zum Bewertungsmaßstab für ihre literarische Produktion. Man geht allgemein davon aus, dass die politische Funktion der

178 Frank Schirrmacher: „Dem Druck des härteren, strengeren Lebens standhalten". Auch eine Studie über den autoritären Charakter: Christa Wolfs Aufsätze, Reden und ihre jüngste Erzählung „Was bleibt". In: Thomas Anz (Hrsg.): *„Es geht nicht um Christa Wolf, Literaturstreit im vereinigten Deutschland"*. München: Spangenberg 1990 S. 77–90, hier S. 77.

179 Karasek: Selbstgemachte Konfitüre, S. 165.

180 Ulrich Greiner: Ulrich: Mangel an Feingefühl. In: *Die Zeit*, 01.06.1990. http://www.zeit.de/1990/23/mangel-an-feingefuehl/komplettansicht (Zugriff am 08.10.2014).

„Staatsdichterin"[181] Auskunft über ihr literarisches Werk gibt, dass also Wolfs gesellschaftliches und literarisches Engagement für die DDR *vor* der Wende entscheidendes Kriterium für die Bewertung der Qualität ihrer literarischen Texte *nach* der Wende ist. Konsequent wird bezweifelt, dass es sich bei Wolfs Werken um echte Literatur handelt:

> Die Angriffe auf die bis dahin auch von der westdeutschen Kritik überwiegend mit größtem Respekt behandelten Autorin sprachen ihr jetzt nicht nur die moralische Integrität, sondern ihrem Werk auch die literarische Qualität ab.[182]

Aber nicht nur Wolf wirft man Mangel an moralischer Integrität vor und meinte damit ein kritisches Verhältnis der DDR-Schriftstellerin zur DDR. Wolf steht beispielhaft für viele DDR-Schriftsteller_innen und Intellektuelle und ihr Verhältnis zum Realen Sozialismus. So wird die Auseinandersetzung mit Christa Wolf immer auch als „exemplarische Abrechnung"[183] mit Literat_innen und Literatur der DDR intendiert und verstanden.

Beendet ist die Debatte mit dem Fall Christa Wolf nicht. In einer zweiten Phase des Streits wird die Anklage auf westdeutsche Schriftsteller_innen erweitert, die linke Gesellschaftskritik äußern. Der Literaturstreit entwickelt sich in letzter Instanz zu einer „Abrechnung mit den Linksintellektuellen im Allgemeinen"[184]. Sie werden als Anhänger_innen von nunmehr überholten linken Utopien angeklagt. So schreibt Karl Heinz Bohrer im *Merkur*:

> Nunmehr, da die Auflösung der DDR nicht mehr zu verhindern ist, geht es dem west- und ostdeutschen utopischen Milieu darum, von der „metaphysischen" Konkursmasse der DDR soviel wie möglich einzubringen; man würde gerne die westeuropäisch orientierte, zivilisatorisch-politisch avancierte Bundesrepublik dort bestimmen, wo die hiesigen Lehrer-Gewerkschaften ihre kleinbürgerlichen Ambitionen fälschlicherweise ansiedeln: im kulturellen Sektor.[185]

Den ost- *und* westdeutschen Schriftsteller_innen und Intellektuellen attestiert Bohrer, dass sie nicht nur an einem Überleben linker Ideale arbeiten, sondern diese auch in der gesamtdeutschen Kultur verankern wollen. Mit ihrem Programm arbeiten sie gegen die neue Bundesrepublik und ihre westlich-zivilisatorische Orientierung und verstoßen gleichzeitig gegen die

181 Ebd.

182 Thomas Anz: Einleitung. In: Ders. (Hrsg.): *„Es geht nicht um Christa Wolf"*, S. 7–28, hier S. 9.

183 Ebd., S. 10.

184 Markus Joch: Prophet und Priesterin. Die Logik des Angriffs auf Christa Wolf. In: Ute Wölfel (Hrsg.): *Literarisches Feld DDR. Bedingungen und Formen literarischer Produktion in der DDR*. Würzburg: Könighausen & Neumann 2005, S. 223–232, hier S. 223.

185 Bohrer: *Kulturschutzgebiet DDR?*, S. 1016.

Vorstellungen einer neuen Kultur. Folgerichtig seien die Werke dieser Intellektuellen nicht nur „Gesinnungsästhetik", sondern auch „Gesinnungskitsch" und damit diskreditiert.[186] Die konservativen Verteidiger der neuen Bundesrepublik seien gleichsam aufgerufen, „mögliche verheerende Folgen politisch-geistig zu begrenzen"[187]. Das heißt mit anderen Worten: Im Namen einer westlichen aufgeklärten Gesellschaftsordnung soll der Einfluss der linken, engagierten Kritik gebrochen und eine linke kulturelle Identität in der Bundesrepublik nach der Wende unmöglich gemacht werden.

Bohrer prägt mit diesen Äußerungen die Debatte entscheidend. Frank Schirrmacher von der *FAZ* und Ulrich Greiner von der *Zeit* nehmen Bohrers Gedanken auf und verurteilen ihrerseits sowohl die Werke der DDR-Schriftsteller_innen als auch die engagierter, linker Gesellschaftskritiker_innen als ‚Gesinnungsästhetik' und ‚Gesinnungskitsch'. Mit der ‚Gesinnungsästhetik' tritt eine Denkfigur in die Debatte, die generell „dem Kunstwerk eine Zielsetzung außerhalb seiner ästhetischen Erscheinung"[188] abspricht. Man wirft den ost- und westdeutschen Autor_innen damit vor, ewig gültige ästhetische Prinzipien zu verletzen, da politisches Engagement durch Literatur ein unrechtmäßiger Anspruch an jene sei. Die Angriffe, die auf diesem Deutungsmuster basieren, entziehen so der unliebsamen kritischen Literatur auf fundamentale Weise die Legitimität. Weil Kunst *von sich aus* kein Ausdruck politischen Engagements sei, müsse man linke Gesellschaftskritik in der Literatur als außer-ästhetisch zurückweisen.

Eine Aporie dieses Verständnisses der Literatur ist augenscheinlich. Denn noch bis zur Wende bewerten die westdeutschen Feuilletons die Kunst fast ausschließlich danach, wie viel offene oder versteckte Kritik gegen den Sozialismus sie beinhaltet. Ulrich Greiner erklärt diese Inkonsequenz mit einer Konvention der Literaturkritik:

> Es bestand die Übereinkunft, daß die deutschen Schriftsteller (die linken, die engagierten, die kritischen) das Gute gewollt, gesagt und geschrieben haben. Und die Literaturkritik ist dieser Übereinkunft gefolgt, indem sie nicht ästhetisch geurteilt hat, sondern moralisch und politisch.

Diese „Übereinkunft" wird nun aufgekündigt; mit der politisch-moralischen Bewertung soll Schluss sein:

186 Bohrer: *Kulturschutzgebiet DDR?*, S. 1016.

187 Ebd., S. 1018.

188 Hier und folgende Zitate in Ulrich Greiner: Die deutsche Gesinnungsästhetik. Noch einmal: Christa Wolf und der deutsche Literaturstreit / Eine Zwischenbilanz. In: *Die Zeit*, 02.11.1990. http://www.zeit.de/1990/45/die-deutsche-gesinnungsaesthetik/komplettansicht (Zugriff am 08.10.2014).

> In der Gesinnungsästhetik, und ihr hervorragendes Beispiel bleibt Christa Wolf, sind Werk und Person und Moral untrennbar. Der Text ist der moralische Selbstentwurf des Autors. Und der Autor ist identisch mit seiner moralischen Absicht. Diese Moral beruft sich auf Humanität und Universalität. Wer also das Werk Christa Wolfs kritisiert, der kritisiert ihre Moral und macht sich damit der Inhumanität schuldig. So einfach ist das. Aber diese Ästhetik ist ein grandioses Mißverständnis. Vierzig Jahre haben wir gebraucht, um das zu begreifen, und manche brauchen länger.

Greiner formuliert den Grund für den Perspektivwechsel der Literaturkritik nach der Wende: Weil man Wolf und andere Autor_innen nicht kritisieren konnte, ohne gegen ein moralisches Gebot zu verstoßen, das diese Literatur vertrat, muss man sich nun, um wieder kritikfähig zu sein, gegen die Gültigkeit der moralischen Vorstellung selbst wenden. Greiner argumentiert nicht gegen einen ästhetischen Gehalt der Literatur, sondern gegen die moralische Dignität der Autor_in, den „moralische[n] Selbstentwurf des Autors" in der Literatur. Ganz prinzipiell stört ihn die Unangreifbarkeit der Literatur, weil die Autor_in für moralische Qualität bürge. In diesem hermetischen Bild der Literatur der DDR bedarf es keiner inhaltlichen Begründung für Kritik an dieser Literatur, einleuchten soll, dass sie einer kritischen Begutachtung ganz enthoben ist. Folglich erklärt Greiner die untrennbare Einheit von Werk, Person und Moral für hinfällig und diese Art der Literatur für „ein grandioses Mißverständnis". Wieso sie dies ist, beantwortet indirekt eine begriffliche Analyse der Debatte, nicht jedoch Greiner selbst.

Der Literaturstreit ändert in seinem Verlauf also deutlich die Argumente. Man konstatiert daher sehr schnell einen „behände[n] Wechsel von der moralisierenden zur ästhetisierenden Kritik"[189] und damit auch einen Wechsel der Stoßrichtung. Dieser Befund einer inhaltlichen Verschiebung der Kritik ist unzutreffend. Trotz unterschiedlicher Begründungen, wieso die Literatur der DDR und die linke westdeutsche keine Legitimität als Literatur besitzen sollten, bleiben Absicht und Zweck des Streits auf der Seite der Kritiker_innen dieser Literatur identisch. Thomas Weningers Fazit des Literaturstreits ist daher treffender:

> Die Abfertigung der DDR-Literatur ist unversehens (oder auch nicht so unversehens) in eine Generalabrechnung mit jeglicher linksorientierten deutschen Literatur gemündet.[190]

In beiden Phasen des Streits ist die Abrechnung mit einer als störend empfundenen politischen und moralischen Haltung in der Literatur das Movens für

189 Joch: Prophet und Priesterin, S. 224.

190 Thomas Weninger: *Streitbare Literaten. Kontroversen und Eklats in der deutschen Literatur von Adorno bis Walser*. München: Beck 2004, S. 143.

die ästhetische Debatte. In beiden Phasen sind politische Urteile der Literatur-Kritiker_innen bestimmend für ihre ästhetischen Urteile über die Literatur. Die Bekämpfung der politischen Utopie und des linken Engagements ist der deutlich sichtbare und umfangreich erforschte Endpunkt eines feuilletonistischen Streits, der nicht ohne Folgen blieb. Bernd Wittek zufolge stoßen die Bemühungen, „den emanzipatorischen Charakter von Kunst“[191] wegzustreichen, auf einen breiten Konsens. Thomas Weninger spricht von einer „Koordinatenverschiebung“ der „intellektuelle[n] Topografie“[192] durch den Literaturstreit und Willi Huntemann von einem „Strukturwandel politisch-engagierter Literatur in den 90er Jahren“[193].

Die folgende Analyse hat nicht die Beiträge des Literaturstreits zum Gegenstand, sondern untersucht die langfristigen Auswirkungen der Debatte auf den Diskurs über Literatur. Frank Schirrmacher selbst zieht 2011 Bilanz aus über 20 Jahren Literaturproduktion nach der Wende und zeigt sich verwundert darüber, dass es kein politisches Engagement mehr durch deutsche Literatur gab – es wurde einfach „wohlfeil und starb ab“[194]. Er resümierte über die engagierte Literatur des Westens:

> Es gab Unternehmensgründer (Jean-Paul Sartre), Aufsichtsräte (Heinrich Böll), CEOs (Walter Jens, Günter Grass) und Abteilungsleiter und -leiterinnen (Peter Härtling, Luise Rinser), ausgelagerte Produktionsstätten, genannt Verlage, Suhrkamp, Rowohlt, „Die Zeit“, Jürgen Lodemanns „Literaturmagazin“ und auch dort wieder Spitzenvertriebsleute des Geistes: Fritz J. Raddatz, Peter Rühmkorf oder Jürgen Manthey beispielsweise.
>
> So fanden wir es in den achtziger Jahren vor. Und vielleicht war es diese Pflicht, die Rügen, Tadel, Proteste und Aufschreie wöchentlich zu redigieren und zu umbrechen, die viele von uns der Sache überdrüssig werden ließ. Auch war die Monopolstellung des Produkts einfach zu groß. [...]
>
> Aber Menschen wollen das auf Dauer nicht. Sie wollen keine geschlossenen Systeme, und sie misstrauen Monopolen. Es war im Kern gut gemeint, es war, nach den Erfahrungen des Nationalsozialismus, auch wichtig und gut, aber es funktionierte eines Tages nicht mehr. Es war kaputt und erlebte nach 1989 seinen schleichenden, traurigen Niedergang.[195]

191 Bernd Wittek: *Der Literaturstreit im sich vereinigenden Deutschland. Eine Analyse des Streits um Christa Wolf und die deutsch-deutsche Gegenwartsliteratur in Zeitungen und Zeitschriften*. Marburg: Tectum 1997, S. 104.

192 Weninger: *Streitbare Literaten*, S. 147.

193 Willi Huntemann: „Unengagiertes Engagement“ – zum Strukturwandel des literarischen Engagements nach der Wende. In: Willi Huntemann / Malgorzata Klentak-Zablocka / Fabian Lampart (Hrsg.): *Engagierte Literatur in Wendezeiten*. Würzburg: Königshausen & Neumann 2003, S. 33–48, hier S. 46.

194 Frank Schirrmacher: Literatur und Politik: Eine Stimme fehlt. In: *FAZ*, 18.03.2011. http://www.faz.net/aktuell/feuilleton/buecher/2.1719/literatur-und-politik-eine-stimme-fehlt-1613223.html?printPagedArticle=true#pageIndex_2 (Zugriff am 08.10.2014).

195 Ebd.

In Schirrmachers historischem Blick auf den Literaturstreit ist der Literaturbetrieb ein durchorganisierter Industriekonzern mit Vorständen und Aufsichtsräten. Die Abrechnungsdebatte, die Schirrmacher als junger Journalist wesentlich mitbestimmt, erscheint ihm 2011 vielmehr als die apolitische Ermüdungserscheinung eines monotonen Intellektuellenalltags im Betrieb. Den heftigen Streit um den Inhalt der Literatur stellt Schirrmacher in seinem Beitrag als einen immer schon existierenden gesellschaftlichen Konsens dar, als die Übereinstimmung der Menschen darüber, dass ‚geschlossene Systeme' und Monopole von vornherein nicht gewünscht sind. Diese doch erstaunliche Umdeutung des Literaturstreits gibt wiederum Auskunft darüber, dass die Abrechnung mit der linken Literatur offenbar nachhaltige Wirkungen zeitigt und es mehr als 20 Jahre nach dem Streit einen Konsens darüber gibt, dass diese Art der Literatur nicht zur neuen Bundesrepublik gehört. Doch sind damit keineswegs die Streits über diese Literatur aus den Feuilletons verschwunden. Nur welche Maßstäbe der Kritik werden in diesen Streits vertreten? Mit dieser Frage widmet sich die Analyse exemplarischen Feuilletonartikeln aus den letzten 25 Jahren, die das Thema DDR oder linke Gesellschaftskritik in der Literatur berühren.

„Der Konsalik des Ostens"

Der nicht namentlich genannte Autor des *Spiegel*-Artikels zeigt sich verwundert über den Erfolg des ostdeutschen Schriftstellers Harry Thürk, der „im Westen der Republik so gut wie unbekannt"[196] sei. Schon in der Unterzeile zur Überschrift bekommt die Leser_in über Thürk mitgeteilt, dass er „DDR-Propagandist"[197] war. Daran könne auch seine „Gesamtauflage von mehr als fünf Millionen Exemplaren" nichts ändern. Thürks erfolgreichster Roman *Die Stunde der toten Augen*[198], nach der Wende neu aufgelegt, sei die Schilderung des Kampfes der Wehrmacht gegen die rote Armee, die sich nicht sonderlich vom „Landserheft aus westdeutscher Produktion"[199] unterscheide. Lediglich der Schluss, die Verbrüderung des Wehrmachtsoldaten mit einem Rotarmisten, künde von Thürks Ruf als einer „der bekanntesten und beliebtesten Schriftsteller der DDR", dessen Romane von der ostdeutschen Presse vor allem als spannend gelobt werden. In Wahrheit aber seien sie Ausdruck einer DDR-Mentalität:

> Mit der Synthese aus pubertärem Schwulst und politischem Pathos pflegt er Traditionen – seinen Ruhm erwarb sich der Dichter zu Zeiten des real existierenden Sozialismus.

196 Der Konsalik des Ostens. In: *Der Spiegel*, 17.07.1995, S. 154–156, hier 154.

197 Ebd.

198 Harry Thürk: *Die Stunde der toten Augen*. Berlin: Das Neue Berlin 1957.

199 Hier und folgende Zitate in Der Konsalik des Ostens, S. 154.

Der Umstand, dass Thürk „zu Zeiten des real existierenden Sozialismus" erfolgreiche Bücher schrieb, bewirke die geschmacklose Machart der Werke, deren schwülstige und pathetische literarische Eigenschaften. Die literarische Verfehlung der Bücher entspreche sogar einer ganzen erzählerischen Tradition der DDR.

Thürk wird zudem als parteitreuer Mitläufer und damit erneut als schlechter Literat vorgeführt. *Die Stunde der toten Augen* stieß bei der Veröffentlichung in den späten 1950er Jahren wegen der allzu wohlwollenden Darstellung der Wehrmacht auf Kritik der DDR-Führung, woraufhin der Autor im nächsten Buch „praktische Selbstkritik" vollzog und „tätige Reue" zeigte. Thürks Folgeroman „gab kaum Anlaß zur Schelte" und auch das Hauptwerk *Der Gaukler*[200] war systemkonform. In *Der Gaukler* rechne Thürk in seinem Schlüsselroman mit dem Dissidenten Alexander Solschenizyn ab. Dass Thürk das Vertrauen der DDR-Oberen erwarb und ganz zum „SED-Propagandist[en]"[201] avancierte, zeige die Hilfe, die er für seine Recherchen aus Moskau und von der Staatssicherheit bekam. In die „bunte Mischung, die zuweilen an Sprachbilder des Stürmer und der Prawda erinnert", rühre Thürk zudem noch einen feinen Antisemitismus. Letztlich präge Thürks Roman *Der Gaukler* für „unzählige alte Genossen und junge Blauhemden" „das Bild vom fiesen Systemkritiker". Auf die Unterscheidung, dass man es bei Thürk nicht mit einem Erfolgsautoren, sondern mit einem SED-treuen Sprachrohr zu tun habe, legt der Autor des *Spiegel*-Artikels Wert:

> Sein Autor, Träger des „Nationalpreises" II. Klasse, erhielt kurz nach Veröffentlichung den Vaterländischen Verdienstorden in Gold. Dem Propaganda-Duktus blieb Thürk auch über die Wende hinaus treu.

Noch nach 1989 halte Thürk in seinem Werk der einst ‚besungenen' Ordnung die Treue. Die hohen staatlichen Würden, die man dem Autor in der DDR zukommen ließ, sollen dessen Verbundenheit noch über ihr Ende hinaus dokumentieren und beweisen. Dass Thürk nach der Wende in einem Verlag publizierte, den man als „ein rotes Kontrastprogramm zum Angebot der Deutschen National-Zeitung" und Hort der „ostdeutsche[n] Opfer-Prosa" erkennen müsse, sei ein weiterer Hinweis auf die Illegitimität des Autors und seiner Schriften:[202]

> Unter der klassenkämpferischen Tünche erwies sich der Erfolgsautor Thürk schon früh als der Konsalik des Ostens.

200 Harry Thürk: *Der Gaukler*. Berlin: Das Neue Berlin 1978.

201 Hier und folgende Zitate in Der Konsalik des Ostens, S. 155.

202 Hier und Zitate im Folgenden ebd., S. 156.

Genau genommen, handele es sich bei Thürk um einen Schriftsteller, der seine Werke nur äußerlich mit sozialistischer Propaganda anstrich und im Kern eine ostdeutsche Kopie des westdeutschen Erfolgsschreibers Heinz G. Konsalik sei. Wieso ausgerechnet der eben noch als überzeugter „SED-Propagandist" bezeichnete Autor, der über das Ableben der DDR der sozialistischen Propaganda treu blieb, nun seinen Werken nur die „klassenkämpferische[] Tünche" überzogen haben soll, bleibt unklar. Zweifelsfrei sei, dass in dem Propagandisten für die sozialistische Sache ein Schundromancier allererster Güte stecke, der mit Konsalik nicht nur den Erfolg, sondern auch die verklärten Vorstellungen über Nazis, Russland und Frauen teile:

> Mit dem sechs Jahre älteren Bestseller-Lieferanten aus dem Rheinland teilt Thürk nicht nur die Wehrmachtserfahrung an der Ostfront und die Liebe zum Klischee von der „ostischen Seele" (Konsalik), sondern auch das Frauenbild. [...]
> Nach der Wende konnte Thürk sein zu DDR-Zeiten noch gezügeltes Talent als proletarischer Genital-Erzähler zur vollen Entfaltung bringen.

Nicht mehr gehemmt von den „prüden Verleger[n] im Honecker-Land" könne Thürk nach der Wende nun sein zweifelhaftes Talent vollständig ausleben und „als proletarischer Genital-Erzähler" seine verkehrte Weltsicht ausbreiten. Das literarische Klischee sei dabei Ausdruck der bedenklichen politischen Ansichten des Autors. In diesem Licht endet der *Spiegel*-Artikel mit dem vernichtenden Urteil eines befreundeten kommunistischen Autors:

> Der kommunistische Literat Louis Fürnberg, Autor der Hymne „Lied von der Partei", warnte den „lieben Harry" schon 1955 in einem Brief, was er schreibe, sei nur als „Satire auf Kitschliteratur" akzeptabel. Thürks Kitsch parodiert sich selbst – aber unfreiwillig.

Dass selbst Thürk wohlgesonnene, literarisch bewanderte Kommunist_innen seine Werke dem Kitsch zurechneten, spreche nun ganz eindeutig gegen den Autor. Letztlich spreche aber das Werk des Autors gegen sich selbst. *Als* Kitsch leugne es seine Qualität als Literatur, lege Zeugnis über die eigene Geschmacklosigkeit ab und mache sich sogar noch über sich selbst lustig, ohne es zu wissen. Alle vermeintlichen Beweise, die der *Spiegel*-Autor gegen die literarische Qualität Thürks vorlegt, gehen auf politische Bewertungsmaßstäbe zurück: die mehr oder weniger klassenkämpferischen Ansichten Thürks, seine antisemitische, soldatische, prorussische Haltung, sein veraltetes Frauenbild und seine Dienstfertigkeit für das DDR-Regime, all das liefert hier den Nachweis für die Geschmacklosigkeit der Literatur und für ihr Dasein als Kitsch. Es liefert aber auch die Begründung, wieso eine solche Literatur nach der Wende keine Berechtigung auf Anerkennung hat und aus dem Bereich der Literatur ausgeschlossen werden muss.

„Rigoletto für Segler“

Die Rezension einer Erzählung von Friedrich Christian Delius beginnt Ernst Osterkamp mit einer grundlegenden Beobachtung:

> Aus bekannten Gründen hat die DDR den Typus des Lehnstuhlreisenden begünstigt, der, statt sich selbst auf den Weg zu machen, als Leser von Reiseberichten die Welterkundungen anderer nacherlebt. Die klassischen Italienreisen der Deutschen waren auf dem DDR-Buchmarkt stets in schön ausgestatteten, hervorragend kommentierten Ausgaben präsent.[203]

„Aus bekannten Gründen“, das heißt aus Gründen der Reisebeschränkung, gab es in der DDR die sogenannten „Lehnstuhlreisenden“, die in schön gestalteten Editionen die Reisen Anderer nur nachvollziehen konnten, es selbst wohl aber für eine Reise hielten. Der Formulierung Osterkamps für diese Art der Literatur, die im Lehnstuhl nur „die Welterkundungen anderer nacherlebt“, statt sie selbst zu erleben, merkt man die abwertende Haltung an. Dass die Ostdeutschen ins sozialistische Ausland reisen konnten, gilt Osterkamp zufolge nicht als Reise und so wirft er DDR-Bürger_innen vor, dass sie sich „nicht selber auf den Weg“ machten. Kompensiert werde im Leseerlebnis also die Unmöglichkeit, ins westliche Ausland zu reisen, und damit die Reise überhaupt.

Mit dieser Sichtweise auf die Reisefreiheit im Westen und das Reiseverbot im Osten rezensiert Osterkamp die Erzählung *Der Spaziergang von Rostock nach Syrakus*[204]. Den Versuch des Protagonisten der Erzählung, 20 Jahre nach dem Mauerbau nach Italien zu reisen, wertet Osterkamp als „eine hübsche Parabel auf die Reisesehnsüchte der DDR-Bürger“. Dass der Protagonist „nach seinem Ausflug auf jeden Fall zurück ins gewohnte Nest“, in die DDR, möchte, ruft keine Kritik Osterkamps hervor. Was Osterkamp stört, ist Delius’ Sozialkritik am Westen. Nachdem der Protagonist Paul in die BRD kommt, ist er angesichts von Arbeitslosigkeit und fehlender Solidarität grundlegenden „Desillusionierungserlebnissen“ ausgesetzt. Dass es dem ganzen westlichen Berufsstand des Protagonisten im Vergleich zur DDR schlechter gehe, dass schließlich die bundesdeutsche Freiheit nur als entmenschlichte Einsamkeit dargestellt werde, ruft Osterkamps Kritik hervor. Er schlussfolgert, dass man es bei Delius’ Erzählung mit „Sozialkritik der papierensten Sorte“ zu tun habe. Deutlich wird, dass Osterkamps ästhetisches Urteil auf einen politischen Inhalt zurückgeht. Weil die BRD im Vergleich zur DDR schlechter abschneidet und kritisiert wird, verkomme die Literatur darüber zur steifen Sozialkritik und

203 Ernst Osterkamp: Rigoletto für Segler. In: *FAZ*, 10.10.1995, S. L3. Alle Zitate stammen im Folgenden aus diesem Artikel.

204 Friedrich Christian Delius: *Der Spaziergang von Rostock nach Syrakus*. Reinbek: Rowohlt 1995.

damit zur unattraktiven Literatur. So ist sie ästhetisch entwertet und damit auch ihr sozialkritischer Impetus. Seine eigene Kritik am politischen Inhalt der Erzählung bekräftigt Osterkamp wenig später noch einmal, indem er dem Autor literarische Stil- und Einfallslosigkeit vorwirft; Delius wisse „mit seinem Helden nach dessen ‚Grenzdurchbruch' schier gar nichts mehr anzufangen".

Ganz zum Kitsch verkomme Delius' Werk dann mit der Einreise des Protagonisten nach Italien, denn dort setzt sich Pauls Kritik am Westen fort. Wenn Sizilien das „Armenhaus im wohlhabenden EG-Staat Italien" genannt wird, dann habe man es mit einem „schwer erträglichen Bildungsphilister" zu tun:

> Im Herzen des Bildungsphilisters aber wohnt der Kitsch. Als Paul allein vor dem Palazzo Ducale in Mantua steht, da wünscht er sich, daß nun die „Rigoletto"-Ouvertüre erklingen möge, und schon läßt der Wirt einer nahe gelegenen Bar die Musik ertönen, da kommen Paul naturgemäß die Tränen: „als sei dieser Augenblick seine höchste Belohnung, als fielen erst jetzt die tieferen der vielen Grenzen, gegen die er, verzweifelt oder frech, müde oder geduldig, angerannt ist".
>
> Vielleicht hätte sich ja die Wende mit Hilfe der Überwältigungsästhetik der Oper zügiger herbeiführen lassen. Als Paul jedenfalls nach seiner Rückkehr in die DDR im Oktober 1988 dem ihn vernehmenden Stasi-Offizier sein Mantuaner Erlebnis inklusive Tränen schildert, da sieht er „auf einmal die Augen des Vernehmers feucht werden, was den Erzähler wiederum zu einer zerquetschten Träne rührt".
>
> Ja, so war das ein Jahr vor der Wende; wir sind eben alle nur Menschen, die reisen wollen. Da lacht doch der Tschekist! Dem Leser aber, der die kritische Urteilsfähigkeit von F. C. Delius sonst zu schätzen weiß, wird ganz peinlich zumute.

So endet Osterkamps Artikel mit dem Vorwurf, dass es der Sozialkritik Delius' an „kritische[r] Urteilsfähigkeit" mangele. Aufgrund einer magisch-musikalischen Begebenheit in Mantua, in der Giuseppe Verdis Oper *Rigoletto* von 1851 gespielt wird, hat der Protagonist der Erzählung ein Erweckungserlebnis, von dem sogar die Schergen der Staatssicherheit affiziert werden. Statt das MfS als kalt-berechnende Geheimdienstler_innen der härtesten russischen Tschekisten-Sorte zu zeichnen, lässt Delius einen Offizier des MfS emotional und damit einsichtig und menschlich werden. Der Stasi-Mitarbeiter sieht den allzu menschlichen Wunsch zu reisen und lässt Rücksicht walten, statt erbarmungslos mit dem Republikflüchtigen abzurechnen. Das verleitet Osterkamp zu der sarkastischen Zuspitzung, die Wende hätte man durch *Rigoletto* auch schneller herbeiführen können. Ausgedrückt wird mit dem Kitsch-Vorwurf also, dass ein solches literarisches Bild der Staatssicherheit die Literatur selbst zur Geschmacklosigkeit mache. Wer Mitarbeiter_innen der Staatssicherheit Rücksicht, Mitleid und Verständnis entgegenbringt, wer ihnen eine tiefere emotionale Intelligenz attestiert, der produziere letztlich Kitsch.

Osterkamp entzieht also einer Literatur die Berechtigung als Literatur, die sowohl harte Gesellschaftskritik an der BRD übt als auch den Geheimdienst der DDR in ein mildes, versöhnliches Licht rückt; er verweist diese Literatur damit deutlich des legitimen literarischen Feldes nach der Wende.

„Alte Liebe. Monika Maron wirft sich ein Tierfell um“

Der Roman *Animal triste*[205] von Monika Maron erzeugt im Rezensenten Gustav Seibt „Überdruß“[206], den er an der Benutzung des „erlesenen Adjektiv[s]“ „hechtgrau“ exemplifiziert; das Wort komme viel zu häufig vor und verliere zu schnell seine Wirkung. ‚Hechtgrau‘ stehe für den ganzen misslungenen Roman: Denn das Adjektiv führe einen „sprachlichen Reichtum“ vor, den es im Besonderen und der Roman im Allgemeinen nicht einlösen könne, denn es sei „banal, so banal wie die ganze Konstruktion des Romans“.

„Es geht also um Liebe, Liebe ganz allgemein als naturhafte, verzehrende, ungesellige und übergeschichtliche Macht“. Diese Liebe einer Fünfzigjährigen verstößt gegen Seibts politische und literarische Vorstellungen, denn sie habe sich zu weit „aus Zeit und Geschichte entfernt“.

> Obwohl der Roman so den Akzent ganz auf die Natur, aufs Vorzivilisatorische und Archaische legt, kann er nicht ganz umhin, sich hin und wieder auf Geschichte und ihre wirklichen Orte einzulassen. Aber auch sie bekommen gewissermaßen ein Tierfell übergeworfen und sollen aus urzeitlicher Ferne gesehen werden. [...] Auch die DDR kommt vor und wird als „Mutation“ charakterisiert oder, fast als sei's von Handke, fern verschwimmend als „die seltsame Zeit“.

Der Roman deutet in der literarischen Erzählung die „Geschichte und ihre wirklichen Orte“ auf eine Art und Weise, die Seibt ablehnt. Die wirkliche Welt, und vor allem die DDR, wird von Maron erzählt, als sei sie allen historischen Besonderheiten enthoben. In vor-politische und vor-zivilisatorische Seinskategorien aufgelöst, erscheine die DDR im Roman als ferner evolutionärer Unfall und damit als etwas, das nicht mehr auf die Gegenwart wirke. Diese Deutung der jüngsten Vergangenheit als eine bloße Fußnote im ewigen Lauf der Evolution greift Seibt an. Marons Roman sei ästhetisch misslungen:

> Nach dem Untergang der DDR und ihrer geschichtsphilosophischen Anmaßung[,] das Terrain völlig zu wechseln und in den Dschungel der Naturgeschichte zu fliehen[,] war als Einfall zu naheliegend, als daß er ästhetisch hätte fruchtbar werden können. Der Roman „Animal triste“ ist [...] durch und durch konventionell. Auch seine beiläufige politische Botschaft – „Ich habe mein Leben lang zu fest an die Natur geglaubt, um ein guter Mensch zu sein“ - wird schon morgen als bequemes Geschwätz dastehen.

205 Monika Maron: *Animal triste*. Frankfurt am Main: Fischer 1996.

206 Gustav Seibt: Alte Liebe. Monika Maron wirft sich ein Tierfell um. In: *FAZ*, 24.02.1996, S. B5. Alle Zitate stammen im Folgenden aus diesem Artikel.

Seibt greift Marons literarische Inhalte an, die ihm missfallen. So könne man die „geschichtsphilosophische[] Anmaßung", die die DDR war, nicht zur einfachen Naturgeschichte und zu einer Welt der ewigen Wahrheiten von Natur und Liebe umschreiben. Das sei eine zu „beiläufige politische Botschaft" und damit „bequemes Geschwätz". Dass der Roman nicht mit der Anmaßung DDR abrechnet, mache ihn gleichzeitig als Literatur unfruchtbar.
Das ästhetische Urteil einer literarischen Unfruchtbarkeit und Konventionalität basiert auf dem politischen Urteil über die DDR und ihrer Darstellung im Roman. Damit formuliert Seibt gleichzeitig die politischen Maßstäbe einer literarischen Bearbeitung des Themas DDR. Wolle man als Autor_in fruchtbare Literatur schreiben, müsse die DDR in ihrer geschichtlichen Bedeutung dargestellt werden, was wiederum heißt, sie nicht nur als historischen Unfall zu zeigen, sondern als eine zivilisatorische und intellektuelle Zumutung, als einen Verstoß gegen die Geschichte selbst.
Monika Maron nun versagt nach Seibts Maßstäben und so verkomme ihr Roman zum Kitsch:

> Am Schluß kann sich die Erzählerin nicht genau erinnern, ob sie ihren Franz, als er sie verließ, nur zum Bus brachte oder ihn unter die Räder stieß, tötete und so das Gesetz des Dschungels erfüllte. Sie wird jedenfalls zum Tier, zu einem felltragenden Wesen, das sich halbblind, uralt und alterslos zwischen die fleischfressenden Pflanzen zurückzieht und aufs Sterben wartet, auf die Stunde, in der alle Vergangenheit noch einmal zurückkommt. Bonne nuit, tristesse: Wenn das kein Kitsch ist!

Den Schluss des Romans wertet Seibt als die konsequente Einlösung des von ihm kritisierten erzählerischen Prinzips der Autorin und damit als den Verstoß gegen eine eigentlich verbindliche Art und Weise der Darstellung der DDR. Dass in Moment des Todes „alle Vergangenheit noch einmal zurückkommt", unterschieds- und kritiklos, weist Seibt schließlich als Kitsch zurück und damit auch diese Art der Literatur. In der neuen Bundesrepublik darf solche Literatur, die sich vor-politisch auf die DDR bezieht und in ihr bestenfalls die marginale, akzidentielle Abweichung von ewig gültigen Wahrheiten sieht, nicht bestehen.

„Wildes Debüt-Geheul: ‚Fitchers Blau' von Ingo Schramm"

Dass Ingo Schramm[207] „im poetischen Alleingang antritt gegen die neue große Bundesrepublik"[208] beeindruckt Rezensentin Iris Radisch zwar, gleichzeitig

207 Ingo Schramm: *Fitchers Blau*. Berlin: Volk & Welt 1996.

208 Iris Radisch: Wildes Debüt-Geheul: ‚Fitchers Blau' von Ingo Schramm. In: *Die Zeit*, 29.03.1996. http://www.zeit.de/1996/14/radisch.txt.19960329.xml/komplettansicht. (Zugriff am 03.11.2014). Alle Zitate stammen im Folgenden aus diesem Artikel.

sieht sie durch die Opposition des Schriftstellers zur neuen Bundesrepublik auch dessen Status als Literat in Zweifel gezogen. Schramm bezeichne sich selbst als Poeten, so das Fazit der Rezensentin. Trotzdem „pusselt und poetelt“ sich Schramm durch sein Werk und schaffe damit ein „staunenswertes Stück junger ostdeutscher Gegenwartsliteratur“. Wobei Radisch weniger die Geschichte bestaunt, als vielmehr „de[n] ungeheure[n] Anspruch, mit dem sie erzählt wird.“ Dieser Anspruch stehe einerseits gegen das „Kleinlaute, Mut- und Belanglose“ in der deutschen Gegenwartsliteratur und sei „herzergreifend“, andererseits scheitere der Autor aber auch an ihm. Schramm möchte „egal, was er sagen will, doch immer Großes, Letztbedeutendes, Apokalyptisches sagen“.

> Solch ungewohnte, hochgerüstete Redeweise erzählt in jeder Zeile von dem Wunsch, das eigene Leben, die eigene Gegenwart bedeutsam, wild, monumental und fremd werden zu lassen. [...] Aber sie erzählt auch von den Versäumnissen eines Lektors, der diesen riskanten und interessanten Versuch besonders genau und sorgfältig hätte überprüfen und überwachen müssen und der es nicht verhindert hat, daß diese ungewöhnliche Gratwanderung immer wieder in juvenilen Kitsch abgleitet (wenn die „Zeugungskraft aufsteht, um sich die Pforten ins Schöne zu öffnen“, die Regel der Geliebten „zur Unzeit losbrach“) oder in grammatikalischem Salat untergeht (wenn die Spatzen „am Abfall“ leben, jemand „für Verbesserung der Gesellschaft überlegt“).

Schramm scheitert am eigenen risikoreichen Versuch, der Gegenwart Bedeutung abzuringen. Dieses Scheitern sei im Ästhetischen begründet, doch fallen bei genauerer Betrachtung die inhaltlichen Disparitäten auf: So stehen jugendlich-verblümte erotische Schilderungen neben grammatisch falschen Präpositionen, Menstruation neben Gesellschaftskritik. Der Vorwurf Kitsch, der dieses ästhetische Scheitern benennt, ist aber mehr als nur die Klage über eine unreife literarische Schilderung sexuellen Verlangens und dessen biologischer Vereitelung. Die ästhetischen Verstöße stehen für das prinzipielle Scheitern einer eigentlich gültigen künstlerischen Absicht. Der Gegenwart Bedeutung einzuhauchen, die über ihr tristes Nachwendedasein weit hinausgeht und in einer schwierigen Zeit Sinn stiftet – das will literarisch gekonnt in Szene gesetzt sein und muss gelingen. Hätte der Lektor des dtv sorgfältiger gearbeitet, hätte man es womöglich mit einem solchen gelungenen Versuch der Sinnstiftung über die Wende und die Zeit nach dem Umbruch zu tun. Radisch kritisiert also nicht den literarischen Anspruch des Autors, die Gegenwart mit höherer Bedeutung und mit Sinn zu versehen, sondern dass dieser enorme Anspruch im literarischen Werk nicht eingelöst wurde und scheiterte.

So nimmt Radisch Schramms harte Angriffe gegen die Gegenwart immer schon verwandelt wahr als den Versuch, einen höheren Sinn aufzuspüren, der die Gesellschaft durchwirkt. Nüchtern gibt die Rezensentin wieder, was

Schramm zu DDR, Wende und neuer deutscher Gegenwart verkündet: Dass „der Mensch" ein erniedrigtes Wesen sei und im Zustand des „ein Volk"-Daseins „dümpelt", dass die Leute sich vom Fernsehen berieseln ließen, dass die Wirklichkeit unsanft sei und man als Betroffener allerlei „auslöffeln" müsse, dass die Wende die Ermordung der „Utopie" gewesen sei, dass die Ostdeutschen sich gleichzeitig die DDR als „Märchenland" imaginierten und mit der Wende schockartig aus „einem tiefen Traum" erwachten, dass die neue Republik ein „versteinerte[r] Staat" sei, dem man „Tretdynamos, Haustierhaltung, Stadtbegrünung, Fußgänger, das Ende der Industriegesellschaft" abringen müsse und in dem die „Ordnungsmacht" alle Kritik „rüde in ihre Schranken" weise. Damit stellt sich Schramm, wie Radisch eingangs festhielt, polemisch gegen die neue Bundesrepublik. Die Rezensentin nun begegnet den Vorwürfen des Autors gegen die BRD ihrerseits mit einer Generalkritik:

> Darum geht es und um noch viel mehr, denn die romantische Perspektive des jungen Autors erweitert alles, was sie berührt, ins Gewaltige und Urgeschichtliche. In einem furiosen Finale wird aus der Schlacht um die Dunckerstraße deshalb auch nur noch ein Fallbeispiel, eine Rüsche am ewigen Gewand der Menschheitsschlachten, die, beginnend mit dem Angriff auf die Festung Kadesch unter Ramses II., beinahe vollständig aufgezählt und zu einem einzigen Schlachtenpanorama zusammengepappt werden.

Radisch benennt und wertet das Verfahren der literarischen Sinnstiftung bei Schramm und weist es zurück. Mit der literarischen Perspektive, die sich die Wirklichkeit aneignet und „ins Gewaltige und Urgeschichtliche" deutet, verliere die Gegenwart unmittelbar an Bedeutung. In dieser Sicht werde die Berliner Republik eingereiht in die Kontinuität einer Geschichte, die bis zu den Anfängen der Zivilisation reicht und die Wendezeit zur bloßen Fußnote werden lässt. Damit werde Schramm letztlich der Gegenwart und dem Bedürfnis, ihr einen Sinn einzuschreiben nicht gerecht. So schließt Radisch ihren Artikel mit dem Urteil:

> All das ist starker Tobak, ungezügelt, aufdringlich, überanstrengt, grob, oft mehr Kunstwille als Kunst. Doch hört man in diesem Lärm eine eigene Stimme. Eine, die mehr verspricht, als sie halten kann, die aber auch mehr zu sagen wagt, als dies landesweit der Brauch ist. Eine Stimme, die, weil sie grölt und psalmodiert, sich aufspielt und jedes Maß verliert, zwar in den Ohren schmerzt, aber nicht so schnell aus dem Kopf geht. Vielleicht demnächst die Stimme eines Poeten.

Fitchers Blau sei „mehr Kunstwille als Kunst", mehr Machwerk als literarisches Werk. In weiten Teilen eine Zumutung, die körperliche Schmerzen bei der Rezensentin auslöst, sei der Roman in seiner romantisierenden Aufdringlichkeit und seinen verkehrten Sinnangeboten also gescheiterte Literatur. Das ist das Negativurteil über den Roman – einerseits. Andererseits hält

Radisch dem Autor auch immer die Absicht, mit der er den Roman geschrieben habe, der Nachwende-Gegenwart literarisch Zustimmungsfähigkeit zu verschaffen, zugute. Den Willen zur Sinnstiftung über die Wirklichkeit, die Radisch in dem Roman so furchtbar scheitern sieht, verheiße ihr aber schon bald eine authentische literarische Stimme.

Dem Urteil von Iris Radisch lassen sich die Maßstäbe für die Bewertung von Literatur nach der Wende entnehmen. Einerseits seien die polemischen Einwände gegen die neue Bundesrepublik nichts als aufdringlicher Lärm und haben letztlich in der Literatur keinen Platz, weil sie sie zur Unkunst machen. Aber mit dem übergeordneten literarischen Verfahren der Sinnstiftung können diese schrägen Töne eingefangen und zu echter Literatur werden. Damit äußert Radisch etwas sehr Grundsätzliches über die Literatur nach der Wende: Kritik an der neuen Bundesrepublik sei nur statthaft, wenn sich diese Kritik gleichzeitig an einem literarischen Sinnangebot relativiert, wenn die Wirklichkeit letztlich als zustimmungsfähige inszeniert wird. Literatur, die diesem Anspruch nicht gerecht wird und Kritik nicht konstruktiv, sondern ablehnend übt, hat dann auch keinen Anspruch, weiter zur Sphäre der Literatur gezählt zu werden.

„Die Schönheit des Folterknechts"

Die Rezensentin Kristina Maidt-Zinke hält Jenny Erpenbecks Roman *Wörterbuch*[209] und den Versuch der Autorin, sich die eigene Kindheit zu vergegenwärtigen, für ähnlich minderwertig wie „pädagogisch ambitionierte Bilderbücher"[210]. Die Schilderung des kindlichen Elends vollziehe die Autorin in „Pathosformeln und Sentenzen von eher seniorenhafter Feierlichkeit". Dem Leser werde schon zu Beginn klar, „[d]ass er keine Gnade zu erwarten hat" und so nehme das literarische Elend seinen Lauf:

> Der dräuende Absturz in den Sumpf beim Reiten auf Vaters Knien, das Märchen von Hänsel und Gretel beschwören ebenfalls Klischees von dunklen Kinderängsten, Verrat und enttäuschtem Vertrauen. Doch Jenny Erpenbeck begnügt sich nicht damit, die Schrecken einer privaten Kindheitshölle ans Licht zu holen. Ihr „Wörterbuch" [...] handelt vom Aufwachsen im Schatten eines totalitären Regimes. Das könnte den Verdacht nahe legen, die in Ost-Berlin geborene Schriftstellerin hätte eigene Reminiszenzen verarbeitet, wäre nicht der Staat, dessen finsteres Geheimnis sich der Ich-Heldin nach und nach offenbart, für eine chiffrierte DDR allzu exotisch und das Horror-Szenario allzu plakativ.

Nicht nur die literarischen Klischees kindlicher Ängste stoßen auf die Ablehnung der Rezensentin. Was den Roman zweifelhaft mache, sei vielmehr

209 Jenny Erpenbeck: *Wörterbuch*. Berlin: Eichborn 2005.

210 Kristina Maidt-Zinke: Die Schönheit des Folterknechts. In: *Süddeutsche Zeitung*, 31.05.2005, S. 16. Alle Zitate stammen im Folgenden aus diesem Artikel.

Erpenbecks literarische Verarbeitung eines politischen Stoffes. Als Allegorie der DDR sei die literarische Darstellung unangemessen, weil sie der Wirklichkeit allzu offensichtlich widerspreche. Zwar könne man die DDR auch als Chiffre darstellen, das lässt sich der Kritik der Rezensentin entnehmen, dabei muss die Literatur den Staat aber bis zu einem gewissen Grad entzifferbar halten. Wer die DDR über Gebühr verfremde, sie „allzu exotisch" und „allzu plakativ" darstelle, der laufe Gefahr, die Regeln der Literatur zu verletzen. Dabei sind sich Maidt-Zinke und Erpenbeck einig, dass die DDR durchaus „Horror-Szenario" war, aber mit der stereotypen Darstellung dieses Horrors drohe dessen Glaubwürdigkeit zu verschwinden. Hinzu komme eine weitere Notwendigkeit:

> Der beabsichtigte Effekt, eine Art Orwell-Atmosphäre brütenden Unheils und latenter Bedrohung, erfordert indes die Verrätselung von Ort, Zeit und politischer Konstellation.

Soll der Horror der DDR eine bestimmte Art der Atmosphäre und der Wirkung erzeugen, dann werden die historischen und politischen Bezugspunkte der DDR notwendig verschleiert. Diese für die Rezensentin nicht hinnehmbare Konsequenz stellt gleichsam die erzählerischen Mittel in Frage. Weil das „Böse, das im Hintergrund regiert, [...] seinerseits vage, gesichts- und namenlos" bleibe, verfehle der Roman die Darstellung der DDR und sei damit selbst von zweifelhafter literarischer Qualität. Weil er zu verschlüsselt und zu oberflächlich sei, um den Horror glaubwürdig zu inszenieren, weil er die DDR ins Argentinien der Militärjunta lege, statt sie in ihrer wirklichen historischen und politischen Dimensionen zu zeigen, sei *Wörterbuch* minderwertige Literatur:

> Statt von Schönheit möchte man lieber von einer gewissen Glätte und Kunstfertigkeit sprechen, mit der Erpenbecks Prosa auf den ersten Blick imponiert. Poliert wie eine Steinfigur, aber auch ähnlich leblos und kalt ist diese Sprache, die in Refrains und Ellipsen schwelgt und nur eine einzige Stilebene kennt: die der raunenden, symbolbeladenen Bedrohlichkeit.

Statt von Kunst soll man lieber von Kunstfertigkeit sprechen, statt von berührender Literatur lieber von kühlem Handwerk. Auch aus stilistischer Sicht sei der Roman keine Literatur und zeige statt großer Symbolik nur Symbolbeladenes. Maidt-Zinke spricht ihm aber nicht nur auf der literarischen Ebene den Kunstcharakter ab, sondern greift das Werk auch mit einer Kritik an der Autorin an:

> Was das Grauen betrifft, so scheint dessen Penetranz entweder mit einer persönlichen Obsession oder mit einer berechneten Wirkung zu korrespondieren, nicht aber erzählerischer Logik geschuldet zu sein.

Weil Erpenbeck keine qualifizierte Autorin sei, leide die erzählerische Logik des Romans: Entweder liege es an einer persönlichen Besessenheit der Autorin oder an ihrer Spekulation auf den Effekt beim Leser, dass der Roman so geschmacklos sei. Damit steht das Urteil über den Roman fest:

> Am Ende erhält die Vater-Tochter-Verstrickung ein solches Gewicht, dass man argwöhnt, hinter der Fiktion des Terrorstaates lauere doch nur wieder der olle Ödipus. Wenn schließlich noch die Blut- und Knochenmetaphorik der „Merseburger Zaubersprüche" und die christliche Liturgie herhalten müssen, um den Mädchen-Alptraum mit der abendländischen Tradition zu vernähen, dann darf – Tatü, Tata – Kitsch-Alarm ausgerufen werden. Das „Wörterbuch", aufgemacht wie eine altmodische Fibel, hat bei aller artifiziellen Kindlichkeit etwas Frühvergreistes.

Statt die DDR als „Terrorstaat[]" zu zeigen, verlege sich der Roman auf die Schilderung familiärer Beziehungen, was die Darstellung der DDR unmittelbar relativiere. Zum bloßen Hintergrund einer „Vater-Tochter-Verstrickung" dürfe die DDR nicht werden, denn dann stehe auch ihr Terror in Frage. Dann sei der politische Horror der DDR nur eine Spielart des ewig gültigen menschlichen Gesetzes von der tragischen Elternliebe. Statt einer gelungenen Abrechnung mit den Schergen des Terrors – der Vater entpuppt sich als nicht-leiblicher Vater, der „seinen Staatsdienst als Henker und Folterknecht" versieht – weiche der Roman aus und deute die politische Beziehung zwischen Vater und Tochter als privates, tragisch-unverschuldetes Begehren. Gänzlich zum Kitsch werde der Roman, wenn sich die ohnehin schon fragwürdige Darstellung der DDR mit „der abendländischen Tradition" verbindet, sich also selbst literarisch aufwertet.

Die ästhetische Kritik der Rezensentin Maidt-Zinke an Erpenbecks *Wörterbuch* zeigt die Grundlage des Urteils: Es ist der politische Maßstab einer klaren Polemik gegen die DDR als Horror- und Terrorstaat. Wer diese Absage an die DDR in der Literatur relativiere und die historische und politische Deutlichkeit des Horrors einem verschlüsselten Effekt von Bedrohlichkeit opfere oder gar zum Hintergrund einer tragischen Liebe herabstufe, der produziere letztlich Kitsch. Als eine solche literarische „Verrätselung" der DDR müsse die Literatur gleichsam als Literatur zurückgewiesen und des literarischen Feldes verwiesen werden.

„Frauen in Halbtrauer"

Die Rezension von Gabriele Killert zu Angelika Klüssendorfs *Amateure*[211] führt unmittelbar in das Thema ein:

> „Zwanzig Jahre Mauerfall" – eigentlich doch ein Grund zum Feiern. Im neuen Erzählband *Amateure* von Angelika Klüssendorf allerdings ist die „deutsche Teilung" stabiler denn je.[212]

Der Fall der Mauer und die Wiedervereinigung verlangten Killert zufolge nicht nur Zustimmung, sondern Begeisterung. Nichts davon sei in Klüssendorfs neuem Erzählband zu spüren. Im Gegenteil, die Autorin inszeniert die Teilung als weiterhin existierendes Phänomen. Das lässt bei Killert einen ersten grundlegenden Zweifel an dem Erzählband aufkommen.

Die „deutsche Teilung" existiere in den Erzählungen von Klüssendorf allerdings nicht als reale politische Teilung, sondern in Form von scheiternden privaten Beziehungen. Da gehen die westdeutschen Männer den ostdeutschen Frauen auf die Nerven und spielen sich als Besserwisser auf, halten sich nicht an moralische Gebote und lassen schwangere Frauen einfach sitzen. Solche Literatur fordert Killerts Kritik heraus:

> Das Schema dieser „asymmetrischen" Beziehungen ist immer das Gleiche. Der Westen pirscht sich in Gestalt eines zwielichtigen Erfolgsmenschen mit Kreidestimme an das arglose Ost-Rotkäppchen heran. Und wenn er seine Siegergene weitergegeben hat, ist sein Interesse erloschen. Jeder Kaiserpinguin in der Antarktis [...] sorgt sich mehr um seinen Nachwuchs als diese gefühlsverarmten Westväter. In den beziehungsgeschädigten Kindern wiederholt sich dann das Übel.

Dass diese Beziehungen zwischen ost- und westdeutschen Liebenden unausgewogen, mithin „asymmetrisch" seien, bedeutet umgekehrt, dass sie aus dem Gleichgewicht gekommen sind und als normale Beziehungen ihren Bezugspunkt verloren haben. Den Erzählungen wird damit gleichzeitig vorgeworfen, die Wirklichkeit unausgewogen zu erzählen. Das Schema nach dem diese West-Ost-Beziehungen scheitern, gilt Killert nicht als wirklichkeitsnah, sondern als märchenhafte Verdrehung der Wirklichkeit. So sei der Westdeutsche dann zum unmoralischen Wolf abgestempelt und die Ostdeutsche zum unschuldigen Rotkäppchen aufgewertet. Letztlich verletzten die Väter aus Westdeutschland sogar Gebote, die jedes Tier aus Instinkt befolge. In diesen literarischen Darstellungen, das unterstreicht Killert in ihrer bildlichen Sprache, überzeichnet

211 Angelika Klüssendorf: *Amateure*. Frankfurt am Main: Fischer 2009.

212 Gabriele Killert: Frauen in Halbtrauer. In: *Die Zeit*, 11.05.2009. http://www.zeit.de/2009/20/L-B-Kluessendorf/komplettansicht (Zugriff am 04.11.2014). Alle Zitate stammen im Folgenden aus diesem Artikel.

Klüssendorf den westdeutschen Mann und macht ihn ungerechtfertigt zum alleinig Schuldigen einer sich perpetuierenden ‚deutschen Teilung'.
Die Spielarten der literarischen Klischees erschöpften sich bei Klüssendorf nicht nur in diesen Darstellungen:

> Gewaltfantasien ziehen sich durch fast alle elf kurzen Short-Cut-Texte wie eine Reihe anderer Leitmotive – etwa die schlagertextartigen Liebeskitschformeln und Entfremdungsvokabeln, die Familienbande zwischen den Figuren knüpfen, die ansonsten (obgleich teilweise verwandt) einzig durch ihre Beziehungslosigkeit miteinander verbunden sind.

Wenn es so etwas wie eine funktionierende Ost-West-Familienstruktur bei Klüssendorf gebe, dann nicht als normalisiertes familiäres Verhältnis, das angesichts von zwanzig Jahren deutscher Einheit längst als literarisches Leitmotiv fällig wäre, sondern wiederum nur als formelhafte, mithin unglaubwürdige Liebesbekundungen. Dass die Figuren, die eigentlich miteinander verbunden sein müssten, durch eine grundlegende „Beziehungslosigkeit" auffallen, macht die Versuche, eine Liebe und damit eine Verbindung zwischen den Figuren zu inszenieren, zu Kitsch. Weil Klüssendorf die Entfremdung als unausweichliches Moment ihrer Ost-West-Charaktere festhält, sei die Liebe in den Erzählungen nur ein Lippenbekenntnis und verkomme zur Geschmacklosigkeit. Dass Ost und West in der deutsch-deutschen Familie scheitern und mit ihr die Einheit, ist Killert zufolge nicht der Beweis für die Zumutungen der Wirklichkeit, sondern für die Oberflächlichkeit der literarischen Figuren. Hinzu tritt ein Umstand, der die Erzählungen von Klüssendorf erst eigentlich zur gescheiterten Literatur mache:

> All diese Figuren wirken wie verkorkt, innerlich taub und berührungsresistent, und klammern sich eben deshalb hilflos aneinander. Eine unauflösbare Trostlosigkeit geht von ihnen aus.
> Daran ist zunächst nichts auszusetzen. Die besten und schönsten Texte der Literatur handeln von trostlosen Dingen, ohne selbst trostlos zu sein.

Dass die Charaktere Klüssendorfs trostlos wirken, sei im Grunde kein Argument gegen die Literatur. Zum Einwand gegen die Literatur wird der fehlende Trost, wenn sie selbst trostlos *ist*. Gegen die Literatur spreche dann, dass die Erzählungen über das Scheitern der Ost-West-Beziehungen hinaus der Leser_in Hoffnung und Trost bezüglich der ‚Einheit' versage. Der deutschen Einheit sei die Literatur damit erzählerisch in einer wesentlichen Hinsicht verpflichtet: Von ihrem privaten Scheitern könne die Literatur sehr wohl berichten, ohne die Einheit selbst für gescheitert zu erklären. Dass Klüssendorfs Erzählungen nicht nur ihren Figuren den Trost, sondern der Leser_in auch die Möglichkeit, sich mit Wende und deutscher Einheit positiv zu identifizieren vorenthalte, mache ihre literarische Konstruktion schließlich zur Ideologie:

> Die Beziehungslosigkeit der Figuren wirkt inszeniert und ideologisch. Als Skandal, an dem sich die Sprache aufreibt, wird sie nie spürbar. Hier wird ein Scheitern behauptet, zu dem man nicht vordringt, weil man über das Scheitern von Sätzen nicht hinauskommt. Vielleicht sollen leblose Syntax, Klischeesprache, hohl tönende Sätze den Stupor der Figuren abbilden, ihre Gefühlsohnmacht durch Beschreibungsohnmacht simulieren. Aber solche Mimikry geht leicht schief. Keine Wirklichkeit ist so öde, so in ihrer Totalität trostlos, wie hier ertüftelt.

Dass Literatur inszeniere, spricht bei Klüssendorf gegen die Literatur selbst. Sie steht im Verdacht, die Wirklichkeit zu verfälschen. Stattdessen müsse die Literatur mit ihren Mitteln die scheiternde Einheit als Skandal inszenieren. Setze sich die Literatur, wie bei Klüssendorf, über dieses Gebot hinweg, scheitere sie auch als Literatur. Dann sei sie „ideologisch“, „leblose Syntax, Klischeesprache, hohl tönende Sätze“ und „Beschreibungsohnmacht“. Auch wenn man wohlwollend die „Beschreibungsohnmacht“ als literarisches Mittel für die „Gefühlsohnmacht“ der Figuren verstehen möchte, revidiert sich das ästhetische Urteil nicht. Letztlich ist die Wirklichkeit selbst verbindlicher Maßstab für die literarische Darstellung. Weil die bundesdeutsche Realität nicht derart trostlos sei, könne die Literatur auch so eine Trostlosigkeit und Abwesenheit von Sinn nach der Wende nicht inszenieren.

Zum Abschluss zitiert Killert, um ihr Urteil zu untermauern, den russischen Dichter und Essayisten Ossip Mandelstam:

> Ein kleiner Text *Über das Tragische* von Ossip Mandelstam bringt die Sache auf den Punkt: „Wenn ein Schriftsteller es sich zur Pflicht macht, um jeden Preis ‚tragisch vom Leben zu künden‘, jedoch auf seiner Palette keine tief kontrastierenden Farben besitzt; und das Wichtigste – wenn ihm das Feingefühl für jenes Gesetz abgeht, demzufolge das Tragische ... sich in ein *allgemeines Bild* der Welt fügen muss, wird er ein ‚Halbfabrikat‘ des Schreckens und der Erstarrung liefern, nur gerade deren Rohmaterial, das bei uns ein Gefühl des Widerwillens hervorruft und in der wohlmeinenden Kritik besser unter dem Kosenamen ‚Alltags- und Milieustudie‘ bekannt ist.“

Ausgerechnet das Fehlen einer allgemeinen Beschreibung der Welt mache die Fiktion zur soziologischen „Milieustudie“, zur nicht-fiktionalen Beobachtung von Welt. Dieser offensichtliche Widerspruch lässt sich allerdings in und mit Killerts Argumentation in Bezug auf seine Funktion auflösen: Die Literatur werde, so sie sich nicht an der Wirklichkeit orientiere – bei Killert ist diese Orientierung gleichbedeutend mit einem ihr entnommenen Sinn – zur unfertigen Literatur oder mit anderen Worten: sie ist dann keine Literatur.

Mit Mandelstam unterstreicht Killert ihr ästhetisches Urteil, dass, wer literarisch die Welt im Allgemeinen und die deutsche Einheit im Besonderen als hoffnungs- und trostloses Scheitern inszeniere, „ein ‚Halbfabrikat' des Schreckens und der Erstarrung" und damit letztlich keine Literatur liefere, sondern eine mit Kitsch durchwirkte Sozialstudie. Stattdessen seien die Wende und die deutsche Einheit keine „in ihrer Totalität trostlos[e]" Sache, sondern – man erinnere sich an den Beginn der Rezension – „eigentlich doch ein Grund zum Feiern" und damit ein vollwertiges Sinnangebot. Eine solche Sichtweise müsse eine Literatur nach der Wende inszenieren. Wohl könne auch das Trostlose Teil dieser literarischen Sinnstiftung sein, niemals aber dürfe die Literatur selbst den Trost verwehren, sonst sei sie, wie Killert deutlich macht, keine Literatur.

„Luftnummer im Vogelschutzparadies"

In Antje Ravic Strubels Roman[213], so beginnt die Rezension von Wiebke Porombka, gebe es einige Abgründe:

> Antje Ravic Strubel lässt in „Sturz der Tage in die Nacht" mit einer dem Titel kaum nachstehenden Wucht ihre Figuren tief hinein nicht nur in deren familiäre, sondern in die politischen Abgründe der Vergangenheit rasen.[214]

Der familiäre Abgrund besteht in der durch die Romanfiguren und die Leser_innen lange unerkannt bleibenden Liebschaft zwischen der Mutter Inez und ihrem Sohn Erik; die politischen Abgründe haben die DDR und die Staatssicherheit zum Inhalt. So prallten in dem Roman „die Abseitigkeiten der Politik mit den Diesseitigkeiten der Liebe" zusammen und damit werde das „groschenheftadäquate[] Arrangement" schließlich zur „Luftnummer". Vor allem vor dem Hintergrund des 50-jährigen Jubiläums des Mauerbaus 2011 werde dieser Roman über die DDR-Vergangenheit, der zudem „auf der Longlist des Deutschen Buchpreises steht", dem Anspruch an Literatur nicht gerecht:

> Schlussendlich ärgerlich wird es durch eben die Übereindeutigkeit der Zeichen, auf die Antje Ravic Strubel nicht nur Erik in der Rückschau, an der Reling der Fähre lehnend, stoßen lässt, sondern die sie dem Leser mit enervierender Penetranz in die Augen streut – als würde sie immerzu gegen ihre eigene Konstruktion anschreiben, die an dieser Stelle allenfalls angedeutet werden kann. Gerade eben nicht Spannung erhält das Ganze dadurch, sondern dem Geschehen wird auf diese Weise der dräuende Unterton einer antiken Tragödie verliehen, der indes nichts Zwingendes, allenfalls etwas Schulmeisterliches hat.

213 Antje Ravic Strubel: *Sturz der Tage in die Nacht*. Frankfurt am Main: Fischer 2011.

214 Wiebke Porombka: Luftnummer im Vogelschutzparadies. In: *FAZ*, 09.09.2011, S. 38. Alle Zitate stammen im Folgenden aus diesem Artikel.

> Auch dadurch wird der Bogen zur Antike geschlagen, dass die unerhörte Begebenheit, die hier erzählt wird, als eine moderne Variation des Ödipus-Mythos gelesen werden kann – versetzt in die niederen Ränge der Staatssicherheit und in die zwielichtigen Grauzonen der Nachwende-Aufsteiger.

Die „Übereindeutigkeit der Zeichen" mache Figuren und Geschichte zum Ärgernis. Dass die Autorin ihre Hinweise für die Leser_innen zu offensichtlich gebe, mache die Erzählung penetrant und die literarische Konstruktion gänzlich fragwürdig. Ravic Strubel inszeniere die gesellschaftlich geächtete Liebe zwischen Mutter und Sohn zwar als „unerhörte Begebenheit"; dass die Autorin das Unerhörte allerdings in den antiken Mythos des Ödipus kleide, sei ein Vergehen, denn so bekomme die Literatur etwas Belehrendes, etwas nicht Notwendiges. Das, was wie eine Kritik literaturimmanenter Prinzipien vorgetragen wird, geht bei genauerer Betrachtung darüber hinaus: Denn die Rezensentin wirft der Autorin auch vor, das DDR- und Stasi-Thema ganz in den antiken Ödipus-Mythos verschwinden zu lassen, und das sei das eigentliche Versagen am Stoff und an der Literatur:

> Nicht zuletzt deshalb wird es unglaubwürdig, weil mit derselben Fähre wie Erik noch ein weiterer Protagonist aus Inez' Vergangenheit auf die Insel gekommen ist: Rainer Feldberg, den Inez zwar nicht zu kennen vorgibt, der ihr aber durch Verleumdungen bei ihren Vorgesetzten das Leben schwermacht und beständig mit latenten Drohungen und Andeutungen über ihr wahres Verwandtschaftsverhältnis um sie und Erik herumscharwenzelt. Ein Prachtexemplar von einem ehemaligen Stasi-Mitarbeiter, der sich nach der Wiedervereinigung für die schmutzigen kleinen Intrigen der Lokalpolitik verdingt hat.

Unglaubwürdig werde der Roman, weil sich nun noch der DDR-Geheimdienst in Person eines ehemaligen Vorzeigemitarbeiters des MfS in die ohnehin antikisierte Verstrickung der Protagonist_innen mischt. Die Erfindung einer literarischen Figur, die einmal für die Staatssicherheit gearbeitet hat und nun die tragischen Figuren erpresst, lasse den Roman zweifelhaft werden. Dass jemand mit allen Wassern der Staatssicherheit gewaschen sei, dass er die „unerhörte Begebenheit" dieser Liebe bedrohe und dabei noch größtmöglichen Handlungsspielraum genieße, obwohl er ein verkommener Mensch sei, der sich auch in der neuen Bundesrepublik die Finger schmutzig gemacht habe, dass jemand wie Rainer Feldberg sein Unwesen treiben könne, spreche gegen den Roman und mache die Literatur fragwürdig.
Beide literarischen Konstruktionen verwirft Porombka dann schließlich ganz:

> Was bei dieser Reise zum Vorschein kommt, mag politisch wie menschlich abgründig sein, büßt bei Antje Ravic Strubel aber seine Brisanz ein, weil sie durch die Analogien zu Tierreich und Mythologie ihre Geschichte in den immer wiederkehrenden, ewigen Gesetzmäßigkeiten aufgehen lässt und ihr damit hintenrum die spezifisch historische Ungeheuerlichkeit wieder

> abspricht. Bedenklich nah an der Kolportage schrammt dieser Roman nicht zuletzt deshalb vorbei, weil seine Sprache ein ums andere Mal verrutscht, was man bei dieser Autorin so gar nicht kennt. Wenn sie Erik in lässigem Spätjugendjargon sprechen lässt, dann wirkt das auf linkische Weise aufgesetzt. Die Versuche, das fatale Liebesverhältnis in Worte zu fassen, changieren zwischen Kitsch und Angestrengtheit. Das alles ist gerade deswegen so bedauerlich, weil Antje Ravic Strubel mit ihrem Roman ein Thema angeht, das sich zwanzig Jahre nach dem Ende der DDR mit großer Dringlichkeit den Weg an die literarische Oberfläche zu bahnen scheint: Nach Wawerzinek, Altwasser und jüngst Angelika Klüssendorf erzählt auch sie über das schmerzvolle Scheitern von Mutterschaft und zwischenmenschlicher Beziehung in der DDR. Man wäre diesen Grabungen und Rekonstruktionen gerade bei ihr zu gern gefolgt, hätte sie diese nicht in falsch verstandener Artistik überschrien.

Mit der literarischen Übersetzung des Themas „Beziehung in der DDR" in einen antiken Mythos, verfehle Ravic Strubel ihren Gegenstand, weil die Brisanz der DDR, die zwanzig Jahre nach ihrem Ende wieder zum literarischen Thema wird, auf diese Weise verloren gehe. Indem die Autorin die DDR und die Staatssicherheit in die „immer wiederkehrenden, ewigen Gesetzmäßigkeiten" tragischer Liebe einfüge, leugne sie die „spezifisch historische Ungeheuerlichkeit" der DDR. Damit sei der Roman eigentlich schon ein Kolportageroman. Gänzlich zum Kitsch werde er dann, wenn die Autorin die Liebe, die immer auch gegen die historische Beschreibung der DDR konkurriert, inszeniert. Damit ist der Kitsch-Vorwurf mehr als nur das ästhetische Urteil über den verfehlten Ton des „Spätjugendjargon[s]" eines Protagonisten, es ist die auf dem politischen Urteil beruhende Anklage an die Literatur, dort private Liebe zu inszenieren, wo die Ungeheuerlichkeit eines Staates und seines Geheimdienstes dargestellt werden müsse. Das „schmerzvolle Scheitern von Mutterschaft und zwischenmenschlicher Beziehung in der DDR" dürfe man in der Literatur nicht als mythische Tragik beschreiben, sondern müsse die historische Schuld der DDR am privaten Scheitern ihrer Bürger miteinbeziehen – sonst scheiterten „diesen Grabungen und Rekonstruktionen", und werden zu Schund und zu Kitsch. Die „falsch verstandene[] Artistik", die Porombka der Autorin vorwirft, ist das Resultat einer politisch nicht genehmen literarischen Inszenierung der DDR.

Damit ist gleichzeitig auch formuliert, was Literatur nach der Wende leisten muss, damit sie als Literatur anerkannt wird. Sie muss die „politischen Abgründe der Vergangenheit" als politische *und* private Ungeheuerlichkeiten der DDR inszenieren. Sie muss dem Charakter der DDR als unmenschlichem Staat literarisch gerecht werden und das Scheitern, sowohl des Privatlebens als auch der politischen Herrschaft, gekonnt und glaubwürdig in Szene setzen. Literatur, die diesen Maßstäben der Darstellung der DDR nicht genüge, verliere den Anspruch, als Literatur gelten zu können.

„Geisterbahn DDR"

Bereits im Untertitel zur Überschrift der Rezension klagt Hubert Winkels den Roman *Rücken an Rücken*[215] von Julia Franck an, er sei „ein düsteres Märchen mit viel Kitsch, Sex und Gewalt"[216]. Im ersten Absatz dann führt Winkels diese Anklage aus:

> Wieso, fragt man sich da, kann man vom untergegangenen kommunistischen deutschen Teilstaat so distanziert schreiben, als sei er schon vor Christi Geburt gescheitert? Alle Welt ruft die sinnlich-konkreten, die prallen und beredten Szenen des privaten Lebens in der DDR vor Augen, um einen *failed state* im Nachhinein erkennbar zu machen, nur Julia Franck, ausgewiesen im genauen Erinnern durch ihren Ausreiseroman *Lagerfeuer*, gelingt das Kunststück, Stück für Stück die jüngere Geschichte in mythische Vorzeit zu entrücken. Und zwar mit den genuinen literarischen Mitteln des Kitsches, des süßen wie vor allem des sauren, mit Klischees, fetten übertreibenden Ausmalungen, mit bildlichem und inhaltlichem Extremismus, mit einer Dramaturgie des Grauens, in der Narration, aber auch im Effekt auf den Leser.

Offen greift Winkels den Roman an und fragt, wieso ‚man' „das Kunststück" vollbringen könne, die DDR literarisch derart distanziert zu inszenieren, vor allem wenn man wie Franck ausgewiesene Expertin „im genauen Erinnern" sei. Mit dieser rhetorischen Frage grenzt Winkels den Roman von dem ab, was er unter gelungener Literatur versteht: Die Literatur, die sich mit der DDR auseinandersetzt und dem Privatleben der Menschen im ‚Kommunismus' widmet, habe „einen *failed state* im Nachhinein erkennbar zu machen". Dabei hat dieser Anspruch an die Literatur etwas Eigentümliches, denn dass die DDR nicht mehr existiert, dieser Fakt ist niemandem ein Rätsel. Was also soll die Literatur „im Nachhinein" aufdecken? Winkels meint hier nicht die einfache literarische Bebilderung des Scheiterns der DDR, sondern die Inszenierung der *Notwendigkeit* dieses Scheiterns. Die Darstellung der DDR in „prallen und beredten Szenen" soll sie als einen von vornherein zum Scheitern verurteilten Staat inszenieren. Erst auf diese Art und Weise mache die Literatur die DDR *als gescheiterten* Staat erkennbar. Winkels fordert diese Haltung von Literat_innen ein, wenn er fragt, wie Franck nur „vom untergegangenen kommunistischen deutschen Teilstaat so distanziert schreiben" könne. Die Antwort fällt drastisch aus, denn weil die Autorin genau das macht, werde ihr Roman zum Kitsch. Damit bestreitet Winkels im Grunde die Freiheit der Schriftstellerin Julia Franck, sich auch distanziert zum herrschenden Diskurs zu stellen.

215 Julia Franck: *Rücken an Rücken*. Frankfurt am Main: Fischer 2011.

216 Hubert Winkels: Geisterbahn DDR. In: *Die Zeit*, 06.11.2011. http://www.zeit.de/2011/45/L-B-Franck/komplettansicht (Zugriff am 06.11.2014). Alle Zitate stammen im Folgenden aus diesem Artikel.

Franck selbst arbeite mit „den genuinen literarischen Mitteln des Kitsches", und auch dieses Urteil Winkels wirft Fragen auf: Wieso setzt Franck den Kitsch als literarisches Mittel ein, wenn das bedeute, dass sie damit keine Literatur mehr verfasst? Die Liste der Vorwürfe an den Roman scheinen nur auf den ersten Blick auf die eingesetzten literarischen Mittel zu zielen. Bei genauerer Betrachtung offenbaren ‚süßer' und ‚saurer' Kitsch, Klischee, Übertreibung, ‚Extremismus' und grauenhafte Dramaturgie ihren Charakter als Werturteile. Dass Winkels auf Grundlage außer-ästhetischer Maßstäbe die Qualität und Eigenschaft von Literatur beurteilt, wird an den fehlenden Beweisen für die literarische Natur des Kitschs deutlich: Ohne überhaupt erklären zu müssen, was den Kitsch letztlich stilistisch auszeichnet, gibt Winkels seinem Urteil mit den Attributen ‚süß' und ‚sauer' eine vermeintlich genauere Bestimmung. Dass es sich um Kitsch handele, wird nicht an der Literatur selbst bewiesen, sondern einfach behauptet. Letztlich wird in Winkels Angriffen eines umso deutlicher: Dass Franck gegen sein Gebot und damit gegen die Gebote der Literatur selbst verstößt, soll Konsequenz ihrer mangelnden literarischen Qualität und nicht dem parteilichen Urteil des Rezensenten geschuldet sein.
Im weiteren Artikel dann widmet sich Winkels den konkreten Inhalten des Romans:

> Hier muss man schon einmal innehalten, um festzustellen, dass in solcher knochentrockenen erzählerischen Abbreviatur der inszenierte personale Zusammenhang zwischen KZ-Opfer und Kinderschänder schmerzhaft ist. Schändlich geradezu, um es im moralisierenden Ton zu sagen. Dieser literarische Schachzug zur Erzeugung historischer Bedeutung und Bedeutsamkeit ist selbst ein Missbrauch von Geschichte und Erinnerungskultur. Derart unlauter hat sich der Wille zur gehobenen Unterhaltung selten offenbart.
> Doch es geht weiter, und wir kommen dem strukturellen Problem der Erzählung näher: Der Missbrauchsfortsetzer, der Untermieter, entpuppt sich als übler Stasi-Scherge, ja als Systemverkörperung. Er ist seitenweise sexuell aktiv, mit stinkendem Alkoholatem, gelben Zähnen, gichtigen Fingern, morbide, hässlich, drohend, dumpf, gewaltsam, wobei die gehäuft kitschigen sprachlichen Denunziationsmittel weit übler aufstoßen als diese lächerliche Hülle eines üblen Agenten des Systems: Hier, will das sagen, vergewaltigt die Stasi noch selbst, so anmutig wie eine mythisierte Geisterbahnfigur.

Gegen die Figuren und den Inhalt des Romans spreche offen die politische Wirklichkeit der neuen Bundesrepublik. Weil es ein „Missbrauch von Geschichte und Erinnerungskultur" sei, dürfe man KZ-Opfer nicht ihrerseits als Täter – der Roman inszeniert hier die Figur des Kinderschänders – darstellen. Damit lade man die Geschichte mit einer Bedeutung auf, die sie nicht habe, und offenbare in der erzählerischen Verkürzung eine falsche schriftstellerische Haltung. Auch die Staatssicherheit werde falsch dargestellt. Weil der Stasi-Charakter als „Systemverkörperung" nicht glaubhaft als Böses inszeniert werde und die „Denunziationsmittel“ versagten, verkomme die Figur zur „mythisierte[n] Geisterbahnfigur“. Damit seien alle literarischen Mittel der Darstellung dieser Figur Kitsch und verwiesen auf ein „strukturelle[s] Problem“ des Romans. Kitsch wird die Literatur demnach, wenn sie die ehemals Schrecken verbreitende Staatssicherheit als Lächerlichkeit inszeniert und mit der „Systemverkörperung“ gleichzeitig die Notwendigkeit des Endes der DDR leugnet. So schließt der Rezensent:

> Alles in diesem erzählerischen Prozess ist symbolistisch überhöht, überzeichnet, überinszeniert. Es gibt kein gelassenes, kein wie zufälliges, kein auch nur annähernd an irgendeine Realität erinnerndes Wort. Und dabei dreht sich der Roman wesentlich um das Jahr 1961, um das Datum des 13. August, den Tag des Mauerbaus, an dem die Körper der Ostdeutschen geopolitisch fixiert wurden.
> Julia Franck, die 1970 in Ost-Berlin geboren wurde und acht Jahre ihres Lebens in der DDR verbracht hat und die auch schon einmal wach und warm und lebendig erzählen konnte, erzählt nun von den sechziger Jahren der DDR wie von einem historisierenden Märchen aztekischer Provenienz, mit Figuren, entrückt wie Cortés, Konstantin oder Kaiser Wilhelm. Das ist Kunsthandwerk der sprödesten und ödesten Art.

Dass der Roman sich nicht auf ‚die Realität‘ beziehe, spreche gegen ihn als Fiktion. Mit der Verpflichtung auf die Realität fordert Winkels allerdings kein realistischeres Erzählen, sondern den richtigen Bezug auf eine legitime Deutung der DDR. Der Tag, an dem „die Körper der Ostdeutschen geopolitisch fixiert wurden“, könne nicht als Märchen erzählt werden, mit entrückten Figuren und kaltem Abstand. Dies laufe der politischen Bedeutung des Mauerbaus entgegen. So habe man es bei Francks Roman also nicht mit Kunst, sondern mit schlecht gemachtem Kunsthandwerk zu tun. Literatur, die die DDR-Geschichte nicht als lebendige Epoche des Schreckens erzähle, die einerseits ganz nah an der Gegenwart ist, andererseits notwendigerweise beendet wurde, wird mit dem Kitsch-Vorwurf als Literatur zurückgewiesen.

Fazit

Dass auch ein Vierteljahrhundert nach dem Literaturstreit die Literatur an Maßstäben gemessen wird, die bereits im Streit von 1990 Anwendung finden und diesen letztlich dominieren, ist das Ergebnis der exemplarischen Analysen. Zu erkennen ist auch, dass diese Maßstäbe nicht mehr nur für die sogenannten Staatsdichter_innen der DDR oder für westdeutsche Vertreter_innen der engagierten Literatur gelten. Damit werden nicht nur die langfristigen Folgen des Literaturstreits deutlich, sichtbar wird auch, dass die Kritik an der linken Literatur verallgemeinert und für das gesamte literarische Feld verbindlich gemacht wird.

Der Kritik an der Literatur und dem Vorwurf des Kitschs liegen folgende Deutungsmuster zugrunde: Zum einen ist eine Literatur, die sich der DDR gegenüber als unkritisch oder gar wohlwollend zeigt, zweifelhafte Literatur. Aus der Dienstfertigkeit der Autor_innen für die DDR folgt, wie noch 1990, ihre fehlende literarische Qualität. Weil Harry Thürk „DDR-Propagandist" sei, weil er in der DDR und darüber hinaus in Ostdeutschland erfolgreich ist, weil er der DDR als Sprachrohr dient, klassenkämpferische Ansichten, eine prosowjetische Haltung und ein veraltetes Frauenbild vertritt, wird seinen Werken der Status des Literarischen entzogen und die Werke selbst werden zu Kitsch erklärt. Doch nicht nur DDR-Autor_innen werden angegriffen. Einer ganzen Reihe von Autor_innen, die die DDR nur als Kinder oder gar nicht erlebten und sich allzu versöhnlich dem Thema DDR widmen, wird kritisch begegnet. In der Gesamtschau der Vorwürfe und ihres Gehalts zeigt sich ein Panorama des Scheiterns der Literatur. Literatur, die die DDR nicht als Vergangenheit inszeniert, die für die Gegenwart keine Rolle mehr spielt, scheitert. Der Vorwurf gegen die Romane und Erzählungen, sie transformieren das Böse der DDR in entfernte vor-zivilisatorische und vor-christliche, in mythische und märchenhafte Zeiten, findet sich überraschenderweise durchgängig. Literatur, die den Schrecken des DDR-Regimes mit einer literarischen Konstruktion wie einer tragischen Liebe verschlüsselt und damit relativiert, scheitert ebenfalls. Gelungene Literatur stelle die Unmenschlichkeit der Stasi heraus und übersetze die Verderbtheit des Regimes in lebendige und glaubwürdige literarische Formen. Sie führe den Horror- und Terrorstaat DDR überzeugend und mit klarer Polemik vor, sie inszeniere die politischen Abgründe als politische *und* private Ungeheuerlichkeiten des Systems und stehe damit prinzipiell abrechnend zur DDR. Darüber hinaus zeige sie die historische Schuld und das notwendige, von vornherein hoffnungslose Scheitern der DDR und seiner Bürger_innen. Ferner scheitere auch Literatur, die sich kritisch oder polemisch gegen die neue Bundesrepublik stellt. Im Namen ‚der Wirklichkeit' relativiere sich Sozialkritik an der Bundesrepublik vor und nach der Wende. Wer wie F.C. Delius Kapitalismuskritik übe, der mache seine Erzählung zu einfalls- und literaturlosem Kitsch. Legitim ist Kritik an der Berliner Republik nur, wenn sie der Gegenwart gleichzeitig literarisch Sinn verleiht.

Dieses Panorama verdeutlicht sehr eindringlich die Maßstäbe, die der Bewertung von Literatur zugrunde liegen: Es ist die gültige politische Wirklichkeit und der durchgesetzte politische Diskurs zur Gegenwart. Im Kitsch-Vorwurf werden diese Maßstäbe verbindlich angelegt. Literatur, die sich quer zu dieser Wirklichkeit stellt, scheitere als Literatur nicht an politischen, sondern an ästhetischen Maßstäben. Auf diese Art und Weise wird die Kunst in den exemplarisch analysierten Artikeln vehement und nachdrücklich des Feldes der Literatur verwiesen. Letztlich zeigen die Artikel, dass es sich bei den Kitsch-Urteilen zwar immer auch um eine subjektive Anwendung der Maßstäbe handelt. Beispielsweise lobt Wiebke Porombka in ihrer Rezension über Antje Ravic Strubel kontrastierend die Autorin Angelika Klüssendorf für ihr gelungenes Erzählen, wohingegen Gabriele Killert der Autorin in ihrer Rezension Kitsch vorwirft. Unabhängig aber von der individuellen Anklage, herrscht über die Grundlagen für die Bewertung der Literatur als Kitsch Konsens. Damit wird deutlich, dass die Beräumung des Feldes der Literatur einheitlichen und damit verbindlichen Maßstäben folgt. Das linke Engagement, die kritische Haltung gegenüber der politischen Wirklichkeit sowie das utopische und emanzipatorische Potenzial in der Literatur wurden nach der Wende in und mit der Literaturkritik nachhaltig in Frage gestellt. Mit dem Literaturstreit haben sich Maßstäbe der Bewertung etabliert und durchgesetzt, die Literatur, die sich quer zur politischen Wirklichkeit stellt, als gescheitert erklärt. Damit ist die Literatur letztlich darauf verwiesen, ihr Maß nicht an einem literarischen Gegenstand, sondern an den außerliterarischen Kriterien eines politischen Ordnungswesens zu finden.

V.
Die Ausweisung des Kitschs im Zeichen einer neuen kulturellen Identität – Ein abschließendes Resümee

Mit dem Systemumbruch 1989/90 setzt sich auch ein neues Kulturverständnis der Bundesrepublik durch. Einerseits begreift die Mehrheit der Politiker_innen, Journalist_innen, Künstler_innen und Intellektuellen die Kultur nach der Wende nicht einfach nur als schönen Schmuck, sondern spricht ihr eine nationale Rolle zu. Sie soll die Kraft sein, die zu einer neuen gesamtdeutschen Identität beiträgt, und die Nation, auch in Zeiten der Krise, eint. Gleichzeitig kann man nach der Wende vielfach rigoros geführte Auseinandersetzungen darüber verfolgen, dass Kunst und Kultur aus der DDR neu bewertet werden müssen. Der deutsch-deutsche Literaturstreit ist in seiner ersten Phase paradigmatisch für diese Neubewertung. Autor_innen und Literatur aus der DDR stehen 1990/91 im Verdacht, den DDR-Sozialismus nicht nur gewürdigt, sondern erhalten zu haben, und so wird ihnen generell jede literarische Qualität aberkannt. Wie sieht der Bezug dieser beiden Phänomene der Nachwendezeit aufeinander aus? Kunst und Kultur werden nach der Wende nach außer-ästhetischen Maßstäben und zwar danach bewertet, ob und wie sie zum Nationalbewusstsein beitragen können. In und mit dem Kulturkampf wird für die Ausrichtung der Kultur auf die nationale Gemeinschaft gestritten. In diesem Kampf, auch das wird deutlich, ist der Kitsch-Vorwurf eine der bevorzugten rhetorischen Waffen.

In dieser Studie standen Verfahren und Inhalt der Kitsch-Urteile in den Debatten zur Prüfung. Ihre theoretische Untersuchung und Analyse hat geklärt, auf welche Art und Weise und auf Grundlage welcher Maßstäbe die Kunst und Kultur aus der und über die DDR nach der Wende beurteilt werden. Von

Interesse sind diese Fragen, weil sowohl die (Identitäts-)Forschung eine Leerstelle bezüglich der Fragen des Inhalts und der Vermittlung einer neuen kulturnationalen Identität nach 1989 lässt als auch die Kitsch-Forschung bisher größtenteils die außer-ästhetischen Maßstäbe des Urteils vernachlässigt.
Die Untersuchung des rhetorischen Verfahrens der Debatten, des Kitsch-Urteils, weist zunächst einmal über die Debatten der Wende hinaus, ist es doch als ästhetische Kategorie viel älter als diese Auseinandersetzungen. Die Schwierigkeit der theoretischen Perspektive besteht darin, die beiden Seiten des Kitschs – seine ästhetische Seite und seinen Charakter als Mittel der Abrechnung mit (Hoch-)Kultur – zusammenzubringen. Daher hebt die theoretische Auseinandersetzung die Bedeutung des Wahrnehmungs- und Urteilsverfahrens hervor. Schon auf dieser Ebene stellt sich die Studie in gewisser Weise quer zu den gängigen Les- und Interpretationsarten des Kitschs. In der Kitsch-Forschung ist man sich einig, dass der Kitsch ein koboldhaftes Wesen besitze, das ihn folglich unmöglich auf nur eine einzige inhaltliche Ausrichtung – wie in den hier untersuchten Abrechnungsdebatten – verpflichten konnte. Man verortet das Phänomen in der Kitsch-Forschung im künstlerischen Objekt, in der Produktion und Rezeption sowie letztlich auch in einem funktionalen gesellschaftlichen Zusammenhang. Demgegenüber setzt die Studie dort an, wo jüngere Forschungsergebnisse den Kitsch aus dieser Bindung an Objekt, Person und Produktion lösen und ihn als diskursives Phänomen beschreiben. Die Untersuchung zeigt, dass die meisten wissenschaftlichen Kitsch-Bestimmungen, zumal die der Nachkriegszeit, in Schwierigkeiten bei einer Definition des Kitschs geraten, weil ihnen ein instrumentelles Interesse am Kitsch zugrunde liegt und sie daher das Kitsch-Verfahren anwenden, statt es zu analysieren. Im Ergebnis sind jene Bestimmungen, die den Kitsch als sachlich-ästhetische Eigenschaft fassen, theoretisch nicht belastbar, so dass die begriffliche Erklärung des Phänomens das Wahrnehmungs- und Urteilsverfahren ins Zentrum rücken muss. Die Untersuchung widmet sich daher den Grundlagen des Kitsch-Verfahrens und zeigt, dass dem ästhetischen Urteil ‚Kitsch' neben ästhetischen vor allem außer-ästhetische Überzeugungen zugrunde liegen. Es sind die politischen, ökonomischen, religiösen, ethischen und moralischen Vorstellungen, die der Kitsch als ästhetisches Urteil ausdrückt. Dieses Urteilsverfahren hat im Hinblick auf die Gültigkeit des Urteils eine entscheidende Besonderheit. Mit dem Kitsch-Urteil stellt man sich nicht einfach neben eine konkurrierende Welt- und Kunstauffassung, sondern bestreitet ihre Legitimität. Mit der Behauptung rein ästhetischer Maßstäbe verschleiert das Kitsch-Verfahren die Grundlagen seines Urteils und bietet sich daher als Instrument im Kampf um Deutungshoheit über weltanschauliche Fragen an. Der sprichwörtlich

gewordene gute schlechte Geschmack und das ironische Spiel mit dem Kitsch, so das Zwischenergebnis der Arbeit, relativieren diesen normativen Charakter des Verfahrens nicht. Es erweisen sich auch aus theoretischer Sicht solche Orte als das bevorzugte Einsatzgebiet des Kitsch-Urteils, an denen sich die Konkurrenz politischer, ökonomischer und kultureller Vorstellungen zuspitzt. In der Umbruchthese nach Dettmar und Küpper wird deutlich,[1] dass der Kitsch vorzugsweise in Zeiten fundamentaler gesellschaftlicher Umbrüche und allgemeiner gesellschaftlicher Krisen als Vorwurf zum Einsatz kommt.

Damit ist eine Theorie des Kitschs formuliert, die die Normativität des Verfahrens und seine Natur als diskursive Waffe festhält. Deutlich wird, dass sich das, was als Kitsch bezeichnet wird, je nach Überzeugung der Sprecher_innen in seiner inhaltlichen Ausrichtung verändert – also oberflächlich betrachtet und bildlich gesprochen sich ‚koboldhaft' wandelt – und gleichzeitig aber ganze Debatten inhaltlich dominieren kann, nämlich dann, wenn dem Kitsch-Urteil eine allgemeinverbindliche Weltanschauung zugrunde liegt.

Ein solcher weltanschaulicher Konsens wird in der Analyse der Debatten um Ostalgie und den Schlossplatz, des Weimarer Bilderstreits und der anhaltenden Wirkungen des deutsch-deutschen Literaturstreits sichtbar. Die Vorstellung von (Hoch-)Kultur als erste und höchste nationale Kraft zur Herstellung der deutschen Einheit, die Vorstellung, dass Kultur das ist, was die Identifikation mit der Nation erst eigentlich ermöglicht und den Inhalt der nationalen Identität ausmacht, findet sich in den untersuchten Debatten durchgehend wieder. Mit diesem Maßstab werden die Bereiche der Literatur, der Bildenden Kunst, der Architektur, sowie Alltags- und Populärkultur nach der Wende durchgemustert und beurteilt. Es zeigt sich an jedem der untersuchten Diskurse, dass dieser Erwartungshaltung an die benannten Felder der Kultur keine diskursiven Verhandlungsspielräume eingeräumt werden, denn was die neuen Maßstäbe nicht erfüllt und zustimmend zur neuen politischen Wirklichkeit steht, wird als Kitsch ausgewiesen. In und mit dem Kitsch muss für diese Bewertung nicht mehr inhaltlich argumentiert werden.

In der Debatte um Ostalgie wird die ostdeutsche Alltags-, Konsum- und Populärkultur verabschiedet. Ihr wird von den Autor_innen vorgehalten, den DDR-Alltag sentimental zu verklären und darüber eine Ost-Identität zu ermöglichen. Mit dem Kitsch- und Ostalgie-Vorwurf bestreitet man ihre Daseinsberechtigung. In der Debatte um den Schlossplatz fordern die Autor_innen die Identifikation mit der Nation anhand höchster nationaler Symbole. Während die Diskursbeiträge mehrheitlich der Schlossrekonstruktion zutrauen,

1 Dettmar / Küpper: Kitsch als Kabinettstück.

ein solches Bekenntnis zu stiften, weisen sie den Palast der Republik als DDR-Architektur zurück und verwerfen ihn als minderwertige Architektur und damit als Symbol der neuen Bundesrepublik. Im Streit um die Weimarer Ausstellung *Offiziell und Inoffiziell – Die Kunst der DDR* verweisen alle untersuchten Beiträge meist große Teile der Bildenden Kunst der DDR des Feldes der Kunst im vereinigten Deutschland. Mit der Begründung, dass die Kunst als Staatskunst unfrei sei und damit keine Kunst im eigentlichen Sinn, wird sie zum antimodernen Kitsch erklärt. Im Literaturstreit verweisen Autor_innen, allen voran Schirrmacher, Greiner und Bohrer, die Literatur aus der DDR, die man bis zur Wende auch im Westen schätzte, ihres Platzes und später dann auch die linke engagierte Literatur aus dem Westteil der Republik. Die Studie ergibt, dass die Maßstäbe, die sich im Literaturstreit durchsetzten, auch ein Vierteljahrhundert nach dem Streit und nun für das gesamte literarische Feld gelten. Kunst, die kritisch-polemisch zur neuen Bundesrepublik steht oder die DDR nicht als Projekt des Scheiterns zeigt, weise sich selbst als ästhetisches Klischee aus.

Alle vier Bereiche des Kulturkampfs ergeben ein in gewisser Hinsicht überraschendes Panorama: In Zeiten einer allgemein ausgerufenen Beruhigung in Geschmacksfragen, einer Grenzauflösung von ‚high' und ‚low' und eines ironischen Spiels mit dem Kitsch sowie eines grundlegend in Frage gestellten normativen Kunstbegriffs beharren die Meinungsbildner_innen in den feuilletonistischen Debatten, wenn es um die DDR und ihre kulturelle Hinterlassenschaft geht, auf einem normativen Charakter der Kultur. Sie verpflichten Alltags- und Populärkultur, Bildende Kunst, Literatur und Architektur ex negativo auf einen Wertekanon, der sich an den politischen Prinzipien der neuen Republik auszurichten hat: Die Werte der DDR als anti-demokratischer Staat haben in der Kunst nach der Wende keinen Platz. Die anfänglich so libertär scheinende Einstellung zum Kitsch bekommt mit dem Inhalt der Aufarbeitung der DDR einen hegemonialen Charakter. Damit ist die Funktion von (Hoch-)Kultur, nach der Wende Identität zu stiften und die Vorstellung der nationalen Einheit zu vermitteln, nicht mehr verhandelbar. Mit diesem verbindlichen Selbstverständnis der Kulturnation, das die Kulturstaatsminister_innen beispielhaft formulieren, werden Werke, die nach der Wende verdächtigt werden, quer zu einem gesamtdeutschen Nationalbewusstsein zu stehen, als Kunst und Alltagskultur verworfen. Dabei sind offenbar alle Bereiche des kulturellen Feldes Gegenstand der Prüfung und Abrechnung. Im Ergebnis bleiben nach dem Ausweisungskampf nur solche Produkte der (Hoch-)Kultur legitim, die sich affirmativ auf die politische Wirklichkeit in der neuen Bundesrepublik beziehen. Damit kommt die übrig gebliebene Kunst und (Hoch-)Kultur der neuen Bundesrepublik also tatsächlich ihrer nationalen Berufung ein ganzes Stück weit nach: Bereinigt von den konkurrierenden sozialistischen Werten, bringt sie die Werte der neuen Bundesrepublik zur Anschauung. Zur Durchsetzung dieses kulturnationalen Selbstverständnisses als ein alternativlos gültiges trägt die Identifikation und Verbannung des vermeintlichen Kitschs im feuilletonistischen Kulturkampf also wesentlich bei. Die Ausweisung des Kitschs ist neben anderen national-diskursiven Auseinandersetzungen[2] eine Strategie, mit der die Renationalisierung von Kunst und Kultur nach 1989 betrieben wird. Kunst, Alltags- und Populärkultur sollen sich in den untersuchten Debatten am Maßstab einer nationalen Identität und Integration ausrichten und ihre Fähigkeiten zur nationalen Sinnstiftung unter Beweis stellen – oder sie werden von der Öffentlichkeit kritisiert, bekämpft und als verfehlt zurückgewiesen.

Als Beitrag zur Literaturwissenschaft, dort wo sie sich mit der Ästhetiktheorie überschneidet, ist es erklärte Absicht der Studie, vermeintlich ästhetische Urteile deutlicher ihren außer-ästhetischen Maßstäben zuzuordnen und so sensibler gegenüber den eigenen theoretischen Instrumenten zu werden. Denn der Kitsch-Befund steht nach wie vor im Ruf, dezidiert auf eine ästhetische Eigenschaft der Literatur zu verweisen. Die Studie beabsichtigt, diesen Nexus von objektiver Eigenschaft der Literatur bzw. ihrer Rezeption und außer-ästhetischem Maßstab einer sachlichen Prüfung zu unterziehen. Zur Debatte steht im Kitsch-Vorwurf das fehlende oder falsche Bedeutungs- und

2 Zwei Untersuchungen des literarischen Feldes, die zu ähnlichen Befunden kommen, sollen hierfür exemplarisch angeführt werden. Zum einen wird an der deutsch-türkischen Literatur der zweiten und dritten Einwander_innen-Generation nachgewiesen, dass sie einem machtvollen Einwanderungs- und Integrationsdiskurs und damit politischen Maßstäben ausgesetzt ist. Die interkulturelle Literatur arbeitet sich an jenen normativen Maßstäben des Diskurses und der Politik bezüglich einer kulturellen Identität ab, die keine Parallelgesellschaften duldet und vehement eine Integration in die deutsche Gesellschaft fordert. Sie spielt diese Diskurse in explizitem Bezug auf deren nationalkulturelle Ansprüche an die betroffenen Subjekte auf je verschiedene Art und Weise ästhetisch durch und bekräftigt so auch immer wieder literarisch die Wirkmacht dieser Diskurse. (Vgl. Elste: *Von der Migration zur Integration*, S. 313–321.) Eine zweite Studie geht der Renationalisierung anhand der sogenannten Popliteratur der 1990er Jahre nach. Die Untersuchung zeigt, dass nach der Verabschiedung der engagierten Literatur, die Popliteratur in den Feuilletons als Epochenphänomen und ästhetisches Programm einer neuen Haltung zur Bundesrepublik begrüßt wird. Auch an die Popliteratur werden nationale Maßstäbe angelegt, sie soll das neue kulturnationale Selbstbild literarisch in Szene setzen, erweist sich jedoch als wenig nützlich in der Konstruktion neuer „Nationalnarrative". An dem kulturnationalen Anspruch an die Literatur im Allgemeinen und die Popliteratur im Besonderen nimmt dieses Scheitern indes nichts zurück. (Vgl. Anett Krause: *Die Geburt der Popliteratur aus dem Geiste ihrer Debatte. Elemente einer Epochenkonstruktion im Normalisierungsdiskurs nach 1989*. St. Ingbert: Röhrig 2015, S. 253–258.)

Sinnangebot der Literatur. Mit der Analyse der Nachwendedebatten soll die Bandbreite der gesellschaftlich gültig gemachten Bewertungskriterien für gelungene Sinnstiftung durch Literatur sowie ihre konkreten historischen Bedingungen deutlich gemacht werden. Es sind solche Kriterien, die überraschenderweise selbst dem subjektiven Verständnis- und Bildungshorizont des Lesers vorgelagert sind, auf den in der literaturwissenschaftlichen Rezeptionstheorie sonst so viel Wert gelegt wird. So rückt die Analyse des Phänomens Kitsch auch in der Sphäre der Literaturrezeption die vermeintlich selbsterklärenden Urteile in ein kritisches Licht.

Darüber hinaus will die Studie anregen, nationale Lesarten der Literatur, die sich im Kitsch-Vorwurf und seinen Diskursen niederschlagen, als mediale Konstruktionen zu hinterfragen – als mediale Konstruktionen, die einerseits den Charakter einer Herstellung gesellschaftlicher Wirklichkeit haben, andererseits immer auf eine bereits existierende gesellschaftliche Wirklichkeit reflektieren und einer gültig gemachten politischen Agenda folgen. An die Ergebnisse der Studie anschließend, bleibt zu wünschen, diese national-normativen Lesarten der Literatur wieder stärker mit einer Analyse der Inhalte von Literatur selbst zu überschreiben, also Texte in den Mittelpunkt zu stellen, die in der Tat oft vielschichtiger und facettenreicher sind, als es deren mediale Besprechung suggeriert.

Bibliografie

Adorno, Theodor W.: *Jargon der Eigentlichkeit. Zur deutschen Ideologie.* Frankfurt am Main: Suhrkamp 1964.

—: *Ästhetische Theorie.* Frankfurt am Main: Suhrkamp 1981.

Ahbe, Thomas: Ostalgie als eine Laien-Praxis in Ostdeutschland. Ursachen, psychische und politische Dimensionen. In: Heiner Timmermann (Hrsg.): *Die DDR in Deutschland. Ein Rückblick auf 50 Jahre.* Berlin: Duncker & Humblot 2001, S. 781–802.

Amend, Christoph: Was guckst du? In: *Die Zeit,* 10.03.2005. http://www.zeit.de/2005/11/Titel_2fUnterschicht_11/komplettansicht (Zugriff am 13.02.2015).

Angermuller, Johannes: Einleitung. Diskursforschung als Theorie und Analyse. In: Ders. et al. (Hrsg.): *Diskursforschung. Ein interdisziplinäres Handbuch,* Bd. 1: Theorien, Methodologien und Kontroversen. Bielefeld: Transcript 2014, S. 16–38.

Anz, Thomas: Einleitung. In: Ders. (Hrsg.): *„Es geht nicht um Christa Wolf". Der Literaturstreit im vereinigten Deutschland.* Frankfurt am Main: Fischer 1995, S. 9–28.

Apin, Nina: Die Locken des Preußenlöwen. In: *taz,* 22.10.2011. http://www.taz.de/!80417 (Zugriff am 12.11.2014).

Assheuer, Thomas: Berliner Idyllen. Von der Bundeskultur zur Staatskultur? Fragen an Michael Naumann. In: *Die Zeit,* 16.11.2000. http://www.zeit.de/2000/47/200047_foerderalismus.xml (Zugriff am 19.07.2015).

Attfield, Judy: Redefining Kitsch: The Politics of Design. In: *Home Cultures. The Journal of Architecture, Design and Domestic Space* 3,3 (2006), S 201–212.

Augstein, Rudolf: Berlin? Berlin. In: *Der Spiegel,* 24.06.1991, S. 21.

Babuscio, Jack: The Cinema of Camp (aka Camp and the Gay Sensibility). In: Fabio Cleto (Hrsg.): *Camp: Queer Aesthetics and the Performing Subject.* Michigan: University of Michigan Press 2002, S. 117–135.

Bahners, Patrick: Berlins Stadtschloss. Von der Lust, ein Bürger zu sein. In: *Frankfurter Allgemeine Zeitung,* 06.07.2007. http://www.faz.net/aktuell/politik/berlins-stadtschloss-von-der-lust-ein-buerger-zu-sein-1458298.html (Zugriff am 19.09.2014).

Beaucamp, Eduard: Der deutsch-deutsche Bilderstreit – nicht nur ein Rückblick. In: Karl-Siegbert Rehberg / Paul Kaiser (Hrsg.): *Bilderstreit und Gesellschaftsumbruch. Die Debatten um die Kunst aus der DDR im Prozess der deutschen Wiedervereinigung.* Berlin / Kassel: B & S Siebenhaar 2013, S. 110–125.

Becker, Thomas: Einleitung. In: Ders. (Hrsg.): *Ästhetische Erfahrung der Intermedialität. Zum Transfer künstlerischer Avantgarden und ‚illegitimer' Kunst im Zeitalter von Massenkommunikation und Internet.* Bielefeld: Transcript 2011, S. 7–32.

Bergem, Wolfgang: *Identitätsformationen in Deutschland.* Wiesbaden: VS 2005.

Bergman, David: Introduction. In: Ders. (Hrsg.): *Camp Grounds. Style and Homosexuality.* Amherst: University of Massachusetts Press 1993, S. 3–16.

Best, Otto F.: *Der weinende Leser. Kitsch als Tröstung, Droge und teuflische Verführung.* Frankfurt am Main: Fischer 1985.

Besucherbuch zu Teil III der Ausstellung „Aufstieg und Fall der Moderne". In: Kunstsammlungen zu Weimar (Hrsg.): *Der Weimarer Bilderstreit. Szenen einer Ausstellung.* Weimar: VDG 2000, S. 39–115.

Biermann, Wolf: Der Lichtblick im gräßlichen Fatalismus der Geschichte. In: *Die Zeit*, 29.10.1991. http://www.zeit.de/1991/44/der-lichtblick-im-graesslichen-fatalismus-der-geschichte (Zugriff am 15.07.2015).

—: Laß, o Welt, o laß mich sein! Rede zum Eduard-Mörike-Preis. In: *Die Zeit*, 15.11.1991. http://www.zeit.de/1991/47/lass-o-welt-o-lass-mich-sein (Zugriff am 15.07.2015).

Binder, Beate: *Streitfall Stadtmitte. Der Berliner Schloßplatz*. Köln / Weimar / Wien: Böhlau 2009.

Binkley, Sam: Kitsch as a Repetitive System. A Problem for the Theory of Taste Hierarchy. In: *Journal of Material Culture* 5,2 (2000), S. 131–152.

Birkholz, Tim: *„Schloss mit der Debatte!"? Die Zwischennutzung im Palast der Republik im Kontext der Schlossplatzdebatte*. Berlin: Universitätsverlag der TU Berlin 2008.

Albus, Volker / Karen Bofinger / Rainer Funke / Claus Richter: Invertiert! Der Kitsch und das Böse. In: Karen Bofinger (Hrsg.): *Die böse Form. Design an der Grenze des guten Geschmacks*. Basel: Birkhäuser 2012, S. 22–30.

Bohrer, Karl Heinz: Kulturschutzgebiet DDR? In: *Merkur. Deutsche Zeitschrift für europäisches Denken* 500 (1990), S. 1015–1018.

Bourdieu, Pierre: *Die feinen Unterschiede. Kritik der gesellschaftlichen Urteilskraft*. Frankfurt am Main: Suhrkamp 1997.

—: *Die Regeln der Kunst. Genese und Struktur des literarischen Feldes*. Frankfurt am Main: Suhrkamp 2001.

Braungart Wolfgang: Kleine Apologie des Kitsches. In: *Sprache und Literatur in Wissenschaft und Unterricht* 79 (1997), S. 3–17.

—: Kitsch. Faszination und Herausforderung des Banalen und Trivialen. Einige verstreute Anmerkungen zur Einführung. In: Ders. (Hrsg.): *Kitsch. Faszination und Herausforderung des Banalen und Trivialen*. Tübingen: Niemeyer 2002, S. 1–24.

Broch, Hermann: Einige Bemerkungen zum Problem des Kitsches. Ein Vortrag. In: Ders.: *Essays*, hrsg. v. Hannah Arendt. Zürich: Rhein 1955, S. 295–309.

Broder, Henryk M.: Wir lieben die Heimat. In: *Der Spiegel*, 03.07.1995, S. 54–64.

Brokopf, Ellen: *Schreiben als kultureller Widerstand. Die 2. Generation in der Migration am Beispiel von zwei autobiographischen Romanen aus Deutschland und Frankreich*. Berlin: Lit 2008.

Brussig, Thomas: Klaviatur des Sadismus. In: *Süddeutsche Zeitung*, 21.03.2006, S. 13.

Brzyski, Anna: Art, Kitsch, and Art History. In: Monica Kjellman-Chapin (Hrsg.): *Kitsch: History, Theory, Practice*. Newcastle upon Tyne: Cambridge Scholars 2013, S. 1–18.

Bublitz, Hannelore: *Diskurs*. Bielefeld: Transcript 2003.

Bürger, Christa: Einleitung: Die Dichotomisierung von hoher und niederer Literatur. Eine Problemskizze. In: Peter Bürger / Jochen Schulte-Sasse (Hrsg.): *Zur Dichotomisierung von hoher und niederer Literatur*. Frankfurt am Main: Suhrkamp 1982, S. 9–39.

Burmester. Silke: Knockout mit Folgen. In: *taz*, 23.01.2007, S. 18.

Butler, Judith: *Das Unbehagen der Geschlechter*. Frankfurt am Main: Suhrkamp 1991.

Caborn, Joannah: *Schleichende Wende. Diskurse von Nation und Erinnerung bei der Konstitution der Berliner Republik*. Münster: Unrast 2006.

Călinescu, Matei: *Five Faces of Modernity. Modernism, Avant-Garde, Decadence, Kitsch, Postmodernism*. Durham: Duke UP 1987.

Corino, Karl: Absolution vor der Beichte? (Die Welt vom 02.01.1992). In: Peter Böthig / Klaus Michael (Hrsg.): *MachtSpiele. Literatur und Staatssicherheit im Fokus Prenzlauer Berg*. Leipzig: Reclam 1993, S. 341–347.

Cwojdrak, Günther: Nachwort. In: Ders. (Hrsg.): *Die Kitschpostille*. Berlin: Eulenspiegel 1965, S. 201–211.

Decker, Kerstin: Abbilder. Urbilder. Vorbilder (taz, 07.07.1999). In: Kunstsammlungen zu Weimar (Hrsg.): *Der Weimarer Bilderstreit. Szenen einer Ausstellung*. Weimar: VDG 2000, S. 229–231.

Deiritz Karl: Zur Klärung eines Sachverhalts – Literatur und Staatssicherheit. In: Karl Deiritz / Hannes Krauss (Hrsg.): *Verrat an der Kunst? Rückblicke auf die DDR-Literatur*. Berlin: Aufbau 1993, S. 11–17.

Deiritz, Karl / Hannes Krauss: Vorwort. In: Dies. (Hrsg.): *Verrat an der Kunst? Rückblicke auf die DDR-Literatur*. Berlin: Aufbau 1993, S. 9–10.

Demand, Christian: *Die Beschämung der Philister. Wie sich die Kunst der Kritik entledigte*. Springe: zu Klampen 2003.

Der Konsalik des Ostens. In: *Der Spiegel*, 17.07.1995, S. 154–156.

Dettmar, Ute / Thomas Küpper: Kitsch als Kabinettstück. In: *Be Magazin* 13 (2006) S. 46–56.

—: (Hrsg.): *Kitsch. Texte und Theorien*. Stuttgart: Reclam 2007.

Diesen Mann kann sich Berlin nicht leisten. In: *Berliner Zeitung*, 28.01.1992, S. 11.

Dietze, Gabriele: Die hilflose Wiedervereinigung. Systematische Mißverständnisse west- und ostdeutscher Intelligenz im Fokus der Dichter-Spitzel-Anderson-Debatte. In: Peter Böthig / Klaus Michael (Hrsg.): *MachtSpiele. Literatur und Staatssicherheit im Fokus Prenzlauer Berg*. Leipzig: Reclam 1993, S. 28–36.

Dönhoff, Marion Gräfin: Leitkultur gibt es nicht. In: *Die Zeit*, 09.11.2000. http://www.zeit.de/2000/46/200046_leitkultur.xml (Zugriff am 19.07.2015).

Dorfles, Gillo: *Der Kitsch*. Tübingen: Wasmuth 1969.

Dörner, Andreas / Ludgera Vogt: *Literatursoziologie. Eine Einführung in zentrale Positionen – von Marx bis Bourdieu, von der Systemtheorie bis zu den British Cultural Studies*. Wiesbaden: Springer VS 2013.

Durzak, Manfred: Der Kitsch – seine verschiedenen Aspekte. In: *Der Deutschunterricht. Beiträge zu seiner Praxis und wissenschaftlichen Grundlegung* 1 (1967), S. 93–120.

Ebeling, Knut: Archäologie. In: . Clemens Kammler / Rolf Parr / Ulrich Johannes Schneider (Hrsg.): *Foucault-Handbuch. Leben – Werk – Wirkung*. Stuttgart / Weimar: Metzler 2008, S. 219–221.

Eichstädt-Bohlig, Franziska: Werkstatt der Baukultur, Zukunft Schloßplatz (I): Es darf kein privates Investitionsprojekt werden. In: *Berliner Zeitung*, 14.01.2000. http://www.berliner-zeitung.de/archiv/zukunft-schlossplatz--i---er-darf-kein-privates-investitionsprojekt-werden-werkstatt-derbaukultur,10810590,9757308.html (Zugriff am 19.09. 2014).

Eickelpasch, Rolf; Claudia Rademacher: *Identität*. Bielefeld: Transcript 2004.

Elste, Nico: *Von der Migration zur Integration. Literarische Konstruktionen von Kultur und Kulturkonflikt in der deutsch-türkischen Literatur nach '89*. Dissertation, Martin-Luther-Universität Halle-Wittenberg 2012. http://digital.bibliothek.uni-halle.de/download/pdf/1241748?name=Von%20der%20Migration%20zur%20Intergration (Zugriff am 07.02.2017).

Emmerich, Wolfgang: *Die andere deutsche Literatur. Aufsätze zur Literatur aus der DDR*. Opladen: Westdeutscher Verlag 1994.

Fest, Joachim: Denkmal der Baugeschichte und verlorenen Mitte Berlins. Das Neue Berlin, Schloss oder Parkplatz? Plädoyer für den Wiederaufbau des Schlüterschen Stadtschlosses. In: *Frankfurter Allgemeine Zeitung*, 30.11.1990, S. 35.

Fetzer, Günther: *Wertungsprobleme in der Trivialliteraturforschung*. München: Fink 1980.

Fiedler, Leslie: Überquert die Grenze, schließt den Graben! Über die Postmoderne. In: Wolfgang Welsch (Hrsg.): *Wege aus der Moderne. Schlüsseltexte der Postmoderne-Diskussion.* Weinheim: VCH 1988, S. 57–74.

Foucault, Michel: *Archäologie des Wissens.* Frankfurt am Main: Suhrkamp 1981.

—: *Die Ordnung des Diskurses.* Frankfurt am Main: Fischer 1991.

Friedländer, Saul: *Kitsch und Tod. Der Widerschein des Nazismus.* München / Wien: Hanser 1999.

—: *Nachdenken über den Holocaust.* München: Beck 2007.

Friedrich, Hans-Edwin: Kitsch. In: *Reallexikon der deutschen Literaturwissenschaft,* hrsg. v. Harald Fricke et al. Berlin / New York: de Gruyter, 2000, S. 263–266.

—: Hausgreuel – Massenschund – radikal Böses. Die Karriere des Kitschbegriffes in der ersten Hälfte des 20. Jahrhunderts. In: Wolfgang Braungart (Hrsg.): *Kitsch. Faszination und Herausforderung des Banalen und Trivialen.* Tübingen: Niemeyer 2002, S. 35–58.

Fuchs, Jürgen: Landschaften der Lüge. Jürgen Fuchs über Schriftsteller im Stasi-Netz (I): Der „Operative Vorgang" Fuchs. In: *Der Spiegel,* 18.11.1991, S. 280–291; 25.11.1991, S. 72–90; 02.12.1991, 94–108.

Fuller, Gregory: *Kitsch-Art. Wie Kitsch zur Kunst wird.* Köln: DuMont 1992.

Gelfert, Hans-Dieter: *Was ist Kitsch?* Göttingen: Vandenhoeck & Ruprecht 2000.

Genz, Julia: *Diskurse der Wertung. Banalität, Trivialität, Kitsch.* München: Fink 2011.

Gerhard, Ute / Jürgen Link / Rolf Parr: Interdiskurs, reintegrierender. In: *Metzler-Lexikon Literatur- und Kulturtheorie. Ansätze – Personen – Grundbegriffe,* hrsg. v. Ansgar Nünning. Stuttgart / Weimar: Metzler 2004, S. 293–294.

—: Diskurs und Diskurstheorien. In: Ebd., S. 117–120.

Giesz, Ludwig: *Phänomenologie des Kitsches. Ein Beitrag zur anthropologischen Ästhetik.* Heidelberg: Rothe 1960.

Glaser, Curt: Vom süßen und vom sauren Kitsch. In: *Almanach des Verlages Bruno Cassirer.* Berlin: Cassirer 1920, S. 84–95.

Gnam, Andrea: Allein in Erichs Lampenladen. In: *Süddeutsche Zeitung,* 22.09.2011, S. 14.

Götz, Irene: *Deutsche Identitäten. Die Wiederentdeckung des Nationalen nach 1989.* Köln / Weimar / Wien: Böhlau 2011.

Goudin-Steinmann, Elisa; Carola Hähnel-Mesnard: Erinnerung, Narration und Identität: das kulturelle Gedächtnis der Ostdeutschen. In: Dies. / Carola Hähnel-Mesnard (Hrsg): *Ostdeutsche Erinnerungsdiskurse nach 1989. Narrative kulturelle Identität.* Berlin: Frank & Timme 2013, S. 11–26.

Greenberg, Clement: Avant-Garde and Kitsch. In: *Partisan Review* 6 (1939), S. 34–49.

Greiner, Ulrich: Die deutsche Gesinnungsästhetik. Noch einmal: Christa Wolf und der deutsche Literaturstreit. Eine Zwischenbilanz. In: *Die Zeit,* 02.11.1990. http://www.zeit.de/1990/45/die-deutsche-gesinnungsaesthetik/komplettansicht (Zugriff am 08.10.2014).

Gros, Jürgen: Wirtschaft. In: Werner Weidenfeld / Karl-Rudolf Korte (Hrsg.): *Handbuch zur deutschen Einheit 1949 – 1989 – 1999.* Frankfurt am Main / New York: Campus 1999, S. 847–862.

Grub, Frank Thomas: *‚Wende' und ‚Einheit' im Spiegel der deutschsprachigen Literatur. Ein Handbuch,* Bd. 1: Untersuchungen. Berlin / New York: Walter de Gruyter 2003.

Gruber, Bettina / Rolf Parr: Linker Kitsch? Zur Einleitung. In: Dies. (Hrsg.): *Linker Kitsch. Bekenntnisse – Ikonen – Gesamtkunstwerke.* Paderborn: Fink 2015, S. 7–16.

Grütters, Monika: Rede von Kulturstaatsministerin Grütters zum 8. Kulturpolitischen Bundeskongress „Kultur. Macht. Einheit?" der Kulturpolitischen Gesellschaft. http://www.bundesregierung.de/Content/DE/Rede/2015/06/2015-06-18-kulturpolitischer-bundeskongress.html (Zugriff am 06.07.2015).

Grütters, Monika: Rede zur Semestereröffnung der Hochschule für Musik Hanns Eisler Berlin. http://www.monika-gruetters.de/image/inhalte/file/RE_081015_Semesterer%C3%B6ffnung.pdf (Zugriff am 04.08.2015).

Hain, Simone: Späte Rache an den Barbaren. In: *Der Spiegel*, 14.12.1992, S. 192–194.

Hartung, Klaus: Den Stein umgedreht. In: *Die Zeit*, 8.11.1991. http://www.zeit.de/1991/46/den-stein-umgedreht/komplettansicht (Zugriff am 04.08.2015).

Haspel, Jörg: Denkmalschutz für Bauten der 70er Jahre? In: Landesdenkmalamt Berlin (Hrsg.): *Denkmalpflege nach dem Mauerfall. Eine Zwischenbilanz*. Berlin: Schelzky & Jeep 1997, S. 120–123.

Haußmann, Leander: Es kam dicke genug. In: *Der Spiegel*, 08.09.2003, S. 220–221.

Hecht, Alex / Alfred Welti: Ein Meister, der Talent verschmäht. Im Gespräch mit den ART-Redakteuren Axel Hecht und Alfred Welti erläutert Georg Baselitz, einer der erfolgreichsten zeitgenössischen Maler und Bildhauer, seine Ästhetik des Häßlichen. In: *ART Das Kunstmagazin*, 01.06.1990, S. 54–72.

Hecken, Thomas: Der Reiz des Trivialen. Idealistische Ästhetik, Trivialliteraturforschung, Geschmackssoziologie und die Aufnahme populärer Kultur. In: Ders. (Hrsg.): *Der Reiz des Trivialen. Künstler, Intellektuelle und die Popkultur*. Opladen: Westdeutscher Verlag 1997, S. 13–48.

—: *Theorien der Populärkultur. 30 Positionen von Schiller bis zu den Cultural Studies*. Bielefeld: Transcript 2007.

—: Bestimmungsgrößen von high und low. In: Thomas Wegmann / Norbert Christian Wolf (Hrsg.): *„High" und „low". Zur Interferenz von Hoch- und Populärkultur in der Gegenwartsliteratur*. Berlin / Boston: de Gruyter 2012, S. 11–26.

Hegel, Georg Wilhelm Friedrich: *Enzyklopädie der philosophischen Wissenschaften*, Bd. 1. Frankfurt am Main: Suhrkamp 1970.

—: *Enzyklopädie der philosophischen Wissenschaften*, Bd. 3. Frankfurt am Main: Suhrkamp 1979.

Heinritz, Reinhard: „Prenzlauer Berg". Über experimentelle Literatur und Politik. In: *Literatur für Leser* 3 (1992), S. 181–193.

Held, Jutta / Norbert Schneider: *Grundzüge der Kunstwissenschaft. Gegenstandsbereiche – Institutionen – Problemfelder*. Köln / Weimar / Wien: Böhlau 2007.

Hennet, Anna-Inés: *Die Berliner Schlossplatzdebatte im Spiegel der Presse*. Berlin: Braun 2005.

—: Die Berliner Schlossplatzdebatte – die Geschichte einer Identitätssuche. In: Alexander Schug (Hrsg.): *Palast der Republik. Politischer Diskurs und private Erinnerung*. Berlin: BWV 2007, S. 54–66.

Herzog, Roman: Wege ins Offene – Erfahrungen und Lehren aus den Diktaturen des 20. Jahrhunderts. Rede von Bundespräsident Roman Herzog vor der Enquete-Kommission „SED-Diktatur" in Berlin, 26.03.1996. http://www.bundespraesident.de/SharedDocs/Reden/DE/Roman-Herzog/Reden/1996/03/19960326_Rede.html (Zugriff am 30.06.2015).

Hochmuth, Dietmar: Der Adlershofer Sozialkomplex. In: *taz*, 16.01.1991, S. 20.

Hofmann, Gunter / Martin Klingst: Stolz, stolzer, am stolzesten. Innenminister Otto Schily: „Fangen Sie nicht schon wieder mit der Leitkultur an". In: *Die Zeit*, 02.11.2000. http://www.zeit.de/2000/45/200045_schily.xml (Zugriff am 19.07.2015).

Holliday, Ruth / Tracey Potts: *Kitsch! Cultural Politics and Taste*. Manchester: Manchester UP 2012.

Holthusen, Hans Egon: Über den sauren Kitsch. In: Ders. (Hrsg.): *Ja und nein: neue kritische Versuche*. München: Piper 1954, S. 240–248.

Huntemann, Willi: „Unengagiertes Engagement" – zum Strukturwandel des literarischen Engagements nach der Wende. In: Ders. / Malgorzata Klentak-Zablocka / Fabian Lampart (Hrsg.): *Engagierte Literatur in Wendezeiten*. Würzburg: Königshausen & Neumann 2003, S. 33–48.

Im Geiste mit uns. Der Fotograf Dirk Reinartz lichtete 29 Bismarck-Denkmäler ab – Selbstdarstellung einer Epoche, ihrer Ängste und Aggressionen. In: *Der Spiegel*, 25.02.1991, S. 108–110.

Iden, Peter: Liebe gibt es nicht auf Verlangen. Ein Plädoyer gegen die Kunst der DDR. In: Joachim Fischer / Hans Joas (Hrsg.): *Kunst, Macht und Institution. Studien zur Philosophischen Anthropologie, soziologischen Theorie und Kultursoziologie der Moderne*. Frankfurt am Main / New York: Campus 2003, S. 595–600.

Jäger, Andrea: Vorwort. In: Dies. / Gerd Antos / Malcolm H. Dunn (Hrsg): *Masse Mensch. Das „Wir" – sprachlich behauptet, ästhetisch inszeniert*. Halle a. d. Saale: Mitteldeutscher Verlag 2006, S. 9–21.

Jäger, Margarete / Siegfried Jäger: *Deutungskämpfe. Theorien und Praxis Kritischer Diskursanalyse*. Wiesbaden: VS 2007.

Jäger, Siegfried: *Kritische Diskursanalyse. Eine Einführung*. Duisburg: DISS 1993.

Jarausch, Konrad H.: Normalisierung oder Re-Nationalisierung. Zur Umdeutung der deutschen Vergangenheit. In: *Geschichte und Gesellschaft. Zeitschrift für Historische Sozialwissenschaft* 4 (1995), S. 571–584.

Joch, Markus: Prophet und Priesterin. Die Logik des Angriffs auf Christa Wolf. In: Ute Wölfel (Hrsg.): *Literarisches Feld DDR. Bedingungen und Formen literarischer Produktion in der DDR*. Würzburg: Königshausen & Neumann 2005, S. 223–232.

Joffe, Josef: Lust auf Leit. Verlangt oder verfemt – ohne Leitkultur kommt ein Land nicht aus. In: *Die Zeit*, 16.11.2000. http://www.zeit.de/2000/47/200047_1._leiter.xml (Zugriff am 19.07.2015).

Kaernbach, Andreas: Hans Haacke. Projekt „DER BEVÖLKERUNG" im Reichstagsgebäude. http://www.bundestag.de/kulturundgeschichte/kunst/kuenstler/haacke (Zugriff am 14.07.2015).

Käppeler, Christine: Das Gesetz der Flügel. In: *der Freitag*, 17.10.2012. http://www.freitag.de/autoren/christine-kaeppeler/das-gesetz-der-fluegel (Zugriff am 13.10.2014).

Karasek, Hellmuth: Selbstgemachte Konfitüre. Hellmuth Karasek über die Diskussion um Christa Wolfs Erzählung „Was bleibt". In: *Der Spiegel*, 25.06.1990, S. 162–166.

Keller, Reiner: Diskursanalyse. In: Ronald Hitzler / Anne Honer (Hrsg.): *Sozialwissenschaftliche Hermeneutik. Eine Einführung*. Opladen: Leske + Budrich 1997, S. 309–334.

—: *Diskursforschung. Eine Einführung für SozialwissenschaftlerInnen*. Wiesbaden: VS 2007.

Keller, Reiner et al.: Zur Aktualität sozialwissenschaftlicher Diskursanalyse – Eine Einführung. In: Dies. (Hrsg.): *Handbuch Sozialwissenschaftliche Diskursanalyse*, Bd. 1: Theorien und Methoden. Wiesbaden: VS 2006, S. 7–30.

Kellerer, Christian: *Weltmacht Kitsch. Ist Kitsch lebensnotwendig?* Stuttgart / Zürich / Wien: Europa 1957.

Kießling, Andreas: Berlin. In: Werner Weidenfeld / Karl-Rudolf Korte (Hrsg.): *Handbuch zur deutschen Einheit 1949 – 1989 – 1999*. Frankfurt am Main / New York: Campus 1999, S. 57–71.

Killert, Gabriele: Frauen in Halbtrauer. In: *Die Zeit*, 11.05.2009. http://www.zeit.de/2009/20/L-B-Kluessendorf/komplettansicht (Zugriff am 04.11.2014).

Killy, Walther: *Deutscher Kitsch. Ein Versuch mit Beispielen*. Göttingen: Vandenhoeck & Ruprecht 1961.

Kjellman-Chapin, Monica: The Politics of Kitsch. In: *Rethinking Marxism. A Journal of Economics, Culture and Society* 22,1 (2010), S. 27–41.

—: (Hrsg.): *Kitsch: History, Theory, Practice*. Newcastle upon Tyne: Cambridge Scholars 2013.

Klein, Michael: *Die nationale Identität der Deutschen. Commitment, Grenzkonstruktionen und Werte zu Beginn des 21. Jahrhunderts*. Wiesbaden: Springer VS 2014.

Kleine-Brockhoff, Thomas: Sternenbanner-Kitsch und andere Patriotika. In: *Die Zeit*, 09.07.2003. http://www.zeit.de/politik/vierterjuli/komplettansicht (Zugriff am 25.05.2015).

Kliche, Dieter: Kitsch. In: *Ästhetische Grundbegriffe. Historisches Wörterbuch in sieben Bänden*, hrsg. v. Karlheinz Barck et al. Stuttgart / Weimar: Metzler 2001, S. 272–288.

Klüger, Ruth: Von hoher und niedriger Literatur. In: Dies. *Gelesene Wirklichkeit. Fakten und Fiktionen in der Literatur*. Göttingen: Wallstein 2006, S. 29–67.

Knöfel, Ulrike: Nebel des Wohlwollens. In: *Der Spiegel*, 15.10.2012, S. 140–142.

Kocka, Jürgen: *Vereinigungskrise. Zur Geschichte der Gegenwart*. Göttingen: Vandenhoeck & Ruprecht 1995.

Kohler, Berthold: „Wir brauchen eine tiefgehende Erneuerung". Ein F.A.Z.-Gespräch vor der Bundespräsidentenwahl mit dem Kandidaten der Union. In: *Frankfurter Allgemeine Zeitung*, 11.05.2004. http://www.faz.net/-gpf-ou4c (Zugriff am 19.07.2015).

Köhler, Horst: Rede des Bundespräsidenten beim Festakt zum Tag der Deutschen Einheit am 3. Oktober 2008 in Hamburg. http://www.bundesregierung.de/Content/DE/Bulletin/2008/10/103-1-bpr.html (Zugriff am 12.12.2014).

Kollmorgen, Raj: Diskurse der deutschen Einheit. In: *Aus Politik und Zeitgeschichte. Beilage zur Wochenzeitung Das Parlament*, 30/31 (2010), S. 6–13.

Kollmorgen, Raj / Torsten Hans: Der verlorene Osten. Massenmediale Diskurse über Ostdeutschland und die deutsche Einheit. In: Ders. / Frank Thomas Koch / Hans-Liudger Dienel (Hrsg.): *Diskurse der deutschen Einheit. Kritik und Alternativen*. Wiesbaden: VS 2011, S. 107–166.

Korte, Karl-Rudolf / Werner Weidenfeld: Deutsche Einheit. In: Dies. (Hrsg.): *Handbuch zur deutschen Einheit 1949 – 1989 – 1999*. Frankfurt am Main / New York: Campus 1999, S. 192–201.

Kraus, Julia: Der ‚Kitsch' im System der bürgerlichen Ordnung. In: *Sprache und Literatur in Wissenschaft und Unterricht* 79 (1997), S. 18–39.

Krause, Anett: *Die Geburt der Popliteratur aus dem Geiste ihrer Debatte. Elemente einer Epochenkonstruktion im Normalisierungsdiskurs nach 1989*. St. Ingbert: Röhrig 2015.

Kreuzer, Helmut: *Veränderungen des Literaturbegriffs. Fünf Beiträge zu aktuellen Problemen der Literaturwissenschaft*. Göttingen: Vandenhoeck & Ruprecht 1975.

Krönig, Jürgen: Brot und Spiele. In: *Die Zeit*, 05.01.2000. http://www.zeit.de/2000/02/200002.populisten_.xml/komplettansicht (Zugriff am 09.06.2015).

Kulpok, Alexander: Die vielen Wahrheiten des Dr. M. In: *Süddeutsche Zeitung*, 02.03.2002, S. ROM3.

Lackmann, Thomas: Stoppt den Mahnmalkitsch! In: *Der Tagesspiegel*, 06.10.2013. http://www.tagesspiegel.de/berlin/gedenken-in-berlin-stoppt-den-mahnmalkitsch/8890884.html (Zugriff am 25.05.2015).

Laclau, Ernesto / Chantal Mouffe: *Hegemonie und radikale Demokratie. Zur Dekonstruktion des Marxismus.* Wien: Passagen 1991.

Lazar, Lavinia: *Durch Honeckers Hornbrille.* In: *taz*, 07.02.2008. http://www.taz.de/1/archiv/digitaz/artikel/ressort=ku&dig=2008%2F02%2F07%2Fa0236&cHash=eb64d4651909de7b0847c0ba67ec41d2 (Zugriff am 12.11.2014).

Lehnartz, Sascha: Sind Sie leitkultiviert? In: *Die Zeit*, 16.11.2000. http://www.zeit.de/2000/47/Sind_Sie_leitkultiviert_ (Zugriff am 19.07.2015).

Leicht, Robert: Leitkultur? Absolut! Oder relativ ... In: *Die Zeit*, 02.11.2000. http://www.zeit.de/2000/45/200045_robertleicht_1103.xml (Zugriff am 19.07.2015).

Leinkauf, Thomas / Harald Jähner: Ich gehe als freier Mann. Wie ich gekommen bin. In: *Berliner Zeitung*, 23.12.2000. http://www.berliner-zeitung.de/archiv/ein-gespraech-mit-dem-scheidenden-kulturstaatsminister-michael-naumann-ich-gehe-als-freier-mann--wie-ich-gekommen-bin,10810590,9863258.html (Zugriff am 19.07.2015).

Link, Jürgen: Literaturanalyse als Interdiskursanalyse. Am Beispiel des Ursprungs literarischer Symbolik in der Kollektivsymbolik. In: Jürgen Fohrmann / Harro Müller (Hrsg.): *Diskurstheorien und Literaturwissenschaft.* Frankfurt am Main: Suhrkamp 1988, S. 284–310.

—: Vom Loch zum Sozialen Netz und wieder zurück: Zur Diskursfunktion und Diskursgeschichte eines dominanten Kollektivsymbols der ‚Sozialen Marktwirtschaft'. In: Gabriele Cleve et al. (Hrsg.): *Wissenschaft Macht Politik. Interventionen in aktuelle gesellschaftliche Diskurse.* Münster: Westfälisches Dampfboot 1997, S. 194–207.

Loewe, Sebastian: Book Review on Kitsch! Cultural Politics and Taste by Ruth Holliday and Tracey Potts. In: *Home Cultures. The Journal of Architecture, Design and Domestic Space* 12,1 (2015), S. 123–126.

Lottmann, Joachim: Das Kraut haut ins Auge. In: *Süddeutsche Zeitung*, 06.11.2004, S. 15.

Lüders, Christian / Michael Meuser: Deutungsmusteranalyse. In: Ronald Hitzler / Anne Honer (Hrsg.): *Sozialwissenschaftliche Hermeneutik. Eine Einführung.* Opladen: Leske + Budrich 1997, S. 57–80.

Lüthe, Rudolf / Martin Fontius: Geschmack/Geschmacksurteil. In: *Ästhetische Grundbegriffe. Historisches Wörterbuch in sieben Bänden,* hrsg. v. Karlheinz Barck et al. Stuttgart / Weimar: Metzler 2001, S. 792–819.

Maidt-Zinke, Kristina: Die Schönheit des Folterknechts. In: *Süddeutsche Zeitung*, 31.05.2005, S. 16.

Martschukat, Jürgen: Diskurse und Gewalt: Wege zu einer Geschichte der Todesstrafe im 18. und 19. Jahrhundert. In: Reiner Keller et al. (Hrsg.): *Handbuch Sozialwissenschaftliche Diskursanalyse*, Bd. 2: Forschungspraxis. Wiesbaden: VS 2008, S. 69–98.

Maset, Michael: Diskontinuität/Zerstreuung. In: Clemens Kammler / Rolf Parr / Ulrich Johannes Schneider (Hrsg.): *Foucault-Handbuch. Leben – Werk – Wirkung.* Stuttgart / Weimar: Metzler 2008, S. 232–233.

Matussek, Matthias: Das Schloß als Symbol. In: *Der Spiegel*, 13.07.1998, S. 158–164.

Meier, Stefan / Christian Pentzold: Diskursforschung in den Kommunikations- und Medienwissenschaften. In: Johannes Angermuller et al. (Hrsg.): *Diskursforschung. Ein interdisziplinäres Handbuch,* Bd. 1: Theorien, Methodologien und Kontroversen. Bielefeld: Transcript 2014, S. 118–129.

Merkel, Angela: Rede anlässlich der Eröffnung des Neubaus der Kulturstiftung des Bundes am 30. Oktober 2012 in Halle. http://www.kulturstiftung-des-bundes.de/sites/KSB/images/neubau/Rede_von_Bundeskanzlerin_Dr._Angela_Merkel_anlaesslich_der_Eroeffnung_des_Neubaus.pdf (Zugriff am 19.07.2015).

Merz, Friedrich: Einwanderung und Identität. Unionsfraktionschef Friedrich Merz zur Diskussion um die „freiheitliche deutsche Leitkultur". In: *Die Welt*, 25.10.2000. http://www.welt.de/print-welt/article540438/Einwanderung-und-Identitaet.html (Zugriff am 19.07.2015).

Meulemann, Heiner: Einleitung. Wertunterschiede zwischen West- und Ostdeutschland – Fakten und Erklärungsmöglichkeiten. In: Ders. (Hrsg.): *Werte und nationale Identität im vereinten Deutschland. Erklärungsansätze der Umfrageforschung*. Opladen: Leske + Budrich 1998, S. 7–24.

Meyer: Verdienstvolle Diskussion. Die Union wird den Begriff der deutschen „Leitkultur" nicht auf den Index setzen. In: *Frankfurter Allgemeine Zeitung*, 02.11.2000. http://www.faz.net/-gpf-2e5b. (19.07.2015).

Meyer, Moe: Introduction. Reclaiming the Discourse of Camp. In: Ders. (Hrsg.): *The Politics and Poetics of Camp*. New York: Routledge 1994, S. 1–20.

Meyer-Gosau Frauke: Schund, die Geschichte eines deutschen Schicksals: Von „Schmutz" und „Kitsch" zu „Trash" und „Kult". In: *Literaturen. Das Journal für Bücher und Themen* 10 (2002), S. 13–18.

Mohr, Reinhard: Operation Sauerbraten. In: *Der Spiegel*, 06.11.2000, S. 342–344.

Moles, Abraham: *Psychologie des Kitsches*. München: Hanser 1972.

Möller, Johann Michael: Die Guten ins Töpfchen … (Die Welt, 19.05.1999). In: Kunstsammlungen zu Weimar (Hrsg.): *Der Weimarer Bilderstreit. Szenen einer Ausstellung*. Weimar: VDG 2000, S. 173–174.

mön.: Ballast der Republik. In: *Frankfurter Allgemeine Zeitung*, 01.02.1992, S. 11.

Moratorium für das Humboldt-Forum im Berliner Schloss. http://www.no-humboldt21.de (Zugriff am 23.09.2014).Pegasus an der Stasi-Leine. In: *Der Spiegel*, 18.11.1991, S. 276–280.

Moritz, Rainer: Das Ranking der aktuellen Schundbücher, Möchtegern-Schundbücher und Bücher, die wider Willen zu Schund wurden. In: *Literaturen. Das Journal für Bücher und Themen* 10 (2002), S. 29–35.

Muehlberg, Dietrich: Von Schlossfreiheit und Burgfrieden. In: *Die Zeit*, 15.11.2001. http://www.zeit.de/2001/47/Von_Schlossfreiheit_und_Burgfrieden/komplettansicht (Zugriff am 12.11.2014).

Müller, Lothar: Hitlergruß ohne Dämon. In: *Süddeutsche Zeitung*, 03.12.2014. http://www.sueddeutsche.de/kultur/anklage-gegen-jonathan-meese-hitlergruss-ohne-daemon-1.1746386 (Zugriff am 14.07.2015).

Münkler, Herfried / Jens Hacke: Einleitung. In: Dies. (Hrsg.): *Wege in die neue Bundesrepublik. Politische Mythen und kollektive Selbstbilder nach 1989*. Frankfurt am Main / New York: Campus 2009, S. 7–14.

Neau, Patrice: Abstraktion. Weltsprache oder Ausdruck der „dekadenten westlichen Moderne"? In: *ILCEA. Institut des langues et cultures d'Europe, Amérique, Afrique et Asie* 12 (2016). http://ilcea.revues.org/1489 (Zugriff am 02.07.2015).

Nedo, Kito: Abschied von Ikarus. In: *Frieze Magazin*, Februar/März 2013. http://frieze-magazin.de/archiv/kritik/abschied-von-ikarus/?lang=de (Zugriff am 16.10.2014).

Neller, Katja: *DDR-Nostalgie. Dimensionen der Orientierung der Ostdeutschen gegenüber der ehemaligen DDR, ihrer Ursachen und politischen Konnotationen*. Wiesbaden: VS 2006.

Neumann, Bernd: Bund wird seiner Mitverantwortung für Hauptstadtrepräsentation optimal gerecht. http://www.bundesregierung.de/Content/DE/Archiv16/Pressemitteilungen/BPA/2007/11/2007-11-30-bkm-hauptstadtrepraesentation.html (Zugriff am 19.07.2015).

—: Trotz Sparpaket wird Kultur auch 2011 geschont. http://www.bundesregierung.de/Content/Archiv/DE/Archiv17/Pressemitteilungen/BPA/2010/09/2010-09-15-bkm-haushalt.html (Zugriff am 15.09.2015)

Nida-Rümelin, Julian: Zum Geleit. In: Hannes Swoboda (Hrsg.): *Der Schlossplatz in Berlin. Bilanz einer Debatte.* Berlin: B & S Siebenhaar 2002, S. 8.

Nietzsche, Friedrich: *Die Geburt der Tragödie.* Stuttgart: Kröner 1964.

Nisaar, Ulama: „Pop ist philosophische Kunst". Hegel, Danto und die Popmoderne. In: Thomas Hecken / Marcel Wrzesinski (Hrsg.): *Philosophie und Popkultur.* Bochum: Posth 2010, S. 127–142.

Oldemeyer, Ernst: *Alltagsästhetisierung. Vom Wandel ästhetischen Erfahrens.* Würzburg: Königshausen & Neumann 2008.

Osterkamp, Ernst: Rigoletto für Segler. In: *Frankfurter Allgemeine Zeitung,* 10.10.1995, S. L3.

Parr, Rolf: Diskurs. In: Clemens Kammler / Rolf Parr / Ulrich Johannes Schneider (Hrsg.): *Foucault-Handbuch. Leben – Werk – Wirkung.* Stuttgart / Weimar: Metzler 2008, S. 233–237.

Pätzke Hartmut: Von „Auftragskunst" bis „Zentrum für Kunstausstellungen". Lexikon zur Kunst und Kunstpolitik in der DDR. In: Eugen Blume / Roland März (Hrsg.): *Kunst in der DDR. Eine Retrospektive der Nationalgalerie.* Berlin: G + H 2003, S. 317–328.

Pauli, Katharina: Das umstrittene Geschäft mit der Erinnerung. In: *Frankfurter Allgemeine Zeitung,* 24.08.2012, S. 19.

Pazaurek, Gustav Edmund: *Guter und schlechter Geschmack im Kunstgewerbe.* Stuttgart / Berlin: DVA 1912.

Peitz, Christiane: Alles so schön grau hier. In: *Die Zeit,* 04.11.1999. http://www.zeit.de/1999/45/199945.sonnenallee.etc..xml/komplettansicht (Zugriff am 12.11.2014).

Pergande, Frank: DDR, Sozialismus, Arbeit. In: *Frankfurter Allgemeine Zeitung,* 16.12.1999, S. BS3.

Porombka, Wiebke: Luftnummer im Vogelschutzparadies. In: *Frankfurter Allgemeine Zeitung,* 09.09.2011, S. 38.

Preisinger ,Alexander / Pascale Delormas / Jan Standke: Diskursforschung in der Literaturwissenschaft. In: Johannes Angermuller et al. (Hrsg.): *Diskursforschung. Ein interdisziplinäres Handbuch,* Bd. 1: Theorien, Methodologien und Kontroversen. Bielefeld: Transcript 2014, S. 130–144.

Preiss, Achim: *Abschied von der Kunst des 20. Jahrhunderts.* Weimar: VDG 1999.

—: Die Debatte um die Weimarer Ausstellung „Aufstieg und Fall der Moderne". In: Kunstsammlungen zu Weimar (Hrsg.): *Der Weimarer Bilderstreit. Szenen einer Ausstellung.* Weimar: VDG 2000, S. 9–26.

Presse. In: Kunstsammlungen zu Weimar (Hrsg.): *Der Weimarer Bilderstreit. Szenen einer Ausstellung.* Weimar: VDG 2000, S. 147–254.

Probst, Lothar: Ost-West-Unterschiede und das kommunitäre Erbe der DDR. Über die Rede von der „Inneren Einheit". In: Heinrich-Böll-Stiftung / Lothar Probst (Hrsg): *Differenz in der Einheit. Über die kulturellen Unterschiede der Deutschen in Ost und West.* Berlin: Links 1999, S. 15–27.

Pross, Harry: Kitsch oder nicht Kitsch? In: Ders. (Hrsg.): *Kitsch. Soziale und politische Aspekte einer Geschmacksfrage.* München: List 1985, S. 19–30.

Radisch, Iris: Das ist nicht so einfach. Ein ZEIT-Gespräch mit Sascha Anderson. In: *Die Zeit,* 01.11.1991. http://www.zeit.de/1991/45/das-ist-nicht-so-einfach (Zugriff am 15.07.2015).

—: Warten auf Montag. In: *Die Zeit,* 22.11.1991. http://www.zeit.de/1991/48/warten-auf-montag (Zugriff am 15.07.2015).

—: Die Krankheit Lüge. In: *Die Zeit,* 24.01.1992. http://www.zeit.de/1992/05/die-krankheit-luege (Zugriff am 15.07.2015).

—: Wildes Debüt-Geheul: ‚Fitchers Blau' von Ingo Schramm. In: *Die Zeit,* 29.03.1996. http://www.zeit.de/1996/14/radisch.txt.19960329.xml/komplettansicht (Zugriff am 03.11.2014).

Rasche, Stefan: *Das Stilleben in der westdeutschen Malerei der Nachkriegszeit: gegenständliche Positionen zwischen 1945 und 1963.* Berlin: Lit 1995.

Rauterberg, Hanno: Friedhof der Kuschelkunst. In: *Die Zeit*, 26.03.1998. http://www.zeit.de/1998/14/Friedhof_der_Kuschelkunst/komplettansicht (Zugriff am 25.05.2015).

Rehberg, Karl-Siegbert: Von der ‚Unmöglichkeit' einer Ausstellung. Einleitende Überlegungen zu „Abschied von Ikarus. Bildwelten in der DDR – neu gesehen". In: Karl-Siegbert Rehberg / Wolfgang Holler / Paul Kaiser (Hrsg.): *Abschied von Ikarus. Bildwelten in der DDR – neu gesehen.* Weimar / Köln: König 2012, S. 14–25.

—: Deklassierung der Künste als stellvertretender Gesellschaftsdiskurs. Zu Geschichte und Funktion des deutsch-deutschen Bilderstreites. In: Karl-Siegbert Rehberg / Paul Kaiser (Hrsg.): *Bilderstreit und Gesellschaftsumbruch. Die Debatten um die Kunst aus der DDR im Prozess der deutschen Wiedervereinigung.* Berlin / Kassel: B&S Siebenhaar 2013, S. 23–62.

Reisner, Jacob: *Zum Begriff Kitsch.* Dissertation, Universität Göttingen 1955.

Reitemeier, Dirk: CDU fordert Beschluß zum Stadtschloßneubau. In: *Berliner Morgenpost*, 30.07.1998, S. 11.

Rifkin, Jeremy: Was macht euch so ängstlich? In: *Frankfurter Allgemeine Zeitung*, 18.11.2000, S. 41–43.

Roller, Franziska: *Abba, Barbie, Cordsamthosen. Ein Wegweiser zum prima Geschmack.* Leipzig: Reclam 1997.

Rubin, Eli: The Form of Socialism without Ornament. Consumption, Ideology, and the Fall and Rise of Modernist Design in the German Democratic Republic. In: *Journal of Design History* 2 (2006), S. 155–168.

Scharf, Wilfried: *Deutsche Diskurse. Die politische Kultur von 1945 bis heute in publizistischen Kontroversen.* Hamburg: Academic Transfer 2009.

Scheier, Claus-Artur: Kitsch – Signatur der Moderne? In: Wolfgang Braungart (Hrsg.): *Kitsch. Faszination und Herausforderung des Banalen und Trivialen.* Tübingen: Niemeyer 2002, S. 25–34.

Scheytt, Oliver: *Kulturstaat Deutschland. Plädoyer für eine aktivierende Kulturpolitik.* Bielefeld: Transcript 2008.

Schirrmacher, Frank: „Dem Druck des härteren, strengeren Lebens standhalten". Auch eine Studie über den autoritären Charakter: Christa Wolfs Aufsätze, Reden und ihre jüngste Erzählung „Was bleibt". In: Thomas Anz (Hrsg.): *„Es geht nicht um Christa Wolf. Literaturstreit im vereinigten Deutschland".* München: Spangenberg 1990 S. 77–90.

—: Verdacht und Verrat. Die Stasi-Vergangenheit verändert die literarische Szene (Frankfurter Allgemeine Zeitung vom 5.11.1991). In: Peter Böthig / Klaus Michael (Hrsg.): *MachtSpiele. Literatur und Staatssicherheit im Fokus Prenzlauer Berg.* Leipzig: Reclam 1993, S. 304–307.

—: Literatur und Politik: Eine Stimme fehlt. In: *Frankfurter Allgemeine Zeitung*, 18.03.2011. http://www.faz.net/aktuell/feuilleton/buecher/2.1719/literatur-und-politik-eine-stimme-fehlt-1613223.html?printPagedArticle=true#pageIndex_2 (Zugriff am 08.10.2014).

Schneider, Jens: *Deutsch sein. Das Eigene, das Fremde und die Vergangenheit im Selbstbild des vereinten Deutschland.* Frankfurt am Main: Campus 2001.

Schneider, Peter: Die Staatssicherheit der DDR war ein Riesen-Flop. In: *Frankfurter Rundschau*, 29.02.1992, S. ZB2.

Schneider, Rolf: Laut schreien die Schweigenden (Die Welt, 25.06.1999). In: Kunstsammlungen zu Weimar (Hrsg.): *Der Weimarer Bilderstreit. Szenen einer Ausstellung.* Weimar: VDG 2000, S. 218–219.

Schönhammer Rainer: Design = Kitsch? In: Jakob Steinbrenner / Julian Nida-Rümelin (Hrsg.): *Kunst und Philosophie. Ästhetische Werte und Design.* Ostfildern: Hatje Cantz 2010, S. 97–121.

Schreiber, Mathias: Poet als Stasi-Knecht. In: *Der Spiegel*, 27.01.1992, S. 185.

Schreiber, Susanne: Die Avantgarde konnte sich nicht lange behaupten (*Handelsblatt*, 14.05.1999). In: Kunstsammlungen zu Weimar (Hrsg.): *Der Weimarer Bilderstreit. Szenen einer Ausstellung.* Weimar: VDG 2000, S. 163–165.

Schreitmüller, Andreas: Elektronischer Kitsch? Über Triviales und Kitschiges im Fernsehen. In: Wolfgang Braungart (Hrsg.): *Kitsch. Faszination und Herausforderung des Banalen und Trivialen.* Tübingen: Niemeyer 2002, S. 213–220.

Schröder, Gerhard: Zum Geleit. In: Hannes Swoboda (Hrsg.): *Der Schlossplatz in Berlin. Bilanz einer Debatte.* Berlin: B & S Siebenhaar 2002, S. 7.

Schuler, Katharina: Letzte Grüße. In: *Die Zeit*, 23.11.2005. http://www.zeit.de/online/2005/47/Palast/komplettansicht (Zugriff am 12.11.2014).

Schulz, Bernhard: Willkommene Wunden. (Der Tagesspiegel, 24.05.1999). In: Kunstsammlungen zu Weimar (Hrsg.): *Der Weimarer Bilderstreit. Szenen einer Ausstellung.* Weimar: VDG 2000, S. 178–179.

Schulz, Matthias: Säulenkult am Spreeufer. In: *Der Spiegel*, 07.04.2007, S. 156–159.

Schumann, Silke: *Vernichten oder Offenlegen? Zur Entstehung des Stasi-Unterlagen-Gesetzes. Eine Dokumentation der öffentlichen Debatte 1990/1991.* In: BStU (Hrsg.): *Dokumente – Reihe A.* Berlin: Der Bundesbeauftragte für die Unterlagen des Staatssicherheitsdienstes der ehemaligen DDR 1995.

Schümer, Dirk: Der König hat geweint. In: *Frankfurter Allgemeine Zeitung*, 26.10.2012. http://www.faz.net/italien-nach-berlusoni-der-koenig-hat-geweint-11938410.html (Zugriff am 25.05.2015).

Schwan, Gesine: Alle Jahre wieder. Leitkultur wird als letzter Halt mißbraucht. In: *Frankfurter Allgemeine Zeitung*, 16.12.2000, S. 47.

—: In der Falle des Totalitarismus. In: *Die Zeit*, 30.06.2009. http://www.zeit.de/2009/27/Oped-Schwan/komplettansicht (Zugriff am 30.06.2015).

Schweizer, Katja: *Täter und Opfer in der DDR.* Münster: Lit 1999.

Schweppenhäuser, Gerhard: Paper Moon, Blum- und Kornfeld – Über Kitsch und populäre Ästhetik. In: Jörg H. Gleiter (Hrsg.): *Wirklichkeitsexperimente. Architekturtheorie und praktische Ästhetik.* Weimar: Verlag der Bauhaus Universität 2006, S. 41–68.

—: Kunst als Wunscherfüllung? Zur kritischen Theorie des Kitschs. In: Sven Kramer (Hrsg.): *Bild – Sprache – Kultur. Ästhetische Perspektiven kritischer Theorie.* Würzburg: Königshausen & Neumann 2009, S. 181–200.

Seibt, Gustav: Alte Liebe. Monika Maron wirft sich ein Tierfell um. In: *Frankfurter Allgemeine Zeitung*, 24.02.1996, S. B5.

Siemes, Christof: Totale Faszination. In: *Die Zeit*, 22.04.1994. http://www.zeit.de/1994/17/totale-faszination/komplettansicht (Zugriff am 25.05.2015).

Siemons, Mark: Das Beste aus der DDR. In: *Frankfurter Allgemeine Zeitung*, 30.11.1995, S. 35.

Skare Roswitha: 1989/90: Eine Wende in der deutschen Literaturgeschichte? Tendenzen der neueren Literaturgeschichtsschreibung. In: Dies. / Rainer B. Hoppe (Hrsg.): *Wendezeichen? Neue Sichtweisen auf die Literatur der DDR.* Amsterdam / Atlanta: Rodopi 1999, S. 15–44.

Sommer, Theo: Einwanderung ja, Ghettos nein. Warum Friedrich Merz sich zu Unrecht auf mich beruft. In: *Die Zeit*, 16.11.2000. http://www.zeit.de/2000/47/200047_leitkultur.xml/komplettansicht (Zugriff am 19.07.2015).

Sommer, Tim: Klasse, Mittelmaß und biederer Kulturkampf-Kitsch (Leipziger Volkszeitung, 17.05.1999). In: Kunstsammlungen zu Weimar (Hrsg.): *Der Weimarer Bilderstreit. Szenen einer Ausstellung.* Weimar: VDG 2000, S. 171–172.

Sontag, Susan: Anmerkungen zu ‚Camp'. In: dies. *Kunst und Antikunst. 24 literarische Analysen.* Reinbek: Rowohlt 1968, S. 269–284.

Staadt, Jochen: Einleitung. In: Ders. (Hrsg.): *„Die Eroberung der Kultur beginnt!" Die Staatliche Kommission für Kunstangelegenheiten der DDR (1951–1953) und die Kulturpolitik der SED.* Frankfurt am Main: Lang 2011, S. 1–9.

Steinert, Hajo: Die Szene und die Stasi. Muß man die literarischen Texte der Dichter vom Prenzlauer Berg jetzt anders lesen? In: *Die Zeit*, 29.11.1991. http://www.zeit.de/1991/49/die-szene-und-die-stasi (Zugriff am 16.07.2015).

Stenzel, Jürgen: Kitsch ist schlecht. Aber was heißt das? Werttheoretische Überlegungen zum Kitschbegriff. In: Wolfgang Braungart (Hrsg.): *Kitsch. Faszination und Herausforderung des Banalen und Trivialen.* Tübingen: Niemeyer 2002, S. 59–70.

Sternberg, Jacques: *Kitsch.* London: Academy Editions 1972.

Swoboda, Hannes: Das Schloss: Zeit für eine Entscheidung. In: Ders. (Hrsg.): *Der Schlossplatz in Berlin. Bilanz einer Debatte.* Berlin: B & S Siebenhaar 2002, S. 11–18.

Thomas, Rüdiger: Blickwechsel auf die Kunst der DDR. Vom Literatur- und Bilderstreit zum musealen Bilderscreening. In: Karl-Siegbert Rehberg / Paul Kaiser (Hrsg.): *Bilderstreit und Gesellschaftsumbruch. Die Debatten um die Kunst aus der DDR im Prozess der deutschen Wiedervereinigung.* Berlin / Kassel: B & S Siebenhaar 2013, S. 126–150.

Thomas, Rüdiger / Werner Weidenfeld: Identität. In: Werner Weidenfeld / Karl-Rudolf Korte (Hrsg.): *Handbuch zur deutschen Einheit 1949 – 1989 – 1999.* Frankfurt am Main / New York: Campus 1999, S. 430–442.

Tudorica, Ligia Dana: Kuschelsau Pumba wird Zeuge schwuler Reiterspiele. In: *Die Welt*, 01.11.2011. http://www.welt.de/fernsehen/article13691124/Kuschelsau-Pumba-wird-Zeuge-schwuler-Reiterspiele.html (Zugriff am 09.06.2015).

Tuma, Thomas: Im nahen Osten – so fern. In: *Der Spiegel*, 09.11.2009, S. 94–96.

Ueding, Gert: Rhetorik des Kitsches. In: Jochen Schulte-Sasse (Hrsg.): *Literarischer Kitsch. Texte zu seiner Theorie, Geschichte und Einzelinterpretationen.* Tübingen: Niemeyer 1979, S. 65–88.

Verbundprojekt Bildatlas: Kunst in der DDR. In: *Bildatlas-DDR-Kunst.* http://www.bildatlas-ddr-kunst.de/exhibition (Zugriff am 24.10.2014).

Vogt, Ludgera: Kunst oder Kitsch: ein „feiner Unterschied"? Soziologische Aspekte ästhetischer Wertung. In: *Soziale Welt. Zeitschrift für sozialwissenschaftliche Forschung und Praxis* 3 (1994), S. 363–383.

Volkers, Imke (Hrsg.): *Böse Dinge. Eine Enzyklopädie des Ungeschmacks.* Berlin: Werkbund-archiv – Museum der Dinge 2013.

Waldmann, Günter: Literarischer ‚Kitsch' als wertungsästhetisches Problem. In: Jochen Schulte-Sasse (Hrsg.): *Literarischer Kitsch. Texte zu seiner Theorie, Geschichte und Einzelinterpretationen.* Tübingen: Niemeyer 1979, S. 89–120.

Walther, Joachim: „Im stinkenden Untergrund“. Der Schriftsteller Joachim Walther über die totale Kontrolle der DDR-Literatur durch die Stasi. In: *Der Spiegel*, 23.09.1996, S. 224–233.

—: *Sicherungsbereich Literatur. Schriftsteller und Staatssicherheit in der Deutschen Demokratischen Republik*. Berlin: Links 1996.

—: Möbel und Macht: Unten ein Schreibtisch, oben ein Maschinenmensch. In: *Frankfurter Allgemeine Zeitung*, 13.03.1998, S. 18.

Ward, Peter: *Kitsch In Sync. A Consumer's Guide to Bad Taste*. London: Plexus 1991.

Wassermann, Rudolf: Rechtssystem. In: Werner Weidenfeld / Karl-Rudolf Korte (Hrsg.): *Handbuch zur deutschen Einheit 1949 – 1989 – 1999*. Frankfurt am Main / New York: Campus 1999, S. 650–660.

Wedl, Juliette: Die Spur der Begriffe. Begriffsorientierte Methoden zur Analyse identitärer Zuschreibungen. In: Brigitte Kerchner / Silke Schneider (Hrsg.): *Foucault: Diskursanalyse der Politik*. Wiesbaden: VS 2006, S. 308–330.

Wegmann, Thomas / Norbert Christian Wolf: High und low. Zur Interferenz von Hoch- und Populärkultur in der Gegenwartsliteratur. In: Dies. (Hrsg.): *„High“ und „low“. Zur Interferenz von Hoch- und Populärkultur in der Gegenwartsliteratur*. Berlin / Boston: de Gruyter 2012, S. 1–9.

Weingarten, Susanne: König im Kitschland. In: *Der Spiegel*, 30.11.1992, S. 286–289.

Weißgerber, Ulrich: *Giftige Worte der SED-Diktatur: Sprache als Instrument von Machtausübung und Ausgrenzung in der SBZ und der DDR*. Berlin: Lit 2010.

Weninger, Thomas: *Streitbare Literaten. Kontroversen und Eklats in der deutschen Literatur von Adorno bis Walser*. München: Beck 2004.

Werner, Renate: Ästhetizismus. In: *Reallexikon der deutschen Literaturwissenschaft*, hrsg. v. Harald Fricke et al. Berlin / New York: de Gruyter, 2000, S. 20–23.

Winkels, Hubert: Geisterbahn DDR. In: *Die Zeit*, 06.11.2011. http://www.zeit.de/2011/45/L-B-Franck/komplettansicht (Zugriff am 06.11.2014).

Wir leben hier im Paradies. Der nordkoreanische Diktator Kim Il Sung hat dem Niedergang des Kommunismus erfolgreich getrotzt. In: *Der Spiegel*, 06.05.1991, S. 176–178.

Wittek, Bernd: *Der Literaturstreit im sich vereinigenden Deutschland. Eine Analyse des Streits um Christa Wolf und die deutsch-deutsche Gegenwartsliteratur in Zeitungen und Zeitschriften*. Marburg: Tectum 1997.

Wodak, Ruth et al.: *Zur diskursiven Konstruktion nationaler Identität*. Frankfurt am Main: Suhrkamp 1998.

Yasuko, Suga: Designing the Morality of Consumption: „Chamber of Horrors“ at the Museum of Ornamental Art, 1852–53. In: *Design Issues* 20,4 (2004), S. 43–56.

Zander, Peter: Spießiger Mißklang. Kuhglocken und Buschtrommeln passen eben nicht zueinander: Die Bestseller-Verfilmung „Die weiße Massai“. In: *Die Welt*, 15.09.2005. http://www.welt.de/print-welt/article164936/Spiessiger-Missklang.html (Zugriff am 25.05.2015).

Zohlen, Gerwin: Wir sind der Platz. In: *Die Zeit*, 02.10.1997. http://www.zeit.de/1997 / 41/ Wir_sind_der_Platz/komplettansicht (Zugriff am 12.11.2014).

Filme

The Gang's All Here (*The Gang's All Here*, USA 1943, R: Busby Berkeley).